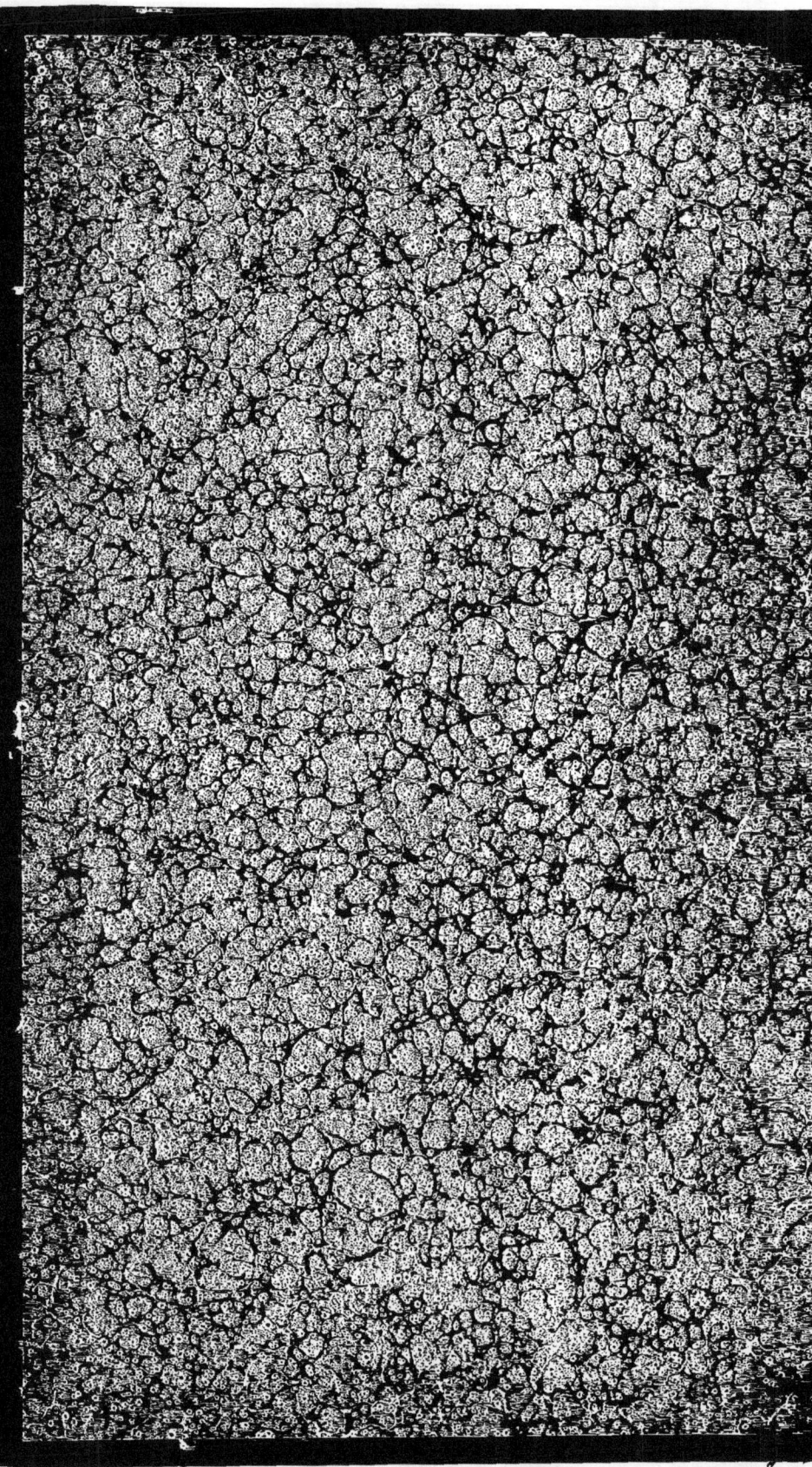

G
©

HISTOIRE
UNIVERSELLE
DES RELIGIONS.

PARIS. — IMPRIMERIE DONDEY-DUPRÉ,
46, rue Saint-Louis, au Marais.

HISTOIRE

UNIVERSELLE

DES RELIGIONS

Théogonies, Symboles, Mystères, Dogmes, Livres sacrés.

ORIGINE DES CULTES,

FOURBERIES SACERDOTALES, PRODIGES ET MIRACLES, SUPERSTITIONS, CRIMES DES PRÊTRES, MOEURS, COUTUMES ET CÉRÉMONIES RELIGIEUSES.

MYTHOLOGIES

de l'Inde, de la Chine, du Japon, de la Chaldée, de la Perse de l'Égypte, des Celtes, des Germains, des Slaves, de la Grèce, de l'Italie, et généralement de tous les peuples de l'Asie, de l'Afrique, de l'Europe, de l'Amérique et de la Polynésie,

DEPUIS L'ORIGINE DU MONDE JUSQU'A NOS JOURS.

PAR UNE SOCIÉTÉ D'HOMMES DE LETTRES ET DE SAVANTS,

SOUS LA DIRECTION

DE J. A. BUCHON.

Magnifique édition splendidement illustrée.

III

RELIGIONS
DE L'OCÉANIE ET DE L'AMÉRIQUE,

PAR SAINT-GERMAIN LE DUC

PARIS.

ADMINISTRATION DE LIBRAIRIE,

26, RUE NOTRE-DAME-DES-VICTOIRES, PRÈS LA BOURSE.

1845

RELIGIONS

DE L'OCÉANIE ET DE L'AMÉRIQUE

PAR

SAINT-GERMAIN LE DUC.

RELIGIONS

DE L'OCÉANIE ET DE L'AMÉRIQUE.

CHAPITRE PREMIER.

Opinion des anciens et des Pères de l'Église sur les habitants de l'hémisphère austral. — Où Dante a pu puiser la pensée de placer son purgatoire dans cet hémisphère. — L'Inca Garcilasso de la Vega contribue à éclairer l'Europe. — Comment l'Amérique et l'Océanie se sont-elles peuplées ? — Ce qu'on pourrait répondre aux détracteurs de la Genèse.

Cette terre, où l'homme est l'animal-roi, occupe bien peu de place dans le système des mondes, et cependant combien de siècles se sont écoulés avant que l'homme soit parvenu à prendre une connaissance entière de son modeste domaine et à se créer les moyens de le parcourir d'un pôle à l'autre rapidement et avec sécurité ! Aujourd'hui enfin l'Océan, déclaré jadis une barrière infranchissable, et qui reçut le nom de *mer des ténèbres*, sert de lien entre toutes les nations, comme un fleuve lie entre elles les villes d'une contrée. La Méditerranée fut le chemin de la civilisation antique ; l'Océan, à son tour, est devenu la grande route de la civilisation moderne. La prospérité, le degré de lumière, la puissance d'un peuple, se mesure aujourd'hui encore mieux que jadis à son littoral plus ou moins facilement accessible, au nombre, à la sûreté des ports qu'il peut creuser pour ses flottes et ouvrir aux vaisseaux de l'étranger. Malheureux le peuple dont le territoire est enclavé au centre d'un continent ! Il est condamné à languir, faute de pouvoir échanger ses produits et ses idées. Heureux celui établi sur un sol que l'Océan borde en grande partie ! la richesse, le bien-être et le savoir y circulent et se développent de jour en jour davantage, comme l'air circule et se renouvelle toujours salubre dans une habitation bien ouverte sur toutes ses faces.

Les peuples anciens, mauvais navigateurs (ils manquaient de la boussole, et leurs vaisseaux, mal construits, ne purent s'écarter des côtes de la Méditerranée, du golfe Persique et de l'Inde), astronomes médiocres (le télescope ne leur avait point révélé un nombre aussi grand de corps célestes et leur véritable corrélation), s'étaient formé une singulière idée de la surface habitable de notre globe, qu'en dépit de la sagacité de Pythagore et d'un très-petit nombre d'autres savants, ils s'obstinaient à croire immobile, et qu'ils regardaient comme le point central du monde. Ils partageaient cette surface en cinq zônes, dont deux occupées par les glaces ; mais comme ils ne furent appelés à connaître que les contrées placées dans la zône tempérée du nord, l'opinion générale n'hésita point à déclarer qu'elles étaient les seules contrées habitées, ou que d'invincibles obstacles s'opposaient à ce qu'on pût s'assurer du contraire.

On lit dans Pline (liv. II, ch. LXVIII) : « Des cinq zônes, il n'y en a que deux habitables, qui sont de chaque côté de l'équateur ; mais la furie du soleil, qui brûle l'espace qui les sépare, interdit la route de l'une à l'autre. Ainsi le ciel refuse aux hommes trois parties de la terre, sans que l'on puisse savoir ce que l'Océan leur dérobe du surplus. » Au rapport de Pomponius Mela (liv. I, ch. I), « Les deux hémisphères de la terre sont séparés par un océan : l'austral a les saisons semblables aux nôtres ; mais non dans le même temps. Nous en habitons un et les antichthones l'autre, dont nous ne pouvons connaître au vrai la situation, à cause de la chaleur impraticable du climat qui les sépare de nous. » Macrobe entre à ce sujet dans plus de détails : « Quoique les dieux (dit-il dans le *Songe de Scipion*, liv. I) aient accordé deux des cinq zônes au genre humain pour son habitation, ils n'ont donné aux hommes de notre espèce que la seule zône supérieure de ce côté-ci. Nous voyons celle-ci peuplée de Grecs, de Romains et de nations barbares. Quant à l'autre, ce n'est que le raisonnement qui nous la fait juger habitée, comme étant d'une température pareille à la nôtre ; car on ne le peut et on ne le pourra jamais savoir par l'expérience. La zône torride, placée entre deux, est une barrière insurmontable pour celui des deux peuples qui voudrait aller à l'autre. » Cicéron croyait les hommes antichthones d'une espèce toute différente de la nôtre.

Les Pères de l'Église, qui ne croyaient pas, selon leurs principes, en pouvoir juger ainsi, en même temps qu'ils convenaient que la zône australe était habitable par sa température, niaient qu'elle fût habitée en effet. Origène, à la vérité, reconnaît, après Clément d'Alexandrie, que les Grecs ont admis l'existence de certains peuples antichthones, habitant l'autre partie de la terre, « chez qui aucun de nous ne peut aller, non plus qu'aucun d'eux venir à nous. » Mais Lactance et saint Augustin déclament contre cette opinion de l'existence des antipodes et des antichthones, comme contre une de ces folies dans lesquelles l'esprit humain s'égare, quand il est abandonné à ses propres forces. « Peut-on rien imaginer de plus absurde, dit ce dernier (*Cité de Dieu*, liv. XVI, chap. ix), que ce que les anciens se sont avisés de soutenir, qu'il pouvait y avoir des habitants dans les cantons de la terre opposés au nôtre ? Ceux qui l'ont ainsi avancé conviennent qu'ils n'en ont aucune connaissance par l'histoire. Ce n'est qu'une conjecture tirée de certaines prétendues connaissances philosophiques. Mais à supposer vrais les principes d'après lesquels ils raisonnent, est-ce à dire que ces pays soient en effet habités, parce qu'ils sont habitables, tandis que l'Écriture sainte, qui est la règle de ce que nous devons croire sur les choses passées, n'en dit mot ? Et puisque l'on tombe d'accord que les descendants de notre premier père n'ont pu parvenir en de telles contrées, comment peut-on soutenir qu'il y ait là des hommes ? »

Telle fut l'opinion de l'Europe antique sur les terres australes. Les plus hardis faiseurs de conjectures, en les jugeant habitées, n'allaient pas jusqu'à dire qu'il fût possible d'y parvenir en naviguant au delà de la ligne et du tropique ultérieur. Ils regardaient comme fabuleuse la circumnavigation de l'Afrique, exécutée sous le roi égyptien Nechos, et dont le souvenir a été conservé par Hérodote, ou tout au moins ils réduisaient le continent à de bien moindres dimensions vers le sud. En vain les navires égyptiens, lors de la splendeur de l'empire romain, visitaient annuellement l'île de Taprobane, aujourd'hui Ceylan, et sous l'équateur même la Chersonèse d'or, aujourd'hui Sumatra; comme ces navigateurs étaient malhabiles à relever les latitudes et qu'ils plaçaient ces pays et la Chine beaucoup trop au nord dans leurs itinéraires grossiers, les écrivains n'en persistaient pas moins à soutenir que naviguer sous la zône torride et franchir l'équateur était impossible. C'est ainsi que nous voyons Pline (liv. VI, chap. 11) déclarer que l'on s'est longtemps trompé en croyant la Taprobane une partie de l'autre monde, jusqu'à ce que sous le règne d'Alexandre on eut reconnu qu'elle appartient au nôtre. « De cela seul qu'on y est arrivé, dit-il, il en faut conclure qu'elle est une île de notre monde, puisqu'on n'aurait pu y parvenir si elle eût appartenu au monde antichthon. »

Jusqu'au quinzième siècle le monde chrétien, comme on disait alors, fut loin d'être détrompé sur ce point; et même la barbarie y avait étouffé le peu de connaissances géographiques léguées par les Romains et par les savants d'Alexandrie, ainsi que le prouve un ouvrage qui date du commencement du sixième siècle, la *Topographie du monde chrétien*. Cosmas, moine égyptien, à qui ce livre a valu le surnom d'*Indicopleustès* ou voyageur dans l'Inde, bien qu'il soit fort douteux qu'il ait réellement voyagé si loin, nous apprend qu'il l'a écrit surtout dans le but de réfuter les *opinions, selon lui monstrueuses et sacriléges, de ceux qui donnaient à la terre la forme d'un globe*. A l'en croire, c'est une vaste plaine oblongue, entourée d'un mur immense qui soutient le firmament ou la voûte azurée des cieux. La succession des jours et des nuits doit être attribuée à une grande montagne, située dans la partie septentrionale de la terre et derrière laquelle le soleil se couche tous les soirs. Cosmas ne manque pas d'autorités imposantes pour appuyer son système, et il démontre très-clairement que sa théorie seule peut se concilier avec le langage de l'Écriture sainte et celui des anciens poëtes grecs. Voilà ce qu'écrivait un compatriote de Ptolémée, dans cette ville d'Alexandrie, où le flambeau de la science naissante avait brillé cinq siècles auparavant d'un assez vif éclat.

Quels progrès le monde chrétien avait-il faits vers la fin du huitième siècle ? Nous en jugerons par le plus curieux monument géographique du moyen âge, une carte conservée dans la bibliothèque de Turin ; elle est annexée à un commentaire manuscrit sur l'Apocalypse et qui porte la date de l'année 787. Cette carte représente la terre comme une plaine bornée par une ligne circulaire et divisée en trois parties inégales. Aux quatre coins de la carte sont placées les figures des quatre vents, assis à califourchon sur un soufflet et tenant à la bouche une conque marine. Au sommet on voit Adam et Ève, le serpent et l'arbre du fruit défendu. A leur droite est l'Asie, avec deux montagnes élevées et les mots : *mons Caucasius et Armenia*. La rivière Eusis (peut-être le Phasis) descend de ces montagnes et tombe dans une mer qui s'unit à l'Océan et qui sépare l'Europe de l'Asie. Le mont Carmel, le mont Sinaï et divers autres monts appartenant à la Terre sainte, occupent le centre, auprès d'une rivière qui paraît devoir être l'Euphrate. Dans l'Inde se trouvent les îles d'Or et d'Argent. Le Nil est aussi marqué, et une note annexée à son cours indique qu'il prend sa source dans des montagnes éloignées et qu'il traverse des sables d'or. Vers le point nord se trouve l'île *Tilé*. Enfin, au delà de l'Afrique, au midi, on lit la phrase suivante : « Outre ces trois parties du monde, il y en a, derrière l'Océan, une quatrième, que l'extrême chaleur du soleil nous empêche de connaître, et sur les confins de laquelle est située la contrée des fabuleux antipodes. » On présume que cette carte servait à expliquer un ouvrage de la même époque, d'une érudition très-vaste, écrit par quelque Goth dont le nom est inconnu. Les savants désignent ce livre sous le nom : *le Géographe de Ravenne.*

Vers l'an 1153 *Edrisi* ou *El Drisi*, le plus éminent des géographes arabes, attiré à la cour de Roger, roi de Sicile, la cour la plus brillante et la plus éclairée de la chrétienté de l'époque, pour y répandre les connaissances mathématiques et astronomiques auxquelles les Orientaux venaient de l'initier, en traduisant quelques manuscrits grecs échappés au naufrage des temps, écrivait son livre intitulé : *Courses lointaines d'un curieux pour explorer les merveilles du monde.* La terre y est représentée comme un globe, avec une zône torride inhabitée et inhabitable, et qui ne peut nourrir ni animaux ni plantes. Au delà du 64° de latitude nord, la zône glaciale est de même inhabitable et couverte de glaces et de frimas éternels. Par suite de l'impossibilité de franchir la ligne équinoxiale, le monde connu ne forme qu'un seul hémisphère, composé moitié de terre et moitié d'eau. La plus grande partie de cette eau appartient à la grande mer qui enveloppe de toutes parts le continent, et au milieu de laquelle il flotte, comme un œuf flotterait dans un bassin rempli d'eau.

Plus d'un siècle s'écoule, et nous voyons le génie de Dante, dans cette *Divina Commedia* que ses contemporains ont proclamée un *extrait de l'univers*, le *monde en abrégé*, rester fidèle à la théorie qui ne livrait pour habitation à l'homme qu'une partie de l'hémisphère boréal de notre globe, immobile au centre de l'espace; mais du moins il en tire un merveilleux parti poétique. Après avoir placé dans les entrailles de la terre les neuf cercles concentriques de son enfer, qu'il dispose comme un entonnoir ou un cône renversé, il s'empare de l'hémisphère austral pour y placer son purgatoire. Il le représente comme une montagne dont la base plonge dans l'Océan, précisément aux antipodes de la cité de Jérusalem, et dont la cime s'élève jusqu'au ciel; cette montagne ou ce cône se divise en neuf parties : la première est une sorte de vestibule, dont les habitants expient, par un délai proportionné, les obstacles que rencontra leur tardive pénitence. Ensuite se succèdent sept zones concentriques superposées, toujours plus étroites à mesure qu'elles s'élèvent, et dans lesquelles se purifient les sept péchés capitaux; au sommet enfin, et au terme des épreuves, le paradis terrestre étend ses ombrages, sous lesquels les âmes régénérées vont boire à deux sources l'oubli de leurs fautes et le souvenir de leurs mérites. De là le poëte, sous la conduite de Béatrix, s'élance vers le globe de la lune, qui gravite dans le premier ciel. Passant successivement de planète en planète et de ciel en ciel, il arrive au huitième, où se manifeste le triomphe du Christ, suivi par la foule des bienheureux et la vierge Marie elle-même, et enfin jusqu'au neuvième, occupé par les chœurs des anges, d'où son regard obtient la faveur de pénétrer même dans l'empirée, le cercle de la pure lumière.

Au moment où, sortant de l'enfer, le poëte se trouve au pied de la montagne du purgatoire, dans l'hémisphère austral, le ciel se présente à lui sous un aspect nouveau. « Je dirigeai, dit-il, mon esprit vers l'autre pôle, et je vis *quatre étoiles* qui n'avaient jamais été vues que par le premier couple (lorsqu'ils habitèrent le paradis, au sommet de la montagne). Le ciel semblait se réjouir de leur éclat. O septentrion, contrée vraiment veuve, puisque tu es privée de contempler ces étoiles! »

Puis il ajoute : « Comme je m'étais détaché de cette contemplation, en me tournant un peu vers l'autre pôle, là où le chariot venait de disparaître, je vis un vieillard. Les rayons des quatre lumières saintes répandaient sur sa figure tant d'éclat, que je le pouvais voir comme si le soleil eût été devant lui. »

Les premiers commentateurs ont vu dans ces quatre étoiles éclairant l'hémisphère austral de Dante et la figure de ce vieillard, portier du purgatoire (qui n'est autre que le païen et suicide Caton), une allégorie pour désigner les quatre vertus que l'Église chrétienne qualifie de vertus cardinales : la prudence, la justice, la force et la tempérance. Cependant un commentateur moderne, M. Artaud, s'étonne « que Dante ait en quelque sorte deviné qu'il y a en effet sous le ciel antarctique quatre étoiles, dont trois de seconde grandeur et une de troisième grandeur, qui servent aujourd'hui de guide à ceux qui quittent l'Europe pour naviguer vers le midi (ces étoiles sont appelées la *croix du sud*). Du temps de Dante, ajoute-t-il, ces découvertes n'avaient pas pu être faites encore. »

Ici rappelons-nous que plus d'un siècle avant Dante, vers l'an 1147, avait eu lieu le voyage des huit *almagrurim* ou *aventuriers* de Lisbonne, habitée alors par les Maures. C'est la première tentative (dont l'histoire ait gardé le souvenir) d'une navigation lointaine au delà du détroit de Gibraltar. Deux écrivains arabes, Ibn-el-Vardi et Edrisi, la racontent à peu près dans les mêmes termes. Huit Maures de Lisbonne, curieux de connaître ce qui se trouvait au delà de l'Océan, équipent un vaisseau, et jurent de ne pas revenir avant d'avoir vu la fin de la mer et pris terre à l'ouest. Ils voguent d'abord onze jours en pleine mer et douze jours dans une mer d'une profondeur incommensurable et qui avait des vagues immenses. Puis le vent les porte au sud, et ils abordent enfin à une île, à laquelle ils donnent le nom de *Ganam* ou île des moutons (ces animaux avaient une chair trop amère pour qu'on pût la manger). Les voyageurs font provision d'eau, continuent leur route vers le sud, et découvrent, le douzième jour, une île peuplée d'*hommes grands et rouges*. Trois jours après leur arrivée, un interprète arabe vient s'informer auprès d'eux du but de leur voyage. Le roi du pays, instruit de leur intention, dit qu'il avait lui-même fait explorer l'Océan, et que ses marins, après un mois de navigation à l'ouest, avaient été surpris par des ténèbres épaisses. » Quels étaient ces hommes rouges? la chose n'est pas facile à éclaircir. Quelques écrivains, entre autres de Guignes, ont voulu y voir des Américains. Nous sommes loin de partager cette opinion, et nous pensons que cette île, où il y avait un interprète arabe et où l'on connaissait la distance de Lisbonne, ne pouvait être fort éloignée des côtes de l'Afrique, et devait être une des Canaries.

Mais ce désir curieux qui porte ces aventuriers à aller voir où finit l'Océan, et le roi de cette île qui lui-même envoie ses marins naviguer à l'ouest, sont des faits à remarquer. De cette année 1147 jusqu'à celle où Dante écrivit le premier chant du Purgatoire, la tentative hardie aura sans nul doute été renouvelée plus d'une fois, bien que l'histoire n'ait gardé que le souvenir du départ, en 1291, des deux Génois Tedisio Doria et Ugolino Vivaldi, qui n'eurent point le bonheur de revenir. Vit-on jamais l'esprit humain abandonner la poursuite d'une idée avant d'avoir obtenu un résultat, quels que soient les obstacles à surmonter et les dangers à courir? De ces audacieux navigateurs, qui osèrent les premiers explorer l'Océan, quelqu'un aura pu dévier loin au sud et aura observé, sous le ciel antarctique, à 30° degrés environ du pôle, la plus brillante constellation de ce ciel, celle composée de quatre étoiles, à laquelle les Espagnols devaient donner plus tard le nom de Cruzero. Le récit d'un marin grossier, négligé par les hommes de savoir, se sera conservé dans la mémoire de quelques vulgaires auditeurs; de là, il aura circulé d'une nation à l'autre, à l'état de fable, dont il est difficile de constater l'origine, et Dante aura fait son profit de la tradition.

Je vais plus loin : je pense que Dante aura eu une vague connaissance de l'île Ténériffe et de son pic immense, couronné par une fumée incessante. La tradition aura été apportée d'Afrique en Italie par quelques Arabes; ou peut-être un obscur aventurier européen avait-il vu le prodigieux volcan et en avait-il conçu une sainte terreur, avant cette expédition aux Canaries, racontée par Boccace dans une charmante lettre en latin, qu'on n'a retrouvée que depuis peu; expédition qui aujourd'hui passe pour la première. Combien d'autres se sont vu enlever successivement cet honneur ! Dante aura puisé dans quelque naïf récit d'une découverte récente et mystérieuse, trop étonnante pour avoir obtenu du premier coup droit de bourgeoisie parmi les faits que les doctes daignent discuter, et cependant si digne de frapper un grand esprit, l'idée première de son purgatoire, montagne conique surgissant du sein de l'Océan dans l'hémisphère opposé au nôtre, et portant à son sommet le paradis, entouré d'un rempart de flammes. Certes, ce n'est point pour obéir à un pur caprice de son imagination, que Dante, qui se piquait d'un savoir théologique, a renoncé à l'opinion si ancienne et si orthodoxe d'un paradis situé sur l'une des montagnes de la haute Asie. La pensée d'un paradis, d'une Jérusalem céleste, formant antipode à la Jérusalem terrestre, les deux Jérusalem formant les deux pôles religieux de cette terre, sur laquelle l'homme est envoyé pour subir sa vie d'épreuve, avant d'être admis aux béatitudes éternelles, aura pu séduire le poëte; mais cette pensée, quelque belle qu'elle soit, lui qui marche toujours règle et compas en main, il ne se fût probablement pas aventuré à la suivre, s'il n'avait trouvé à s'appuyer sur un fait tant soit peu accrédité. Sa plume de fer ne joue pas, elle raconte, juge ou systématise. Il est dommage que plus tard la géographie moderne soit venue donner un démenti assez étrange à un si noble et si consolant système, et que la contrée de la Jérusalem terrestre ait pour antipode réel l'une de ces îles de la Polynésie où les hommes, légers de principes autant que de vêtements, en sont encore aux jouissances du cannibalisme.

Les premiers vaisseaux portugais, montés par Jean de Santerre et Pedro de Escalone, avaient franchi la ligne et navigué à deux degrés au delà en l'an 1449; l'Amérique avait été découverte; le cap de Bonne-Espérance avait été doublé; le vaisseau *la Victoire*, de l'expédition de Magellan, monté par Sébastien del Cano, avait accompli le tour du monde en 1522, et cependant les questions sur la surface habitable de la terre et sa rondeur, obstacle insurmontable aux grandes navigations, partageaient encore tellement les esprits, que Garcilasso de la Vega, cet Inca baptisé, qui visita l'Espagne en l'an 1560, crut utile de placer en tête de son histoire des Incas les considérations suivantes. (Remarquons que l'auteur écrivait en Espagne, dans le pays sous le pavillon duquel Colomb avait accompli sa grande œuvre, dans un pays limitrophe à la nation dont les marins, depuis un siècle, s'étaient familiarisés avec les feux de la zône torride ; et jugeons par là combien les communications intellectuelles étaient difficiles alors.) Nous nous servons de la traduction de Baudoin, édition d'Amsterdam, 1704.

« Je rechercherai s'il y a plusieurs mondes ou s'il n'y en a qu'un seul ; si ce monde et le ciel sont ronds ou étendus comme une rase campagne ; si toute la terre est habitable, ou s'il n'y a que les zônes qu'on appelle tempérées qui soient destinées à la demeure des créatures vivantes ; si l'on peut passer d'une zône tempérée à l'autre ; s'il y a des antipodes ; quels ils sont ; et ainsi de plusieurs autres choses semblables, que les anciens philosophes ont amplement et curieusement examinées, et dont les modernes traitent encore, *chacun d'eux s'accommodant à l'opinion qui lui est le plus agréable.* Comme depuis qu'on a découvert un nouveau monde l'expérience a levé la plupart de ces doutes, je les éclaircirai succinctement.

» Pour commencer donc par la première proposition, je dis qu'on peut soutenir légitimement qu'il n'y a qu'un monde ; car de ce qu'on dit qu'il s'en est découvert un tout nouveau pour notre commun usage, il ne s'ensuit pas qu'il y en ait deux, puisqu'on ne met cette distinction que pour en montrer la grande étendue. Que s'il se trouve des hommes assez peu raisonnables pour s'imaginer qu'il y ait plusieurs mondes, je n'ai point d'autre réponse à leur faire, sinon qu'ils ont beau persister dans leur créance erronée, s'ils attendent d'en être désabusés ailleurs qu'en enfer. Pour ceux qui se mettent en peine de rechercher si le monde est rond ou s'il est uni comme une plaine, je les renvoie, pour leur satisfaction, au témoignage de ces hasardeux navigateurs qui en ont fait le tour ou du moins la plus grande partie, comme ceux du vaisseau nommé *la Victoire*, et quelques autres, qui ont depuis suivi leur route et fait le même circuit. Pour ce qui est du ciel; si les plus curieux me demandent s'il est plain ou rond, je me servirai, pour leur répondre, de ces paroles de David : « *Extendens cœlum sicut pellem*, » par où, sans doute, ce prophète nous a voulu montrer la forme et la figure de ce grand ouvrage, lorsqu'il a usé de cette comparaison, comme s'il eût dit : « Vous avez, Seigneur, étendu le ciel comme vous avez accoutumé d'étendre une peau ; c'est-à-dire que vous vous êtes servi du ciel à couvrir en rond ce grand corps des quatre éléments, de même que vous couvrez d'une peau jusques aux moindres parties du corps d'un animal. »

» Je viens maintenant à ceux qui des cinq parties du monde, qu'on appelle zônes, veulent qu'il n'y ait d'habitables que les deux tempérées; que celle du milieu et des deux extrémités ne le puissent être, à cause du violent excès de la chaleur et du froid; et que d'une zône habitable il n'y ait pas moyen de passer à l'autre, parce qu'il s'y rencontre un dangereux obstacle, savoir, la chaleur démesurée qui est au milieu. Mais qu'ils en aient un tel sentiment qu'ils voudront; pour moi, je puis me vanter d'être plus savant qu'eux sur cette matière. Car outre que je suis né à Cuzco, qui est dans la zône torride, où j'ai passé jusqu'à l'âge de vingt ans, j'ai été dans la zône tempérée, de l'autre côté du tropique du Capricorne, tirant vers le sud. Or, pour venir ensuite à cette zône tempérée, qui est du côté du nord, où j'écris cette histoire, il m'a fallu passer nécessairement par la zône torride, ce que j'ai fait, et l'ai traversée toute, de sorte que je me suis vu trois jours entiers sous la ligne équinoxiale, où est le cap de Passau. De toutes ces choses, je puis à bon droit conclure, par l'expérience que j'en ai faite, que la zône torride est habitable, de même que celles qu'on appelle tempérées. Quant aux zônes froides, je voudrais vous en pouvoir rendre raison aussi bien que des autres trois. Mais parce que je n'y ai pas été, je m'en remets à ce que disent ceux qui en savent plus que moi. S'il s'en trouve néanmoins qui les croient inhabitables à cause de leur froideur excessive, j'oserai bien leur répondre, avec ceux qui sont d'opinion contraire, qu'il n'y a pas moins d'apparence qu'elles soient habitées que les autres ; car, à le bien considérer, ce serait une folie de s'imaginer que Dieu ait fait les parties de la terre si grandes, pour les laisser inutiles, puisqu'on sait bien qu'il a créé ce vaste globe pour la demeure des hommes. D'où il faut conclure que l'opinion des anciens sur les zônes froides n'est pas mieux fondée que ce qu'ils ont dit de la zône torride, lorsqu'ils nous l'ont représentée comme inhabitable à cause de sa chaleur excessive. Au contraire, il est bien plutôt à croire que le souverain Seigneur de toutes choses, comme père sage et puissant, a mis ordre aux inconvénients du froid par un tempérament de la chaleur, comme il a pourvu aux incommodités que pouvaient recevoir ceux de la zône torride ; car il en a diminué la chaleur par la grande abondance des neiges, des lacs, des fontaines et des rivières qui s'y trouvent en plusieurs endroits, et particulièrement au *Pérou*, ce qui sert à en tempérer l'ardeur. D'où il ne s'ensuit pas que les degrés de chaleur ne soient différents, selon la situation des lieux, étant certain qu'il y en a de si bas, qu'à cause du grand chaud qu'il y fait ils sont presque inhabitables, comme, au contraire, il s'y en voit de si hauts, qu'on n'y saurait demeurer, parce qu'ils sont toujours couverts de glace et de neige. Ce qui fait voir qu'il y a des endroits dans la zône torride qui sont plus ou moins susceptibles du froid, contre l'opinion des philosophes, qui n'ont pu jamais s'imaginer qu'il dût y avoir de la neige, si ce n'est dans ses embouchures ou dans ses ports, bien qu'il y en ait en tout temps sous la même ligne équinoxiale, et particulièrement dans cette grande étendue de montagnes qui sont comme enchaînées ensemble. Pour la même raison, il n'est pas incompatible que les zônes froides ne soient tempérées et par conséquent habitables, comme le croient plusieurs auteurs dignes de foi, bien que ce ne soit ni pour l'avoir vu ni pour aucune expérience qu'ils en aient faite. Cela se confirme encore par la parole de Dieu même, lequel ayant créé nos premiers parents, leur dit : « Croissez et multipliez, *remplissez la terre* et vous la rendez sujette. D'où il faut conclure nécessairement qu'elle est habitable, et que si cela n'était, l'on ne pourrait ni se l'assujettir ni la posséder en la peuplant d'habitants. »

Voilà donc enfin ruinée complétement, après tant de siècles d'erreurs, et l'on peut dire de volontaire ignorance, la théorie d'une zône infranchissable et d'un hémisphère austral inhabitable. Une question nouvelle se présenta, à laquelle les esprits actifs, et aussi quelques théologiens à vues étroites, ne pouvaient manquer d'attacher une importance immense. La famille humaine se trouve tout à coup merveilleusement agrandie, et alors comment expliquer l'origine de tant de populations établies sur le vaste continent américain et sur les innombrables archipels de ce monde nouveau? populations dont l'ancien monde semble n'avoir eu nouvelles aucunes pendant les cinquante et quelques siècles qui séparent Colomb de Noé, le père de l'humanité renouvelée après le déluge.

Par quelle voie quelque rameau de quelqu'une des branches surgies de l'un des trois troncs vigoureux Sem, Cham et Japhet, produits de la souche unique, aura-t-il serpenté lentement et furtivement du littoral asiatique ou africain, et aura-t-il gagné, à travers les mers et les siècles, cet autre continent demeuré si longtemps inconnu? Comment le suivre dans sa marche? où retrouver la trace de son passage? En vérité la théologie de cette époque s'était donné dans cette recherche une rude tâche à accomplir, sans compter le travail nouveau que les découvertes scientifiques de Copernic et de Galilée ne tardèrent pas à lui apporter, pour essayer de mettre d'accord le moins mal possible la cosmogonie consignée dans les livres hébraïques, et les théories nouvelles enfantées par une génération riche de l'expérience des générations passées et munie d'instruments plus puissants. Insensés, dont le zèle aveugle persistait à s'attacher à défendre chaque fait isolé, chaque mot des textes sacrés, au lieu de ne recommander à la vénération des fidèles que le sens profond qui résulte de l'ensemble, et de ne chercher que dans l'ensemble l'esprit vivifiant !

L'audace de nos bons aïeux, dépourvus des instruments de la science moderne, avait longtemps reculé devant la seule pensée d'un vaisseau se hasardant à travers l'immensité de l'Océan, de ce terrible Océan au-dessus duquel les dessinateurs des vieilles cartes n'oubliaient pas de placer une *main noire*, la *main de Satan*, qui saisissait les vaisseaux pendant la nuit et les entraînait au fond de l'abîme ; les petits-fils, dans le besoin où ils se croyaient de résoudre la question nouvelle, sans abandonner la lettre des textes, prétendirent retrouver dans les aïeux plus de courage que ceux-ci n'en avaient accusé eux-mêmes. Dans le conseil de savants et de théologiens appelés en Espagne à se prononcer sur la proposition de Colomb, d'aller à la découverte d'une terre au delà de l'Océan, le premier opinant avait déclaré que si l'on s'éloignait tant de la côte européenne, en descendant toujours sur la courbure du globe, on en viendrait finalement à un point d'où l'on ne pourrait pas retourner ; le second rejeta le projet, parce que les anciens, nos maîtres, l'auraient certainement exécuté, s'il n'était pas chimérique ; le troisième craignit la longueur de la navigation, qui demanderait trois ans avant qu'on parvînt à un continent ; enfin le quatrième déclara le projet téméraire et impie. Mais une fois l'entreprise accomplie, malgré leur opposition, une fois soulevée la question d'expliquer d'où pouvaient provenir les populations du nouveau monde, le langage de certains maladroits défenseurs de la foi change; la a traversée de l'Atlantique ne leur parut plus qu'un jeu.

Pour donner une idée de la façon cavalière dont certains écrivains, docteurs en théologie, il est vrai, et non marins, se crurent permis de traiter la question, nous citerons la prétention élevée par le docteur David Powel, de revendiquer au nom du petit pays de Galles l'honneur d'avoir eu connaissance du continent américain avant Colomb.

Le docteur David Powel raconte, dans son Histoire de Galles, « qu'en l'année 1170 les enfants d'*Owen Guineth*, prince de North-Galles, se disputant, les armes à la main, la succession de leur père, un d'eux, nommé Madoc, qui était de grande taille et *agréablement paré de bonne mine*, abandonna l'héritage à ses frères, pour aller chercher des aventures sur mer. Partant avec une flotte, il laissa bien loin l'Irlande vers le nord, et tirant à l'ouest, découvrit une belle et vaste contrée, dont les Espagnols se sont depuis attribué la première découverte. L'historien ajoute : qu'admirant la folie de ses frères et de ses neveux, qui s'entretuaient pour la possession de quelques mauvais rochers, dans un coin de l'Angleterre, tandis qu'un pays si vaste et si fertile demeurait sans *aucun habitant*, le héros était revenu dans sa patrie, d'où il avait amené *jusqu'à deux fois* de nombreuses colonies dans ce nouveau monde; qu'il ne faut donc pas s'étonner de ce qu'un écrivain espagnol raconte qu'on a trouvé des cantons de l'Amérique où la croix était en vénération, puisque les premiers habitants furent des chrétiens; mais que ces premiers habitants étant en petit nombre, ils ont repris depuis les mœurs barbares et le langage usité dans le pays, qui les rend aujourd'hui méconnaissables. »

On voit ici une plate contrefaçon des expéditions des Norwégiens à l'Islande, au Groënland, et de là à la terre de *Vinland*, expéditions peu connues alors du reste de l'Europe, mais véridiques et qui se sont accomplies lentement et par de courtes tentatives successives. Le naïf Gallois procède plus rondement. Son héros franchit du premier coup toute la largeur de l'Atlantique, et accomplit six fois de suite cette rude traversée, et cela à la tête d'une flotte qui transporte des colonies nombreuses! Et le petit pays de Galles est le seul où se conserve le souvenir d'une telle œuvre!

On pourrait demander au docteur Powel, observe le président de Brosses, de qui les colonies galloises en Amérique ont-elles emprunté ce langage usité dans un pays qu'elles ont peuplé les premières et qu'elles avaient trouvé sans *aucun habitant?* Et puis, ajouterons-nous, concevez-vous la belle langue kimraëque qui se conserve pure et inaltérable sur le sol britannique, bien que contrariée par le voisinage de la langue de Shakspeare et de Milton, et qui, au contraire, abandonnée à elle-même et sans rivale sur la terre du nouveau monde, se corrompt au point de devenir méconnaissable et de ne plus être qu'un idiome barbare!

Un assez grand nombre d'écrivains prétendent que les Américains doivent leur origine à la dispersion des dix tribus d'Israël. Celui qui mérite le plus d'être remarqué, c'est l'Anglais Adair, homme érudit, dont l'opinion s'appuie sur de nombreuses ressemblances de mœurs entre les anciens Hébreux et les peuples de la Floride et des Carolines. D'après de faibles analogies de cette nature, Gomara prétend trouver des descendants des Chananéens dans les indigènes de la Terre-Ferme. Le Portugais Emmanuel de Moraës s'est efforcé de prouver que les Juifs et les Carthaginois sont les pères communs des Américains; c'est au Brésil qu'il retrouve l'origine juive. Huet et Athanase Kircher donnent les Égyptiens pour ancêtres aux Mexicains. Beaucoup d'écrivains ont soutenu la réalité d'expéditions carthaginoises en Amérique. Grotius veut que les habitants de Panama soient originaires de Norwége. Il prétend s'appuyer sur les preuves historiques que les Scandinaves ont conservées de leurs navigations au Groënland et à Terre-

Neuve. Mais, selon l'observation de Malte-Brun, ces navigations elles-mêmes, qui ne remontent qu'au dixième siècle, prouvent seulement que l'Amérique était déjà très-peuplée, argument très-puissant en faveur de la haute antiquité des nations mexicaines.

Malte-Brun (édition revue par M. Huot) refuse également aux Celtes l'honneur que certains écrivains leur accordent d'avoir porté leurs colonies si loin par le nord de l'Asie. « L'origine purement asiatique, ajoute-t-il, a trouvé de nombreux défenseurs. Le savant philosophe Brerewood est peut-être le premier qui l'ait proposée. Les historiens espagnols ne l'ont admise qu'en partie. De Guignes et William Jones conduisent sans beaucoup de peine, l'un, ses Thibétains et ses Huns; l'autre, ses Hindous, dans le nouveau monde. Forniel a le premier insisté sur les Japonais, qui, en effet, peuvent réclamer un grand nombre de mots américains. Forster a attaché beaucoup d'importance à la dispersion d'une flotte chinoise, événement trop récent pour qu'il ait pu produire une grande influence sur la population américaine.

» Depuis plus d'un demi-siècle, le passage des Asiatiques par le détroit de Behring a été élevé au rang d'une probabilité historique, par les recherches de Fisher, de Smith Barton, de Vater et d'Alexandre de Humboldt. Mais ces savants n'ont jamais soutenu que tous les Américains fussent les descendants des colonies asiatiques.

» Une opinion mixte, qui réunit les prétentions des Européens, des Asiatiques, des Africains et même des Océaniens, a obtenu quelques suffrages de poids. Acosta et Clavijero en paraissent les partisans. Ce dernier insiste avec raison sur la haute antiquité des nations américaines. L'infatigable philosophe Hervas admet aussi l'hypothèse d'une origine mixte. Elle a été savamment développée par George de Horn. Cet écrivain ingénieux exclut de la population de l'Amérique : les nègres, dont on n'a trouvé aucune tribu indigène dans le nouveau monde, les Celtes, les Germains et les Scandinaves, parce qu'on n'a vu parmi les Américains ni des cheveux blonds, ni des yeux bleus; les Grecs et les Romains et leurs sujets, à cause de leur timidité comme navigateurs; les Hindous, parce que les mythologies américaines n'offrent aucune trace du dogme de la transmigration des âmes. Il cherche ensuite l'origine primitive des Américains chez les Huns et les Tartares Kathayens; leur migration lui paraît très-ancienne. Quelques Carthaginois et Phéniciens auraient été jetés sur le rivage occidental du nouveau continent. Plus tard, les Chinois s'y seraient transportés. Fac-four, roi de la Chine méridionale, s'y serait enfui pour éviter le joug de Koublaï-khan; il aurait été suivi de plusieurs centaines de milliers de ses sujets. Manco-Capac serait aussi un prince chinois. Ce système, hasardé lorsqu'il parut, s'accorde avec plusieurs faits postérieurement observés. Quelque écrivain hardi et peu scrupuleux n'aurait qu'à s'emparer de ces faits, les combiner avec les hypothèses de Horn, et nous donner ainsi l'histoire certaine et véridique des Américains. »

Le spirituel écrivain termine par cette charmante boutade : « Rien n'empêche même qu'un jour l'Amérique, enorgueillie de sa civilisation, ne se dise à son tour le berceau du genre humain. »

Bon Malte-Brun! sa prédiction n'a pas tardé à s'accomplir, et à s'accomplir largement. Le célèbre antiquaire M. Mitchell, de New-York, dans une lettre au gouverneur de Witt-Clinton, après avoir très-savamment discuté l'origine commune de la population américaine et des populations asiatiques, termine ainsi : « Je serais autorisé à conclure que l'Amérique est le véritable berceau du genre humain. Je pourrais suivre ses colonies se répandant à l'ouest sur l'océan Pacifique, et allant à travers la mer du Kamtschatka à la recherche d'un nouveau territoire; j'aurais assez de preuves pour éclairer leur marche jusqu'en Europe et en Afrique; mais je ne me sens nulle envie de ruiner les opinions admises sur le lieu de la création et le point de départ de la famille humaine. Je jugerais à peine de quelque importance d'apprendre à un Européen que, lorsqu'il fait voile vers l'Amérique, il quitte le nouveau monde pour passer dans l'ancien. » D'autres antiquaires américains consentent à accorder Adam à notre continent, mais ils réclament obstinément Noé pour le leur.

Voici ce qu'on lit dans la préface d'un livre intitulé *Antiquités américaines*, par Josiah Priest. (Le livre, imprimé à New-York, était à sa cinquième édition en 1841, et l'éditeur a l'habileté d'annoncer sur le titre que vingt-deux mille exemplaires ont été tirés, rien que pour les souscripteurs.)

« Il nous est à peu près démontré que non-seulement les peuples du nord-est de l'Asie, peu après le déluge, mais aussi à différentes époques, des navigateurs de toutes contrées, Polynésiens, Malais, Australiens, Phéniciens, Égyptiens, Grecs, Romains, Israélites, Tartares, Scandinaves, Danois, Norwégiens, Welches et Écossais, ont colonisé différents points du continent américain; d'un autre côté, nous nous faisons fort d'établir que l'Amérique était peuplée avant le déluge, qu'elle fut la patrie de Noé, et que c'est là que l'arche fut construite. D'aujourd'hui seulement on commence à voir clair dans la question si éminemment intéressante de l'ancienneté des populations américaines. » La seule raison qui empêche M. Josiah Priest de placer la création d'Adam sur le continent américain, c'est que la Genèse a mentionné l'Euphrate parmi les fleuves de l'Éden.

Après quoi M. Priest, entrant en matière, nous raconte le fait suivant : « En 1826, un propriétaire qui habite tout proche de Cincinnati eut besoin de faire creuser un puits. Il est bon de savoir que Cincinnati a une partie haute et une partie basse, et qu'on a tout lieu de supposer que cette dernière a fait partie de l'ancien lit de l'Ohio. La place où il s'agissait de creuser le puits était dans la partie haute. On arriva à une profondeur de quatre-vingts pieds (c'est-à-dire beaucoup plus bas que le lit de la rivière) sans rencontrer l'eau; puis tout à coup un obstacle arrêta la pioche des travailleurs, et l'on sentit que cet obstacle n'était point une pierre. On déblaya soigneusement la terre tout à l'entour, et l'on mit à nu une souche d'arbre de trois pieds de diamètre sur deux pieds de long. Cette souche, qui occupait une si singulière place, était évidemment le débris d'un arbre coupé avec une hache; les coups de hache étaient encore parfaitement reconnaissables. Elle avait la couleur et l'apparence du charbon, mais sans être friable; elle n'était pas non plus fusible. En creusant dix pieds encore au-dessous, l'eau jaillit; le puits n'a pas cessé de fournir de l'eau, et il jouit d'une grande célébrité.

» De ce fait, ajoute M. Josiah Priest, on doit conclure : 1° Que la souche d'arbre est sans aucun doute antédiluvienne; 2° que la rivière qui porte aujourd'hui le nom d'Ohio n'existait pas avant l'époque du déluge, puisque ce débris d'arbre a été trouvé solidement enraciné à quelques pieds au-dessous du lit de cette rivière; 3° que l'Amérique était peuplée avant le déluge, comme l'atteste l'action de la hache; 4° que les Américains d'avant le déluge connaissaient l'usage du fer, comme l'atteste la rouille que l'on a pu voir empreinte sur la souche lors de la découverte. Qu'on se rappelle que Tubalcaïn, le fils de Caïn, fut habile en toutes sortes d'ouvrages d'airain et de fer, et cela cinq cents ans au plus après la naissance d'Adam. »

Quant à la construction de l'arche, voici le raisonnement de notre écrivain : « L'idée de l'arche et du mont Ararat, sur lequel elle s'arrêta, sont aujourd'hui tellement liées l'une à l'autre, que l'esprit aurait peine à les séparer; et cependant, c'est précisément parce que l'arche s'arrêta sur ce mont, qu'il est impossible qu'elle ait été construite dans la contrée de l'Arménie, car les eaux du déluge ne demeurèrent point en stagnation. La direction générale des eaux est vers l'est; l'arche aura donc couru dans la direction de l'est, tant que le déluge fut dans sa force, c'est-à-dire pendant cent cinquante jours, ou cinq mois. Si vous acceptez l'Arménie pour le lieu de sa construction, l'arche flottante au-dessus des montagnes dérivera à l'est jusqu'aux îles du Japon, distantes de l'Ararat d'environ six mille milles, ce qui même ne donnerait qu'une marche de quarante milles par jour : une marche plus rapide la porterait jusqu'au milieu de l'océan Pacifique. La manière la plus logique d'expliquer comment elle est venue s'arrêter sur l'Ararat, est de la faire partir de l'état de New-York; elle a justement six mille milles à franchir en dérivant à l'est, et elle accomplit le voyage en cinq mois, à raison de quarante milles par jour. »

En dernière analyse, les écrivains de quelque valeur qui croient voir dans les traditions, les monuments et les usages, comme dans les idiomes du continent américain, la probabilité de plusieurs invasions de tribus asiatiques venues par le Nord, ainsi que la probabilité (moins bien établie, il est vrai) de l'arrivée de Malais qui seraient venus, d'archipel en archipel et de siècle en siècle, peuplant sur leur route les îles de la mer du Sud, s'accordent à reconnaître que les arrivants ont dû trouver le sol déjà occupé. Selon presque tous, la masse des Américains est indigène.

De leur côté, les naturalistes se demandèrent si cette grande famille nouvelle, dont les philologues et les historiens ne peuvent retrouver la filiation, ne présentait pas un caractère assez tranché pour qu'on la distinguât des races observées sur l'ancien continent : aux trois antiques races blanche, noire et jaune, y aurait-il en effet nécessité d'ajouter une race rouge ou américaine, née sur le sol même dont Colomb l'avait trouvée en possession? La race noire procédait de *Cham, celui qui a chaud*, et de son fils *Chus, le noir*; la race jaune procédait de *Sem, l'homme de renom*; et la race blanche, de *Japhet, celui qui s'étend*; mais la Genèse n'ayant donné que trois fils à Noé, la race rouge dut rester sans père reconnu. Aux yeux de plus d'un naturaliste, la Genèse acheva de perdre son crédit, comme elle l'avait perdu aux yeux de plus d'un astronome lors de la révolution opérée par Galilée. Insensés à leur tour ceux qui, dans ce qui touche aux connaissances physiques, mirent à signaler des erreurs adoptées par la science à ses premiers pas, autant d'ingrate amertume que leurs adversaires mettaient de courroux imprévoyant à défendre la lettre des textes! Qu'importe le peu d'alliage mêlé, ou plutôt qui sert seulement de cadre, à ces premiers et déjà si hauts enseignements moraux? Chez quel peuple naissant trouver un tableau aussi dramatique, aussi fidèle et aussi succinct du développement primitif et de la marche progressive de la raison humaine? Dans quel autre poëme des anciens âges le merveilleux se présente-t-il répandu avec plus de mesure, de profondeur et de simplicité?

Le savant Blumenbach reconnaît cinq races d'hommes, ainsi que Duméril, admettant la race américaine et composant une race hyperboréenne du mélange de la race blanche et de la race jaune. Il en a fallu six à Virey. Mais à mesure que les archipels de l'Océanie se sont présentés en plus grand nombre, ont été de plus en plus visités et mieux connus, les savants, embarrassés de classer toutes les teintes de la peau humaine et tous les angles faciaux qui se présentent là plus variés encore que chez les peuples des continents, se sont de plus en plus mis à l'aise. Pour ne citer que quelques écrivains français, Malte-Brun a établi quatorze races; Bory de Saint-Vincent, quinze, et Desmoulins, seize. Un savant voyageur, M. Lesson, se contente encore de six, distinguant, il est vrai, dans chacune d'elles des variétés tranchées.

Tout en discutant sur les populations de l'Océanie, on n'a pas négligé de discuter sur la date de l'existence du sol occupé par elles. Le continent de Colomb a-t-il toujours été séparé du nôtre? Une terre intermédiaire n'aurait-elle pas disparu, engloutie dans les flots, par suite d'une perturbation de partie du globe, et cela depuis le déluge de Noé?

L'opinion qui rattache l'existence de ces petites terres isolées au milieu de l'Océan avec leurs pitons élevés à celle d'un autre grand continent aujourd'hui submergé, dont elles ne seraient que les derniers débris, fournirait une facilité précieuse pour ceux qui prétendent se rendre strictement compte de la dispersion sur tous les points du globe d'une seule famille humaine primitive; mais une autre opinion, et elle a pour elle l'appui de célèbres géologues et voyageurs, voit dans la formation de ces îles le résultat de soulèvements volcaniques, soulèvements partiels, successifs, et qui seraient d'une date postérieure à la révolution qui a produit les continents actuels. C'est un continent qui s'en vient au lieu d'être un continent qui s'en va. « Toutes les chaînes de montagnes découvertes dans les parties intertropicales de l'Asie orientale, remarque, en résumant cette opinion, M. Hombron (qui fit partie de la dernière expédition savante dirigée par Dumont-d'Urville), s'étendent dans la direction du nord-ouest au sud-est; en Amérique, dans les mêmes limites, elles reprennent cette direction après s'en être écartées un moment entre Quito et l'isthme de Panama. Or ces deux limites est et ouest du grand Océan appartiennent à la formation granitique. Les îles, au contraire (sans même en excepter un grand nombre de l'archipel indien), sont le produit de formations ignées; aussi n'affectent-elles pas de directions régulières, et lorsqu'elles semblent en adopter une, elle est opposée à celle du système *continental* : c'est ce qu'on observe pour Java, Bally, Sumbawa, Flores, Ombay, et pour une partie de Timor. Les îles de l'Océanie n'offrent que le groupement irrégulier de plateaux sous-marins ou de montagnes élevées au-dessus de la mer. Plusieurs, comme Manga-Reva, furent élevées sur une même et unique base, et couronnent la circonférence d'un cratère aujourd'hui comblé par les coraux. Elles offrent un excellent exemple de ce que l'on nomme groupe. Les Marquises sont répandues sur un plus grand espace et n'ont de commun que leur voisinage. Chacune d'elles eut son foyer particulier ; leur ensemble forme ce qu'on appelle un archipel. Ces groupes, ces archipels, et même chacune des îles de chaque archipel, sont séparés par de grandes profondeurs, et ces masses de basalte, de lave, de glaise et de débris marins se sont amoncelées en laissant intacte autour d'elles l'immensité des mers, ce qui n'aurait certainement pas lieu si elles étaient les sommités de grandes terres submergées ; le fond présenterait alors des inégalités sensibles et donnerait facilement la preuve d'une élévation graduelle aux approches de la côte. »

Quant à la formation des îles basses de madrépores et de coraux, c'est une question dont Forster, Peron et d'autres voyageurs ont de beaucoup exagéré l'importance ; elle est purement accessoire. MM. Quoy et Gaimard ont démontré, dans un rapport d'un vif intérêt pour la science, que ces petits animaux constructeurs, ces zoophytes, dont les édifices calcaires s'élèvent en éventails, se ramifient en arbres ou s'arrondissent en boules, ne peuvent donner pour base à leur travail que des hauts fonds arrivant à peu de distance de la surface des flots, et non le fond sableux de l'Océan, parce qu'ils ne sont pas susceptibles de supporter une grande pression, et aussi en raison du besoin qu'ils éprouvent de la lumière bienfaisante du soleil, lumière qui n'aurait plus assez d'action à la profondeur de trois ou quatre cents mètres, qu'il faudrait supposer. Le champ où s'exerce l'action des zoophytes n'est donc pas illimité, ainsi qu'on l'avait dit d'abord, mais restreint aux seuls points où il y a soulèvement de la croûte du globe et où le sommet du cône arrive assez près de la surface des flots pour percevoir la lumière.

La science moderne nous dit : Lorsqu'eurent cessé les perturbations, résultat des réactions chimiques des éléments dont se compose le globe, la terre, après plusieurs essais de sa puissance fécondante, interrompus par d'autres perturbations résultant du déplacement des mers causé par des variations dans l'ensemble des gravitations des corps célestes, fut apte à produire des végétaux de plus en plus compliqués, des animaux de plus en plus parfaits ; enfin l'homme se montra au sommet de la série des êtres animés. Partant de ce principe, chaque jour confirmé par l'observation, que partout où naît un être quelconque se trouvent d'avance toutes les conditions indispensablement liées à l'usage de ses organes spéciaux, la science ajoute : qu'il est impossible de douter que les continents n'aient été les berceaux des premières familles humaines, parce qu'ils durent exister avant les îles et qu'ils possédèrent les premiers tout ce qui est nécessaire à l'éducation et au développement de l'homme : stabilité du sol, grands cours d'eau à travers des plaines étendues, végétation puissante revêtant des formes variées, animaux multipliés. Comme chacun des continents était en possession d'offrir ces avantages, chacun des continents a sans nul doute donné naissance à ses premiers habitants. Et ici la science élève au rang de continent la Nouvelle-Hollande et quelques-unes des grandes terres de la Malaisie, dont elle a besoin pour y placer le berceau de ses Malais et de ses nègres océaniens.

Nous venons de montrer la Genèse compromise follement par le zèle grossier et peu scrupuleux de ceux qui entreprirent de la défendre, non sur le sens résultant de l'ensemble, mais sur l'interprétation purement littérale, abandonnée ou servie sans succès par des historiens et des philologues désintéressés, et traitée hostilement par la science moderne. Et cependant nous nous hâtons de déclarer que sur les grandes et insolubles questions que nous venons d'indiquer si sommairement, il nous semble difficile de passer condamnation contre la Genèse, même d'après le réquisitoire de la plupart des représentants de la science moderne.

Nous avons entendu un ami sincère de la vérité (nous croyons inutile de le nommer), qui croit fermement en Dieu et qui admire Moïse, mais sans que cette admiration le conduise à mépriser Confucius, Bouddha et Mahomet, s'exprimer ainsi :

« L'esprit humain pèche tour à tour par deux natures d'incrédulité, selon qu'il s'obstine à ne vouloir regarder qu'en arrière ou en avant, se tourner vers le passé ou vers l'avenir. L'Europe du moyen âge se tint la face entièrement tournée vers le passé et manqua de la foi aux progrès, dont l'avenir était gros; aujourd'hui, c'est le contraire; tous les regards sont dirigés vers l'avenir, et les cœurs sont disposés à manquer de la foi à des enseignements gravés bien loin dans le passé. Cependant, quelque supériorité que je reconnaisse avec vous à la science moderne sur la science primitive dont Moïse est le fidèle représentant (supériorité qui, en définitive, se borne à mieux observer la marche d'un plus grand nombre de phénomènes physiques, tout en s'arrêtant impuissante en face des causes premières), vous m'accorderez bien que ce naïf et colossal génie, considéré comme historien, a sur tous les historiens qui l'ont suivi un avantage inappréciable; c'est qu'il a vécu à une époque où il était encore possible de recueillir au moins un faible murmure des plus vieilles traditions conservées parmi les premiers habitants de la terre. Dans les généalogies que nous donne la Genèse jusqu'à l'époque d'Abraham, où commence l'histoire spéciale des tribus juives, sous chaque nom doit certainement se lire le nom d'un peuple, fils de tel peuple, frère aîné ou frère cadet de tel autre, et père à son tour d'un peuple nouveau, à mesure que ces peuples seront sortis les uns des autres ou auront pris rang dans une fédération commune. C'est ainsi que de nos jours encore nous voyons chez les Indiens de l'Amérique du Nord se former des familles de nations. La nation primitive ou la plus importante prend le titre de *grand-père*, et les autres se disent *fils* et *petits-fils*; par exemple, dans la famille des Six-Nations, *Onondago* est chef ou père, *Oneïda* est fils aîné, *Seneca* est le plus jeune fils. Le chapitre V de la Genèse, ou dénombrement de la postérité d'Adam, et le chapitre X, ou dénombrement des descendants des trois fils de Noé, me semblent une vénérable chronologie de l'humanité naissante, une généalogie très-admissible des premières peuplades à l'état sauvage. Pourquoi refuseriez-vous de voir dans Adam sinon le premier homme, du moins la première réunion d'hommes un peu importante, le premier peuple ?

» Après que le peuple Adam a duré cent trente ans (c'est-à-dire après qu'il a fourni de quatre à cinq générations), un essaim se sépare de lui pour former le peuple *Seth* à l'instar du peuple Adam, et la tradition dit : Adam a engendré Seth *à son image et à sa ressemblance*. Adam *engendra* ensuite *des fils et des filles*, sans que le récit conserve leurs noms, c'est-à-dire que le peuple Adam continue à fournir une suite de générations nouvelles, mais sans qu'il s'en détache de nouveau un autre peuple, jusqu'à ce que, après avoir duré neuf cent trente ans, il meurt de la mort naturelle d'un peuple, probablement asservi ou dispersé.

» Le peuple Seth, après cent cinq ans, c'est-à-dire ayant fourni de trois à quatre générations, voit se détacher de lui un essaim, le peuple *Énos*, après quoi il continue à engendrer des fils et des filles, jusqu'à la fin de sa durée, qui est de neuf cent douze ans, etc., etc.

» Le peuple *Henoch* ne dure que trois cent soixante-cinq ans, et finit d'une manière remarquable. *Il marcha avec Dieu, et il ne parut plus, parce que Dieu l'enleva*. Le fait s'expliquerait ainsi : La Genèse, dans un autre endroit (chap. IV, vers. 17), appelle du nom d'Henoch la première ville bâtie, c'est-à-dire que le peuple Henoch aura été le premier à vivre dans des habitations rapprochées les unes des autres. Il marchait avec Dieu, ce qui s'accorde parfaitement avec un tel degré de civilisation. Il aura disparu tout d'un coup sous la main de Dieu, par un tremblement de terre ou par un courant de lave. Plus tard l'esprit religieux, commentant la tradition dans un sens favorable, a dit que Dieu avait enlevé Henoch pour récompenser sa piété.

» Lorsque survint le déluge, le peuple *Noé* avait déjà duré cinq cents ans, et de lui étaient issus les trois peuples, *Sem*, *Cham* et *Japhet*. C'est si bien un peuple et non pas un homme qu'il faut reconnaître sous chaque nom, qu'après que Dieu a déclaré : (chap. VI, vers. 3) *le temps de l'homme ne sera plus que de six-vingts ans,* nous voyons *Sem* vivre cinq cents ans, son fils *Arphaxad* trois cent trois ans, son petit-fils *Salé* quatre cent trois ans, et son arrière-petit-fils *Heber* quatre cent trente ans; et que l'historien, en racontant plus loin la mort d'Abraham, âgé de cent soixante-quinze ans (cette fois il parle réellement d'un homme), ajoute cette réflexion : « Et ses forces étant épuisées, il mourut dans un âge très-avancé, étant dans la plénitude de ses jours. » C'est la première réflexion de ce genre qu'on rencontre dans un récit où les morts ne manquent pas.

» Les peuples issus du peuple *Sem* s'établissent aux environs du Tigre et de l'Euphrate; ceux issus du peuple *Cham* s'établissent plus à l'ouest, près de la Méditerranée, dans l'Arabie et dans l'Égypte; enfin les descendants du peuple *Japhet*, appelés *Javaniens* et *Gomérites*, peuplent l'Asie-Mineure et passent en Europe. Au sujet de Nemrod et d'Assur, remarquez une circonstance singulière. L'historien commence par dire : Les fils de Chus furent Saba, Hevila, Sabatha, Regma et Sabatacha, parce qu'ici il énumère des peuples issus du peuple Chus; et dans le verset suivant il ajoute, en dehors de cette nomenclature : Or *Chus engendra Nemrod*, parce qu'ici il ne s'agit plus que d'un homme, *qui commença à être puissant sur la terre* et fut un violent chasseur devant le Seigneur. La ville capitale de son royaume fut Babylone, outre celle d'Arach, d'Achad et de Chalanne, dans la terre de Sennaar. *Assur* sortit de ce même pays, et il bâtit Ninive et Chalé et aussi la grande ville de Resen; *mais* Mesraïm (observez la force de ce mais) engendra

Ludim, Anamim, Laabim, Nephthuim. Ici nous rentrons dans la généalogie de peuples qui vont s'essaimant.

» Je ne vois nulle raison pour rejeter le fond de cette tradition, et je pardonne volontiers quelques ornements devenus pour nous inexplicables et peut-être seulement destinés à relever le courage du peuple hébreu, alors captif de l'Égyptien, et à lui donner confiance en lui-même et mépris pour le Chananéen, qu'on se proposait de dépouiller. Je ne doute pas qu'à l'époque où Moïse la recueillit, elle ne fût la tradition existante chez les différents peuples. Elle se sera perdue chez les autres peuples, à mesure que chacun se sera courbé sous le joug de quelque tyran étranger et que des conquêtes successives les auront fondus ensemble. Elle s'est conservée chez le peuple hébreu, grâce à ses institutions qui le séparaient si profondément de tous les autres et qui n'ont jamais permis à une nation conquérante de se l'assimiler. Je m'associe à l'opinion de Vico, pour qui « il est prouvé jusqu'à l'évidence, que le genre humain a eu ses commencements en Orient, et qu'il a quitté la Mésopotamie pour se disperser *dans la grande forêt de la terre*, et qu'il s'est répandu dans les différentes parties du monde, au moyen d'abord de la vie errante et sauvage des premiers hommes, du *droit héroïque* exercé sur *terre* et sur *mer*, et enfin du commerce maritime entrepris par les Phéniciens. »

» Quant aux profonds enseignements moraux qui s'adressent à l'humanité entière, et que Moïse a joints à la tradition en les revêtant d'une forme dramatique et ingénieuse, je déclare que, pour moi, ils lui donnent un prix de plus. Tout le genre humain provient d'un couple, nous raconte Moïse, et c'est celui de ses enseignements qui est le plus vivement contesté de nos jours. Cependant Newton pose en principe qu'il n'est pas permis en philosophie d'admettre le *plus* lorsque le *moins* suffit à l'explication des phénomènes, et qu'ainsi, un couple suffisant pour expliquer la population de l'univers, on n'a pas droit d'en supposer plusieurs. Linnée regarde de même comme un axiome que tout être vivant, ayant un sexe, vient d'un *couple créé* de Dieu dans l'origine des choses. Alors que les esprits les plus distingués de Rome, d'Athènes, d'Alexandrie, de Constantinople, se convertirent à la réforme suscitée par le Nazaréen Jésus, et que cet enseignement de Moïse leur fut imposé comme article de foi, ils l'acceptèrent sans protester et sans demander qu'on le séparât de la religion radicale qu'ils adoptaient avec transport. Il ne leur parut pas improbable qu'un couple unique ait suffi pour peupler le monde, et cependant le monde connu par eux était déjà d'une bonne étendue. Passons à la difficulté qui s'est élevée depuis au sujet de la traversée d'un continent à l'autre. Si je voulais abuser de cette circonstance, que la Genèse rencontre surtout des géologues pour adversaires, il suffirait d'un mot. Ces messieurs, qui ont à leur disposition tant de perturbations, résultat de réactions chimiques des éléments, tant de soulèvements de la croûte du globe, sans compter le déplacement des mers et les oscillations des corps célestes, se montreraient peu généreux s'ils me refusaient une modeste perturbation; je ne la demande pas de force à avoir absorbé un continent intermédiaire, je me contenterais qu'un isthme ait subi une révolution et ait disparu en partie là où s'étend la chaîne des îles Aleutiennes. Mais je me résigne à accepter le globe tel qu'il existe aujourd'hui.

» Je me garderai d'imiter quelques esprits plus pieux que prudents des siècles derniers; je ne désignerai pas telle ou telle nation en particulier de notre continent ayant une religion, un état social, pour lui accorder l'honneur d'avoir donné à l'Amérique ses premiers habitants; je ne compromettrai pas l'excellence de la cause en m'égarant dans une discussion de détails si ardue et où de beaucoup plus savants que moi ont échoué; je me contenterai d'un fait. Tout en reconnaissant que l'Amérique devait être déjà habitée lorsqu'y arrivèrent des tribus asiatiques, la majorité des philologues les plus recommandables reconnaît que ces tribus émigrantes étaient d'une ignorance extrême, qu'elles ne savaient compter que jusqu'à deux ou tout au plus à trois, et qu'elles n'avaient pas formé complétement les pronoms dans leurs langues; elles ne donnaient aucun nom particulier aux divinités qu'elles ont pu adorer, ni aux constellations, ni aux mois de l'année. La difficulté du passage, même avec les misérables moyens de navigation dont pouvaient disposer des peuplades à l'état le plus sauvage, n'est donc pas ce qu'objectent les philologues. Voilà un grand point. Seulement ils posent ce syllogisme : Quelques idiomes asiatiques ont pénétré en Amérique, mais la masse des langues parlées y présente un caractère distinct et original; donc il ne se peut pas que l'Amérique fût inhabitée avant la venue des tribus asiatiques. En vérité, est-ce là une objection sérieuse ? Que pouvait être une langue dont les pronoms ne sont pas complétement formés, avec laquelle on compte au plus jusqu'à trois, servant à peine de lien entre des hommes qui n'ont encore ni idoles ni calendrier? Quoi d'étonnant que cet embryon d'idiome appelé à s'accroître, se modifier, se transformer à l'infini sur le sol américain et chez les différents peuples issus de ces émigrants, ait aujourd'hui disparu à peu près entièrement et que lui aient succédé des langues qui présentent un caractère distinct et original et qui manquent d'analogie avec celles qui, sur notre continent, ont succédé aux primitifs embryons jumeaux? Je dis, avec les philologues : Des tribus à l'état le plus sauvage, à cet état où, selon Vico, les hommes, après avoir été *muets*, c'est-à-dire ne parlant que par signes, n'en sont encore qu'à être *bègues*, c'est-à-dire à parler seulement par voyelles et non par consonnes, des tribus, dis-je, ont passé sur l'autre continent, mais j'ajoute, et ce sont ces tribus qui ont dû le peupler.

» Jusqu'ici je me suis tenu sur la défensive (en supposant que la Genèse ait besoin d'être défendue, et qu'il n'y ait pas un excès de présomption à sembler prétendre à l'honneur de la défendre), maintenant je me sentirais une velléité d'attaquer. La science moderne a été à même d'observer que le nombre des espèces animales est en rapport avec la grandeur de chaque continent. Le nôtre compte un plus grand nombre d'animaux que le continent américain, et celui-ci, à son tour, est mieux partagé que la Nouvelle-Hollande; les grands animaux manquent aux îles. Ajoutez que dans la plupart des espèces qui sont communes aux deux continents il y a différence de taille; les animaux de la Nouvelle-Hollande sont à leur tour généralement plus petits que ceux de l'Amérique. Cette observation ne pourrait-elle donc sembler de nature à confirmer l'enseignement traditionnel; ne peut-elle fournir sinon un argument, du moins une induction encore pour reconnaître dans le plus grand continent le véritable berceau de l'homme, la plus noble créature, celle qui se présente au sommet de la chaîne des êtres animés?

» A ceux qui objectent la distinction des races et la nécessité de donner également un berceau à une race américaine et même à des races océaniennes, je rappellerai que cette nécessité n'a point été admise par Cuvier, à qui certes l'on ne s'avisera pas de refuser la connaissance parfaite de l'anatomie. Cuvier en est revenu à ne distinguer que les trois races indiquées par Moïse. Le beau génie qui représente la science moderne avec autant de puissance et de gloire que qui que ce soit, a rendu à la Genèse ce double hommage : de ne la point trouver en défaut dans l'histoire de la formation du globe, de la reconnaître sagace et sublime dans l'étude de l'homme.

» Une considération dernière : j'admets pour un moment que je sois dans l'erreur (il y a peu d'humilité à confesser que l'on communie à une erreur en aussi bonne compagnie que celle de Newton, Linnée, Cuvier); jugeons des deux systèmes par les conséquences qui en découlent. Rien qu'en admettant trois races, quoique prudemment rattachées à un unique tronc, le genre humain (dans les siècles modernes, il est vrai) n'a pu se préserver du terrible fléau de l'aristocratie de la peau. Qu'adviendra-t-il quand on sera parvenu à démontrer, à élever au rang de vérité, l'existence de quinze ou seize races parfaitement tranchées, à délivrer à chacune son acte de naissance en due forme et bien authentique, et à lui assigner son berceau distinct enfin retrouvé ? Vous aurez réussi à créer une base plus large aux sophismes que l'esprit de cupidité échafaude en un système d'infériorité de telle ou telle race, pour y asseoir l'affreux droit de l'esclavage. L'égalité d'une raison éducable entre seize races d'hommes non rattachées à un tronc commun et dont quelques-unes seront *écloses* sur certaines terres où toutes les espèces de créatures animales portent un caractère d'infériorité très-marqué, sera devenue moins illogiquement contestable. De cette vérité résultera-t-il du moins quelque progrès réel pour la science ? Peut-on y voir un échelon de plus fourni à l'intelligence de l'homme pour se rapprocher davantage des causes premières ? En peut-on déduire quelqu'une de ces grandes lois qui font révolution dans l'ordre physique ou dans l'ordre moral ? Je mets la science moderne au défi. Dans l'un elle va subdivisant à l'excès au lieu de simplifier; dans l'autre elle substitue misérablement quelques hordes rivales à une grande famille de frères. Cette vérité est stérile ou ne peut enfanter que le mal. Est-ce là le cachet d'une vérité ? Connaissez-vous une vérité dont on puisse logiquement déduire un mal ?

» Admirons, au contraire, combien l'erreur de Moïse est féconde !... Mais je n'ai ni le désir ni la mission de monter en chaire, je préfère m'en tenir là. »

Cette argumentation contre les détracteurs de la Genèse trouvera-t-elle quelque crédit auprès de nos lecteurs ? Nous l'avons donnée, en écrivain impartial, pour mettre sous les yeux les arguments qui peuvent militer en faveur des deux **opinions.**

Au surplus, quelque opinion que l'on adopte sur une question débattue jusqu'ici avec si peu de résultat, soit que l'on considère les populations américaines et océaniennes comme vraiment aborigènes, ou, au contraire, comme provenant d'émigrations parties de notre continent, il est, selon nous, une chose certaine, c'est que les religions qu'on a trouvées établies parmi elles au moment de la conquête, présentent, de même que le font les langues, à côté de fréquentes analogies avec les dogmes de plusieurs religions de notre continent, un caractère tout à fait distinct et original tant dans leur dogme que dans le rite et dans leurs mythologies. Les premiers arrivants d'Asie, si l'on admet des colonisateurs, ne pourraient avoir été que des chasseurs et des pêcheurs vivant dans le plus grossier fétichisme et incapables d'avoir apporté ni une langue ni une croyance de quelque valeur dont la trace puisse se retrouver. Les croyances se seraient peu à peu formées, à mesure que les familles implantées sur le sol devenaient de plus en plus nombreuses, s'activaient pour trouver des ressources nouvelles, inventaient quelque moyen meilleur pour fournir aux besoins de la vie, et parvenaient à s'agglomérer en peuplades et puis en nations. En résumé : que la population soit ou ne soit pas née sur le sol même, il est impossible de le décider ; mais la civilisation et les croyances, élevées à l'état de religions, n'y ont point été apportées d'ailleurs.

Nous traiterons des trois principales de ces religions : 1° Celle qui fut commune à presque toutes les îles de la Polynésie ; 2° celle du Mexique ; 3° celle du Pérou, groupant autour de chacune quelques-unes des croyances moins élaborées et annonçant un état social trop peu avancé que l'on rencontre dans le reste de l'Océanie, dans l'Amérique du Sud ou dans l'Amérique du Nord.

CHAPITRE DEUXIÈME.

Religion qui a pour dieu suprême Taaroa. — Elle est répandue dans toute la Polynésie. — Est-elle née chez les insulaires ou a-t-elle été apportée de l'un des deux continents? — Quelques-unes des croyances aux îles Mariannes, aux Carolines, à la Nouvelle-Zélande et dans l'Australie.

Les navigateurs et les missionnaires nous ont initiés depuis longtemps à un grand nombre de traditions recueillies dans les îles de la Polynésie. Ils nous ont fait connaître les noms de quelques-uns des dieux qui y sont adorés et plusieurs des cérémonies de leur culte; mais les premiers n'ont pu observer qu'à la hâte et pendant les courts loisirs d'une relâche occupée par beaucoup d'autres travaux; quant aux seconds, préoccupés avant tout du soin d'assurer leur propre salut dans l'autre vie en conquérant dans celle-ci des âmes à la religion du Christ, on comprend qu'ils ont dû manquer de la première qualité que l'observation réclame, un esprit parfaitement impartial. Les rares commerçants que l'espoir d'une fortune à faire ont retenus un certain laps de temps parmi ces peuples, se soucient assez peu des questions scientifiques ou littéraires, et ne s'occupent guère de communiquer au public le récit de ce qu'ils ont pu voir en dehors de leurs affaires. Quelques matelots déserteurs ou échappés à un naufrage ont donné de curieux détails; mais ces hommes peu éclairés ont trop souvent mal compris ce qu'ils étaient si bien placés pour voir de près. Un homme cependant s'est enfin trouvé qui réunissait les conditions favorables pour bien voir, bien comprendre et bien rendre compte de ce qu'il a vu.

M. Moerenhout, qui a longtemps exercé les fonctions de consul général des États-Unis aux îles océaniennes, homme passionné pour la science, d'un esprit judicieux, géologue, historien et philologue, parlant les langues de l'Océanie, a donné le tableau le plus intéressant de ces populations, que tant d'autres voyageurs ont essayé de peindre, mais sans avoir jamais eu l'occasion de les voir qu'à la hâte et d'une manière très-incomplète. Lui, à qui le temps et les facilités n'ont point manqué, il a pu étudier son sujet sous toutes les faces et profondément. Dans son livre, la partie religieuse est presque entièrement neuve. On sent que ce n'est point là un de ces systèmes ingénieux que le voyageur construit à son retour, en comparant laborieusement dans son cabinet les notes de son journal avec les observations que d'autres ont publiées avant lui. L'auteur a eu la merveilleuse bonne fortune de pouvoir puiser ses documents à la véritable source. Il a reçu l'enseignement qu'eût pu recevoir un catéchumène de cette religion. Il a longtemps vécu familièrement avec un chef otaïtien, Tati, dont le père avait été grand prêtre, et qui lui-même, dans sa première jeunesse, avait officié aux autels. En outre, il a conféré souvent avec un vieillard de la même île, jadis prêtre et *harepo* à l'île de Raiatea ; et ce dernier, au rapport du chef otaïtien, était le vieillard qui connaissait le mieux les anciennes traditions et tout ce qui regardait le culte et l'état du peuple aux époques les plus reculées.

M. Moerenhout raconte sa première entrevue avec l'ancien ministre de l'antique religion que les Otaïtiens ont abandonnée de nos jours. Nous citerons ce passage, comme moyen le plus simple d'introduire nos lecteurs au milieu de ces mœurs otaïtiennes aujourd'hui tellement modifiées, mœurs qu'ils connaissent sans aucun doute, mais qu'il n'est peut-être pas mal de leur rappeler un peu.

« Mécontent du messager que j'avais envoyé au vieux prêtre et qui n'était pas encore revenu, mécontent du prêtre même, qui probablement n'avait pas voulu venir, je m'étais retiré de bonne heure et j'allais me coucher, quand quelques coups frappés à ma porte m'annoncent le retour de mon Indien. Je cours ouvrir, espérant voir enfin cet homme dont on m'avait tant parlé, mais mon messager était seul... Désappointé autant qu'on puisse l'être, je le reçus rudement, et je le poussais dehors par les épaules, quand, avec cette patience et cette égalité d'humeur qui caractérisent tous ces insulaires, il me dit en souriant : « Un moment, monsieur Moerenhout, ne vous fâchez pas. » Et en même temps il me tira de dessous son *tapa* (étoffe faite, non de filaments d'écorce, mais de l'écorce même macérée et battue; on dirait un fort papier) une grande feuille de bananier chargée de caractères d'écriture. Je crus que c'était quelque lettre de change tirée par mon vieux prêtre, et à laquelle il fallait faire honneur pour le décider à venir. Je me trompais. En approchant de la lumière la feuille qu'il m'envoyait, j'y lus ces paroles :

« *Il était : Taaroa était son nom; il se tenait dans le vide. Point de terre, point de ciel, point de mer, point d'hommes. Taaroa appelle, mais rien ne lui répond; et seul existant il se changea en l'univers.* »

» Frappé de ce système si nouveau et que je m'attendais si peu à trouver dans ces îles, je relus plusieurs fois ce singulier écrit. J'étais si agité, que je pouvais à peine poursuivre. J'en vins à bout pourtant, et trouvai tout également sublime. Ébloui de cette étonnante découverte, je ne savais ce que je faisais ; mais, dans mon enthousiasme, il me semblait voir se soulever tout à coup de devant mes yeux le voile qui jusqu'alors m'avait dérobé le passé de l'histoire polynésienne et ce qui depuis si longtemps était l'objet de mes méditations et de mes recherches. Aussi, à peine avais-je examiné le peu de lignes écrites avec un bâton sur cette feuille, que j'ordonnai le départ. Mon Indien, qui avait vu mon agitation, me regardait fixement, et je dus lui répéter mon ordre; mais quand il eut enfin reconnu que je parlais sérieusement, au point de me fâcher de son inaction, il alla chercher du monde. Il était neuf heures du soir. Mes gens tardaient à venir, et moi je brûlais d'impatience. Ils me demandèrent beaucoup d'argent;

mais je ne marchandai pas, tant j'étais occupé de ce que j'avais vu, de ce que j'espérais découvrir; aussi le marché fut-il bientôt conclu. Tout fut prêt en un instant, et en moins d'un quart d'heure j'étais sous voile dans une pirogue indienne. »

Après avoir navigué toute la nuit (ce que des Indiens n'eussent certes point hasardé autrement que dans la compagnie d'un blanc, car ils redoutent les revenants, mais pensent que ceux-ci n'oseraient s'adresser à un blanc), la pirogue arrive un peu avant le jour en face du village où est la demeure du vieillard. Des chiens aboient; quelques habitants s'éveillent et viennent reconnaître les rameurs. Le vieillard, prévenu, s'empresse au-devant de l'hôte que Dieu lui envoie, et l'introduit sous son toit.

« En approchant de la lumière, dit notre voyageur, je le reconnus et me souvins de l'avoir vu une ou deux fois chez Tati. Sa figure n'était pas belle; mais une haute stature, un front élevé, un regard de feu, une démarche noble malgré son âge, un air d'autorité qui se manifestait en lui dès l'abord, sans altérer en rien sa bonté et sa bienveillance pour tout ce qui l'approchait, montraient assez que ce n'était pas un homme ordinaire, et que, doué de talents distingués dans son pays, il appartenait aussi à cette classe seule apte jadis à remplir les hautes fonctions sacerdotales, et d'où sortaient les *arii-rahi* ou rois.

» Quand il était venu à ma rencontre, il n'avait qu'une natte roulée autour des reins, et tout le haut de son corps, ainsi que la tête, était nu, manière assez générale de se vêtir surtout pendant la nuit, mais qui jadis était la marque la plus flatteuse d'attention qu'on pût donner soit à des chefs, soit à ceux dont on recevait une visite. Dans la maison, il se couvrit, fit placer plusieurs nattes les unes sur les autres, et m'invita à me coucher. Craignant, vu son âge, de le déranger, je m'enveloppai dans mon manteau, je me couchai, et, contre mon attente, en peu de minutes je m'endormis d'un si profond sommeil, que je ne me réveillai que plus de trois heures après.

» A peine étais-je sur pied, que le prêtre vint à moi, et, me tendant la main, me répéta que j'étais le bienvenu. Je reconnus bientôt que sa réception ne devait pas se borner à des paroles. Un petit cochon et des poissons, enveloppés dans des feuilles et cuits à l'aide de pierres rougies au feu, me prouvèrent que, conformément à leurs anciennes lois d'hospitalité, ces braves gens avaient été à la pêche et n'avaient fait que travailler, depuis mon arrivée dans la maison, afin de me procurer le repas de la bienvenue.

» Des feuilles vertes de l'arbre à pain et de *bouraau* (hibiscus) furent donc étalées devant moi. On m'y servit le déjeuner. On me trouva aussi un couteau et une fourchette. Il y avait de l'eau et du lait de coco, le tout dans des coupes faites avec la noix de ce dernier fruit ; et ce genre de service de table, si différent de celui des contrées plus civilisées, ne laisse pas d'être attrayant par sa propreté.

» Le vieillard s'assit à côté de moi, découpa lui-même le cochon ; puis, baissant la tête, il dit à haute voix et d'un ton pathétique une courte prière, à laquelle toutes les personnes présentes répondirent *Amen*. Et nous commençâmes le repas.

» Impatient d'en venir au sujet qui m'amenait, je saisis la première occasion de le remercier de ce qu'il m'avait envoyé et de lui dire combien cela m'étonnait et me paraissait beau. — Beau ! me dit-il en me regardant avec surprise ; vous l'avez trouvé beau?... Vous n'êtes donc pas de la même religion que les missionnaires?—Pardon, lui répondis-je ; mais partout nous servons le même Dieu. Taaroa ou Jehovah ne sont que des noms. La Divinité est toujours la même. — Ah ! pourquoi vos devanciers n'ont-ils pas toujours pensé comme vous ! Nous aurions gardé la religion de nos pères, en la modifiant et en en corrigeant les abus ; nous aurions conservé nos anciennes coutumes, notre gouvernement, et nous ne serions pas tombés dans cet état de dégradation où, sans religion, sans gouvernement, sans caractère national, nous avons contracté tous les vices des étrangers, sans adopter une seule de leurs vertus et sans conserver rien des nôtres... Ah! mon ami, oui... c'est ainsi que je veux vous nommer, ajouta-t-il en me tendant la main et serrant affectueusement la mienne, que je lui abandonnai ; mon ami, quelle plaie vous avez rouverte! dans quel état mon pays est-il tombé! Otaïti, ma chère Otaïti ! *Ahouaï! ahouaï!* » (C'est le cri de détresse dans ces îles.)

Le vieillard conduit ensuite son hôte sur les ruines d'un ancien *maraï*, lieu consacré au culte (et non *moraï*, comme disent à tort les autres voyageurs). « Là, il me dit : Vous allez vous moquer de moi... vous allez trouver cela bien absurde et bien ridicule... » Et de nouveau j'eus beaucoup de peine à le rassurer sur mon opinion et à lui faire réciter quelques passages de la cosmogonie du pays. Il commença par un chant d'*areoïs*; ensuite il me récita ce qu'il m'avait envoyé la veille, puis d'autres choses. Mais je reconnus bientôt la difficulté d'écrire tout cela, car il ne pouvait réciter que de suite et en déclamant, et alors même sa mémoire le trahissait souvent : si je l'arrêtais pour écrire, il ne savait plus rien, ne pouvait poursuivre, et il fallait recommencer. Ce ne fut donc qu'à force de répétitions que je parvins à jeter sur le papier les détails que l'on va lire. C'était long et fatigant, pour lui surtout, car je n'y réussis qu'après plusieurs jours de séance. »

En vérité, cette scène est touchante. Ce vieillard qui pleure sur les dieux qui s'en vont, sur les institutions de la patrie écroulées, n'est-il pas digne de quelque intérêt? Il prie avant le repas, et à la prière qu'il adresse aux dieux, il entend dans sa propre demeure ses serviteurs répondre aujourd'hui par le mot *amen!* un mot qui appartient à une croyance erronée, au culte apporté par l'étranger. Triste débris d'une génération presque éteinte, sa mémoire est la seule à garder encore le dépôt précieux des dogmes de la croyance véritable, des légendes sacrées, des prières qui ont la vertu de monter jusqu'au ciel, des traditions qui, sous un voile mystique, enseignent les théories de la science ou racontent les faits glorieux du passé ; et ces trésors sont aujourd'hui dédaignés de tous ! Les populations ont appris à rire de ce que les aïeux vénéraient ! Un jour un étranger, un voyageur sceptique, poussé par une vague et stérile curiosité, vient s'asseoir à son foyer et s'annonce désireux de réveiller pour un moment un écho de l'antique parole de vie ; et voilà que les facultés du prêtre, usé par l'âge et les chagrins, le trahissent ; sa mémoire elle-même commence à se montrer chancelante. Est-il donc condamné à voir la dernière trace de la foi qui lui fut si chère s'effacer même de son souvenir? Sa religion doit-elle descendre au tombeau tout entière avant lui?

On se prend à plaindre le vieux prêtre assis sur une pierre de son temple dévasté, et qui ne lit dans l'avenir que malheurs pour sa patrie; on le plaint, car il est impuissant à comprendre les bienfaits que dans la suite des temps apportera une civilisation meilleure. Ingrat ! qui cependant fut appelé à profiter déjà de l'un de ces bienfaits, et le plus grand, à acquérir la science de peindre les sons, de parler aux yeux ; la science grâce à laquelle la dernière trace de sa religion morte, fixée par lui sur la feuille du bananier et recueillie par la plume de l'étranger sceptique, n'aura point disparu du moins pour le savant. On s'associe à ses regrets, à côté de cette ruine récente à laquelle il rattache ses rêves déçus d'ambition, de pouvoir et de moralisation de ses semblables. Cette religion, l'œuvre de ses pères, que jamais il n'avait eu l'occasion de comparer à aucune autre, lui semblait si belle, si forte et si durable!

Hélas ! le pauvre insulaire à demi sauvage n'a pas comme nous puisé une philosophie impassible dans les grandes leçons de l'histoire du monde entier. Il ne sait pas que les empires et aussi les religions vieillissent, mais que de toute ruine d'empire ou de religion il n'a jamais manqué de sortir un bien pour les générations suivantes. On ne peut pas exiger de lui la résignation intelligente qu'en pareil cas montrerait sans doute un prêtre de notre Europe.

Cette religion avait un clergé héréditaire et hiérarchique, et, à côté de ces *prêtres*, des sociétés d'*areoïs*, sociétés d'initiés, et des *inspirés* ou prophètes.

Chaque district avait son *grand prêtre faaoua-pouré*, ou souverain sacrificateur, qui présidait aux grandes solennités, aux cérémonies importantes, et qui offrait aux dieux les victimes humaines.

Le temple national de chaque district comptait, en outre, 1° un *amoï-toa*, gardien des images ; 2° un *pouré*, prêtre subalterne ; 3° un certain nombre de desservants *opou-noui*, employés à l'entretien et au service du maraï. Ils dressaient les *fata*, autels ; ils enterraient les restes des victimes, etc.

Les fonctions du sacerdoce se transmettaient du père au fils, comme le pouvoir des chefs, ou, plus exactement, comme toute fonction et emploi public.

Parmi ces populations (nous parlons surtout de celles des îles de la Société), la féodalité héréditaire était parvenue à s'asseoir sur une base peut-être plus solide encore que la féodalité de notre Europe au moyen âge. Les *ratitas*, propriétaires terriens, relevaient des *tavanas*, chefs inférieurs, lesquels, à leur tour, relevaient des *arii*, chefs principaux soit d'une portion d'île, soit d'une île entière. C'est notre petite noblesse relevant des hauts-barons et ceux-ci du roi. A défaut de fils, la fille héritait du pouvoir, dans le seul but de le conserver dans sa famille. On la mariait dès qu'elle était en âge, mais sans que son mari prît le titre et eût la moindre part à l'autorité, à moins que lui-même ne fût le fils d'un chef principal. Dès que ce mariage avait donné un fils, le titre passait sur cette jeune tête ; et si le père n'était que chef subalterne, la mère alors était régente. Les institutions politiques de l'Angleterre, de l'Espagne et du Portugal nous offrent quelque chose de fort analogue à cela.

Cette aristocratie avait imaginé, pour se perpétuer plus sûrement, une précaution de plus qu'ailleurs. Dans toutes les classes, et même parmi le peuple, qui a toujours la sottise de vouloir imiter plus grand que lui, dès qu'un homme marié était devenu père d'un enfant mâle, il était supposé dépouillé à l'instant même du pouvoir et n'être plus que le représentant de son fils, qui devenait en droit le chef de la famille, ce qui n'empêchait pas le père de commander de fait longtemps encore et quelquefois même toute sa vie. Une fois l'usage descendu et infiltré dans toutes les familles, depuis la plus haute condition jusqu'à la plus infime, on comprend quelle vénération devait en résulter de la part du peuple pour la personne des nobles, des chefs et des rois.

Le despotisme des chefs ne rencontrait pour contrepoids que le besoin où ils se trouvaient de ménager des vassaux et un peuple dont ils avaient si grand besoin dans leurs fréquentes guerres. L'excellence d'une armure défensive ne faisant point des chefs indiens autant de chevaliers moins vulnérables, comme nos vieux guerriers, et ne continuant pas l'inégalité jusque sur le champ de bataille, l'homme le plus mal né avait ainsi conservé plus de prix que notre vilain de jadis. Un Indien injustement traité par son chef menaçait de le quitter, et il était rare que ce dernier ne cherchât point à l'adoucir et à le retenir à son service.

Les principaux personnages du clergé appartenaient toujours à la haute aristocratie. Pour l'ordinaire, le grand prêtre était un frère ou tout au moins un parent de l'*arii*. Souvent un chef mort était remplacé par un frère ou un proche parent investi déjà des fonctions sacerdotales, et qui, devenu *arii* ou principal chef, n'en continuait pas moins à présider aux cérémonies religieuses les plus importantes. Alors même qu'ils ne prenaient pas au pouvoir civil une part directe, les prêtres en prenaient indirectement une très-large, et ils allaient à la guerre comme nos évêques féodaux. Il va sans dire que leur personne était sacrée. Entre autres prérogatives, ils pouvaient entretenir jusqu'à douze femmes, tandis que l'*arii* lui-même (du moins aux îles de la Société) n'était pas mieux partagé que ses sujets et n'en pouvait épouser que deux, comme tous les hommes de tous les rangs.

Voyons le système religieux qu'ils avaient élaboré peu à peu, et pendant une suite de siècles, pour servir d'appui et de frein à un pouvoir si habilement combiné et si profondément enraciné dans le sol, que lorsqu'un chef disait : A qui est ce cochon, cet arbre ou telle autre chose? le propriétaire ne répondait jamais : A moi ; mais *notava*, c'est-à-dire à nous deux, à toi et à moi. (Observons, à l'avantage de la féodalité polynésienne sur celle d'Europe, qu'on n'y voit point de *serfs* attachés à la glèbe. La raison en doit être cherchée, non dans le bon vouloir des chefs, mais dans le manque d'armes supérieures et par conséquent de moyens coercitifs. Et puis cette belle nature donnant à l'homme sa nourriture, non pas plus abondamment, mais d'une manière plus spontanée que dans nos climats, le vilain y était moins inquiet sur ses moyens de subsistance, et partant plus disposé à se soustraire au joug par la fuite dans les montagnes.)

Le dépôt des traditions sacrées était confié à la mémoire de quelques prêtres revêtus du titre d'*harepo*, promeneur de la nuit, parce que, dans les occasions solennelles, ils récitaient ces traditions en se promenant lentement pendant la nuit autour des maraïs. Les harepos, en leur qualité de prêtres, ayant le droit d'avoir jusqu'à douze femmes, avaient de nombreux enfants, et ils les exerçaient, dès l'âge le plus tendre, à ce grand travail de mémoire. Quand un harepo était au lit de mort, celui de ses fils qui était le plus habile et devait lui succéder approchait ses lèvres de la bouche de son père, afin de recueillir la divine science.

Cette religion enseignait un Dieu créateur sous le nom de Taaroa. « J'ai cru longtemps, dit M. Moerenhout, que ce mot qui, dans plusieurs îles, s'est changé en *tangaroa*, dérivait du mot *taata* ou *tangata* syncopé, dont le sens est *homme*, et auquel on avait ajouté l'adjectif *roa*, grand, *taaroa* voulant dire alors *grand homme*; mais il paraît que ce mot est composé de *taa*, éloigné, étendu, et de *roa*, très, signifiant ainsi *très-éloigné, très-étendu*. L'étymologie des noms, qui pourrait conduire à tant de découvertes curieuses sur l'archéologie de ces peuples, s'est presque entièrement effacée. Les naturels eux-mêmes l'ont perdue, et la plupart des noms de leurs divinités n'ont plus de signification connue. »

Voici la tradition relative à Taaroa, et qui raconte la création :

Il était; Taaroa était son nom. — Il se tenait dans le vide (ou l'immensité), — point de terre, point de ciel, — point de mer, point d'hommes. — Appelle Taaroa, mais rien répond. — Et seul existant, il se changea en l'univers. — Ces pivots (axes ou orbites), c'est Taaroa; — les rochers (ou fondements), c'est lui; — Taaroa est le sable (atomes ou éléments). — C'est ainsi que lui-même s'est nommé.

Taaroa est la clarté (le jour ou l'intelligence); — Taaroa est le centre : — Taaroa est la base; — Taaroa est le germe; — Taaroa est le cœur d'arbre (l'incorruptible); — Taaroa est le fort, — qui créa la terre ou l'univers. — Univers grand, sacré, — qui n'est que la coquille de Taaroa. — C'est lui qui l'agite et en fait l'harmonie.

Vous, pivots (axes ou orbites)! — Vous, rochers (ou fondements)! — Vous, sables (éléments ou atomes)! Nous sommes. — Venez, vous qui devez former cette terre! — Il les presse, les represse, mais les matières ne veulent pas s'unir. — Alors, de sa droite, il lança les sept cieux pour former la première base. — Et la lumière est créée, l'obscurité n'est plus. — Tout était aperçu; l'intérieur de l'univers éclairé. Le dieu resta ravi à la vue de l'immensité. — Est finie l'immobilité ; — est finie la fonction des messagers (ou désirs); — est fini l'emploi de l'orateur. — Sont fixés les pivots (axes ou orbites); — sont placés les rochers (fondements) ; — sont posés les sables (atomes ou éléments). — Les cieux l'entourent (ou tournent autour). — Les cieux se sont élevés. — La mer est dans ses profondeurs. — Est achevée la création de l'univers.

Cette cosmogonie repose sur la doctrine du panthéisme. *Taaroa*, le très-étendu, l'infini, le seul être, l'être absolu, se change en l'univers. C'est la pensée où ont atteint les esprits d'élite chez tous les peuples parvenus à un certain degré de culture; mais ici la forme est distincte et originale ; elle ne pouvait se rencontrer que chez des hommes isolés au sein de l'Océan. Eux seuls ont pu trouver cette image si ingénieuse : L'univers est la coquille de Taaroa ; c'est lui qui l'agite et en fait l'harmonie. Quel ami de la poésie n'admirera la concision sublime et l'animation de ce passage où, à mesure que Taaroa parle, une chose est créée : Pivots, rochers, sables! dit-il ; et à l'instant ceux-ci de répondre : Nous sommes !

Une autre légende donne plus de détails. On y voit personnifiés la terre, la mer, l'air, etc., avec qui Dieu s'unit et engendre. Les éléments sont toujours représentés comme *femelle* ou *mère*, tandis que Taaroa est le *mâle* ou *père*, qui, s'unissant avec les différentes parties de l'univers, les féconde.

Dormait Taaroa avec la femme, — Ohina, déesse du dehors ou de la mer se nomme; d'eux sont nés : — Nuages noirs, nuages blancs, pluie.

Dormait Taaroa avec la femme, — déesse de l'intérieur ou de la terre se nomme; d'eux sont nés : — Premier germe ou racine qui pousse sous la terre. — Est né ensuite tout ce qui croît et s'étend au-dessus de la terre ; — est né ensuite le brouillard ou vapeur des montagnes ; — est né ensuite : le fort ou le brave est son nom ; — est née ensuite la femme : la belle ornée (ou l'ornée pour plaire) se nomme.

« Ceci est obscur, dit M. Moerenhout ; mais le prêtre à qui je dois ces traditions prétendait qu'il y faut voir la naissance du premier couple de l'humanité. La croyance générale était que l'homme est né de la terre. »

Dormait Taaroa avec la femme, — Ohina, déesse de l'air, se nomme.

Sont nés d'eux : l'arc-en-ciel cela se nomme. — Est né après : le luisant ou la clarté de la lune, cela se nomme. — Sont nés après, nuages rouges, pluie rouge.

Dormait Taaroa avec la femme, — Ohina, déesse du dedans, du sein de la terre se nomme. — Est né d'eux : le bruit souterrain ou repos interrompu se nomme.

On se sent chez des peuples qui habitent un sol fréquemment bouleversé par des éruptions volcaniques. Vient ensuite la naissance de différents dieux.

Dormait Taaroa avec la femme dite au delà de toute la terre. — D'eux sont nés les dieux suivants. — Envoya Téiri, et c'était sacré. — Envoya Tefatou, et c'était sacré. — Envoya Rouanoua, et c'était sacré.

Quand le dieu Roo, saisissant ce qu'il y avait dedans, sortit par le côté du sein de sa mère.....

Il est fâcheux que M. Moerenhout ait interrompu en cet endroit la tradition, qui, dit-il, s'exprime en termes intraduisibles ; mais tous les peuples primitifs s'expriment ainsi. La Genèse parle un langage d'une crudité naïve. Notre auteur aurait bien dû imaginer quelque moyen de tourner la difficulté, ne fût-ce qu'en employant des mots latins pour les passages scabreux. Il est également à regretter qu'il ait supprimé de longs détails sur l'enfance de Roo, jusqu'à ce qu'il puisse se lever, marcher, courir. La tradition continue par la naissance des autres dieux.

Accouche ensuite la femme de ce qu'elle contenait encore. — Et pour cela sortit ce qui était encore enfermé. — Le présage des tempêtes; — l'orage; — le vent furieux; — la tempête calmée.

On comprend que ce soient là autant de dieux pour des peuples qui ont à risquer leur vie sur de faibles pirogues, jouets de la mer mugissante.

La légende finit par ces mots : Et la plante de ces esprits est dans le lieu d'où sont envoyés les messagers.

Au-dessous de Taaroa sont les dieux ou *atouas*, que l'on distingue en supérieurs ou inférieurs, selon l'étage du ciel qu'ils habitent; car le ciel se partage en premier ciel, second ciel, et ainsi de suite jusqu'à six. Le septième est appelé l'ouverture, *la bouche de lumière*. Cela ressemble assez à l'Empyrée, le cercle de pure lumière du paradis de Dante.

Tous les atouas supérieurs sont fils ou petits-fils de Taaroa.

Taaroa eut pour femme *Feu-feu-maïteraï*, et eut d'elle :

I. *Oro*, le premier, le plus puissant des dieux après son père. Nous verrons plus loin quel rôle il joue dans la croyance des initiés *areoïs*. Ses fils sont 1° *Tetoï-mati*; 2° *Ourou-tétéfa*.

II. *Raa*, qui eut pour femme *Ohotoupapa*, laquelle donna naissance à 1° *Tetoua-ourou-ourou*; 2° *Féoito*; 3° *Téhéiné-roaroa*; 4° *Teu-rai-tia-potou*; 5° *Témouria*.

III. *Tané*, qui eut pour femme la déesse *Patifouirei*, laquelle donna naissance à : 1° *Peurourai*; 2° *Piata-houa*; 3° *Piata-roroa*; 4° *Parara-ili-mataï*; 5° *Patïa-taura*; 6° *Tané-haeriraï*.

IV. *Roo*.

V. *Tiéri*.

VI. *Tefatou* ou *Fatou*.

VII. *Roua-noua*.

VIII. *Toma-haro*.

IX. *Roua*.

A cette liste il faut joindre encore d'autres noms dont la généalogie avait été moins facile à établir. Les plus remarquables, et qui recevaient un culte, étaient : *Otïa*, *Tané* (autre que celui déjà nommé), *Moé*, *Toupa*, *Panoua* (l'Esculape de ces peuples), *Téfatou-tiré*, *Tefatou-toutau*, *Peuvaï*, *Manou*, *Haaana*, *Paumouri*, *Rima-roa*, *Fatoa*, *Faatoué*, *Tea-houi-mavé*, *Rii*, *Mahouï* (le vent d'est), *Hiro*, le dieu des voleurs, etc.

Il est probable que dans les noms de plusieurs de ces atouas il faut voir les noms d'anciens chefs, consacrés par la vénération publique ; plusieurs écrivains l'ont avancé. Ce serait une analogie de plus avec tous les polythéismes, et notamment avec le polythéisme grec. M. Moerenhout n'est pas de cette opinion ; ses recherches scrupuleuses n'ont pu l'amener qu'à ce résultat : que les chefs les plus célèbres, il y a environ quatre ou cinq générations, ne manquaient pas de rattacher leur origine à celle des dieux. Agamemnon, Achille, agissaient ainsi. « Je ne doute pas, dit-il, que l'ensemble de leurs légendes, ou la vie et les actions de leurs dieux, s'il était possible d'en avoir des traductions fidèles, ne présentassent un ordre d'idées bien différent de l'exposé d'actions humaines et des exploits de leurs chefs. »

Quoi qu'il en puisse être, les exploits de ces atouas ne le cèdent en rien à ceux des héros fabuleux de la Grèce, de l'Égypte et de l'Inde.

Tiéri, *Rimaroa*, *Oroa*, *Tefatou*, *Rouanoua*, avaient rempli leur vie laborieuse d'actions d'éclat chantées par les prêtres ; mais toutes s'effacent devant celles de *Rii*, de *Mahouï* et de *Rou*. Le premier sépara les cieux de la terre en étendant ceux-ci comme un rideau. Le second tira la terre du fond des eaux ; et quand les hommes souffraient de l'éloignement du soleil, quand ils vivaient tristement plongés dans une obscurité profonde, quand les fruits ne mûrissaient plus, il arrêta cet astre et régla son cours de manière à ce que la nuit et le jour fussent de même durée ; et *Rou*, le dieu des vents (mais principalement du vent d'est), fit gonfler les eaux de l'Océan, brisa la terre qui existait auparavant (grande terre ou continent d'une seule pièce), et ne laissa que les îles actuelles.

Mahouï, dit une légende, va lancer sa pirogue. Il est assis dans le fond. L'hameçon pend du côté droit attaché à sa ligne avec des tresses de cheveux. Cette ligne et le hameçon qu'il tient à la main, il les laisse descendre dans la profondeur ou l'immensité de l'univers, pour pêcher ce poisson *la terre*. Il élève les pivots (axes ou orbites); il élève la terre, cette merveille du pouvoir de Taaroa. Déjà vient la base, déjà il sent le poids énorme du monde. La terre vient. Il la tient à la main, cette terre, encore perdue dans l'immensité; elle est prise à son hameçon. *Mahoui* s'est assuré ce grand poisson nageant dans l'espace et qu'il peut à présent diriger à sa volonté.

La suite du morceau (que M. Moerenhout déclare malheureusement ne pas comprendre dans ses détails) dépeint la terre en désordre et inculte; les êtres souffrent, et tout y languit dans la confusion et dans l'obscurité. Mahoui, après avoir pêché, arrêté et dirigé la terre, arrête aussi le soleil et en règle le cours, de manière à ce qu'avec la chaleur et la lumière naissent sur notre globe la fertilité, l'abondance et le bonheur.

Les habitants des îles Sandwich prétendaient que le soleil s'étant retiré à Otaïti, Mahoui, en une seule enjambée, passa de ces îles jusqu'à l'archipel de la Société, et obligea cet astre à reprendre sa première place dans le ciel.

Rouanoua, tête chauve, était une espèce de monstre si laid, qu'il se cachait le jour dans la mer et ne sortait pour voir sa femme que dans le cours des nuits obscures; et si grand, qu'on lui coupa, sans pouvoir le tuer, plusieurs morceaux de la tête grands comme des rochers. *Fanoura* était d'une si belle taille, que sa tête touchait aux nues tandis que ses pieds posaient au fond de la mer. La taille de *Fatauhoui* était telle, que nulle pirogue ne pouvait le recevoir; quand il voulait voyager, il lui fallait des radeaux composés de plusieurs centaines d'arbres. Ces deux géants allèrent ensemble à *Eiva*, terre aujourd'hui inconnue, pour combattre un certain monstre (un cochon formidable, qui dévorait les hommes).

Fatauhoui se sauva à son approche; mais *Fanoura* l'attaqua, le vainquit, et s'empara aussi de l'île, après avoir tué trois des quatre chefs, géants comme lui, qui se la partageaient, le quatrième n'étant parvenu à s'échapper qu'en se précipitant dans la mer et en se changeant en serpent.

Hiro, le dieu des voleurs, était également d'une stature et d'une force prodigieuses. Pour s'amuser, il faisait avec ses doigts des trous dans les pierres les plus dures. Il délivra une vierge, retenue dans un lieu enchanté, et gardée par des géants qui tuaient quiconque en approchait. Hiro s'y rendit, malgré les prières de son père, arracha d'une seule main les arbres dont la puissance tenait le lieu enchanté; et ayant par là rompu le charme, attaqua et tua les deux gardiens *Taupiri* et *Mariva*.

Il était également grand voyageur. On le dépeint saisissant sa pagaie et ses armes, et se préparant pour un long voyage dont on ignore le but, mais qui paraît être la recherche du *maro ourou, ceinturon rouge*, symbole de la divinité et du feu. Accompagné de plusieurs guerriers et de ses chiens, il s'embarque sur le *pahi*, pirogue construite exprès pour l'expédition, et d'une dimension extraordinaire. Le récit de ses courses, où il est reçu tantôt en ami, tantôt en vainqueur, offre des scènes de fêtes et de combats variées et pleines de mouvement.

Il parcourt différentes îles; mais, non content de ses pérégrinations terrestres, il descend chaque nuit, accompagné de ses chiens, sous les eaux de la mer, pour combattre des monstres et des géants; prouesses qui font frémir pour lui ses amis, mais dont il revient toujours plus dispos et plus rayonnant de gloire.

Au milieu d'une de ces courses périlleuses, il s'était endormi dans une grotte. Les dieux des ténèbres, ses ennemis, profitant de son sommeil, soulevèrent une violente tempête, dans l'espoir de faire périr sa pirogue et ses gens. En butte à la violence du vent, sa pirogue ne se gouvernait plus au milieu des vagues courroucées qui, s'entassant les unes sur les autres comme des montagnes, menaçaient à chaque instant d'engloutir ses guerriers consternés. Ils passèrent cette nuit affreuse dans la terreur et dans la plus profonde obscurité ; mais, au point du jour, quand ils se croyaient près de périr, *Hiro*, fort heureusement réveillé par l'un de ses chiens fidèles, reparut à la surface des ondes. Son aspect seul calma la tempête et dissipa ses ennemis avec les ténèbres. Rejoignant alors sa pirogue et ses compagnons, il fit voile au lever du soleil, et bientôt arriva sain et sauf dans une des îles de la Société, où l'on voit encore trois montagnes qu'on nomme *la Pirogue, la Pagaie*, et *les Chiens de Hiro*.

De tous ces dieux, aucun n'eut des aventures aussi touchantes que celle du dieu *Rono*, honoré dans l'archipel des Sandwich. *Rono, atoua* de Hawaï, dans les temps anciens, habitait avec sa femme à *Ke-ara-Kekoua*. — *Kaiki-Rani-ari-opouna* était le nom de la déesse. Un rocher escarpé était leur demeure. — Un homme monta au sommet du rocher, et de là il parla ainsi à l'épouse de Rono : Kaiki-Rani-ari-opouna, ton amant te salue; daigne le garder : éloigne l'époux, celui-ci te restera toujours. — Rono, entendant ce discours artificieux, tua sa femme dans un moment de fureur. Désespéré de cet acte cruel, il porta dans un maraï son corps inanimé, et pleura longtemps sur elle. Ensuite, atteint d'une folie frénétique, il parcourut Hawaï, se battant avec tous les hommes qu'il rencontrait. — Et le peuple étonné disait : Rono est-il devenu fou? — Et Rono répondait : Oui, je suis fou à cause d'elle, à cause de mon grand amour. — Ayant institué des jeux pour célébrer la mort de sa bien-aimée, Rono s'embarqua sur une pirogue triangulaire et vogua vers les terres lointaines. Mais, avant de partir, Rono prophétisa ainsi : Je reviendrai, dans les temps futurs, sur une île flottante qui portera des cocotiers, des cochons et des chiens.

Les atouas inférieurs sont plus rapprochés de l'homme que les atouas d'en haut. Les uns résident sous les flots de la mer ou sous le cristal des fontaines; d'autres, dans les bois, au sommet des montagnes, au fond des antres ténébreux.

Ce sont, par exemple, les *dieux requins, atoua maho*, dont on compte une douzaine. Ces terribles animaux étaient enrégimentés et disciplinés par eux; ils dévoraient ou respectaient les individus, suivant l'ordre du dieu. Dans une pirogue, ils connaissaient un prêtre, le respectaient, le sauvaient en cas de naufrage. Un de ces hommes privilégiés affirmait au voyageur Ellis que le requin, aux ordres de son dieu, l'avait souvent transporté sur son dos, lui et son père, de Raïatea à Wahine. Viennent ensuite les dieux et déesses des vallons, *atoua peho*, en nombre égal; les *atoua noté oupaoupa*, les dieux qui président aux *paoupa*, représentations dramatiques, au chant, à la danse, ils sont au nombre de quatre; les *atoua noté ravaoi*, au nombre de cinq, et qui accordent une bonne pêche aux pêcheurs; les *atouas* de la médecine; les *atouas* à qui l'on fait des offrandes pour se garantir des enchantements et des maléfices; l'*atoua* des laboureurs, planteurs d'ignames, taro, etc.; l'*atoua* des charpentiers, constructeurs de cabanes, de pirogues, etc.; l'*atoua* de ceux qui couvrent les cabanes d'une toiture de feuillage; l'*atoua* de ceux qui font les filets, etc., etc.

Viennent ensuite les *tiis*, esprits d'un ordre tout à fait secondaire, qui servent à Taaroa de messagers pour communiquer avec les créatures. La légende nous expliquera leurs attributions.

Taaroa dormait avec Hina, la grande de la lune. Et d'eux naquit Tii. — Tii dormait avec la femme *Ani*, désir, souhait. D'eux sont nés: Désir ou messager de la mort, désir messager de la vie, désirs des dieux, désirs des hommes (surveillants de la mort, de la vie, des intérêts des dieux, des intérêts des hommes). — Sont nés après: Tii de l'intérieur, Tii du dehors, Tii des sables et des rivages, Tii des roches et parties solides (surveillants des animaux, des plantes, de la mer, de la séparation de la terre et de la mer).—Sont nés après : Événements de la mort, événements de la vie; l'aller et le venir, le donner et le recevoir du plaisir.

Outre ces dieux auxquels s'adressait le culte public, il y avait les dieux domestiques, les dieux de la famille ou *oromatouas*. C'étaient : 1° les *varoua-taata*, esprits des hommes et des femmes morts dans chaque famille ; 2° les *eriorio*, esprits des enfants morts en bas âge ; 3° les *pouara*, esprits des enfants qu'on tuait à leur naissance et qu'on supposait revenir dans le corps des sauterelles. De plus, chacun, homme, femme ou enfant, adoptait parmi les créatures vivantes un animal quelconque, reptile, oiseau, poisson (les animaux domestiques étaient exceptés), pour en faire l'objet de son culte particulier. Voyait-on approcher du lit d'un malade l'animal sous la protection duquel il s'était placé, on disait que c'était son dieu qui venait chercher son esprit.

Voici maintenant une légende où l'esprit de la terre fait de la mort une loi inévitable pour tout ce qui habite ou croît à la surface de la terre, et pour la terre elle-même.

Disait Hina (l'esprit de la lune) à Fatou ou Tefatou (l'esprit de la terre). — Faites revivre ou ressusciter l'homme. — Répond Fatou : Non, je ne le ferai point revivre. — Mourra la terre ; — mourra la végétation, elle mourra, — ainsi que les hommes qui s'en nourrissent ; — mourra le sol qui les produit ; — mourra la terre, finira la terre ; — elle finira pour ne plus renaître jamais. — Répond Hina : Cela suffit. — Faites comme vous voudrez ; — moi, je ferai revivre (ou ressusciter la lune), et ce qu'avait — Hina continua d'être. — Périt ce qu'avait Fatou. — L'homme dut mourir.

On supposait que pendant la vie l'âme résidait dans le ventre ; on en donnait pour preuve l'agitation des entrailles dans le désir, la crainte ou toute autre forte émotion. Après la mort, elle se rendait en un lieu dont le nom et la situation variaient selon la tradition des différentes îles, mais dont la destination était partout la même; c'était la demeure des âmes. La croyance la plus générale plaçait ce lieu au centre de la terre; on le nommait Po, c'est-à-dire obscurité ou nuit, et on le divisait en deux parties : le *Po-poroutou*, réservé aux âmes des bons; le *Po-kino*, destiné aux âmes des méchants.

La croyance d'Otaïti plaçait l'entrée du séjour des ténèbres auprès d'une petite éminence à droite de l'île. Là étaient deux pierres, l'une à droite et l'autre à gauche. L'âme, après s'être envolée hors du ventre, venait se poser sur l'une ou l'autre de ces deux pierres. Si elle se posait sur la pierre de droite, c'était preuve d'innocence, et elle voyait immédiatement s'ouvrir pour elle le séjour des ténèbres, le Po ; si elle se posait sur la pierre de gauche, c'était crime, et il lui fallait subir, avant son admission, un châtiment destiné à la purifier.

Ici se rencontre, encore plus que dans tout autre purgatoire, l'écueil commun aux religions, la difficulté de se figurer une âme qui n'a plus d'organes à son service, et qui cependant doit sentir une souffrance. La religion polynésienne y va rondement; elle admet, sans prendre la peine de s'expliquer comment, que l'âme conserve en dehors de la vie une communauté quelconque avec son ancienne enveloppe de chair et d'os. Les *oromatouas*, les dieux de la famille, sont chargés de purifier l'âme criminelle en lui grattant la chair pour la séparer des os, opération qui s'accomplit lentement et qui se répète jusqu'à trois fois.

Certainement ce doit être quelque chose d'assez rude que de se sentir déchiqueté après sa mort; mais qu'est-ce que cela, comparé aux expiations et aux supplices de tant d'autres religions? Après ce châtiment subi, l'âme était considérée comme pure et reçue au séjour commun des âmes. Il lui était loisible de revenir fréquemment sur la terre visiter ses parents et ses amis. En résumé, on pourrait dire que ces gens-là ne se croyaient vraiment morts, parfaitement morts, que lorsque les os étaient parfaitement séparés de la chair. C'est ainsi que dans le paganisme grec et romain les âmes ne sont admises à franchir le Styx et à entrer dans le séjour des morts, qu'après que les corps morts ont été réduits en cendres sur le bûcher.

En faveur des âmes de l'aristocratie et aussi de l'aristocratie d'intelligence, les prêtres annonçaient un séjour de lumière et de jouissances, qu'ils nommaient le *Rohoutou noa noa*, la demeure parfumée. Ils le plaçaient dans l'air, au-dessus d'une haute montagne de l'île *Raïatea*. L'entrée en était réservée aux âmes des initiés ou membres de la société des areoïs (dont nous aurons bientôt à parler). La consigne n'était pas d'une telle sévérité qu'elle ne se tût souvent devant des offrandes aux dieux; mais il en coûtait si cher, que le peuple ne nourrissait aucun espoir de goûter jamais cette béatitude. Du reste, ce paradis, où l'on était introduit par le dieu *Onroutatae*, supposait l'âme pourvue de tous les sens qui l'avaient accompagnée dans sa vie d'ici-bas. Là, des fleurs toujours fraîches, des fruits toujours mûrs, une nourriture savoureuse et abondante, des chants, des danses, et l'aimable compagnie de femmes éternellement jeunes et belles.

La croyance de l'île de Manga-reva, nous apprend Dumont-d'Urville, supposait que l'âme, après la mort, est enfermée à l'étroit dans un trou, un lieu souterrain. Ainsi placée, une petite ouverture lui permet de respirer les parfums du nouveau monde dont elle fait partie. Cette âme prisonnière est d'autant plus comprimée, molestée, privée des parfums du ciel, qu'elle a appartenu à un mortel plus méchant et plus injuste. Celle du juste, au contraire, jouit à son aise des voluptés attachées à son nouvel état.

Tel était l'ensemble des dogmes de cette religion polynésienne, si on l'étudie aux îles de la Société, où elle atteignit son plus haut degré de perfection. Dans les autres archipels, on retrouve des traditions qui varient dans les détails selon les localités, mais qui toutes ont entre elles une grande analogie quant au fond.

Ainsi, par exemple, les naturels de Manga-reva racontent que Mawi, qui n'était alors qu'un homme, s'amusait à pêcher avec ses compagnons. N'ayant pas d'amorce à sa disposition, il se coupa une oreille, qu'il mit à l'hameçon de sa ligne. Bientôt il la retira, et les terres furent amenées à la surface de la mer. A cette vue, ses compagnons se jetèrent dessus pour s'en emparer; mais, de dépit, Mawi laissa retomber sa ligne, et il n'en resta qu'un morceau fixé à l'hameçon : c'était *Manga-reva*, que Mawi conserva pour lui-même.

La tradition ajoute que le ciel se trouvait alors très-près de terre, à tel point que le possesseur de *Manga-reva* ne pouvait se lever debout, et qu'il était très-incommodé par la fumée; donnant un coup d'épaule au ciel, il lui imprima une grande vitesse, qui le fit s'élever à la distance où il se trouve maintenant de la terre. Rien ne le gênant plus, il s'occupa de donner naissance aux habitants de Manga-reva; on ne dit pas comment il s'y prit.

Mariner, un Anglais qui a vécu longtemps en esclavage au milieu des naturels des îles Tonga, a recueilli la tradition suivante. Nous la donnons sans en séparer la dernière partie, qui est d'une date moderne et destinée à expliquer la raison de la supériorité de la *chair blanche*.

Un jour que *Tangaloa*, dieu des inventions et des arts, pêchait du haut du ciel dans le grand Océan, il sentit un poids extraordinaire au bout de sa ligne. Croyant avoir pris un immense poisson, il se mit à tirer de toute sa force. Bientôt parurent au-dessus de l'eau plusieurs rochers, qui augmentaient en nombre et en étendue en proportion des efforts que faisait le dieu. Le fond rocheux de l'Océan s'élevait rapidement et eût fini par former un vaste continent, quand, par malheur, la ligne de Tangaloa se rompit; ce qui fit que les îles Tonga restèrent seules à la surface de la mer. (On montre encore à Hounga, observe Mariner, le rocher auquel l'hameçon de Tangaloa s'accrocha. Cet hameçon fut remis à une famille du nom de Toui-tonga, qui le perdit, il y a un demi-siècle, lors de l'incendie d'une maison.)

Tangaloa ayant ainsi découvert la terre, la couvrit d'herbes et d'animaux semblables à ceux de Bolotou, mais d'une espèce plus petite et périssable. Voulant aussi la peupler d'êtres intelligents, il dit à ses deux fils :

Prenez avec vous vos deux femmes, et allez vous établir à Tonga. — Divisez la terre en deux et habitez séparément. Ils s'en allèrent. — Le nom de l'aîné était *Toubo*; celui du cadet, *Vaka-ako-ouli*. — Le cadet était fort habile : le premier il fit des haches, des *colliers de verre*, des étoffes de papalangui, et des miroirs. — Toubo était bien différent : c'était un fainéant. — Il ne faisait que se promener, dormir et convoiter les ouvrages de son frère. — Ennuyé de les demander, il pensa à le tuer, et se cacha pour cette mauvaise action. — Il rencontra un jour son frère qui se promenait, et l'assomma. — Alors leur père arriva de Bolotou, enflammé de colère. — Puis il lui demanda : Pourquoi as-tu tué ton frère? Ne pouvais-tu pas travailler comme lui? Fuis, malheureux! fuis. — Dis à la famille de Vaka-ako-ouli, dis-lui de venir ici. — Ceux-ci vinrent, et Tangaloa leur adressa ces ordres : Allez et lancez ces pirogues à la mer; faites route à l'est vers la grande terre, et restez là. — Votre peau sera blanche comme votre âme, car votre âme est belle. — Vous serez habiles; vous ferez des haches, toutes sortes de bonnes choses, et de grandes pirogues. — En même temps je dirai aux vents de toujours souffler de votre terre vers Tonga. — Et ils ne pourront venir vers vous avec leurs mauvaises pirogues. — Puis Tangaloa parla ainsi au frère aîné : Vous serez noir, car votre âme est mauvaise, et vous serez dépourvu de tout. — Vous n'aurez point de bonnes choses; vous n'irez point à la terre de votre frère; comment pourriez-vous y aller avec vos mauvaises pirogues? — Mais votre frère viendra quelquefois à Tonga pour commercer avec vous.

Nous devons au même voyageur cette autre tradition : Les îles Tonga avaient été tirées de dessous l'eau par Tangaloa; mais elles n'étaient pas encore peuplées d'êtres intelligents, lorsque les dieux secondaires de Bolotou, curieux de voir le nouveau monde, s'embarquèrent dans une grande pirogue, au nombre de deux cents hommes et femmes, pour se rendre à l'île Tonga. Le lieu leur plut; et, décidés à y rester, ils dépecèrent leur grande pirogue pour en construire plusieurs petites. Mais au bout de quelques jours, deux ou trois de ces dieux étant venus à mourir, cet événement consterna les autres. Un d'entre eux éprouva alors en lui une sensation étrange, qu'il reconnut pour une inspiration envoyée par les dieux supérieurs de Bolotou. Il annonça à ses compagnons que les dieux supérieurs de Bolotou avaient décidé que, puisqu'ils étaient venus à Tonga, et qu'ils en avaient respiré l'air et goûté les fruits, tous deviendraient mortels; qu'ils peupleraient le monde d'êtres mortels aussi, et que tout ce qui les entourerait serait mortel et périssable. Cette décision les attrista beaucoup, et ils commencèrent à se repentir d'avoir détruit leur grande pirogue. Ils en construisirent une autre, et plusieurs s'y embarquèrent dans l'espoir de regagner Bolotou, promettant à leurs compagnons de revenir les reprendre s'ils réussissaient dans leur entreprise. Mais après avoir vainement cherché cette terre tant désirée, ils retournèrent tristement à Tonga.

Un voyageur, M. Barff, a recueilli sur la création de l'homme cette tradition, commune à plusieurs archipels.

Hina dit à *Taaroa* : « Comment obtenir l'homme? Les dieux *Jour* et *Nuit* sont établis, et il n'y a point d'hommes. » A quoi Taaroa répondit : « Va sur le rivage et dans l'intérieur; va trouver ton frère. — Je suis allée dans l'intérieur, et il n'y est point. — Va dans les mers, et peut-être y sera-t-il; ou sur terre, et il sera sur terre. —Qui est à la mer? —*Tiimaa-Raatai*. — Qui est Tiimaa-Raatai? Est-ce un homme? — C'est un homme et ton frère; va-t'en à la mer, et cherche-le. » La déesse ainsi congédiée, Taaroa songea aux moyens de former l'homme; et, pour cela, il prit une substance et une forme, puis se rendit à terre. Hina le rencontra sans le reconnaître, et lui dit : « Qui êtes-vous? — Je suis *Tiimaa-Raatai*. — Où étiez-vous? Je vous cherchais de toutes parts à la mer, et vous n'y étiez point. — J'étais chez moi; et puisque vous voilà, ma sœur, venez à moi. — Ainsi soit-il; et puisque vous êtes mon bon frère, vivons ensemble. » Ils vécurent donc en époux, et le fils qu'Hina mit au monde se nommait Tii : ce fut le premier homme. Plus tard, Hina eut une fille qui se nommait *Hina-arii-re-monoï*. Elle devint la femme de Tii, et lui donna un fils qui fut appelé *Taata*, terme qui, à quelques variantes près, signifie homme, dans toute la Polynésie. Hina, fille et épouse de Taaroa, grand'-mère de Taata, s'étant transformée en une jeune et belle femme, s'unit encore à son petit-fils, et lui donna un couple, *Ourou* et *Fana*, les véritables fondateurs de la race humaine.

Les récits des Polynésiens, dit Ellis, varient touchant l'origine des animaux domestiques trouvés chez eux lors de la découverte. Les uns parlent bien d'une importation faite par des peuples occidentaux; mais d'autres continuaient le système de la création de Taaroa, en disant qu'après l'homme il fit les quadrupèdes pour la terre, les oiseaux pour l'air, et les poissons pour la mer. Un petit nombre admettait une autre donnée : suivant eux, un homme des anciens âges, vieillard érudit et puissant, était venu à mourir; de son cadavre putréfié naquit une truie qui peupla l'île de cochons. Les cochons, du reste, avaient leurs âmes qui se réunissaient dans un lieu nommé *Ofe-ouna*. Chaque cochon avait un nom tout comme un homme; seulement le nom du cochon était invariable, tandis que celui de l'homme changeait aux divers âges de la vie.

Selon la tradition des indigènes de *Nouka-Hiva*, vingt générations s'étaient écoulées en 1812, depuis qu'un dieu nommé *Haii* visita toutes les îles de l'archipel et y déposa des cochons et des oiseaux, qui s'y naturalisèrent. Il parut dans la baie de *Hataotoua*, située sur la côte orientale, où il prit de l'eau. L'arbre sous lequel il se reposa durant son séjour est regardé comme sacré par les Nouka-Hiviens, et a reçu d'eux le nom de Haii. Il est probable que ce Haii est un navigateur européen venu dans ces parages il y a à peu près quatre siècles. Ces indigènes appellent le cochon *bouarko* ou plutôt *pouarko*, nom qui aurait un grand rapport avec le mot espagnol *porco*.

Remarquons que cette tradition est particulière à Nouka-Hiva seulement. Dans une légende plus vieille, et qui appartient à plusieurs autres îles, nous avons vu deux géants aller à *Eiva*, terre aujourd'hui inconnue, pour combattre un cochon formidable qui dévorait les hommes.

La tortue, l'animal le plus précieux pour ces insulaires (après le cochon toutefois), a obtenu aux îles Tonga l'honneur de figurer dans une légende spéciale. On raconte ainsi son origine.

Longtemps après que Tonga eut été peuplée, le dieu Langui, qui résidait au ciel, reçut un message des dieux supérieurs de Bolotou, qui réclamaient sa présence à une assemblée où l'on devait discuter des affaires importantes. Langui avait plusieurs enfants, et entre autres deux filles brillantes de jeunesse et de beauté. Arrivées à l'âge où l'on est dominé par la vanité et le désir de plaire, elles avaient maintes fois témoigné l'envie de voir les habitants des îles Tonga; mais leur père était trop prudent pour y consentir. Connaissant la légèreté de ses filles, et craignant qu'elles ne profitassent de son absence pour satisfaire leur curiosité, il leur défendit, dans les termes les plus formels, de sortir du ciel, et leur promit de les conduire à Tonga à son retour de Bolotou. « Considérez, ajouta-t-il, à combien de dangers vous vous exposeriez en me désobéissant : d'abord, les dieux malfaisants qui résident à Tonga saisiront toutes les occasions de vous molester et de vous susciter des obstacles ; et, en second lieu, vous êtes si belles, que les hommes de cette île s'entre-tueront pour vous posséder, et leurs querelles irriteront les dieux de Bolotou, qui me retireront leurs bonnes grâces. » Les deux déesses promirent d'obéir à leur père, qui partit en toute hâte pour Bolotou. A peine avait-il quitté les cieux, que les voilà qui commencent à raisonner sur la recommandation à elles faite. « Notre père, dit l'une, n'a promis de nous mener à Tonga que pour nous tranquilliser pendant son absence. Il y a si longtemps qu'il nous berce de cet espoir ! — C'est vrai, dit l'autre, allons-y sans lui ; nous serons de retour avant qu'il puisse rien savoir de notre voyage. » Et toutes deux ensemble ajoutèrent : « D'ailleurs, ne nous a-t-il pas dit que nous étions plus belles que les femmes de ces îles ? Oui, allons nous faire admirer des habitants de Tonga ; dans le ciel, nous avons trop de rivales, et on n'a pas pour nous les attentions que nous méritons. » Là-dessus elles se dirigent vers Tonga.

Elles abordent dans un lieu écarté de l'île et s'acheminent vers la capitale, fières d'avance des hommages qu'on ne va pas manquer de rendre à leurs charmes. Elles trouvent le roi, les chefs et les principaux habitants assemblés pour célébrer une fête et prenant leur kava. Tous les regards se tournent vers elles, et tous les cœurs (excepté ceux des femmes, qui leur portent envie) sont saisis d'admiration et d'amour. Les jeunes chefs rivalisent d'attention pour elles, laissent leur kava, et bientôt la plus grande confusion règne dans l'assemblée. Des querelles s'élèvent. Le roi, pour rétablir l'ordre, ne voit d'autre moyen que d'emmener les jeunes déesses dans son habitation. Mais dès que le soleil est couché, plusieurs chefs viennent les enlever à main armée. Le lendemain, une guerre sanglante éclate dans l'île.

Cependant les dieux de Bolotou ne tardent pas à apprendre ce qui vient de se passer à Tonga. Dans leur colère, ils accusent l'infortuné Langui d'être la cause première de tous ces troubles. Langui se justifie de son mieux et se rend sur-le-champ à Tonga. L'une de ses filles avait mangé des productions de l'île, et, par conséquent, perdu son immortalité : le père la trouva morte. Furieux, il court à la seconde, la saisit par les cheveux, lui coupe la tête, et remonte au ciel. Cette tête, jetée ensuite dans la mer, se métamorphosa en tortue; et c'est d'elle que proviennent toutes les tortues qui existent aujourd'hui sur les rivages des îles de l'Océan.

Les Polynésiens ont leur déluge et leur Noé.

Roua-Hatou est une sorte de Neptune ; il est le dieu qui vit au fond de la mer. Un jour qu'il était endormi dans sa retraite, l'hameçon d'un pêcheur vint s'accrocher à ses cheveux. Le dieu, réveillé, monte à la surface des eaux, et, reconnaissant qu'un homme est l'auteur de l'injure, il décide, avec autant de justice et non moins de passion que l'eût pu faire l'un des dieux d'Homère, que toute la race humaine périra. Le plus singulier, c'est que sa vengeance choisit de préférence les innocents, c'est-à-dire l'humanité en bloc, et épargne le seul coupable. Il lui enjoint de se rendre avec sa famille sur le *Tao-marama*. Les uns traduisent par *pirogue*, d'autres prétendent qu'il faut voir une *île* ou une *montagne*. Remarquons cette circonstance, que littéralement les deux mots signifient *guerrier de la lune* ; peut-être est-ce un mont qui semble si rapproché du ciel, qu'il paraît supporter la lune, être son soutien? Le pêcheur obéit. Dès que lui et sa famille ont pourvu à leur sûreté, la mer monte, monte ; elle couvre la surface de la terre, et tous les êtres périssent, à l'exception du petit nombre d'élus, qui bientôt après travaillent à repeupler les îles ou la terre. Telle est la tradition vulgaire.

Parmi la classe plus éclairée, on raconte le fait sans la circonstance du pêcheur et de l'hameçon. Les hommes ont manqué à leurs devoirs envers les dieux, et nécessairement les dieux sont irrités. Où trouver dans les religions primitives un dieu capable de conserver son sang-froid? « Nous détruirons, disent les dieux, les habitations des hommes, et tous les hommes périront. » Là-dessus, *Rou*, le dieu des vents, se met à souffler d'une telle force, que la mer, sortie de son lit, s'élève et submerge toutes les habitations des hommes. Ceux-ci, surpris par l'inondation, probablement nocturne, ne tardent pas à périr, leurs pirogues étant, selon l'usage, retirées à terre, sous les toits de feuillages. (On sait le soin que les Océaniens ont de leurs pirogues.) Une pirogue cependant, une seule, se trouvait par hasard à la mer, et cela sans que les dieux l'eussent aperçue (quelques Polynésiens le prétendent ainsi); d'ailleurs, ne sait-on pas que la colère rend aveugle? Quand la colère des dieux se crut satisfaite, et que la mer, en se retirant, laissa pointer quelque peu de terre à sa surface, les heureux navigateurs s'empressèrent de débarquer à l'une des îles de la Société et de se réconcilier avec les dieux en construisant un maraï. La tradition ne dit pas que la pirogue contint des animaux, mais elle affirme que la famille qui lui dut son salut eut la mission de repeupler la terre.

La tradition admise à Otaïti montre également les dieux en courroux soulevant les flots; mais, de plus, ils secouent la terre sur sa base. La mer sort de son lit; la terre tremble; des feux jaillissent de toutes parts; des masses de rochers lancés dans les airs retombent comme une pluie. (Plus tard, le géologue se réjouira de retrouver les signes manifestes d'une éruption volcanique, d'où il tirera une opinion sur l'âge des îles de l'Océanie). Une seule famille a le bonheur de gravir jusqu'au sommet d'une haute montagne, et elle échappe à la destruction.

Dans ces trois traditions, la plus bizarre est la seule qui admette la famille sauvée comme devant son salut à la volonté ou plutôt au caprice des dieux! Elles ont certainement trois âges bien distincts. Elles sont trois versions successives du même fait, raconté, d'abord, par le poëte, et qui s'épure successivement en passant par la bouche des initiés à mesure que l'état social s'améliore.

Encore une légende qui a rapport, sinon à un déluge, du moins à une perturbation, à une éruption volcanique. Certainement elle doit avoir son prix aux yeux des géologues.

Pele, la déesse des volcans et la mère de l'île Haouai, a choisi pour sa résidence la montagne et le volcan de *Kiro-ea*. Vers le sommet s'ouvre un gouffre immense, au fond duquel on aperçoit, à treize cents pieds au-dessous de soi, sur un espace de sept à huit milles, un terrain bouleversé et onduleux qui présente une soixantaine de cratères coniques; plusieurs sont sans cesse en activité. Ces cratères servent de palais à Pele, et à quelques divinités, ses sœurs, qui lui sont soumises.

Leur divertissement le plus habituel est de nager dans les laves brûlantes ou de danser dans les tourbillons de flamme, aux détonations du volcan.

Dans la même île, au district de Pouna, sur la colline de *Bou-o-kahavari*, on montre un cratère éteint, et l'on raconte assez poétiquement cette éruption. C'était grande fête dans le district de Pouna; le puissant chef Kahavari et ses guerriers s'exerçaient à la joute des traîneaux. On se lançait en traîneau du haut d'une pente rapide, et c'était à qui arriverait le plus vite en bas. Ce jeu s'appelle *horoua* (cela ressemble au jeu des *montagnes russes* et à la *ramasse* des paysans des Alpes). Une femme se présente, qui descendait de la montagne de Kiro-ea; elle annonce vouloir jouter contre Kahavari. Le défi est accepté; le traîneau de l'inconnue reste en chemin; Kahavari est proclamé vainqueur. « Recommençons, dit-elle avec dépit; mon traîneau est mal construit, prête-moi le tien. » Le chef orgueilleux, qui la prend pour une femme ordinaire, répond par un refus. « C'est à peine si je consentirais à le prêter à ma noble épouse. » Et, se plaçant sur son traîneau, il glisse de nouveau rapidement jusqu'au bas de la colline. Or, l'étrangère n'était autre que la redoutable Pele sous un déguisement. Furieuse du refus, elle frappe du pied la colline et la fend en deux; le feu et la lave jaillissent. Le chef, en se retournant, aperçoit la déesse qui vomit des flammes, jette par les narines des torrents de bitume en fusion, et lance devant elle les éclairs et la foudre. Il n'a que le temps de saisir sa longue et grosse lance, d'appeler un de ses amis, et tous deux fuient vers le bord de la mer. Le reste des assistants, que l'effroi paralyse, est enfoui sous la lave. Kahavari, poursuivi par la déesse, jette son manteau de feuilles de *ti* pour courir plus vite. En passant devant sa demeure, il rencontre son cochon favori, qu'il salue en frottant son nez sur le groin. Il court chez Kou-kii sa mère et la salue de même, nez contre nez, selon l'usage du pays. Il la prévient qu'elle est en danger de mort, ainsi que sa femme *Kanaka-vahine*. Cette dernière l'exhorte en vain à rester pour mourir avec elle; Kahavari, sans l'écouter, car déjà la lave est sur le point de l'atteindre, n'a que le temps de dire adieu à ses deux fils Papourou et Kahoe, en exprimant sa douleur de les perdre. Reprenant leur course, lui et son ami arrivent devant une crevasse profonde : sans la longue et large lance qui leur sert de pont ils étaient perdus. L'impétueuse Pele, qui arrive un peu après eux, franchit l'obstacle d'un bond. Kahavari gravit la colline de Bou-o-kahavari, où il trouve sa sœur Koae. Il lui crie un bonjour sans s'arrêter et gagne le rivage. Là, il rencontre son frère, qui venait de mettre à flot la pirogue de pêche pour éviter Pele et sauver sa famille. Kahavari et son compagnon sautent avec eux dans la pirogue; tous rament de leur mieux. Les voici au large! Pele arrive trop tard. Elle se jette fumante à la mer; elle pousse d'horribles sifflements; elle lance des rochers qui heureusement n'atteignent pas la pirogue. Le vent d'est s'élève : on plante au milieu de la pirogue la longue et large lance ornée d'une banderole, servant de mât et de voile. On aborde à Mawi, où l'on passe la nuit; de là, on gagne Ranaï, Moro-kaï, et ensuite Ohaou, où vivaient le père et une sœur de Kahavari. Le fugitif y trouve enfin le repos, loin des fureurs de la déesse. Les habitants montrent encore aujourd'hui les rochers que Pele lança contre la pirogue.

Un autre jour, cette même déesse Pele faillit être vaincue par *Tama-pouaa*, monstre gigantesque moitié homme et moitié cochon. Cet animal terrible, venu de Oahou à Haouai, alla trouver Pele dans son palais, et lui proposa de le recevoir et de le prendre pour amant. La déesse lui répondit avec colère, et entre autres épithètes injurieuses, lui donna celle de fils de cochon. Tama-pouaa irrité se précipita sur la déesse, et ayant appelé à son secours les vagues de l'Océan, il parvint à éteindre le volcan. Mais les sœurs de Pele, s'étant liguées avec elle, burent toute l'eau dont elles étaient inondées, et, rassemblant tous leurs feux, sortirent en bouillonnant du cratère. Leur ennemi, forcé de fuir, fut écrasé sous les rochers, et son cadavre disparut au fond de la mer.

Il suffit d'un coup d'œil sur l'édifice construit dans la suite des temps pour discerner ce qui est livré comme pâture à l'intelligence grossière du peuple ignorant, et ce qui était réservé à la seule méditation des esprits d'élite. Là, comme partout, l'aristocratie de la force brutale, après avoir fondé l'aristocratie des castes, avait dû faire des concessions à l'aristocratie de la pensée. Presque toutes les îles eurent leur société d'*areoïs* ou *arekoïs*, etc., suivant les différentes modifications que le même mot subit dans les différents dialectes. Cette société semble n'avoir été autre chose que l'initiation aux mystères du dieu qui eut pour nom *Oro* dans les îles de la Société et *Mahoui* aux îles Marquises, et peut-être d'autres noms encore dans d'autres archipels. M. Moerenhout croit que dans ce dieu il faut voir le soleil. Il compare la société aux associations d'Éleusis en Grèce et de Saïs en Égypte.

A en croire certains initiés, son origine remonterait à l'époque la plus reculée; elle daterait du moment où il exista pour la première fois des hommes. « La légende secrète, dit M. Moerenhout, faisait d'Oro le dieu fécondant et le fils de Taaroa, le premier des dieux après son père. Voulant se choisir une compagne parmi les mortelles, il descendit du *Terai-touétaï*, le *premier ciel*, sur le *Païa*, montagne élevée de l'île *Bora-bora*, où habitaient les déesses *Teouri* et *Oaaoa* ses sœurs, à qui il confia son projet, et qu'il pria de l'accompagner pour l'aider dans sa recherche d'une épouse digne de lui. Ils descendirent aussitôt au milieu des vapeurs de l'*anoua-anoua*, l'arc-en-ciel que le dieu avait placé dans les cieux, et dont une extrémité reposait au sommet du mont Païa et l'autre sur la terre. Cachés sous des formes humaines, Oro en jeune guerrier et les deux jeunes déesses en jeunes filles, ils parcourent les différentes îles, donnant partout des fêtes, surtout des fêtes de l'espèce de celles qu'on appelait *operéa*, des scènes dramatiques qui rassemblaient toutes les femmes; mais ce fut en vain. Le dieu, parmi les nombreuses filles des hommes, n'en voyait aucune qui lui plût. Les divinités se fatiguaient de l'inutilité de leurs recherches et se disposaient à quitter la terre, quand enfin elles virent, à *Vaitape*, dans l'île de *Bora-bora*, une jeune fille d'une rare beauté qui se baignait dans un petit lac nommé *Ovai-aia*. Oro, charmé, dit à ses sœurs d'aller la voir pendant qu'il remonterait à leur demeure du premier ciel, sur le Païa.

En approchant, les déesses la saluèrent, louèrent sa beauté, et lui dirent qu'elles venaient d'*Avanau*, district de Bora-bora, et qu'elles avaient un frère qui désirait s'unir à elle. *Vaïraumati* (c'était le nom de la jeune fille), examinant avec attention les étrangères, leur dit : « Vous n'êtes point d'*Avanau*, mais n'importe : si votre frère est arii, chef, jeune et beau, il peut venir, et Vaïraumati sera sa femme. »

Les déesses remontèrent aussitôt au Païa pour faire connaître le résultat de leur démarche à leur frère, qui, replaçant le *anoua-anoua* (l'arc-en-ciel), descendit à *Vaitapé*. Là, il fut bien reçu par la jeune fille, qui avait dressé un *fata* (autel ou table) chargé de fruits, et une couche formée des étoffes et des nattes les plus fines.

Oro, charmé de sa nouvelle épouse, retournait chaque matin au sommet du Païa, et redescendait chaque soir, sur l'arc-en-ciel, chez Vaïraumati. Il resta longtemps absent du ciel, jusqu'à ce que enfin ses frères, *Orotétéfa* et *Ourétéfa*, descendus comme lui par la courbe de l'arc-en-ciel, après l'avoir cherché longtemps dans les différentes îles, le découvrirent enfin avec son épouse dans l'île de *Bora-bora*, assis à l'ombre d'un arbre sacré. Ils furent si frappés de la beauté de la jeune femme, qu'ils n'osèrent s'approcher de leur frère et d'elle sans leur offrir quelque présent, et, à cet effet, l'un d'eux se changea en truie, l'autre en *ourou* (touffe de *plumes rouges*), et, redevenant aussitôt eux-mêmes, quoique la truie et les plumes restassent, ils approchèrent des nouveaux époux ce présent à la main.

La même nuit, la truie mit bas sept petits, qui furent divisés ainsi : Cochon pour sacrifier aux dieux, cochon du ceinturon rouge des aréoïs, cochon pour les étrangers ou convives, cochon des fêtes en l'honneur de l'amour, deux cochons pour multiplier l'espèce, cochon de la maison pour être mangé.

En ce temps, Vaïmaurati se trouva enceinte, et le dit à Oro. Le dieu prit aussitôt le second cochon, celui du ceinturon rouge des aréoïs, et se rendit, à Raïatea, au grand maraï ou temple de *Vapoa*. Là, il trouva un homme nommé *Mahi* à qui il remit le cochon, et lui dit : Prenez et gardez bien ce cochon, cochon des aréoïs, cochon sacré, cochon du ceinturon rouge. Soyez (ou je vous fais) aréoïs ; en ce monde je suis père, et ne puis plus être aréoïs.

Mahi alla voir le chef de Raïatea, à qui il raconta ce qui lui était arrivé ; et ne pouvant garder ces objets sacrés, à moins d'être l'ami d'un chef, il lui dit : Mon nom sera le vôtre et votre nom sera le mien. Le chef accepta, et ils prirent en commun le nom de *Taramanini.*

Il y a, observe M. Moerenhout, plusieurs versions de cette tradition ; mais toutes s'accordent à dire que ce fut Mahi qui établit les aréoïs ou les mystères d'Oro.

On dit aussi qu'Oro, retournant auprès de Vaïraumati, lui déclara qu'elle accoucherait d'un fils qui se nommerait l'*Ami sacré des cieux, Oa-tabou-té-rai*, mais que pour lui son temps était venu, et qu'il devait la quitter. Se changeant alors en une immense colonne de feu, il s'éleva majestueusement dans l'air jusqu'au-dessus du *Piririré*, la plus haute montagne de Bora-bora, où son épouse éplorée et le peuple saisi d'étonnement le perdirent de vue. On dit enfin que son fils, l'*Ami sacré des cieux*, fut un grand chef qui fit beaucoup de bien aux hommes, les délivra de nombre de maux par son ascendant sur son père et sur les autres dieux ; et qu'à sa mort il rejoignit son père au céleste séjour, où son père fit également monter Vaïraumati, qui prit rang parmi les déesses.

Voilà une curieuse légende, et qui fournirait un argument de plus à cette hypothèse de Platon, reproduite par Vico : de la supériorité que dans les premiers âges les hommes errants et fanatiques de la plaine accordaient aux habitants des montagnes, ces polyphèmes ou premiers pères de famille, établis dans de bonnes cavernes, auprès des gras pâturages d'une vallée supérieure, où ils vivaient largement du lait et de la chair de la brebis et de la chèvre, par eux protégées et apprivoisées. En les voyant descendre quelquefois parmi eux, les hommes de la plaine dirent que ces étrangers descendaient du *premier ciel*, et en firent des enfants de Dieu. Ceci expliquerait trop naturellement peut-être le remarquable passage de la Genèse : « Après que les hommes eurent commencé à se multiplier sur la terre et qu'ils eurent engendré des filles, les *enfants de Dieu*, voyant que les filles des hommes étaient belles, prirent pour leurs femmes celles qui leur avaient plu... » Et plus loin : « Or il y avait des géants sur la terre en ce temps-là ; car, depuis que les enfants de Dieu eurent épousé les filles des hommes, il en sortit des enfants qui furent des hommes puissants. » Ne retrouverait-on pas ici la haute stature et la vigueur ordinaires chez presque toutes les familles montagnardes? Faites aussi la part de merveilleux qui s'attache pour l'ordinaire à la tradition.

Nous aimerions autant cette explication que celle donnée par Vico sur l'origine de ces antiques géants de l'Écriture. « Dans l'état brutal et sauvage, dit-il, les mères nourrissaient leurs enfants comme le font tous les animaux ; mais elles ne veillaient pas sur eux, et les laissaient se rouler dans leurs propres immondices ; puis, lorsque ces enfants n'étaient plus d'âge à prendre le sein, les mères les *abandonnaient*, et ceux-ci continuaient à croupir dans les ordures et dans les sels nitriques qui engraissaient merveilleusement les champs. Ils faisaient de grands efforts pour se faire jour dans la *grande forêt de la terre*, excessivement épaisse à cette époque. Ces efforts devaient nécessairement dilater certains muscles et en tendre certains autres, de sorte que les sels nitriques pénétraient toujours plus avant dans le corps des hommes. C'est ainsi que sans crainte *ni de Dieu*, ni des pères, ni d'aucun maître, leurs chairs et leurs os s'accrurent démesurément ; leur vigueur augmenta toujours, jusqu'à ce qu'enfin ils devinrent des géants. » Comment Vico, d'ordinaire si profond, a-t-il pu donner un si bizarre démenti à l'observation de tous les siècles sur le sentiment maternel? Connaît-il beaucoup de mères qui abandonneraient leurs enfants, surtout après les avoir nourris de leur lait? Et puis, *sans crainte de Dieu*, les héritiers directs de ceux que la Genèse appelle enfants de Dieu! Mais Vico vivait à une époque où les récits des voyageurs avaient établi comme article de foi l'existence de géants modernes, les Patagons ; et où les campagnards avaient encore les habitudes d'une malpropreté systématique, et se fussent bien gardés de faire ce qu'on fait aujourd'hui : nettoyer le bétail et même les porcs, attention qui facilite leur croissance et leur embonpoint au lieu de leur nuire.

Revenons à nos initiés de la Polynésie. Les aréoïs étaient pour ces populations ce que furent les bardes et les scaldes de l'antiquité gauloise et scandinave, une sorte de clergé accessoire qui se recrutait, non par l'hérédité, mais par des épreuves. Ces poëtes, comédiens et jongleurs, réunis aux simples aréoïs, à ceux du grade le plus infime et à leurs compagnes, exécutaient aux jours solennels les chants, les danses, les combats, les scènes dramatiques sacrées et profanes. Les aréoïs ne pouvaient être pères (ainsi qu'il est dit dans la légende : Je suis père et ne puis plus être aréoïs), aussi mettaient-ils à mort les enfants que venaient à leur donner les femmes qui vivaient avec eux.

Faut-il voir là une infâme résolution par eux prise pour éteindre l'esprit de famille et entretenir un esprit de corporation, ou bien subissaient-ils une obligation à eux imposée par l'aristocratie des chefs et par celle du clergé héréditaire, qui auraient redouté de voir s'établir le droit de naissance parmi les aréoïs représentants de l'intelligence plébéienne? Étrange et horrible état social, en tout cas, où la force brutale avait accepté dans chaque cabane la fiction légale d'un père prosterné devant son bambin de fils, et où l'intelligence, cette gardienne naturelle des sentiments moraux, avait pu se dépraver au point d'accepter l'infanticide, comme moyen tout simple de conquérir une vie douce et semée de jouissances entre les oppresseurs et les opprimés!

Et cependant il est à croire que cette institution (qui prit naissance dans l'archipel des îles de la Société) fut, dans le principe, une noble protestation, manifeste ou secrète, de la part de quelques âmes énergiques contre les oppresseurs; autrement la tradition aurait-elle, comme elle l'a fait, conservé **les noms des fondateurs avec autant de soin que les traditions** suisses ont conservé ceux des conjurés du Rutli? La société compta dans le principe douze foyers (peut-être comme nos loges maçonniques), qui eurent pour chefs ou grands-maîtres les douze *taata-hoa-aréoïs*, *hommes amis aréoïs*, dont voici les noms : *Tara-manini* dans l'île Raïatea, *Pouna-roun* à Borabora, *Alaé* à Nouhouiné, *Tauraa-toua* à Eïméo, *Temai-atéa* à Charles-Saunders, *Moutahaa* à Tahaa ; et à Otaïti les six noms suivants : *Nouatoua, Mauroura, Teaaroa, Maouaroa, Nita, Paa*.

Ces noms antiques se sont transmis de génération en génération, et furent portés successivement par les douze chefs des douze sociétés jusqu'en 1814, lors de l'introduction du christianisme.

Au-dessous de ces douze chefs ou grands-maîtres, les initiés s'échelonnaient en sept grades, que l'on distinguait à un tatouage particulier.

Le septième grade, le grade tout à fait inférieur, était celui d'apprenti ou *poo-fuaréaréa*; le sixième était celui d'*ohémara*, qui se distinguait par le tatouage aux chevilles des pieds ; le cinquième ou celui d'*otoro* se distinguait par une ligne au côté gauche ; le quatrième, *noua*, par un tatouage sur les épaules ; le troisième, *narotea*, par le tatouage sur les deux côtés du corps ; le deuxième, *outioré*, par le tatouage des bras; le premier grade, *avai-parai* ou *avai-tatau*, par le tatouage de la jambe.

Ajoutez un grand nombre d'aspirants des deux sexes qui suivaient partout les aréoïs, les servaient, préparaient leur nourriture, etc.

Le candidat devait prouver d'abord qu'il était inspiré (probablement par Oro, le dieu patron de ces sociétés). Revêtu d'un costume indiqué, les cheveux couronnés de fleurs et frottés d'une huile odoriférante, le corps et la figure peints de jaune et de rouge, il se livrait à toutes les fantaisies du geste et de la parole, selon que l'esprit d'Oro les lui dictait. Reconnaissait-on en lui le sacré caractère de l'inspiration; le grand-maître l'appelait par son nom, et lui disait : « Vous êtes des nôtres, venez. »

Dès ce moment il était attaché comme serviteur à la personne du grand-maître et soumis à une longue suite d'épreuves. Il lui fallait pendant des mois, et quelquefois pendant des années, montrer une patience inaltérable, une soumission aveugle, un respect et un attachement inviolables pour la société et pour chacun de ses membres.

Les jours d'assemblée générale ou de grande fête étaient les époques de réception. Le récipiendaire, vêtu de l'étoffe réservée aux seuls initiés, était présenté par le grand-maître. On lui demandait s'il avait le désir fervent d'être aréoïs, et s'il consentait à détruire les enfants que sa femme pourrait encore mettre au monde. Sur sa réponse affirmative, il recevait un nouveau nom, et on lui faisait répéter une formule qui commence par une invocation à *Moua tabou tamapoua* (nom d'une montagne qui se trouve à Ohine) : « Montagne sacrée et terre d'en bas, front majestueux du roi des cieux, je suis un tel (il se nommait) et aréoïs. » Il saisissait alors l'étoffe qui couvrait la femme du grand-maître, et dès ce moment il était initié, et membre du septième grade.

Les initiés restaient longtemps dans cette dernière classe, où ils apprenaient les chants, les danses, les combats et les différents rôles dans les scènes sacrées et profanes.

Chaque promotion à un nouveau grade demandait de nouvelles épreuves, et chaque fois le consentement, non plus du grand-maître, mais du dieu Oro lui-même. La cérémonie commençait par une invocation au *cochon sacré*, et puis une invocation à *Taramanini* (celui qui fut le premier grand-maître dans l'île Raïatea). On se rendait ensuite au maraï du district. Le grand-maître frottait d'une huile consacrée le front du récipiendaire. Ce dernier présentait un petit cochon, que l'on égorgeait sur l'autel et que l'on offrait au dieu avec de longues prières. Le sacrifice accompli, le grand-maître criait à haute voix : « Consentez-vous, dieu Oro, qu'un tel soit élevé à tel grade ? » Le dieu ne manquait pas de répondre. Quel prêtre n'a le talent de faire parler son dieu ! Après quoi on procédait au tatouage qui devait distinguer le nouveau gradé.

Outre les épreuves à subir, il en coûtait beaucoup en offrandes aux dieux et en dons à la société. Les promotions se réglaient, non d'après la classe dans laquelle pouvait être né le récipiendaire, noble ou vilain, mais sur ses talents personnels et la ferveur de son zèle, selon qu'il était orateur, chanteur ou poëte. Toutefois on se montrait plus facile lorsque le candidat était un chef puissant, un *arii*. On lui faisait franchir de prime abord tous les grades inférieurs, en adoucissant pour lui les épreuves. Chez les sauvages comme dans la France de Louis XIV, M. Jourdain eût pu remarquer que les grands seigneurs savent tout sans avoir rien appris.

Si fortement organisées que fussent ces sociétés d'inspirés, il leur était impossible de cumuler parfaitement à elles seules les priviléges et tous les bénéfices de l'inspiration. De temps à autre, dans un moment de crise, lors d'une guerre entre les *arii*, lors d'une famine ou d'une épidémie, alors que les esprits étaient inquiets et divisés, un homme surgissait de la foule, qui, sans avoir passé par aucun des grades de l'initiation, se disait inspiré, et parvenait à faire écouter sa parole, souvent même en dépit des prêtres, obligés de ménager dans le peuple l'instinct de crédulité qui faisait la base de leur propre pouvoir. Il annonçait l'avenir, prédisait la défaite ou la victoire, et révélait la volonté des dieux. Pour l'ordinaire, dès qu'ils s'étaient créé un bon nombre de partisans, ces favoris du ciel jouissaient de l'inspiration permanente, ou tout au moins périodique, comme les prêtresses de Delphes. Ils portaient au bras gauche un morceau d'étoffe rouge, signe de la présence de la divinité, et dans cet état ils rendaient des oracles à tout venant, et représentaient celui des dieux de qui ils annonçaient tenir l'inspiration. Les plus habiles ou les plus fervents (on n'opère de convictions sérieuses sur autrui que lorsqu'on est soi-même convaincu) prenaient et recevaient du peuple le nom d'*atoua*, et devenaient l'objet d'une vénération extrême et même d'un culte.

Le voyageur Ellis raconte deux curieuses prophéties de ces dieux en chair et en os, prophéties qui ont rapport à la venue des Européens.

« Mawi, un des plus célèbres prophètes de l'île *Raiatéa*, raconte-t-il, avait prédit que dans les siècles à venir une *pirogue sans balancier* arriverait d'une terre lointaine. Une pirogue sans balancier était aux yeux des insulaires une impossibilité. Aussi cette prophétie encourut-elle, du vivant de son auteur, une incrédulité générale ; mais celui-ci insista, et jetant son écuelle de bois sur un étang, il déclara que ce serait ainsi qu'arriverait la pirogue. Cette tradition passa depuis lors de bouche en bouche jusqu'à l'arrivée des Européens. Quand le premier vaisseau européen mouilla devant Taïti, on le prit d'abord, ainsi qu'avaient fait les Mexicains, pour une île flottante, habitée par des dieux qui lançaient le tonnerre ; puis, l'examinant de plus près : « Voilà, s'écria-t-on, la pirogue de Mawi, voilà la pirogue sans balancier! » Et l'on s'émerveilla de la sagacité de l'antique prophète.

Une autre prophétie leur avait annoncé l'arrivée d'une pirogue sans agrès ; aujourd'hui qu'ils ont vu se réaliser la première, plusieurs d'entre eux attendent que la seconde ait son effet. Ils sont convaincus que Mawi ayant dit vrai sur l'une, ne s'est pas trompé sur l'autre. « Qu'il arrive à Taïti un bateau à vapeur, ajoute M. Ellis, et l'oracle sera également accompli. » Dans l'année 1844, *le Phaéton*, bateau à vapeur français, a touché ce rivage ; les matelots se doutaient-ils qu'un prophète eût depuis des siècles annoncé sa venue?

En vérité l'on serait tenté de dire aux inspirés, si l'on avait le malheur de vivre dans un pays où les inspirés fussent de mode : Prédisez, prédisez ; comme Basile dit : Calomniez, calomniez, il en reste toujours quelque chose.

En 1797, le missionnaire Crook eut l'occasion, dans l'île Nouka-hiva, d'approcher d'un de ces êtres extraordinaires. « C'est, dit-il, un homme très-âgé, qui depuis sa jeunesse habite à *Hana-teiteina*, une grande case environnée d'une palissade, et où s'élève un autel. Aux poutres qui forment son habitation et aux branches des arbres voisins pendent des squelettes humains tournés la tête en bas. On ne pénètre dans cet antre que pour être immolé, ce qui paraît être assez commun, car on offre à cet *atoua* plus de victimes qu'à tout autre dieu. Souvent il s'assied sur une plate-forme élevée vis-à-vis de sa case, et là il exige le sacrifice de deux ou trois victimes. Des offrandes nombreuses lui sont envoyées de toutes parts, afin de se le rendre propice dans les invocations qu'on lui adresse. Dans certaines occasions, quoique rarement, l'*atoua* transmet à ses enfants les prérogatives extraordinaires dont il est en possession. »

Un homme avait-il échappé, comme par miracle, à quelque effroyable tempête, ou avait-il donné des preuves d'un courage qui semblât au-dessus de l'humanité, il devenait de même quelquefois, aux yeux de la foule, une sorte de divinité, un *atoua*, et vivait dans une mystérieuse retraite, d'où l'on n'approchait qu'avec vénération. Le nombre des dieux incarnés, dit M. Rienzi, est au reste si minime, que c'est tout au plus si chaque île en possède un. Merci du peu ! Le savant voyageur en parle en étranger qui vit sous un régime de liberté tolérante et qui n'est pas tenu d'adorer.

Les *ariis* et leur famille sont *atouas*, non pas qu'ils soient l'objet d'un véritable culte, mais en ce sens que là, comme partout, la majesté suprême revêt un caractère inviolable et sacré.

Nous voyons que, dans cet état social, il y a des dieux pour toutes les classes et à la portée de toutes les intelligences.

L'observateur y retrouve et y peut étudier à son aise les traces de la marche qu'a suivie ici, comme ailleurs, l'esprit humain dans son développement primitif. Le fétichisme et la croyance aux devins, qui répondent aux premiers besoins des sociétés naissantes, sont demeurés la foi populaire. Les hommes d'intelligence, réunis en un collége de prêtres, ont peu à peu épuré les croyances et annoncé des dieux moins grossiers, qui sont demeurés les dieux de la partie un peu plus éclairée des populations. Enfin, surgit Taaroa, le dieu unique, le dieu des penseurs, dont le nom seul était livré à la vénération du vulgaire, mais dont les attributs restaient enveloppés de mystère et n'étaient révélés qu'à une aristocratie d'initiés.

Nous n'éprouverons nulle surprise en trouvant dans Taaroa un dieu accommodant et peu jaloux, qui ne réclame ni autel ni sacrifices. C'est le dieu conçu par tant de métaphysiciens, sur tant de différents points de la terre. C'est le dieu des Védantistes dans l'Inde, c'est celui de Pythagore, de Timée de Locres, d'Ocellus de Lucanie, celui de Zénon, de Proclus, et enfin de Spinosa. C'est l'idée d'une substance infinie, éternelle, qui sort de son repos par une force interne, revêt une multitude innombrable de formes, et se manifeste par cet ensemble de phénomènes que nous appelons l'univers. « L'existence de Dieu n'était pas bonne avant l'émanation de l'univers, » dit un de nos célèbres philosophes modernes, M. Leroux. La tradition polynésienne nous montre le dieu ravi une fois qu'il a achevé de se changer en l'univers. L'excellent Taaroa n'a plus rien qui le tourmente. « Est finie l'immobilité, dit la tradition ; est finie la fonction des désirs ; est fini l'emploi de l'orateur. » Il appartenait à des métaphysiciens plus subtils et plus intelligents des besoins moraux de la société humaine, d'enseigner le Dieu unique, l'être infini, l'être par excellence, distinct de la matière, et la tirant, non de sa propre substance à lui-même, mais du néant par sa toute-puissance, aimant dans l'homme son plus bel ouvrage, et veillant sur la destinée de chacun de nous. Taaroa était trop haut placé pour s'occuper d'un tel soin ; aussi les offrandes et la prière des aréoïs eux-mêmes s'adressaient-elles, non à lui, mais à son fils, nommé *Mahoui* dans les îles Marquises, et *Oro* à Otaïti. M. Moerenhout pense que, quoiqu'ils n'adorassent pas directement le soleil et les autres astres, leur culte n'était pourtant au fond que le sabéisme déguisé sous des légendes symboliques.

A ce sujet, pour donner une idée de leurs connaissances en astronomie, il cite cette légende, ou plutôt ces fragments de légende trouvés dans la Polynésie, et dont le sens est malheureusement fort obscur. On y raconte la naissance des étoiles. Le dieu *Roua* semblerait aussi être le soleil, comme nous allons le voir un peu plus loin.

Roua (grande est l'origine) dormait avec sa — femme la terre ténébreuse. — D'elle sont nés son roi, le sol. — Est né après lui le dieu — soir ; sont nés depuis nuages — obscurs ou ténèbres ; mais ici — Roua répudia — cette femme.

Roua Touboua (grande est l'origine) dormait avec la — femme grande réunion ; sont nés — d'elle ; sont rois ; l'étoile est venue, et puis la lune, l'étoile Faïti (l'étoile du soir, selon M. Moerenhout).

Le roi, les cieux dorés — dormait avec sa femme Fanoui. — Le seul roi est né d'elle. — Sont rois Fauroua (l'étoile du matin) grande. — C'est elle qui donne des décrets à la nuit et au jour, — aux étoiles, à la — lune, au soleil, et — sert de guide aux marins.

Il fit voile du côté gauche vers le — roi nord. Dormait — avec sa femme. Le guide — des marins est né — d'elle. Sont rois : étoile — rouge ; cette étoile rouge qui luit — le soir à double — figure. Étoile rouge. — Le dieu qui vole dans — l'ouest prépara Maounou — ou étoile rouge. Sa pirogue — du grand jour vole vers les — cieux. Il fit voile au lever du — soleil.

L'étoile Réhoua passe dans — l'étendue ou grandeur de

l'horizon. — Dormait avec sa femme l'étoile Oura — Taneipa. D'eux sont nés leurs rois, les *Houi-tarara* (gémeaux) près — ou en face des *Matarii* (les Pléiades).

Cette coïncidence du nom de *gémeaux*, donnée par eux à la même constellation que nous appelons *Castor et Pollux*, indiquerait que la légende, ou du moins le passage, est d'une date moderne, et qu'ils tiendraient ce nom de quelque navigateur européen. Au surplus, un de leurs poëtes a composé sur l'origine de cette constellation une charmante fable. Ces gémeaux étaient nés à Bora-bora. Ayant entendu leurs parents parler de les séparer, ils quittèrent la maison paternelle, et s'en allèrent ensemble à Raïatea, puis à Ouhaïné, à Eiméo et à O-taïti. Leur mère, inquiète, se mit à les chercher aussitôt après leur départ ; mais elle arrivait toujours trop tard. Cependant, à O-taïti, elle apprit qu'ils n'avaient point encore quitté l'île et se cachaient dans les montagnes. Enfin, elle les découvrit, mais ils se sauvèrent devant elle jusqu'au sommet de la montagne la plus haute, et de là, au moment où elle croyait enfin les atteindre, ils s'envolèrent vers les cieux, où ils figurent encore parmi les constellations, et cette fois sans crainte d'être jamais séparés.

La légende qui fait la lune fille du soleil ou Roua, donnerait à croire qu'ils soupçonnaient la cause de la clarté de la lune. Ils se la figuraient un globe habité comme la terre, et riche en productions semblables. Ils racontent que la semence de l'arbre *ora* (*ficus prolixa*) leur fut apportée de la lune par un pigeon blanc. Il lui avait fallu deux mois lunaires pour y aller et deux pour en revenir, et il n'avait plus de plumes lorsqu'il retomba sur la terre. Cet oiseau est de tous ceux qu'ils connaissent celui qui passe pour avoir le vol le plus rapide.

Ils expliquaient les éclipses de lune par la présence d'une divinité qui comprimait cet astre ; quant à celles du soleil, leurs traditions racontaient que parfois d'épaisses ténèbres étaient tout à coup survenues au milieu du jour, mais elles n'ajoutaient d'explication d'aucune sorte. Ils connaissaient Mars, Vénus et Jupiter, mais en les confondant avec tout ce qui brille dans le ciel, et ne les distinguant que par les heures de leur lever. Ils avaient aussi un ou deux points dans la voie lactée, et les taches du sud qu'ils nommaient *maho* et *airi*, noms de dieux requins qui, selon eux, mangeaient certaines étoiles ; moyen commode d'expliquer leur disparition à l'horizon.

En résumé, leur savoir astronomique n'alla pas jusqu'à composer un bon calendrier. Ils comptaient par lunes, et n'avaient que quelque faible idée d'une année solaire, qu'ils nommaient *mataaïti*. Quand le soleil parcourait le tropique du capricorne jusqu'à son retour vers l'équateur, il était le *grand Roua, Roua-roa*; ils l'appelaient *Roua-boto, petit Roua*, quand il était à l'autre solstice. On comptait trois saisons : la première, qui comprendrait depuis notre mi-février jusqu'à mi-juin, c'était la saison de grande abondance et des fêtes, surtout au commencement ou vers le milieu de mai.

La seconde, la saison de la sécheresse et de la rareté, s'étendrait de notre juillet en novembre.

La troisième était le temps des hautes marées.

L'année comptait douze et quelquefois treize mois lunaires. On ne trouverait plus aujourd'hui, dit M. Moerenhout, un seul Indien à O-taïti qui puisse indiquer l'ordre de l'ancienne année, ni quand et comment elle se composait de treize mois. Il est fâcheux qu'il ait oublié de consulter sur ce point le vieux prêtre.

Voilà les noms des mois ou lunes. Quelques écrivains pensent qu'ils faisaient commencer leur année vers notre juin ; mais comme la chose est incertaine, nous préférons établir une sorte de concordance entre le commencement de leur année et celui de la nôtre. 1° *Avarehou*, qui coïnciderait avec notre quinze décembre ; 2° *Faaahi*, où commence l'abondance ; 3° *Pipiri* ; 4° *Taaoa* ; 5° *Au-nou-nou*, grande abondance ; 6° *Apaapa* (ils se retiraient à l'intérieur de l'île et n'allaient plus à la pêche ; l'abondance avait cessé) ; 7° *Pararo-mona* ; 8° *Pararo-mouri* ; 9° *Mouria-ha* ; 10° *Ja-ia* ; 11° *Yema* ; 12° et 13° *Té-eri* et *Té-tai* (ils quittaient les montagnes pour revenir sur les bords de la mer).

Si du dogme nous passons au culte, nous verrons que dans cette religion, comme dans toutes les religions primitives, les dieux préfèrent l'hommage rendu sur les lieux hauts. Les *maraïs* ou temples consistaient en un amas pyramidal de pierres destiné à représenter la montagne ; rien n'indique qu'on dût l'orienter sur les quatre points cardinaux. La base était toujours un parallélogramme, et en avant s'étendait un terrain rectangle qu'entourait un petit mur de deux à trois mètres de hauteur. Des degrés régnaient sur les quatres faces de la pyramide et conduisaient à la plate-forme, sur laquelle s'élevait l'image de quelque dieu, et où les prêtres officiaient dans les jours solennels. Dans quelques maraïs la masse pyramidale atteignait jusqu'à près de vingt mètres de hauteur, et le parallélogramme de la base était de cent mètres sur plus d'une trentaine. Le parallélogramme de la plate-forme se réduisait à environ soixante mètres sur quatre à cinq. C'était une masse de pierres taillées avec plus ou moins de soin, et simplement superposées sans ciment ; mais l'ensemble était solide et même régulier. Sur le terrain consacré s'élevaient des cabanes, sorte de hangars fermés d'un treillage d'osier et couverts d'un toit de feuilles. Elles abritaient d'autres images de dieux, et servaient de logement aux prêtres et aux gardiens. Ajoutez les *fata* ou autels, tables de bois supportées par quatre piliers, et plus ou moins ornées, sur lesquelles se déposaient les victimes ; et d'autres *fata-toupapau* (mais ceux-ci protégés par une toiture) sur lesquels on déposait les morts, car l'enceinte des maraïs servait aussi de lieu de sépulture. Les victimes humaines et quelquefois les prêtres avaient seuls droit d'être enterrés dans les principaux maraïs, ceux réservés au culte public ; mais chaque chef avait son maraï, qui était toujours un lieu imposant et vénéré par le peuple. Les femmes ne pouvaient pénétrer dans aucun maraï, pas même dans ceux qu'on appelait maraïs domestiques, comme en possédaient presque toutes les familles, et cela sous peine de mort. Dans les cas très-rares où certaines cérémonies rendaient leur présence indispensable, on couvrait la terre d'étoffes sur lesquelles elles devaient marcher; leur moindre contact aurait souillé la sainteté du lieu.

Aux yeux des initiés, le *maro-ourou*, le maro, ceinturon rouge de la légende des aréoïs, orné de plumes jaunes, de plumes bleues et surtout de plumes rouges, était le plus parfait symbole du feu. Les grands-maîtres des sociétés d'*aréoïs* pouvaient seuls le porter; le *arii-rahi*, roi ou chef suprême, jouissait aussi de ce privilége, mais seulement dans quelques occasions solennelles, comme le jour de son installation. Le *maro-ourou* égalait presque aux dieux le personnage qui en était revêtu. Par suite de cette opinion, une touffe de plumes rouges, arrachées soigneusement à des oiseaux vivants et consacrées par des prêtres, représentaient les atouas mieux que ne le faisait une image taillée de la main des hommes. Dans plusieurs îles ce symbole suffisait, et l'on ne taillait en bois ou en pierre que les images des *tiis*, ces génies d'un ordre secondaire, qui jouaient assez bien le rôle des anges de plusieurs religions. Là où la population était plus grossière, les prêtres consentaient à tailler également en une image d'atoua le bois ou la pierre destiné à renfermer le symbole, c'est-à-dire la touffe de plumes rouges attachées sur l'*iri*, oreiller de bois, et le maro. De là, deux sortes d'images: celles représentant des atouas, qui, à vrai dire, n'étaient que des tabernacles, et celles représentant des tiis, qui régulièrement n'avaient d'autre droit à la vénération que celui dont peuvent jouir les figures d'anges prodiguées sur la façade de nos cathédrales.

Nous n'avons parlé que de ce que pouvait faire un clergé probe, et qui comprend sa noble tâche de moraliser les hommes, et d'épurer peu à peu de rudes et naïves croyances léguées par les anciens âges; si nous cherchions dans le clergé polynésien ce que tous les clergés, hélas! ont montré, des hommes doués de facultés supérieures, mais ne les employant qu'à satisfaire un ignoble égoïsme, les exemples de fraude pieuse ne manqueraient pas ici plus qu'ailleurs.

M. Freycinet mentionne une idole adorée dans les îles Haouaï, et qui était faite d'un bois tellement vénéneux qu'il suffisait d'introduire de l'eau dans son intérieur pour que cette eau donnât la mort à qui en boirait. On comprend le terrible usage que des misérables en ont pu faire au nom de la Divinité.

Le même voyageur raconte une étrange histoire sur une autre idole de la même île. « Sous le règne du grand Komaraoua, ancien roi de Morakaï, il y avait dans l'île un certain Kanea-kama, homme entièrement livré à la passion du jeu. Un jour, il fut si malheureux au jeu de *maita*, qu'il perdit toutes les parties qu'il avait engagées et se trouva dépouillé de tout ce qu'il possédait. Il ne lui restait plus qu'un cochon qu'il avait consacré à son dieu favori, et qu'il n'osa mettre en jeu. Dans la nuit qui suivit cette journée, son dieu lui apparut en songe, et lui ordonna d'aller le lendemain dans un lieu qu'il lui indiqua et d'y jouer son cochon. Kanea-kama s'y rendit en effet, mais la chance de la veille était entièrement changée, et non-seulement il regagna ce qu'il avait perdu la veille, mais il emporta tout l'argent de ses adversaires. Aussi se hâta-t-il d'offrir une grande partie de ses richesses à son dieu protecteur. La nuit suivante son dieu lui apparut comme la veille, et lui ordonna d'aller trouver le roi pour lui dire qu'en un certain lieu de la forêt se trouvait un massif d'arbres, et que s'il voulait faire une statue avec le tronc de celui qui lui serait désigné, il consentirait à habiter cette idole et prendrait Kanea-kama pour prêtre. Le roi y consentit, donna des bûcherons au messager, et lui permit de faire couper l'arbre qui lui conviendrait. Arrivés aux environs de Karou-akaï, ils aperçurent le groupe d'arbres où étaient logés Tane et d'autres dieux, qui indiquèrent aux bûcherons le travail qu'ils avaient à faire ; mais à peine ceux-ci eurent-ils commencé à porter les premiers coups, que des copeaux détachés du tronc en ayant touché quelques-uns les firent périr à l'instant. Cette mort jeta l'épouvante parmi les autres ouvriers, qui se sauvèrent en abandonnant leurs haches ; mais Kanea-kama parvint à les ramener, et les décida à continuer, en leur couvrant tout le corps de feuilles de *dracœna* et ne laissant qu'un œil libre.

Comme on le croira facilement, le talent de ces insulaires n'a rien enfanté qui ait la moindre valeur artistique, mais on est étonné des proportions colossales, qu'avec leurs faibles moyens d'exécution, ils ont données parfois à leurs œuvres bizarres.

Ce qui piqua le plus la curiosité du navigateur hollandais Roggevin, lorsqu'il aborda l'île de *Vaihou* (nommée par lui île de Pâques), ce furent de nombreuses statues placées dans plusieurs endroits du rivage, et dont quelques-unes avaient de dix à douze mètres de haut, mesurant d'ailleurs de deux à plus de trois mètres d'une épaule à l'autre. Ces statues étaient exhaussées sur des plate-formes de pierres taillées et polies avec soin ; chacune d'elles avait été tirée d'un seul bloc de rocher, mais portait sur la tête, en guise de bonnet ou de tiare, une autre énorme pierre de couleur rougeâtre. Les traits de la figure humaine étaient assez fidèlement reproduits, sauf des oreilles hors de toute proportion, dont les lobes ouverts descendaient jusque sur les épaules, et que les Indiens de cette île, ainsi que ceux de plusieurs autres, cherchent toujours à imiter. « Plusieurs des habitants, dit Roggevin, servaient les idoles plus fréquemment et avec plus de dévotion et de zèle, ce qui nous fit croire que c'étaient des prêtres, d'autant plus qu'on voyait sur eux des marques distinctives : non-seulement de grosses boucles pendaient à leurs oreilles, mais ils avaient aussi la tête toute rasée; ils portaient un bonnet fait de plumes blanches et noires qui ressemblent parfaitement à celles de cigogne. » Cook raconte que les naturels interdisaient soigneusement aux Anglais d'approcher de ces idoles, auxquelles il entendit donner les noms de *Tomo-aï, Tomo-eri, Hou-hou, Mraheina, Ouma-riva, Winapou*, et que l'on confondait toutes sous la dénomination générale de *Anga-tabou*. Lors de sa visite en 1816, Kotzebue ne retrouva plus les statues sur le rivage. « A droite du lieu de débarquement, dit Choris, le dessinateur de l'expédition, et à deux cents pas environ du bord de la mer, s'élevaient un grand nombre de piliers, hauts de trois à quatre pieds, construits d'une seule pierre et surmontés d'une dalle de couleur blanche. » Il mentionne en outre un bâtiment, haut de sept pieds, construit en petites pierres, et dans lequel on pouvait entrer en rampant par une ouverture pratiquée sur le côté. L'Anglais Beechey, qui visita l'île en 1826, ne parle que d'un maraï situé dans un vallon et où se voyaient encore quatre idoles.

M. Rienzi nous a donné la description des ruines du maraï des grands chefs d'Haouaï, qui datait de cinq à six siècles.

« Ce temple, dit-il, autrefois le plus célèbre de l'île, tombe aujourd'hui en ruines ; la chapelle seule est encore debout, bien entretenue ; un tabou sévère en interdit l'entrée ; mais, de la porte, on aperçoit gisant à terre des morceaux de nattes et d'étoffes, des débris de vêtements, et dans tous les angles des faisceaux d'ossements humains, soigneusement blanchis et liés avec des tresses en bourre de cocotier. Au centre, sont des statues en bois et des figures en plumes rouges ; leurs bouches sont démesurément fendues et garnies de dents de requin ; leurs yeux sont en nacre de perle.

» Autour de cette chapelle régnait jadis une enceinte pavée en dalles immenses et bien assemblées, garnie d'une palissade serrée et recouverte d'un toit de feuilles de *ti*. Là aussi étaient réunies de grossières idoles, couvertes de belles étoffes drapées élégamment. Le dieu principal, entouré de sa cour, occupait la place d'honneur. Le grade de ces divinités se reconnaît aux ciselures plus nombreuses et mieux exécutées, surtout vers la tête, mais il n'y a aucune distinction de taille. »

A quelques-uns des principaux maraïs était attaché le droit d'asile pour les fugitifs.

L'asile consistait en une enceinte qui attenait presque au maraï. Si le lieu d'asile eût été le maraï lui-même, la femme n'aurait pu y entrer, et le fugitif eût manqué d'un lieu d'asile pour sa famille.

M. Rienzi nous apprend que l'île d'Haouaï possédait deux lieux d'asile, dont l'un était situé tout proche du maraï des grands chefs. C'est, dit-il, un parallélogramme irrégulier, long d'environ six cent soixante pieds sur trois cent quatre-vingts de large. Des murailles de douze pieds de hauteur sur quinze d'épaisseur l'entourent, excepté dans la partie du nord-ouest, qui touche à la mer, et n'est défendue que par une palissade assez légère. De nombreuses idoles couronnent ces murailles. L'enceinte renfermait autrefois trois autres enceintes : deux sont détruites, une seule reste, très-délabrée, formant un carré long entouré de murailles de cent vingt pieds de longueur sur soixante de largeur et dix de hauteur. Ces débris se composent de quartiers de lave, dont plusieurs, pesant cinq à six milliers, ont dû exiger des travaux énormes pour les transporter et les élever à plusieurs pieds de hauteur. Les légendes assignent deux cent cinquante ans d'ancienneté à ces constructions. Les ornements intérieurs et les statues sont d'une date plus récente.

En temps de guerre on attachait un drapeau blanc à chaque entrée des lieux d'asile, et la mort aurait été le châtiment de quiconque aurait franchi ces limites pour poursuivre un coupable.

Les maraïs étaient pour l'ordinaire construits près du rivage et isolés. Comme les temples des Grecs et des Romains, on les entourait de plantations qui devenaient un bois sacré. Les arbres choisis de préférence étaient le *tamanou* (*calophyllum*), le *mero* (*thespesia populnea*), et surtout l'*aito*, dont les feuilles agitées par le vent produisent un fort sifflement, dans lequel les prêtres reconnaissaient la voix des atouas.

Maintenant que nous connaissons les maraïs, assistons à l'un des drames effroyables dont ils furent malheureusement les théâtres.

Cook a donné les détails les plus circonstanciés d'un sacrifice humain dans l'île de Taïti, en l'année 1774. Le roi Otou préparait une expédition contre l'île d'Eïmeo. Son parent Touha, chef du district de Tettaha, devait l'accompagner. Touha fit annoncer par un messager qu'il venait de tuer un homme pour l'offrir en sacrifice à l'atoua et implorer son assistance contre Eïmeo. Ce sacrifice devait avoir lieu dans le grand maraï d'Ata-hourou, et la présence d'Orou était absolument nécessaire. Il permit à Cook et à deux de ses officiers de l'accompagner. On se rendit dans un petit îlot, qui gît en travers de Tettaha, et l'on y rencontra le chef Touha et les gens de sa suite. Touha donna à Otou deux ou trois plumes rouges et un chien très-maigre que l'on mit dans une pirogue. On prit un prêtre qui devait assister à la cérémonie, et on se rembarqua.

« Nous arrivâmes à Ata-Ourou, dit le célèbre navigateur, sur les deux heures de l'après-dînée. Otou me pria d'ordonner aux matelots de demeurer dans mon canot, et il recommanda, à moi et à mes deux officiers d'ôter nos chapeaux dès que nous serions au maraï. Nous en prîmes à l'instant même le chemin. Une multitude d'hommes et quelques petits garçons nous escortèrent; mais je n'aperçus pas une femme. Quatre prêtres et leurs acolytes ou assistants nous attendaient. Le corps de la victime était dans une petite pirogue, retirée sur la grève et exposée en partie à l'action des vagues. Deux prêtres et plusieurs acolytes étaient assis près de la pirogue, les autres se trouvaient au maraï. Nous nous arrêtâmes à vingt ou trente pas des prêtres. Otou se plaça en cet endroit, et nous nous tînmes debout près de lui avec quelques indigènes de distinction : le gros du peuple se tint plus éloigné.

» Les cérémonies commencèrent. L'un des acolytes apporta un jeune bananier qu'il mit devant le roi ; un autre apporta une touffe de plumes rouges montées sur des fibres de coco ; il toucha le pied du prince avec une de ces plumes, et il se retira vers ses camarades. L'un des prêtres assis au maraï, en face de ceux qui se trouvaient sur la grève, fit une longue prière, et il envoya de temps en temps de jeunes bananiers qu'on déposa sur la victime. Durant cette prière, un homme, qui était debout près du prêtre officiant, tenait dans ses mains deux paquets qui me parurent être d'étoffe. Nous reconnûmes ensuite que l'un d'eux contenait le maro royal, et l'autre l'*arche* de l'atoua, si je puis me servir de cette expression. Dès que la prière fut terminée, les prêtres du maraï et leurs acolytes vinrent s'asseoir sur la grève, et ils apportèrent les deux paquets dont je parlais tout à l'heure. Ils recommencèrent ici leurs prières, pendant lesquelles les bananiers furent ôtés un à un et à différents intervalles de dessus la victime, couverte en partie de feuilles de cocotiers et de petites branches d'arbre. On la tira alors de la pirogue et on l'étendit sur le rivage, les pieds tournés vers la mer. Les prêtres se placèrent autour d'elle, les uns assis, les autres debout, et l'un et plusieurs d'entre eux alternativement répétèrent quelques phrases pendant l'espace d'environ dix minutes. On la découvrit en écartant les feuilles et les branchages qui la cachaient, et on la mit dans une direction parallèle à la côte. L'un des prêtres, qui se tint debout auprès du corps, fit une longue prière à laquelle se joignirent quelquefois les autres : chacun d'eux avait à la main une touffe de plumes rouges. Vers le milieu de la prière, on enleva quelques cheveux de la tête de la victime et on lui arracha l'œil gauche : les cheveux et l'œil furent enveloppés dans une feuille de bananier et présentés à Otou. Le roi n'y toucha point, mais il donna à l'homme qui les lui offrit la touffe de plumes rouges qu'il avait reçue de Touha. Les cheveux et l'œil de la victime furent reportés aux prêtres avec les plumes. Otou leur envoya bientôt après d'autres plumes, qu'il avait mises le matin dans ma poche, en me recommandant de les garder. Tandis qu'on procédait à cette dernière cérémonie, on entendit un martin-pêcheur qui voltigeait sur les arbres. Otou, se tournant vers moi, me dit : « C'est l'atoua, » et il parut enchanté d'un si bon présage.

» Le corps fut porté quelques pas plus loin, et on le déposa, la tête tournée vers le maraï, sous un arbre, près duquel étaient trois morceaux de bois minces et larges, chargés de sculptures grossières, mais différentes les unes des autres. On plaça les paquets d'étoffe dans le maraï, et on mit les touffes de plumes rouges aux pieds de la victime. Les prêtres se rangèrent autour du corps, et on nous permit d'en approcher autant que nous voulûmes. Celui qui paraissait exercer les fonctions de grand-prêtre était assis à peu de distance. Il parla un quart d'heure, en variant ses gestes et les inflexions de sa voix. Il s'adressa toujours à la victime, et il parut souvent lui faire des reproches. Il lui proposa différentes questions. Il me sembla qu'il lui demandait si on n'avait pas eu raison de la sacrifier. D'autres fois il lui adressa des prières, comme si le mort avait eu assez de pouvoir et de crédit sur la divinité pour en obtenir ce qu'il solliciterait. Nous comprîmes surtout qu'il le suppliait de livrer aux mains du peuple de Taïti l'île d'Eimeo, son chef *Mahine*, les cochons, les femmes, et tout ce qui se trouvait dans l'île : le sacrifice n'avait pas, en effet, d'autre but. Il chanta d'un ton plaintif une prière qui dura près d'une demi-heure ; deux autres prêtres, et une grande partie de l'assemblée, l'accompagnèrent durant cette prière. L'un des prêtres arracha encore de la tête de la victime quelques cheveux qu'il mit sur les paquets d'étoffe ; ensuite, le grand-prêtre pria seul, tenant à la main les plumes dont Touha avait fait présent à Otou. Lorsqu'il eut fini, il donna ces plumes à un second prêtre, qui pria de la même manière. Les touffes de plumes furent déposées sur les paquets d'étoffe, et le lieu de la scène changea.

» On porta le corps dans la partie la plus visible du maraï; on y porta aussi les plumes; les étoffes furent placées sur les murs du maraï, et on posa la victime au-dessous. Les prêtres l'entourèrent de nouveau, et, après s'être assis, ils recommencèrent leurs prières, tandis que quelques-uns de leurs acolytes creusèrent un trou de deux pieds de profondeur, où ils jetèrent la victime, qu'ils couvrirent de terre et de pierres. A ce moment un petit garçon poussa des cris, et on me dit que c'était l'atoua.

» Sur ces entrefaites on avait préparé un feu. On amena le chien dont j'ai parlé plus haut, et on lui tordit le cou jusqu'à ce qu'il fût étouffé. On enleva ses poils que l'on passa sur la flamme, et on lui arracha les entrailles qu'on jeta au feu, où on les laissa brûler. Les naturels chargés de ce détail se contentèrent de rôtir le cœur, le foie et les rognons, qu'ils tinrent sur des pierres chaudes l'espace de quelques minutes. Ils barbouillèrent ensuite le corps du chien avec du sang qu'ils avaient recueilli dans un coco, et ils allèrent le placer, ainsi que le foie, etc., devant les prêtres qui priaient autour de la tombe. Ils continuèrent quelque temps à prier sur le chien, tandis que deux hommes frappaient avec force par intervalles sur deux gros tambours. Un petit garçon poussa, à trois reprises différentes, des cris perçants, et on nous apprit que c'était pour inviter l'atoua à se régaler du mets qu'on lui préparait. Dès que les prêtres eurent achevé leurs prières, on déposa le corps du chien, avec ses entrailles, etc., sur un échafaud de six pieds de hauteur qui se trouvait près de là. Cet échafaud offrit à nos regards les corps de deux gros cochons et de deux cochons de lait qu'on avait offerts dernièrement à l'atoua, et qui exhalaient une odeur insupportable. Les prêtres et leurs acolytes terminèrent la cérémonie par une acclamation.

» Le lendemain on recommença par le sacrifice d'un cochon de lait. On approcha un jeune bananier que l'on mit aux pieds du roi. Les prêtres, qui tenaient dans leurs mains plusieurs touffes de plumes rouges et un panache de plumes d'autruche que j'avais donné à Otou et qu'on avait consacré depuis, firent une prière. Lorsqu'ils eurent fini, ils changèrent de position, ils se placèrent entre nous et le maraï, et l'un d'eux, le même qui avait joué le principal rôle la veille, marmotta une seconde prière, qui dura environ une demi-heure. Durant cet intervalle, les plumes furent portées une à une et déposées sur l'arche de l'atoua.

» On ouvrit alors le paquet d'étoffe qui renfermait le maro, dont les Taïtiens investissent leur roi. Ce maro était orné de plumes jaunes, bleues et rouges, et surtout des dernières, que fournit une colombe de l'île. L'une des extrémités avait une bordure de huit pièces, chacune de la grandeur et de la forme d'un fer à cheval, avec des franges de plumes noires; l'autre extrémité était fourchue, et les pointes se trouvaient de différentes longueurs. Les plumes offraient deux lignes de compartiments carrés, et elles étaient d'ailleurs disposées de manière à produire un effet agréable : on les avait d'abord collées ou attachées sur des morceaux de l'étoffe du pays, et on les avait cousues au haut d'une flamme de navire, que le capitaine Wallis arbora et laissa flottante sur la côte, la première fois qu'il débarqua à Mataraï. C'est du moins ce qu'on nous dit, et nous n'avions aucune raison d'en douter, car nous y reconnaissions une flamme anglaise. Une bande du maro, de six à huit pouces en carré, était plus dénuée d'ornements. Les prêtres firent une longue prière après que le maro fut replacé dans son enveloppe. (Cook paraît avoir ignoré toute l'importance symbolique de cet insigne du plus haut grade dans l'initiation.)

» On ouvrit l'autre paquet, auquel j'ai donné le nom d'arche, mais on ne nous permit pas d'approcher assez pour examiner les choses mystérieuses qu'il contenait. On nous dit seulement que l'atoua auquel on venait d'offrir ce sacrifice, et qui s'appelle Ouro, s'y trouvait caché, ou plutôt que l'arche renfermait le signe représentatif de ce dieu. Ce tabernacle est composé de fibres entrelacées de la gousse du coco, qui présentent la forme d'un pain de sucre, c'est-à-dire qu'elles sont arrondies et beaucoup plus épaisses à une extrémité qu'à l'autre. Différentes personnes nous avaient vendu de ces cônes, mais nous n'en apprîmes l'usage qu'ici.

» On nettoya alors le cochon, dont nous avons parlé plus haut, et on en ôta les entrailles. Ces entrailles offrirent plusieurs de ces mouvements convulsifs qu'on remarque en diverses parties du corps d'un animal qu'on vient de tuer, et les insulaires les prirent pour un présage très-favorable de l'expédition qui occasionnait le sacrifice. On les laissa exposées pendant quelque temps, afin que les naturels pussent examiner des indices si heureux, et on alla ensuite les déposer aux pieds des prêtres. Tandis que l'un d'eux faisait une prière, un autre examinait plus attentivement les entrailles, qu'il retournait d'une main légère avec un bâton, et lorsqu'ils les eurent bien examinées ils les jetèrent dans le feu. Le corps du cochon, son foie, etc., furent mis sur l'échafaud où, la veille, on avait déposé le chien ; on renferma dans l'arche avec l'atoua toutes les plumes, excepté le panache de plumes d'autruche, et la cérémonie se trouva complétement terminée.

» Il y eut toute la matinée quatre pirogues sur la grève devant le lieu où se passa le sacrifice. L'avant de chacune de ces embarcations portait une petite plate-forme couverte de feuilles de palmier, liées entre elles par des nœuds mystérieux ; les naturels donnent aussi à ces plates-formes le nom de maraï. Des noix de coco, des bananiers, des morceaux de fruits à pain, du poisson et d'autres choses, étaient étalés sur ces maraïs maritimes. On nous dit que les pirogues appartenaient à l'atoua, et qu'elles devaient accompagner l'escadre destinée pour Eimeo.

» L'homme sacrifié à cette occasion me parut un homme entre deux âges. On nous apprit qu'il était *téoutéou*, c'est-à-dire de la dernière classe. Je fis beaucoup de recherches, et je ne découvris pas qu'on l'eût désigné par cela qu'il se fût rendu coupable d'un crime capital. Il est sûr néanmoins qu'en général, le choix tombe sur des individus qui ont commis des délits graves, ou bien des vagabonds des derniers rangs de la société, qui courent de bourgade en bourgade ou d'une île à l'autre, sans avoir de domicile ou des moyens connus de subsistance, espèce d'hommes que l'on rencontre souvent sur ces terres. J'eus occasion d'examiner le corps; je remarquai que le derrière de la tête et le visage étaient ensanglantés; qu'il y avait une meurtrissure énorme sur la tempe droite; je reconnus alors de quelle manière on l'avait tué. On me confirma, en effet, qu'il avait été assommé à coups de pierres.

» La victime ne connaît point l'arrêt prononcé contre elle. Lorsqu'un des grands chefs juge qu'un sacrifice humain est nécessaire, c'est lui-même qui la désigne, après s'être entendu pour l'ordinaire avec le grand-prêtre, qui est presque toujours son frère ou du moins son parent très-proche. Il appelle ensuite quelques-uns de ses serviteurs affidés, qui tombent brusquement sur le malheureux et l'assomment à coups de massues ou de pierres. La nouvelle de la mort est portée au roi, dont la présence est indispensable pour les cérémonies qui doivent suivre. »

Cook compta jusqu'à quarante-neuf crânes humains exposés devant un maraï. Ces crânes n'avaient encore éprouvé qu'une légère altération; ils révélaient autant d'horribles cérémonies accomplies en un court espace de temps.

Outre ces victimes offertes lors de la seule appréhension d'une guerre, on apportait aux dieux après le combat la tête ou même le corps des ennemis tués. Le premier prisonnier était toujours sacrifié.

Dans le récit de Cook, la circonstance de l'œil gauche offert au roi dans une feuille de bananier, est remarquable comme un reste des usages du cannibalisme, que les primitifs O-taïtiens auront très-certainement pratiqué. Cette partie de la cérémonie s'appppelle *manger l'homme* ou *le régal du chef*. Cook n'a vu offrir qu'une victime à la fois, mais M. Moerenhout nous apprend que, pour l'ordinaire, à l'approche d'une guerre, on en immolait sept, et qu'en cas de victoire, lors de la fête des *prières des chefs*, espèce de *Te Deum*, le nombre des victimes était de quatre; la victime accessoire, au lieu d'être un chien, était souvent un cochon. Lors de cette action de grâces aux dieux, c'était à eux que l'on semblait faire les honneurs de l'affreux repas. Le prêtre arrachait un œil à chacune des quatre victimes, en déposait trois dans des feuilles de bananier sur l'autel, et en enterrait un sous le sanctuaire des atouas, petite maisonnette construite le jour même, et soutenue par un seul pilier, ayant pour base le corps des victimes humaines. Un prêtre entreprit de persuader à Cook que l'atoua arrivait la nuit, sans qu'on l'aperçût, pour se nourrir de l'âme ou de la partie immatérielle, qui, selon leur doctrine, errait autour du maraï, jusqu'à ce que la putréfaction eût entièrement détruit le corps.

Entre ces dernières traces du cannibalisme et certains détails empruntés au journal de l'expédition de notre célèbre et malheureux Dumont-d'Urville, on peut établir un rapprochement curieux.

« Dans l'énumération des choses qui se mangent à Opihi (village dans l'île Isabelle, l'une des îles Salomon), Sahe, l'un des indigènes, fait entrer le nom de trois peuplades ennemies qu'il désigne du doigt et qu'il semble dévorer des yeux. «Rien n'est délicieux, dit-il, comme le corps d'un ennemi tué dans le combat. » Lorsque cet heureux événement arrive, la nation de Pertaké chante toute la nuit de plaisir. On apporte le cadavre et l'on procède ainsi qu'il suit : Les yeux sont arrachés et dévorés d'abord ; le crâne est ouvert, et les deux chefs, ceux dont le palais est le plus délicat, plongent des bananes dans la cervelle et la mangent crue ; ce n'est que lorsqu'il n'en reste plus que l'on commence à manger les cuisses ; ensuite, c'est le tour des mains, et enfin, les reins viennent en dernier. Un couplet consacré est chanté par les chefs appelés à ce repas, à chaque membre qui tombe. Les restes sont abandonnés au peuple, après toutefois que l'on a enlevé encore les parties naturelles ; celles-ci sont placées dans des feuilles de bananier et cuites au four : elles sont offertes au chef suprême.

Dans quelques îles, voulait-on implorer des dieux la guérison d'un malade, on étranglait en leur honneur un de ses enfants ou l'un des enfants de son parent le plus proche ; on sacrifiait sans scrupule l'existence d'un enfant, encore inutile à la société, pour sauver une autre existence regardée comme plus précieuse.

Quelques insulaires de l'archipel d'Haouaï, adorateurs des requins, jettent à la mer le corps de certains enfants morts-nés, avec certaines offrandes, dans l'espoir que l'âme du défunt, passant dans celle du requin, deviendra un puissant protecteur pour toute la famille auprès de ces redoutables poissons. Des prêtres veillent à toutes ces offrandes devant les temples du dieu, et annoncent avec de grands cris aux parents l'instant où la transmigration a dû s'opérer.

Mariner a souvent vu les naturels de Tonga offrir un enfant en sacrifice à leurs dieux. A la suite d'un combat, il arriva à un des chefs de l'armée de l'arii Finau de poursuivre un ennemi, et de lui asséner un coup de son casse-tête, au moment où il franchissait le seuil d'un lieu d'asile. Le fugitif vint tomber mort dans l'enceinte même. Ce sacrilége fut rapporté à Finau, qui aussitôt consulta les prêtres. Ceux-ci ordonnèrent, de la part des dieux, qu'un enfant serait offert comme victime expiatoire. Les chefs s'assemblèrent, et l'on désigna pour victime un enfant d'un autre chef que celui qui avait commis le crime. Le père donna son consentement, mais la mère s'empressa de cacher l'enfant. Les gens chargés de le chercher le découvrirent et l'enlevèrent, malgré les cris et le désespoir de la mère. Arrivée au lieu de l'exécution, l'innocente victime sourit en voyant ses bourreaux lui passer autour du cou une bande de gnatou en guise de collier; tous les assistants se sentirent émus, mais le respect pour les dieux l'emporta. A un signal donné, les deux bouts du cordon furent tirés, et le sacrifice fut consommé.

Tout ceci ne rappelle-t-il pas ce passage de Plutarque au sujet des Carthaginois :

« Eux-mesmes immoloient leurs propres enfants, et ceux qui n'en avoient point en achetoient des pauvres, comme si c'eussent esté des agneaux ou des chevreaux ; et falloit que la mère propre, qui les avoit vendus, assistast au sacrifice sans monstrer apparence quelconque de s'esmouvoir à pitié, et sans plorer ni souspirer, autrement elle perdoit le prix et l'argent de son fils, et néanmoins son enfant ne laissoit pas pour cela d'estre sacrifié. »

Cook n'a point eu occasion ou a dédaigné de mentionner la trompe dont les sons, avec ceux du tambour sacré, sont le prélude obligé de toute cérémonie religieuse ou guerrière dans les îles de la mer du Sud. Cette trompe est faite du plus grand coquillage (murex) que l'on puisse trouver : sur le sommet, un trou est percé où s'adapte un bambou de deux à trois pieds de long, qui sert d'embouchure. Les voyageurs qui ont entendu cet instrument disent qu'ils n'en connaissent aucun autre capable de produire des sons aussi forts et aussi lugubres.

Les prêtres, en officiant, ainsi que toute personne qui approchait du maraï, devaient avoir la partie supérieure du corps découverte; des nattes belles et fines les couvraient depuis la ceinture jusqu'au-dessous du genou. Pour réciter les prières, ils mettaient un genou en terre ou se tenaient assis les jambes croisées sur une large pierre, appuyant leur dos à une colonne d'un à deux mètres, placée là tout exprès. Quand ils cessaient de tenir leur face inclinée ; ils la levaient vers la pyramide où étaient placées les images. Ils avaient des *ouhous* et des *tarotoro*, prières et invocations, et des *hamori*, actes d'adoration. A chaque prière terminée, ils tiraient un petit bâton d'un faisceau et le mettaient de côté. Les bâtons étaient de différentes longueurs et dimensions ; ce faisceau jouait le rôle que joue dans tout l'Orient et chez nous le chapelet. La moindre erreur commise par un des officiants, le moindre manque de mémoire, entraînait la suspension de l'office, quels qu'en eussent été les préparatifs, et quelle qu'en pût être l'importance, car c'était le pire de tous les fâcheux augures. Tout était à recommencer. Dans une circonstance politique urgente, on comprend quel parti le clergé pouvait tirer d'une faute de ce genre, de la part de l'un de ses membres!

On peut prendre une idée de leurs prières par celle-ci, bien qu'elle ne soit point de la liturgie, et qu'elle ne soit qu'une simple prière à l'usage du fidèle, lorsque finissait la journée :

« Sauvez-moi ! sauvez-moi ! il est soir ; il est soir des dieux. Veillez près de moi, ô mon Dieu ! près de moi, ô mon Seigneur ! Gardez-moi des enchantements, de la mort subite, de mauvaise conduite, de maudire ou d'être maudit, des secrètes menées et des querelles pour les limites des terres ; que la paix règne loin autour de nous, ô mon Dieu ! Gardez-moi contre le guerrier furieux, de celui qui erre furieux, qui se plaît à effrayer, dont les cheveux sont toujours hérissés. Que moi et mon esprit vivent et reposent en paix cette nuit, ô mon Dieu ! »

Après la terrible cérémonie du sacrifice, le grand-prêtre annonçait la volonté des dieux, et si la guerre projetée devait ou non réussir. Pour l'ordinaire les dieux lui communiquaient leurs ordres par l'intermédiaire des songes, pendant qu'il dormait dans la chapelle du maraï. Quelquefois le prêtre posait la question à l'atoua en personne devant son tabernacle. L'atoua répondait par le sifflement du vent, ou par le cri de quelque oiseau.

L'arme la plus puissante que le pouvoir sacerdotal se fût créée était l'interdit ou *tabou*, qui a beaucoup de rapport avec l'interdit des anciens Hébreux. Le tabou fut le moyen de police le plus énergique, et produisit souvent un grand bien dans l'intérêt public, lorsque, par exemple, dans une année où l'on pouvait prévoir une mauvaise récolte des fruits de l'arbre à pain, il s'appliquait aux bananes sauvages, ignames, et autres fruits qui croissent spontanément dans les montagnes, afin que le mois venu de se retirer dans l'intérieur de l'île et de ne plus vivre de pêche, la population pût trouver là une ressource contre la disette. Dans le même intérêt public, le tabou interdisait toujours aux femmes et même aux hommes, dans certaines occasions, la chair de cochon, les anguilles, les tortues et autres aliments reconnus d'un usage dangereux. L'interdit frappait aussi les hommes dans la libre disposition de leur personne. Un individu frappé du tabou ou interdit ne pouvait sortir de sa maison, ni faire de feu, ni manger, qu'avant ou après le coucher du soleil; on voyait jusqu'à des *arii*, forcés de se soumettre à cette loi, rester pendant plusieurs jours et même plusieurs mois dans une inaction absolue, au point de ne pas même se servir de leurs mains pour manger, et d'être nourris alors comme des petits enfants par des mains étrangères. La sanction du tabou était la mort envoyée par les dieux, ou tout au moins une grosse maladie, quelque infirmité qui ne manquait pas de frapper le coupable. Le goître, peu fréquent dans ces îles, était surtout considéré comme leur mode le plus ordinaire de châtiment; aussi le goîtreux était-il chez les Polynésiens un objet d'horreur et d'éloignement, comme le lépreux le fut chez les juifs et chez les chrétiens du moyen âge.

Un clergé dont les hauts dignitaires appartenaient toujours aux familles d'arii ne pouvait manquer d'entourer l'investiture d'un arii des cérémonies religieuses les plus imposantes. Ils lui faisaient, en quelque sorte, jouer dans ce grand jour le rôle d'Oro lui-même. Lorsqu'un arii, à la naissance de son premier enfant, se voyait forcé d'abdiquer en droit, et de ne plus conserver que le pouvoir de fait en qualité de régent, il faisait promener sur l'île ou la partie d'île soumise à son pouvoir la bannière de son héritier. Les vassaux obéissants laissaient passer la bannière intacte ; ceux qui prétendaient protester la déchiraient : c'était ensuite à la victoire à prononcer. Les arii de droit et les arii de fait, homme ou marmot, du sexe masculin ou féminin, ne marchaient jamais : ils enfourchaient les épaules d'hommes vigoureux qui se relayaient de distance en distance. En signe de respect, tout le monde, nobles et vilains, devait quitter tout vêtement et ne se montrer à eux que dans l'état de nudité complète (précaution efficace contre les assassins, à qui il devenait difficile de cacher la moindre arme). La même formalité s'observait en passant devant leur demeure, désignée par l'image d'un tii. L'investiture avait lieu quand le jeune arii avait atteint sa dix-huitième année. Il était rare qu'elle ne fût point annoncée par quelque miracle ; par exemple la pousse inattendue et soudaine d'un arbre. Un sacrifice humain sollicitait la faveur des dieux ; le grand-prêtre arrachait les deux yeux de la victime : l'œil droit était offert au dieu, et l'œil gauche au souverain. Le jeune arii se rendait en grande pompe au maraï d'Oro, où le lit habituel du dieu devait lui servir de trône ; l'image du dieu se contentait ce jour-là d'une place moins commode sur une estrade. Bientôt le grand-prêtre, en tête de tout le clergé, avec le tambour sacré, les trompes de coquillage et les *tapaau* (autre sorte de trompe faite en feuilles de cocotiers), enlevaient l'idole et le lit divin où siégeait le roi ; la procession se rendait sur la plage, et Oro prenait place sur la pirogue sacrée, ornée de feuillage. A un certain signal, le roi, resté jusqu'alors sur le lit du dieu, se levait, et, tenant une branche coupée à l'un des arbres du bois sacré, marchait vers la mer, s'y baignait et s'y purifiait. La purification accomplie, il montait sur la pirogue, où le grand-prêtre le ceignait du fameux maro symbolique des aréoïs, en adressant à Oro cette invocation : « Répands l'influence du roi sur la mer vers l'île sacrée. » Il lui plaçait, en outre, sur la tête le *taoumata*, insigne de la souveraineté, sorte de diadème fait avec des feuilles de coco entremêlées de plumes. Le peuple, sur le rivage, répondait par des cris joyeux, et ses vivats escortaient la flottille de pirogues qui se promenait sur les flots. Les dieux requins s'empressaient, assure-t-on, de venir caresser et laver sa majesté alors qu'elle prenait son bain de mer. Il est probable toutefois, dit un navigateur qui fut témoin d'une pareille solennité à O-taïti, qu'on n'admettait leurs hommages qu'à distance respectueuse. Après cette course nautique, le roi retournait vers le rivage et allait s'étendre sur le lit d'Oro, la tête appuyée sur le coussin sacré, bloc de bois ciselé. Quatre porteurs, membres de la famille royale, l'enlevaient alors et le ramenaient au maraï, où il se plaçait debout, sur une estrade, entre les images d'Oro et d'un autre grand atoua, fils d'Oro. Atouas et arii recevaient alors en commun l'hommage du peuple. Certes, le génie des prêtres et des pharaons de l'Égypte n'a pas poussé plus loin la combinaison astucieuse des moyens de parler aux imaginations vulgaires. Hâtons-nous cependant de dire que cet hommage était d'une nature fort bizarre : c'étaient des danses où plusieurs hommes et femmes, entièrement nus, entouraient le roi et s'efforçaient de le toucher de différentes parties de leur corps, au point qu'il avait peine à se préserver de leur urine et de leurs excréments, dont ils cherchaient à le couvrir. Un philosophe de l'école d'Helvétius et de d'Holbach soupçonnerait dans un tel usage quelque haute moralité cachée. Comme ces danseurs étaient des aréoïs (ils avaient le monopole des danses et représentations mimiques), la moralité pourrait lui sembler : Nous t'avons fait dieu pour le peuple; mais tu n'es pour nous qu'un roi soliveau.

Et en effet, le pauvre jeune arii devait avoir bien peu de velléité personnelle, lui, souverain de droit, élevé par des gens qui s'arrangeaient pour demeurer souverains de fait.

Dumont-d'Urville nous apprend qu'à Manga-reva, l'arii marmot, dès qu'il pouvait se passer des soins de sa mère, était transporté dans une case située au sommet du mont Duff, le pic le plus élevé de Manga-reva. Là, il restait jusqu'à l'âge de douze ans, ne pouvant être approché que par un petit nombre de serviteurs. Sa personne, sa case, la montagne elle-même, étaient tabou, en ce sens qu'on n'y devait pas plus toucher qu'à des objets sacrés. A l'âge de douze ans, il quittait cette demeure, et venait, au milieu de ses sujets, habiter une hutte pour lui préparée, mais où il était condamné à la même solitude, ce qui équivaudrait à la même prison, jusqu'au jour de son investiture. Le même écrivain ajoute, en parlant d'un jeune arii qu'il venait de voir investir de la couronne : « Il a sur tous les habitants l'autorité la plus absolue, si ce n'est sur ses quatre oncles, qui se partagent avec lui le territoire de ces îles, et qui ne dépendent de lui que pour la forme. » Les royautés absolues de la Polynésie ressemblent à s'y méprendre à ces royautés de droit divin et fainéantes de notre Europe, où le roi est un épouvantail pour tout le monde, excepté pour ses maires du palais. Les rois sont ingrats envers nos révolutions ; là où elles ont affranchi quelqu'un, c'est encore plus les rois que les peuples.

Dans cette même île de Manga-reva, quand le roi mourait, on transportait son cadavre sur ce mont Duff, et on le déposait dans la case où son enfance s'était écoulée calme et paisible. A l'aide d'une corde, on le hissait sur le sommet même du pic, où l'on envoyait d'abord un chef ou *rangatira* pour faciliter cette manœuvre singulière : c'était presque toujours un ami ou un parent du défunt. On le laissait plusieurs jours dans cette case, et on profitait de ce laps de temps pour disposer tout ce qui était nécessaire aux funérailles. On le descendait ensuite avec le même appareil pour le déposer sur une table de pierre, où l'on procédait à l'embaumement. Autant que je l'ai pu comprendre, dit M. Marescot, l'un des officiers de l'expédition de Dumont-d'Urville), le but de l'ascension sur le sommet de Manga-reva était de faire croire au peuple que le roi mort était allé rendre son âme au grand atoua.

Quand ils avaient préparé le cadavre royal et qu'ils lui avaient rendu tous les honneurs qui lui revenaient encore sur la terre, on le plaçait sur une pirogue, décorée le mieux possible, et on allait le déposer, sur l'île Anga-kavita, dans une grotte ou caverne réservée pour cet usage. Cette île n'était pas habitée et elle était tabou.

Cook raconte avoir eu la liberté d'examiner, à Oparre, le corps embaumé d'un arii. On avait tiré par l'anus les intestins et les autres viscères ; on avait bourré le ventre d'étoffes imbibées d'huile de coco, mêlée au suc odoriférant d'une plante qui croit dans les montagnes, et on l'avait ensuite recouvert d'une étoffe maintenue par des bandelettes. M. Marescot dit qu'à chaque anniversaire de la mort de l'arii dernier défunt, l'usage était, pour ses parents et les personnages principaux de Manga-reva, de se rendre en grande cérémonie à la sépulture royale d'Anga-kavita, et d'ajouter une nouvelle enveloppe à celles qui recouvraient déjà le cadavre. Cette opération, répétée tous les ans, finissait par augmenter singulièrement le volume du feu monarque, et l'on a vu des cadavres royaux qui atteignaient une rotondité d'un mètre de diamètre.

L'embaumement est une contradiction manifeste au dogme qui enseignait que l'âme n'est parfaitement purifiée que lorsque les os sont dépouillés de la chair ; mais chez quel peuple des contradictions semblables ne se rencontrent-elles pas ? La religion chrétienne enseigne que notre corps, qui est poudre, doit retourner à la poudre, et cependant combien de précautions ne prend-on point pour disputer le plus longtemps possible à la destruction les corps même de nos papes et évêques! Le clergé est le premier à violer la loi.

Nous avons vu que chaque famille quelque peu importante avait son maraï particulier, consacré, non à un grand atoua, mais aux dieux de la famille, à ses *oromatouas*, et que l'usage général était d'exposer les corps, dans ces maraïs, sur les *fata-toupapau*, petites estrades recouvertes d'une toiture. Quand, malgré les précautions d'embaumement (et cet embaumement était plus ou moins parfait, selon la dépense), la putréfaction avait enfin détaché la chair de dessus les os, on séparait la tête du corps, et on portait cette partie la plus précieuse dans quelque caverne bien cachée et d'un accès difficile; c'était le lieu de repos définitif, l'*anaa*. Chaque famille avait le sien, qui n'était connu que du principal membre de la famille, ou, dans les familles des chefs, d'un gardien spécial, dont l'emploi était héréditaire. Les corps des principaux personnages ne subissaient point cette mutilation, les moyens ne manquant pas de les transporter secrètement. Les squelettes décapités étaient enterrés dans le terrain même du maraï. On donnait à la fosse peu de profondeur; le squelette ou le corps (les pauvres n'étaient ni embaumés ni exposés) y était descendu dans une posture inclinée, les mains attachées sur les genoux ou sur les jambes, qu'une étoffe enveloppait quelquefois.

D'après une de leurs traditions, l'un de leurs dieux communique du feu à tout ce qui existe : il en donne aux pierres, aux plantes, au bois, et le tire de différentes parties de son corps; il finit par en donner à l'homme, mais cette fois il le tire de sa tête. Cette tradition, rapprochée de l'usage qu'ils ont de dérober aux violations de sépulture surtout la tête de leurs morts, paraît difficile à concilier avec leur opinion, dont nous avons parlé, qui place le siège de l'âme dans le ventre; mais l'habitude qu'ont nos poëtes de distinguer le cœur comme siége des émotions, des affections, et le cerveau comme siége de la raison, siége de l'âme, est l'inverse de la leur, et n'est pas moins singulière.

La mort, même naturelle, était toujours regardée comme un châtiment de la part des dieux, et non comme une faveur qu'ils faisaient à l'âme en abrégeant pour elle le temps de l'épreuve ici-bas. Lorsque commençait la cérémonie des funérailles, un prêtre creusait dans la terre un trou, où il prétendait enterrer le ressentiment que le défunt était supposé avoir dû concevoir contre sa famille. Et, en effet, disait-on, ou la famille n'a point fait assez pour détourner la maladie, ou la maladie a eu pour cause le mécontentement des dieux contre l'un de ses membres. Il s'agissait donc ici d'apaiser le défunt et d'obtenir qu'il ne revînt pas se venger des survivants.

Par suite de cette croyance, l'expression de la douleur de ceux-ci était toujours violente : des larmes ne suffisaient pas ; leur sang coulait en expiation sous la dent du requin (c'était l'instrument consacré à cet usage), et de ce sang qu'ils tiraient de leur visage et de tout leur corps par de larges blessures, ils arrosaient le corps du défunt. A Tongatabou l'usage était de se couper une phalange d'un doigt; aux îles Sandwich, de se casser une dent. Pendant deux mois environ, chacun venait pleurer auprès du fata-toupapau, et y déposait une part de son repas comme offrande aux dieux. Les familles considérables employaient à des démonstrations plus éclatantes de leur deuil, et pour donner au défunt l'hommage de plus de sang, un personnage, appelé l'*haïva-toupapau*, chargé de représenter l'âme en peine du défunt et de manifester l'expression de son ressentiment. Cet *haïva*, la tête couverte de plumes, vêtu d'un manteau de couleur jaune et noire et où il entrait beaucoup de plumes, et surtout de coquillages qui s'entrechoquaient avec bruit, la figure couverte de deux larges écailles de nacre en guise de masque, prenait en main un long bâton, garni d'une touffe de plumes et de dents de requin. Dans cet attirail, et escorté de jeunes garçons barbouillés de noir et de boue, il courait dans tout le voisinage de la maison mortuaire et autour des maraïs, frappant rudement, et par conséquent déchirant chaque passant qu'il pouvait rencontrer. C'était à ceux-ci, avertis par le bruit des coquillages, à l'éviter de leur mieux. Sa course terminée, il se rendait au fata-toupapau, sur lequel gisait le défunt, se déshabillait, se lavait, mangeait le repas qu'on avait apporté pour lui, et se disposait à recommencer le lendemain. Plus la chose durait et plus le défunt, pensait-on, devait se trouver satisfait. Aux îles de la Société, lors des funérailles d'un chef, le sang coulait encore plus abondamment dans des combats que se livraient entre eux ses amis et ses parents. Et ces combats, quoiqu'il fût toujours convenu que la victoire resterait aux gardiens du mort, qui étaient supposés refuser aux autres l'honneur de le pleurer, ces combats n'étaient pas simulés ; il en coûtait souvent la vie à plus d'un combattant.

Les cérémonies qui accueillaient l'homme à son entrée dans la vie portaient elles-mêmes ce caractère de fanatisme sombre et féroce. Aussitôt après la naissance, la mère était frappée d'interdit ; elle était déclarée tabou. Une petite case particulière était construite, où elle se retirait avec son enfant. Il lui était défendu de se servir de ses mains, si ce n'est pour les soins à donner à l'enfant. Le mari et quelque proche parent pouvaient seuls y entrer avec elle, encore devaient-ils se dépouiller de tout vêtement ; elle-même avait un vêtement de nourrice, qu'elle quittait et reprenait quand elle sortait ou rentrait. D'autres femmes étaient chargées de la faire manger, de lui mettre la nourriture dans la bouche.

L'interdit durait de six semaines à deux mois, jusqu'au jour des relevailles ou *oroa*. Ce jour était le seul où il fût permis à la femme d'entrer dans le *maraï*, encore une étoffe, étendue sur le sol, et qu'ensuite on jetait au feu, devait-elle empêcher que son pied ne le souillât. Sous la conduite de son mari, elle se présentait à la chapelle, où les attendait le prêtre.

Celui-ci commençait l'office, et à un signal la mère, présentant d'une main son enfant devant les dieux, employait l'autre main à se déchirer la tête avec une dent de requin ; le mari suivait ensuite son exemple. Le sang était recueilli soigneusement sur des feuilles du miro, l'un des arbres sacrés, et le prêtre déposait ces feuilles ensanglantées sur l'autel. Ce sang représentait, pour les Polynésiens, l'eau de notre baptême ; il lavait la tache du péché originel ; il était l'offrande d'expiation pour apaiser les dieux, dont le courroux contre l'humanité se perpétuait de génération en génération, et toujours disposés à venger sur les fils les crimes des parents.

La même cérémonie de l'offrande du sang des parents se renouvelait, mais seulement pour les fils des chefs, lorsque venait le moment de circoncire l'enfant, ou, pour parler exactement, d'ouvrir la peau du prépuce, opération d'un usage général en Océanie. Outre qu'elle différait matériellement, comme on le voit, de la circoncision hébraïque, cette opération hygiénique manquait ici du caractère religieux : elle n'était point faite par le prêtre, dont la main sacrée marque d'un signe indélébile les fils du peuple de Dieu ; mais par des hommes du commun, dont c'était la profession. L'offrande du sang, qui, d'ailleurs, n'avait lieu alors que pour les fils de chef, n'avait plus pour but que d'assurer à l'enfant la protection des dieux dans le danger qu'il allait courir.

Cette religion, qui interdisait à la femme, comme à un être d'une condition trop inférieure, l'entrée de ses maraïs, devait naturellement regarder le mariage comme un acte trop peu important pour songer à y intervenir. Le mariage n'était pas même l'objet d'un engagement civil de la part du mari ; la femme seule était liée, en sa qualité de créature plus faible. C'est la loi de la force dans toute sa brutalité ; seulement la politique s'opposait à ce qu'un homme eût plus de deux femmes à la fois. On redoutait l'excès de population. Un homme achetait une fille de ses parents moyennant un présent d'étoffes et de cochons, sans que la fille fût consultée. Le soir même il entrait en jouissance de sa propriété, et le lendemain l'emmenait avec lui.

Le mari avait le droit de répudier sa femme, comme aussi de la reconduire de force au domicile conjugal. La femme ne recouvrait sa liberté que lorsque le mari avait consenti à la lui rendre. Chaque enfant, à sa naissance, recevait son nom de l'un des membres de la famille, soit paternelle, soit maternelle; ce qui servait à régler, en cas de divorce, à qui l'enfant appartiendrait, du père ou de la mère.

D'après la condition que les mœurs polynésiennes avaient faite à la femme, l'homme eût pu, avec plus de raison encore que chez les Hébreux, répéter cette prière quotidienne : « Je remercie Dieu de ne pas m'avoir fait femme. » Non-seulement elles ne pouvaient prendre leurs repas avec les hommes, mais même il leur était défendu, dès leur jeune âge, de toucher au manger de leur père ou frères. La femme mariée n'eût pas osé faire cuire son repas au même feu qu'elle avait allumé pour préparer le repas de son mari et de ses fils. Voici une chanson qui nous indiquera que sa part de travail était assez rude :

« Marions le pêcheur — à la femme qui cultive la terre — Heureuse la femme qui vous appartiendra ! — Si le mari est pêcheur — et si la femme cultive la terre, — les vivres sont assurés pour les vieillards et les jeunes hommes, — comme pour nos guerriers chéris. »

Voici un chant funèbre d'une femme regrettant son mari. Il serait curieux de savoir s'il est dû simplement au caprice d'un prêtre poëte, ou s'il a été inspiré réellement par la douleur d'une femme. Dans ce dernier cas, il ferait honneur au talent et surtout à la résignation angélique de la Clotilde polynésienne. La chose ne serait pas impossible : au milieu des mœurs les plus barbares, les douces vertus d'affection et de dévouement n'ont jamais manqué chez la femme.

« Mort est mon seigneur et mon ami ; — mon ami dans la saison de la famine ; — mon ami dans le temps de la sécheresse ; — mon ami dans ma pauvreté ; — mon ami dans la pluie et dans les vents ; — mon ami dans la chaleur et dans le soleil ; — mon ami dans le froid de la montagne ; — mon ami dans la tempête ; — mon ami dans le calme ; — mon ami dans les huit mers. — Hélas ! hélas ! il est parti, mon ami, — et il ne reviendra plus ! »

Telle était, dans son ensemble, cette religion des insulaires les plus policés de l'océan Pacifique. Par exemple, à l'archipel d'Otaïti, aux Marquises, etc., où elle atteignit son plus haut degré de perfection, « les dogmes religieux, dit M. Moerenhout, et les formes du culte peuvent varier et varient en effet, du plus au moins d'une île à l'autre de la Polynésie ; mais c'est toujours et partout la même cosmogonie, plus ou moins nettement exprimée ; mais toujours et partout c'est Taaroa, le dieu suprême, le dieu créateur, dont on connaît le nom jusqu'à la Nouvelle-Zélande et dans les îles basses de l'archipel Dangereux, où se conservent quelques faibles notions de ses œuvres ou de la création. Partout ailleurs que sur ces points, aussi arriérés au moral qu'au physique, Taaroa, Tameroa ou Tangaroa, est l'Être suprême, le dieu créateur ; et si, comme à Otaïti, des textes sublimes ne décrivent pas toujours son pouvoir, au moins a-t-il toujours les mêmes attributs. Tous ne le font pas opérer de la même manière ; mais tous admettent que c'est à lui qu'on doit les cieux, la terre et tout ce qui existe. »

Les navigateurs ont signalé l'existence de l'institution si caractéristique du tabou dans les îles occidentales des Guèdes, ou Saint-David ou Freewill, l'île Nevil, le grand archipel des Carolines (y compris les îles Peliou et Matelottes), celui de Gilbert et Marshall, le grand Cocal et les autres îles de cette chaîne, et enfin toutes les îles de la mer du Sud, depuis l'archipel d'Haouaï ou Sandwich, au nord, jusqu'aux îles de l'Évêque et son clerc (au sud de la Nouvelle-Zélande), au midi ;

et depuis l'île Tikopia, près de Vanikoro, à l'ouest, jusqu'à l'île Sala, à l'est, en s'approchant de l'Amérique.

Entre toutes ces petites populations, que la mer sépare les unes des autres par d'énormes distances, comment doit s'expliquer cette communauté de religion et aussi de langage? car les Polynésiens n'ont, à vrai dire, qu'une même langue. Le système de numération décimale se reproduit partout; les noms des objets les plus généraux et les plus usuels ne diffèrent que par la manière de les prononcer; l'usage du duel, la formation du pluriel, les modes des verbes sont les mêmes.

M. Moerenhout est porté à croire, sans fournir, il est vrai, de preuves concluantes, que les îles polynésiennes de l'est ont dû jouir d'une civilisation supérieure à celle que les Européens y ont trouvée lors de la découverte, et que les moyens de navigation y ont été supérieurs à ceux d'aujourd'hui. Ils avaient alors en grand nombre des pirogues pouvant contenir de cent à cent cinquante personnes. « Mon vieux prêtre, dit-il, se souvenait encore que des chefs d'îles, d'un autre archipel assez lointain, venaient à Otaïti et dans les autres îles voisines. Il commença même à ce sujet à me réciter une conversation entre un chef d'Otaïti et un chef de Toubouaï; mais malheureusement sa mémoire le trahit très-peu après le début. »

Une autre explication serait celle qui résulte des émigrations forcées. Quelque fécond que soit le sol d'une île, le moment vient, après un certain nombre de générations, où cette fécondité doit cesser d'être en rapport avec le chiffre toujours croissant de la population. Aussi voyons-nous ces malheureux peuples recourir à l'avortement, et surtout à l'infanticide, pour maintenir l'équilibre entre le chiffre des consommateurs et les ressources du sol. A Otaïti et dans les autres îles de la Société, l'infanticide était si commun, que souvent les trois premiers enfants du sexe féminin étaient régulièrement tués dans chaque famille, aussitôt après leur naissance.

Lors d'une famine, et quand l'excès de population devenait dangereux, les aventuriers les plus hardis montaient leurs pirogues et voguaient à la recherche d'une terre nouvelle. Toutes les îles ont des traditions d'émigrations de ce genre. La politique des prêtres avait soin de les favoriser. Quelque temps après le départ des premiers émigrants, ils racontaient que ceux-ci leur étaient apparus en songe, pour leur annoncer qu'ils avaient en effet découvert une île à telle distance et dans telle ou telle direction, et que là ils jouissaient de l'abondance et du bonheur. Vers 1830 un brik de Port-Jackson (Nouvelle-Hollande) rencontra en mer une pirogue montée par environ soixante personnes, qui, ne trouvant plus de quoi vivre dans l'île d'où elles venaient, cherchaient une autre île qui pût les nourrir.

Quand deux tribus ou deux factions différentes s'étaient fait la guerre, les membres de celle qui succombait étaient jetés sur de méchants radeaux et lancés sur les flots. Sans doute la plus grande partie se noyait; mais quelques-uns pouvaient être poussés sur d'autres îles. La population de Crescent, qui date d'une origine toute récente, est due à une émigration de ce genre, qui ne remonte encore qu'à peu d'années sous le règne de Mapou-teoa.

Voulez-vous une idée de la distance que les vents et les courants peuvent faire parcourir sur l'Océan à de frêles et chétives embarcations, dénuées de tous les moyens de lutter contre eux? Écoutez ces quelques faits, choisis parmi un grand nombre du même genre.

En 1820, cent cinquante naturels d'Anaa (de l'archipel de Pomotou), embarqués dans trois pirogues, furent emportés par la mousson; deux périrent. Ceux qui montaient la troisième, après avoir touché quelques îles désertes, qui leur fournirent de faibles moyens de subsistance, furent rencontrés à six cents milles anglais de leur point de départ.

Trois naturels d'Otaïti furent de la sorte portés par une pirogue à l'île de Wateo, c'est-à-dire à une distance de cinq cents milles.

En 1696, les Européens établis aux Philippines ont eu pour la première fois connaissance de l'archipel des Carolines par quelques naturels de ce dernier archipel, portés jusqu'à l'autre par les vents et les courants. Il arrive souvent que des jonques javanaises soient entraînées jusqu'aux Philippines. En 1542 trois Portugais, partis de Siam dans une jonque, furent portés en vue du Japon. En 1833 une jonque japonaise fut jetée sur la *côte de l'Amérique*, au cap Flattery (au sud de l'île Quadra et Vancouver). Dans la même année, onze autres jonques de la même nation dérivèrent jusqu'à l'une des Sandwich.

En 1696, une vingtaine d'hommes, femmes et enfants, furent portés d'Ancorso à Tamar, une des Philippines, c'est-à-dire à une distance de huit cents milles.

En 1821, une grande pirogue, chargée de naturels de Rurutu, arriva à l'île de Maurua, distante de cinq cents milles, et sur laquelle elle se dirigeait. A la même époque, une pirogue d'Otaïti atteignit une des îles voisines de Manga, c'est-à-dire qu'elle franchit six cents milles ; et deux pirogues abordèrent à Otaïti, venant d'Hao, dont les Otaïtiens n'avaient nullement connaissance.

Voilà sans doute comment la population polynésienne se sera répandue dans toutes les directions du grand Océan et vers les îles éloignées, qui ne furent certainement habitées que bien postérieurement aux autres. Ce fait paraît d'autant plus probable, qu'ils en ont comme conservé le souvenir. « Ainsi, à la Nouvelle-Zélande, dit M. Moerenhout, ils racontent qu'ils viennent du nord, d'où ils allèrent à la recherche d'une nouvelle terre, en se dirigeant sur les taches magellaniques. Ainsi aux îles Sandwich, ils se rappellent qu'ils viennent de Borabora et connaissaient Otaïti et les Marquises ; et puis, comme pour donner à croire que ces événements sont arrivés peu de temps après la destruction de leur grande terre, ces îles portent presque toutes des noms pris dans la cosmogonie. La plus grande des îles Sandwich, par exemple, se nomme *Ohaii* (Hawaï); une autre, *Mahoui* (Mawaï); toute la partie septentrionale de la Nouvelle-Zélande se nomme *Iskana-Mahoui* (poisson de Mahoui). »

On a longtemps rapporté les peuples de l'Océanie à deux races : Océaniens jaunes ou *Malais*; Océaniens noirs ou *Papous*; mais, au rapport de quelques voyageurs modernes, il faudrait distinguer deux races jaunes : *Malais* et *Dayas*, et deux races noires : *Papous* et *Endamènes*.

Quelques savants, entre autres Marsden, placent la souche des Malais dans l'île de Sumatra (pays de Palembang).

M. Rienzi, qualifiant l'île Borneo du titre d'*officina gentium* (comme on a qualifié jadis les hauts plateaux de l'Asie), place à la fois dans cette île ou grande terre, ainsi qu'il l'appelle, les quatre souches des Malais, des Dayas, des Papous et des Endamènes. « Les Papous, ajoute-t-il, ont vaincu et presque exterminé les Endamènes. » Selon lui, Bornéo fut primitivement le foyer de toutes les races de l'Océanie.

Marsden répand ses Malais sur Sumatra tout entière, et puis sur les îles Nicobar, les Moluques, Bornéo, Célèbes, Luçon, l'île de Pâques et les Sandwich.

M. Rienzi répand les Dayas sur toute la Polynésie.

Les noirs Papous se répandent dans la Nouvelle-Guinée, la Louisiade, la Nouvelle-Bretagne, dans les îles Salomon et Sainte-Croix, la Nouvelle-Irlande, la Nouvelle-Calédonie, dans l'île de Van-Diémen, dans la Nouvelle-Zélande, etc.

Les débris des noirs Endamènes sont arrivés, selon M. Rienzi, à la Nouvelle-Guinée, dont ils habitent l'intérieur et vraisemblablement le sud. « Cette race, dit-il, que les Papous nomment *Endamène*, nom qui rappelle celui des noirs hideux des îles Andamen, avec lesquels elle offre la plus triste ressemblance, a dû être nombreuse dans la Nouvelle-Guinée. S'abandonnant aux flots sur de frêles canots, ils auront traversé le détroit de Torrès, au milieu des récifs, et se seront établis sur le vaste continent de l'Australie, où cette race semble devoir s'éteindre tôt ou tard devant la population des colons européens. »

En résumé, c'est par les émigrants de la Malaisie (sauf la distinction de Malais et Dayas, introduite tout récemment par M. Rienzi) que l'on s'était accordé jusqu'ici à faire peupler les îles de la Polynésie. Cette opinion s'appuie principalement sur l'observation des philologues, que depuis l'île de Pâques (l'île la plus orientale de l'Océanie parmi celles qui sont habitées), jusqu'aux Moluques et autres îles Malaies, on rencontre plusieurs mots qui sont absolument les mêmes dans toutes les îles. Le système de numération décimale est aussi tout à fait identique, sans parler de la parfaite identité des noms de nombre qui le constituent. « Il est peu douteux, ajoute M. Moerenhout, que des recherches plus attentives ne fissent découvrir, tantôt dans l'une, tantôt dans l'autre des îles Malaies, presque tous les mots de la langue polynésienne. » Mais, tirant de l'observation une conclusion tout à fait contraire à celle généralement admise, loin de voir dans les habitants des îles Polynésiennes les descendants des Malais, notre écrivain voit, au contraire, dans les Malais les descendants de peuples originaux des îles de l'océan Pacifique.

« Les aborigènes des îles Malaies, dit-il, ou les habitants qu'on y a trouvés, parlaient tous différentes langues. A Timor il y en avait et il y en a encore au moins quarante; à Bornéo on en compte plus de cent, et néanmoins les tribus les plus civilisées mêlent toujours à leur idiome quelques mots polynésiens. Maintenant, se demande-t-il, comment dans toutes les îles, depuis la Nouvelle-Zélande jusqu'aux Sandwich, et depuis les îles des Amis jusqu'à l'île de Pâques, ne parlerait-on qu'un seul et même langage? Comment ce langage serait-il chez les émigrants pur et sans mélange, tandis qu'à leur point de départ il en resterait à peine quelques traces? »

Contre la possibilité que des émigrants malais se soient répandus dans l'océan Pacifique, il oppose deux faits principaux :

Le premier est la prédominance du vent d'est, qui règne presque continuellement et souffle de toutes parts sous les tropiques, depuis une centaine de lieues du continent de l'Amérique jusqu'à l'extrémité occidentale de cet immense océan, et cela pendant dix mois de l'année au moins, tandis que les vents variables, qu'on éprouve de temps en temps, du mois de décembre au mois de mars, ne s'étendent jamais bien loin à l'est, et ne soufflent presque jamais avec violence que pendant un très-petit nombre d'heures.

« Voici, dit notre écrivain, les observations faites par les bâtiments baleiniers qui croisent depuis tant d'années dans toute l'étendue de l'océan Pacifique, sous la ligne :

» Ceux qui naviguent à l'est de cet océan, aux environs des Gallapagos, peuvent rarement se maintenir dans ces parages; et quoique généralement bons voiliers, les courants les portent toujours à l'ouest. Je sais tels d'entre eux qui ont été contraints de courir deux fois dans la même année vers le sud, jusqu'aux vents variables, afin de remonter à l'est et de revenir par là sur leurs pas. Il en est de même pour ceux qui croisent plus à l'ouest, aux environs de l'archipel dit *King's mill's group*, parages favorables à la pêche ; mais où ils ne peuvent jamais se maintenir, obligés qu'ils sont, au bout de quelque temps, de courir soit au nord soit au sud, afin de ne pas dériver de manière à devoir faire, pour revenir à l'est, le tour de la Nouvelle-Hollande ou des îles Ladrones ; et parmi tant de bâtiments qui font la pêche près de la ligne, je n'en ai jamais vu un seul réussir à remonter un peu à l'est, ou même à garder les mêmes parages, sans dériver du plus au moins vers l'ouest.

« Regardera-t-on comme possible que chez des nations où l'art de la navigation était aussi peu perfectionné que chez les Malais, d'aussi frêles embarcations que les leurs aient pu être poussées de l'extrémité orientale de la mer des Indes, à l'extrémité orientale de l'océan Pacifique, depuis les îles Moluques jusqu'à l'île de Pâques, près du continent de l'Amérique du sud, et parcourir, en luttant contre un vent et un courant constamment contraires, plus d'un tiers de la circonférence du globe, ou plus de cent trente degrés de longitude? »

Le second fait principal opposé par M. Moerenhout, c'est la différence de mœurs, de langage, toujours plus marquée chez les habitants des îles, à mesure qu'on avance à l'ouest. Ainsi, par exemple, pour ne citer que deux traits de différence : dans aucune des îles polynésiennes on ne se sert de l'arc et des flèches, tandis qu'on les rencontre d'abord aux îles Fidji et ensuite dans toutes les îles occidentales. Elles n'appartiennent exclusivement qu'à la race noire. C'est également d'abord aux îles Fidji qu'on rencontre la fabrication et l'emploi de la poterie de terre, qui n'existe dans aucune des îles orientales, pas même aux îles des Amis.

Continue-t-on à se porter des Fidji à l'est-nord-ouest, vers les îles Salomon, la Nouvelle-Bretagne, la Nouvelle-Zélande, la Nouvelle-Guinée? partout on trouve des peuples qui diffèrent entièrement des insulaires polynésiens, tant pour la couleur et le langage que pour les traits, les coutumes et les mœurs.

Si des mêmes îles on se porte à l'ouest-sud-ouest, vers les nouvelles Hébrides, vers la Nouvelle-Calédonie, à mesure qu'on avance dans cette direction, on voit s'y dégrader notre espèce, jusqu'à ce qu'on arrive à la Nouvelle-Hollande et à la terre de Diémen, dont la rare et hideuse population semble aux naturalistes et aux phrénologistes le dernier anneau qui lierait l'espèce humaine à la brute.

Les Malais ne paraissent pas à notre écrivain les aborigènes des îles où on les a trouvés; ils les auront probablement conquises sur les Oran-cabou, les Oran-gorgou, les Marouth, les Beajos, les Negros del Monte, les Harofaros, les Papous et autres sauvages farouches, qu'on trouve encore à Sumatra, à Bornéo, aux Philippines, aux Moluques, et dans toutes les autres îles qu'on donne toujours comme le foyer de la race Malaie.

La race primitive des Malais vient, selon lui, de la Polynésie.

« Les vents, régnant d'est en ouest, dit-il, appuient beaucoup cette supposition. Des embarcations auront été poussées dans cette direction d'une île à l'autre, depuis les plus rapprochées du continent d'Amérique, jusqu'à la plus occidentale des îles de la Sonde, ou même jusqu'à Madagascar, soit par les vents alisés qui règnent dix mois de l'année de l'une à l'autre extrémité de l'océan Pacifique, et conduisent régulièrement les bâtiments jusqu'aux Mariannes, aux Philippines et à Célèbes, soit par les moussons, qui, à leur tour, portent six mois de l'année les bâtiments de ces dernières îles dans toutes les parties de la mer des Indes les plus reculées vers l'ouest. »

D'après tout ceci, vous seriez porté à croire que M. Moerenhout se range à l'opinion du petit nombre d'écrivains qui peuplent la Polynésie par des émigrations parties du littoral américain. Il n'en est rien. Le manque d'analogie entre les traits et le langage des populations américaines et ceux des insulaires ne lui a point échappé. Il lui paraît, en outre, impossible que des embarcations semblables à celles qu'on a trouvées chez les nations du Nouveau-Monde aient jamais pu franchir la prodigieuse distance qui les sépare de l'île de Pâques, la plus orientale des îles océaniennes connue jusqu'à ce jour, puisque, de quelque point qu'elles fussent parties, elles auraient toujours eu à franchir de douze à quinze cents milles pour atteindre cette île, qui n'est qu'un point imperceptible dans cette immensité, et auraient infailliblement péri de faim et de soif avant d'y arriver.

Il préfère recourir à l'existence, dans des temps reculés,

d'un continent intermédiaire sur lequel la population polynésienne aurait vécu longtemps dans un état assez avancé de civilisation.

« Ces peuples, dit-il, ayant vécu sur un immense continent dont leurs îles ne seraient plus que les parties les plus élevées, ont probablement été, après le grand événement de la destruction de leur terre, chassés par les besoins ou poussés par les vents et par les flots, des restes de leur continent détruit sur d'autres restes, sans pourtant se mêler jamais avec d'autres races, et sont restés un seul et même peuple jusqu'à l'extrémité de la longitude occidentale ; tandis que d'autres peuples de la même race, qu'on trouve depuis cette frontière jusqu'à l'Inde et jusqu'à Madagascar, soit qu'ils aient quitté volontairement leur séjour primitif après la grande révolution de leur terre, ou pour d'autres causes perdues dans la nuit des temps, soit que le vent ou le hasard les aient poussés de groupe en groupe, comme il arrive encore journellement, paraissent avoir trouvé partout la race noire, à laquelle ils se sont mêlés. Qu'ils l'aient soumise, expulsée ou exterminée à la longue, toujours est-il qu'ils en ont presque partout altéré les traits et corrompu le langage, mais nulle part assez pour qu'on en puisse méconnaître l'origine : cause non douteuse de cette extrême variété des langues observée dans toutes les îles situées dans le sens de la longitude orientale, qui n'empêche pas de leur reconnaître partout une même racine, ou du moins un certain nombre de mots tout à fait semblables, avec des traits ou des mœurs qui se rapprochent du plus au moins de ceux des habitants des îles orientales du même océan. Les peuples noirs des îles Malaies ont conservé quelque souvenir de l'arrivée du peuple qui eut une si grande influence sur leurs mœurs, leurs coutumes et leur langage, et, d'après la description qu'ils en font, ce ne peut être que celui des îles occidentales de l'océan Pacifique ou de la Polynésie. »

« La nation qui y répandit sa langue était, dit Crawford, vêtue d'une étoffe fabriquée avec l'écorce des arbres, et ignorait la fabrication des étoffes de coton. » Et plus loin : « L'époque de l'introduction de l'arabe chez les Malais est indiquée par l'histoire; des données assez certaines peuvent faire soupçonner celle du sanskrit; mais celle de la langue polynésienne est ensevelie dans une impénétrable obscurité. »

Nous nous contenterons de faire observer que la plus forte partie du raisonnement de l'écrivain contre la possibilité d'émigrations qui auraient dérivé de l'ouest à l'est, est contredite par le fait suivant, raconté par Kotzebue :

« Kadou était né dans l'île de *Oulea* (Jouli), l'une des plus occidentales des Carolines, qui doit se trouver au moins à quinze cents milles anglais à l'ouest de l'île d'*Aur*, du groupe des îles Otdia, et qui n'est connue que de nom sur la carte, par la relation du P. Cantova, envoyé en 1733 des îles Mariannes aux Carolines en qualité de missionnaire. Kadou partit de Oulea avec Edock et deux autres insulaires sur une pirogue à la voile, pour aller pêcher sur une autre des îles Carolines. Une violente tempête détourna ces malheureux de leur route; ils battirent la mer durant huit mois environ, et à la fin abordèrent dans l'état le plus déplorable sur l'île d'*Aur*. La plus grande partie de leur course fut accomplie *contre la direction du vent accoutumé du nord-est*, fait très-remarquable en faveur de ceux qui pensent que la population de la mer du Sud a dû s'opérer de l'ouest en allant vers l'est. Suivant le récit de Kadou, ils avaient leur voile constamment déployée durant leur voyage, quand le vent le permettait, et ils la fermaient quand le vent du nord-est soufflait, dans la persuasion qu'ils étaient sous le vent de leur île. Cela seulement peut expliquer leur arrivée à *Aur*. Ils estimaient le temps par lunes, en faisant un nœud à une corde à chaque nouvelle lune. Comme la mer leur fournissait beaucoup de poisson et qu'ils connaissaient parfaitement le moyen de le prendre, ils souffrirent moins de la faim que de la soif; car, quoiqu'ils eussent soin de ramasser de l'eau en petite provision chaque fois qu'il venait de la pluie, ils se trouvèrent souvent entièrement privés d'eau douce. Kadou, qui était le meilleur plongeur, descendait souvent au fond de la mer, où l'on sait que l'eau est moins salée, avec une noix de coco percée d'une petite ouverture ; mais si ce moyen les soulageait pour le moment, il est probable qu'il contribuait encore à les affaiblir. Quand ils aperçurent l'île d'*Aur*, la vue de la terre ne les réjouit pas, car ils avaient perdu toute espèce de sentiment. Les habitants de l'île envoyèrent plusieurs pirogues à la rencontre de cette pirogue, dont la voile était détruite et qui semblait le jouet des vents et des flots. Leur première pensée fut de mettre à mort les malheureux naufragés pour se partager quelques ustensiles qui étaient au fond de la pirogue ; un chef cependant se montra moins inhumain : on se contenta d'en faire des esclaves et de se partager l'épave apporté par l'océan. »

Placé entre la nécessité d'admettre l'existence d'un continent polynésien disparu, ou de croire que des faits analogues à celui de la navigation de Kadou se seront reproduits plusieurs fois dans la longue suite des siècles, malgré les nombreuses chances contraires et bien que le raisonnement démontre que cette tentative était d'une difficulté qui approche de l'impossible, nous préférons nous décider pour la seconde opinion, le plus généralement admise, et nous pensons qu'en dépit des vents les Malais et les Papous ont peuplé les îles de l'Océanie.

Nous terminerons par cette remarque du savant Lyell ; qu'excepté le Spitzberg et la Nouvelle-Zemble au nord, les Falkland et la terre de Kerguelen au sud, que leur climat inhospitalier et le manque de subsistances rendent tout à fait inhabitables, et excepté aussi l'île de Sainte-Hélène, les vaisseaux européens n'ont jamais rencontré une terre de quelque étendue qui ne fût occupée par des habitants. On serait tenté de conclure avec lui : « Supposez toute la race humaine détruite ; qu'il ne reste qu'une seule famille, et que ce dernier débris de l'humanité habite l'une des îles de l'océan Pacifique, soyez convaincu que la postérité de cette unique famille, sans qu'il lui soit besoin de plus d'industrie et de civilisation que n'en ont les insulaires de la mer du Sud ou les Esquimaux, se répandra dans la suite des siècles sur toute la surface de la terre. »

Jetant maintenant un coup d'œil rapide sur le reste de l'Océanie, nous verrons la religion de Mohammed professée par les Javanais, les Malais de Sumatra, de Bornéo, des Moluques, les Bouguis, les Mangkatsars, les Maïndanéens, les Holoans, les Lampoungs et les Reyans. Le point le plus oriental où elle se soit répandue est la partie occidentale de la Papouasie. M. Rienzi raconte avoir vu plusieurs navires appartenant à l'illustre Mohammed-Ali, vice-roi d'Égypte, transporter des Javanais et des Bouguis pour faire le pèlerinage de la Mecque.

Le *brahmanisme* n'est professé que par quelques peuplades de l'intérieur de Java et par la plus grande partie des insulaires de Madoura et de Bali. Le *bouddhisme* est professé par une partie des habitants de l'île de Bali et par tous les Chinois établis dans la Malaisie.

Quelques peuplades de Bornéo, de Louçon, n'ont aucune espèce de religion. La plupart des Mélanésiens n'ont d'autres croyances que l'existence de mauvais génies et une idée vague d'une autre vie.

Les naturels des îles Mariannes assuraient que le premier homme a été formé d'une pierre du rocher de *Fauna*, petite île sur la côte occidentale de *Gouaham*. Aussi regardaient-ils ce rocher comme une merveille, tant par sa structure singulière, qui ne le rend accessible que par un endroit, que pour avoir été le berceau du genre humain. Selon le P. Gobien (qui a donné une histoire des Philippines), les naturels disaient que *Pountan*, homme extraordinaire, qui vivait dans l'espace, chargea ses sœurs de faire avec ses épaules le ciel et la terre, avec ses yeux le soleil et la lune, avec ses sourcils l'arc-en-ciel.

Les habitants des îles basses de l'archipel des Carolines

croient qu'un génie, *Hamou* ou *Hamoulapé*, règne sur chaque groupe d'îlots; c'est lui qui veille à leurs besoins. Il est subordonné à un être qui lui est infiniment supérieur. Peu d'hommes jouissent de la prérogative de voir cet esprit, de l'entendre, de connaître ses ordres, et ils ne la doivent qu'à l'intercession de leurs enfants morts en bas âge; encore ont-ils à lutter souvent contre un esprit malfaisant qui s'établit dans leur corps, et dont on a grande peine à les délivrer.

Une tradition du même archipel des Carolines regarde comme les plus anciens des esprits célestes *Sabucor* et sa femme *Halmeleul*; ils eurent pour fils *Eliculep* et pour fille *Ligobud*. Le premier épousa *Letheuhiul* dans l'île d'*Oulea*; elle mourut à la fleur de son âge, et son esprit s'envola au ciel. *Eliculep* avait eu d'elle un fils, nommé *Leugueileng*; on le révère comme le grand seigneur du ciel, dont il est l'héritier présomptif. Cependant son père, peu satisfait de n'avoir eu qu'un enfant de son mariage, adopta *Rechahouileng*, jeune homme très-accompli, natif de Lamourek. Cette tradition porte que *Rechahouileng* étant dégoûté de la terre, monta au ciel pour y jouir de la félicité de son père; que sa mère vit encore à Lamourek, dans un âge décrépit; qu'enfin il est descendu du ciel dans la moyenne région de l'air pour entretenir sa mère et lui faire part des mystères célestes. Par ces fables, fait observer M. Rienzi, les habitants de Lamourek s'attirent plus de respect et de considération de la part de leurs voisins. *Ligobud*, sœur d'*Eliculep*, se trouvant enceinte au milieu de l'air, descendit sur la terre, où elle mit au monde trois enfants. Elle fut bien étonnée de trouver la terre aride et infertile. A l'instant, par sa voix puissante, elle la couvrit d'herbes, de fleurs et d'arbres fruitiers, et la peupla d'hommes raisonnables. Dans ces commencements on ne connaissait pas la mort : c'était un court sommeil. Les hommes quittaient la vie le dernier jour du déclin de la lune; et dès qu'elle commençait à paraître sur l'horizon ils ressuscitaient, comme s'ils se fussent réveillés d'un sommeil paisible. *Erigiregers*, esprit malfaisant et ennemi du genre humain, leur procura un genre de mort contre lequel il n'y avait plus de ressource; de sorte qu'une fois les gens morts, ils le furent pour toujours. Ils mettent au rang des *elus-melabus* ou esprits malfaisants, *Morogrog*, qui, ayant été chassé du ciel pour ses manières grossières et inciviles, apporta sur la terre le feu, inconnu jusqu'alors. *Leugueileng*, fils d'*Eliculep*, eut deux femmes : l'une céleste, qui lui donna deux enfants, *Carrer* et *Meliliau*; l'autre, terrestre, née à *Falalou*, dans le groupe de Morileu, dont il eut *Oulifat*. Ce jeune homme ayant su que son père était un esprit céleste, prit son vol vers le ciel, dans l'impatience de le voir; mais à peine se fut-il élevé dans les airs, qu'il retomba sur la terre, désolé de sa chute et pleurant amèrement sa malheureuse destinée. Cependant, sans renoncer à son premier dessein, il alluma un grand feu, et à l'aide de la fumée il fut porté une seconde fois dans les airs, où il parvint à embrasser son père céleste.

A la Nouvelle-Zélande, la croyance est que l'âme n'abandonne la dépouille mortelle que le troisième jour après la mort. Ce troisième jour, le défunt est revêtu de ses plus beaux habits, frotté d'huile, orné et paré comme de son vivant. Au lieu de laisser le cadavre étendu tout de son long, comme en Europe, les membres sont ordinairement ployés contre le ventre et ramassés en un paquet. Des aliments sont déposés sur la tombe. M. Rienzi raconte qu'un jeune homme, malade à toute extrémité, ne pouvant plus consommer le pain qu'un missionnaire lui offrait, le réserva pour son esprit, qui reviendrait pour se nourrir après avoir quitté son corps et avant de se mettre en route pour le cap Nord.

« Nous vîmes, dit M. Marsden, un chef mort, assis dans tout son appareil. Ses cheveux avaient été arrangés suivant la coutume, ornés de plumes et d'une guirlande de feuillage; sa figure était propre et luisante, car on venait de la frotter d'huile, et elle avait conservé sa couleur naturelle. Nous ne pourrions dire si le corps s'y trouvait tout entier ou non, car des nattes le couvraient jusqu'au menton. Il avait l'aspect d'un homme vivant assis sur son siége. J'en avais vu un quelque temps auparavant, dont la tête avait été arrangée de la même manière et le corps desséché aussi bien que la tête. Ce chef, au moment où il mourut, était âgé de trente ans environ ; sa mère, sa femme et ses enfants étaient assis devant lui, et à sa gauche les crânes et les os de ses ancêtres étaient rangés sur une seule ligne. Je m'informai du lieu où il était mort, et l'on me répondit qu'il avait été tué quelques mois auparavant dans une bataille à la rivière Tamise.

» Les Nouveaux-Zélandais semblent nourrir l'opinion que la divinité résida dans la tête d'un chef ; car ils ont la plus profonde vénération pour la tête. S'ils adorent quelque idole, c'est certainement la tête de leur chef, autant du moins que j'ai pu me faire une idée de leur culte. »

Les cadavres des hommes du peuple sont enterrés sans cérémonie. Ceux des esclaves ne peuvent jouir de ce privilége. Ordinairement ils sont jetés à l'eau ou abandonnés en plein air. Quand les esclaves ont été tués pour crimes vrais ou prétendus, leurs corps sont quelquefois dévorés par les hommes de la tribu.

M. Marsden demandait à quelques chefs zélandais d'où pouvait venir cette coutume de manger la chair humaine. Ceux-ci répondirent qu'ils imitaient en cela les grands poissons de la mer, qui se mangent entre eux, et souvent mangent ceux de la même espèce. Les grands poissons mangent les petits ; les petits poissons mangent les insectes ; les chiens mangent les hommes ; les hommes mangent les chiens, et les chiens s'entre-dévorent. Les oiseaux de l'air s'entre-dévorent aussi. Enfin il n'est pas jusqu'aux dieux qui ne se mangent les uns les autres. « Je n'aurais pas compris, ajoute le missionnaire, comment les dieux pouvaient s'entre-manger, si un chef, qui se regardait lui-même comme un dieu, ne m'eût auparavant instruit que lorsqu'il était allé vers le sud et qu'il eut tué une grande partie des habitants, il eut peur que le dieu de ces derniers ne voulût le tuer pour le manger. Il s'était en conséquence décidé à le prévenir. Saisissant ce dieu étranger, qui était un reptile, il en mangea une partie et réserva l'autre pour ses amis, attendu que c'était une nourriture sacrée. Ces insulaires assuraient que la chair des Zélandais avait meilleur goût que celle des Européens, la chair de ces derniers étant gâtée par leur mauvaise habitude de manger trop de sel. Une croyance accréditée parmi les nobles zélandais, c'est qu'ils héritent des bonnes qualités de l'ennemi par eux tué, lorsqu'ils mangent telle ou telle partie de son corps. Heureux qui peut se régaler de la cervelle et des yeux de son ennemi ! il s'approprie sa force et son courage, et il acquiert en outre la certitude qu'un esprit ne reviendra pas de l'autre monde pour le tourmenter dans celui-ci.

Dumont d'Urville parle d'un hymne guerrier, le *Pihe* (dont M. Kendall s'est procuré le texte), chanté par les guerriers zélandais lorsqu'ils marchent au combat. « Il se compose de cinq parties assez distinctes : la première a trait à la manière dont l'*Atoua*, l'Être suprême, a détruit l'homme, et à la réunion de la créature avec Dieu, opérée par cette action. De là on passe au cadavre, et ce sont des plaintes sur sa destruction ; ensuite au sacrifice en lui-même et à l'encens, à la nourriture offerte à l'*Atoua*. Dans leurs idées cet encens est toujours le souffle, l'esprit de vie, l'âme. Puis ce sont des exhortations aux parents, aux amis du défunt, pour les engager à venger sa mort et à honorer sa mémoire en lui donnant la gloire : *Kiaoudou*, c'est-à-dire, rends-le glorieux ! Enfin le chant se termine par des complaintes et des consolations à la famille. »

Les Australiens croient à un bon esprit, qu'ils nomment *Coyan*, et à un mauvais esprit, qu'ils nomment *Potoyan*. Le premier surveille les machinations du dernier, protége les hommes et aide à retrouver les enfants que l'autre attire pour les dévorer. Potoyan rôde pendant la nuit à la recherche de sa proie; mais il se garde d'approcher du lieu où il voit un feu allumé. On irrite Potoyan si l'on fait tourner en l'air un tison ardent. Lorsqu'il lui plaît d'annoncer sa présence, il fait entendre un sifflement bas et continu, semblable à une faible brise qui court dans le feuillage.

A la suite d'un combat qui eut lieu entre deux tribus sur les bords du Wallomby, le lieutenant anglais Britton eut occasion de voir quels honneurs ils rendent à leurs morts. Quatre hommes et deux femmes de la tribu restée maîtresse du terrain avaient succombé.

« Les corps des hommes, raconte-t-il, furent placés en croix, étendus sur le dos, les quatre têtes réunies au centre et la face tournée vers le ciel; chacun était lié à une perche par des bandages au cou, à la ceinture, aux genoux et aux chevilles. Les femmes avaient les genoux relevés et attachés au cou; les mains étaient attachées aux genoux; on les plaça le visage en bas. Leurs deux tombes formèrent deux petits tertres de trois pieds de hauteur, à quelque distance de la croix formée par la tombe des hommes. Cette disposition tient à l'infériorité reconnue de la femme, infériorité qui la rend indigne d'être inhumée avec les hommes. Du reste, la propreté et le soin avec lesquels les deux cônes et la croix furent exécutés, étaient fort remarquables et sans qu'on pût apercevoir la moindre irrégularité. A une certaine distance tout à l'entour, l'écorce des troncs d'arbres, jusqu'à la hauteur de quinze ou vingt pieds, fut couverte de dessins grotesques, qui étaient censés représenter des kangarous, des émus, des opossums, des serpents entremêlés de figures grossières, d'armes, et d'instruments dont ils se servent. Autour de la croix ils tracèrent un cercle d'environ trente pieds de diamètre, dégageant soigneusement le sol à l'intérieur de toute espèce de broussailles; en dehors ils pratiquèrent un second cercle semblable, et dans l'intervalle étroit ménagé entre les deux cercles, ils placèrent des morceaux d'écorce disposés comme le sont les tuiles d'un toit. Le malin esprit, selon eux, ne pourrait sauter par-dessus les morceaux d'écorce, et ne saurait non plus se glisser par-dessous. Quatre grands casse-têtes furent aussi fichés en terre, au centre de la croix, et les naturels dirent que c'était afin qu'au moment où les défunts se relèveraient ils ne fussent pas sans armes, et qu'ils fussent en état de repousser le même esprit malin qui voudrait les faire rentrer en terre. »

Quelques colons assurent que les indigènes ont la conviction d'une vie future, qui ne peut manquer d'être heureuse. Ils possèderont alors toutes les jouissances, pourront boire et manger tout à leur aise, à la chaleur d'un soleil qui ne se couchera jamais.

Transportons-nous maintenant sur le continent américain, où nous attendent des religions qui n'ont pas moins que celle de Taaroa leur caractère parfaitement distinct et originel, et n'ont certainement rien emprunté aux vieilles religions de notre continent.

CHAPITRE TROISIÈME.

Antiquités du territoire des États-Unis. — Antiquités du Mexique et de l'Amérique Centrale. — Antiquités de l'Amérique du Sud.

Pour se former une idée des rapports qui ont pu exister entre les anciennes populations du continent transatlantique, la meilleure marche à suivre, selon nous, est d'étudier les ruines qui couvrent le sol. Nous allons passer en revue les principales, en commençant par celles que l'on n'a retrouvées que depuis le commencement de ce siècle sur le territoire des États-Unis, à mesure que la population indienne s'est retirée devant les cultivateurs de race européenne.

Ces ruines ont un caractère général qui annonce qu'elles appartiennent à la même nation, ou tout au moins à des nations ayant communauté d'origine, d'usages et d'institutions. Elles couvrent des contrées immenses, commençant dans l'état de New-York et suivant le versant ouest des Alléganys. On les retrouve au sud dans la partie est de la Géorgie et jusque dans la partie la plus méridionale de la Floride. A l'ouest on les trouve en grand nombre sur les rives de tous les grands cours d'eau jusque vers les sources du Mississipi, et disséminées le long du Missouri et de ses affluents. De là elles descendent vers le golfe du Mexique, et au delà de la rivière Rouge vers le Mexique, où il est probable qu'elles se prolongent, bien qu'on ne se soit point encore occupé de les étudier. « Et vraiment, dit M. Brackenridge (Transactions de la Société des Antiquaires américains), la distance du grand monticule de la rivière Rouge au monticule le plus voisin dans la Nouvelle-Espagne est si faible que certainement on ne peut manquer d'en retrouver d'autres dans ce pays. »

On peut remarquer que sur aucun point, excepté dans la Floride, elles ne touchent à l'océan Atlantique; au nord et à l'ouest elles se tiennent à distance de la région froide et de l'océan Pacifique; tandis que d'un autre côté, vers le sud-ouest, elles arrivent jusqu'au Mexique.

Pour rester convaincu que la Floride n'a point servi de lieu de départ à ces populations, qui se seraient ensuite répandues dans les contrées de l'ouest, il suffit de se rappeler que, chez toutes les nations, la population primitive s'est toujours répandue en suivant le cours d'un fleuve ou le littoral d'une mer. Si la Floride eût été le point de départ, la population n'eût pas manqué de progresser le long du littoral de l'Atlantique.

C'est surtout dans l'ouest que les ruines sont le plus nombreuses et le plus rapprochées. Le même écrivain affirme qu'on y compte plus de cinq mille enceintes, dont quelques-unes couvrent plus d'une centaine d'acres. Quant aux *collines coniques* et aux *tumuli*, le nombre en est encore bien plus grand. Le professeur Raffinesques a constaté l'existence de cinq cents de ces ruines dans le seul état de Kentucky. Si l'on réfléchit combien il en aura disparu sous des défrichements, sans qu'on y ait donné la moindre attention, et combien peut-être il en reste encore à découvrir au milieu de forêts non encore explorées, on est conduit à évaluer à un chiffre considérable la population qui jadis a dû couvrir ces contrées.

Quoi qu'en ait dit Malte-Brun dans un mémoire sur les anciens monuments de l'Ohio, ce ne sont pas là de simples camps tracés à la hâte par des hordes errantes; il y faut voir des ruines de villes et villages et de monuments consacrés à un culte, dont plusieurs ont un caractère surprenant de grandeur et de durée, et où tout rappelle l'existence d'une population bien établie. Ces antiquités cependant ne sont pas toutes du même âge; il est à croire que celles de l'ouest sont les plus anciennes. Comme c'est de là que la population s'est répandue, un long temps se sera écoulé avant la construction des villes qui touchent aux États-Unis actuels; ajoutez le temps qui se sera écoulé depuis leur abandon, car nous ne connaissons rien sur ces nations ni combien elles ont pu durer; tout cela nous reporte fort loin dans le passé. Les antiquaires américains ont essayé de fixer du moins la date de l'abandon, d'après l'âge des arbres qui ont crû sur le sol. Plusieurs de ces arbres, par leurs dimensions et par le nombre de leurs couches concentriques, ont annoncé un très-grand âge, tandis que des débris d'arbres morts et d'autres indices révèlent que plusieurs générations d'arbres ont dû naître et mourir sur ce même sol autrefois foulé par des hommes. D'autres observations viennent à l'appui de celle-ci. En Floride, des lacs, qui furent jadis unis à des villes par des chaussées, sont aujourd'hui tout à fait à sec. Dans l'ouest, plusieurs lacs et rivières, dont les eaux baignaient des villes, se sont retirés et ont changé de lit. Dans l'état de New-York, les ruines se montrent disposées sur une ligne qui marque l'ancien littoral des lacs Érié et Ontario.

Cette population devait vivre de l'agriculture; et l'on a pu remarquer que ces ruines de villes et villages se rencontrent toujours dans une situation bien choisie, sur le bord d'un fleuve et là où le sol est le plus riche. Parmi les objets trouvés dans les *tumuli* ou dans les cavernes, rien ne rappelle les instruments de chasse. Pourtant il paraît qu'ils ne possédaient aucune espèce de bestiaux; on n'en retrouve ni cornes ni cuirs.

Des populations qui se retranchent dans des villes ont un certain degré de civilisation, une forme de gouvernement; et l'on reconnaît dans ces ruines des traces de travaux construits dans un intérêt public. Les *tumuli* et plusieurs des monticules coniques, si ce n'est tous, indiquent assez généralement des lieux de sépulture, mais ce ne fut certainement pas leur unique usage. La plate-forme qui couronne leur sommet, le soin qu'on a eu dans certains cas de les entourer de retranchements, la symétrie avec laquelle ils sont quelquefois groupés, doivent donner lieu à d'autres conjectures. Plusieurs ont dû servir de citadelles élevées; d'autres, et cette remarque s'applique aux plus importants, à juger d'après le soin avec lequel ils ont été orientés, et en raisonnant par analogie avec les monuments primitifs de toutes les nations, ont dû servir de monuments pour le culte et porter les autels des dieux. Ces monticules et tumuli sont généralement oblongs ou circulaires à leur base. Les tumuli sont construits en terre ou en pierre; souvent on y a mêlé du bois, suivant la facilité que leurs constructeurs paraissent avoir eue de se procurer ces différents matériaux. Beaucoup ont une base formée de briques bien cuites, sur lesquelles on trouve des ossements humains calcinés, entremêlés de charbons, le tout enfermé dans un grossier cercueil de pierre. Ainsi les peuples qui les ont élevés brûlaient pour l'ordinaire les corps de leurs morts et les recouvraient ensuite de terre.

Souvent un monticule considérable est accompagné d'autres plus petits, disposés dans un ordre symétrique. Dans l'état des Illinois, sur le Cahokia, en face de Saint-Louis, le célèbre monticule qu'on appelle le mont du *Moine* (parce que des frères de la Trappe s'y sont quelque temps établis), et dont la hauteur est de plus de trente mètres et la circonférence à la base de sept à huit cents mètres, a autour de lui plusieurs autres petits monticules rangés en demi-cercle. Ce même mont du Moine est remarquable par une terrasse qui règne sur sa face sud, à vingt pieds de son sommet. Dans la Louisiane, au confluent des trois rivières Catahoola, Washita et Tensa, un autre monticule, qui a trois terrasses sur la face qui répond à la rivière, et deux terrasses sur une autre face, est entouré de quelques groupes d'autres monticules plus petits.

Dans l'état de Virginie, non loin de Wheeling, on cite un autre grand monticule dont la plate-forme n'a pas moins de vingt mètres de diamètre, et dont la base peut avoir environ trois cents mètres. Il est entouré de quelques petits monticules disséminés dans toutes les directions. Dans l'un de ces derniers, on a découvert, à plus d'un mètre de la base, une ouverture et un couloir qui conduit à l'intérieur. Il s'y trouve deux voûtes construites à deux époques différentes ; l'une vers le haut, l'autre dans le bas. Elles sont formées de pierres supportées par des piliers de bois. La chambre d'en bas renfermait deux squelettes. Dans celle d'en haut, outre les débris d'un squelette, on a trouvé des grains de collier, dont la matière était la dent de quelque animal, des fragments de cuivre, de petites plaques de mica, des coquilles du genre *voluta*, et une pierre plate, sur laquelle les antiquaires américains prétendent distinguer des caractères d'écriture qui appartiendraient Dieu sait à quelle langue.

M. Bradford, qui a publié en 1841, à New-York, un excellent ouvrage sur les antiquités américaines, ne mentionne pas d'autre monticule où l'on ait trouvé des chambres à l'intérieur ; mais des fouilles ont donné pour résultat la découverte de différents objets du plus haut intérêt. L'art le plus répandu et le plus perfectionné chez ces anciens peuples paraît avoir été celui du potier. Leurs pots et vases en terre argileuse sont assez bien travaillés à la main, vernissés, d'une bonne cuisson, et souvent peints avant la cuisson ; quelques-uns atteignent à des dimensions énormes. Sur un vase trouvé à Nashville, dans l'état de Tennessée, on voit une figure de femme dont la tête est couverte d'une coiffure qui se termine en pointe ; ses oreilles sont larges, et les lobes allongés descendent au niveau du menton. Le vase le plus curieux, et sur lequel on a le plus disserté, est celui que les antiquaires appellent la *Trinité*. C'est une sorte de bouteille en terre cuite, dont le goulot est court, et dont le bas représente trois têtes d'hommes qui se réunissent par leurs trois chignons : deux sont des têtes de jeunes gens, l'autre est celle d'un vieillard. Les trois figures sont en partie colorées de rouge et de jaune, et la couleur n'a rien perdu de son éclat. Elles ont de grosses lèvres, les pommettes des joues saillantes, point de barbe, le front fuyant et la tête pointue. Dans cette bouteille à trois têtes, qui n'est peut-être à tout prendre qu'une fantaisie d'artiste, d'intrépides antiquaires ont prétendu reconnaitre une idole semblable à la *Trimourti* ou Trinité indienne. Il est vrai qu'ils ajoutent ingénument, *sauf les six bras qui manquent*. Un autre y a reconnu l'image du dieu *Triglaff*, chez les Vendes. Une idole découverte dans un tumulus, à Nashville, représente une figure d'homme sans bras, le nez et le menton mutilés : elle est coiffée d'un bandeau ou d'une espèce de *placenta*, et a les cheveux tressés. Quelques écrivains y ont voulu voir de la ressemblance avec une figure trouvée dans la Russie méridionale, et dont Pallas a donné le dessin. Des médaillons coloriés représentent le soleil avec ses rayons ; d'autres représentent la lune : ajoutez des idoles de différentes formes, et des urnes renfermant des cendres humaines dont quelques-unes ont une forme qui ne manque pas d'élégance.

Ce que les fouilles ont donné le plus ordinairement, ce sont des grains ou fragments de petits cylindres creux, qui paraissent faits d'os ou d'écailles; des coquilles qui, presque toujours, appartiennent au genre *buccinum*, et taillées de manière à servir aux usages domestiques ; des morceaux de granit et d'autres roches, qui auront servi comme haches et comme pointes de javelots, et autres instruments de guerre ; du jaspe, des morceaux de cristal qui ont servi de bijoux ; des miroirs en mica lamellaire, et divers ornements en or, argent et cuivre. On a trouvé une petite croix de ce dernier métal : on a des preuves positives que l'étain fut travaillé par ces populations.

Ces objets furent autant d'hommages qu'une douleur pieuse déposa auprès de la cendre de morts honorés et chéris. Remarquons cependant que cet usage de brûler les morts, quoique le plus général, ne semble pas avoir exclu tout autre mode de funérailles, même pour les morts à qui l'on accorda le tumulus. Pour ne citer qu'un exemple, il existe à Circleville un immense tumulus qui n'a pas moins de trente mètres et qui repose sur une colline que l'on peut soupçonner avoir été aussi amassée là de main d'homme. On y a trouvé un nombre considérable de squelettes de tout âge et de toute taille. Tous étaient étendus dans la direction horizontale, la tête vers le centre du tumulus et les pieds vers l'extérieur. Des haches et des couteaux de pierre et des ornements de différents genres étaient placés auprès de la tête de chacun.

A peu de distance des enceintes, on trouve presque toujours le lieu de sépulture de l'antique population. Le corps y était déposé dans un cercueil de pierre. Dans le Missouri, sur les bords du Merrimack, on a étudié plusieurs de ces cimetières. Le cercueil est formé de six pierres plates; il est haut et a beaucoup moins d'un mètre de longueur : c'est plutôt une boîte de forme ramassée qu'un cercueil allongé à la manière des nôtres. Ces cercueils occupent de petites éminences. Des cercueils tout à fait semblables et d'une aussi petite dimension se montrent également dans le Tennessée et dans plusieurs parties de l'ouest des États-Unis. On y a trouvé des ossements en mauvais état. La première pensée fut d'en conclure, que le peuple pour lequel ils avaient été faits devait être d'une bien petite taille. Comme en même temps on avait découvert dans d'autres tombes des ossements énormes, les conjectures allèrent leur train; on se trouvait en face d'une race de géants et d'une race de lilliputiens. Bientôt cependant il fut constaté, que les grands ossements n'appartenaient point à la race humaine. Une nouvelle découverte donna l'explication de cette singulière forme adoptée pour les cercueils.

Les rochers calcaires du Kentucky présentent de nombreuses et grandes cavernes, où abonde le nitre et où règne d'ailleurs une grande sécheresse. On découvrit dans ces cavernes des corps humains de tout âge et des deux sexes, quelques-uns légèrement enterrés jusqu'à fleur du sol, mais tous couverts avec soin de plusieurs enveloppes. Un de ces corps en avait quatre : la première d'une peau de cerf séchée et rendue lisse par le frottement; la seconde était également d'une peau du même animal; mais on s'était contenté d'enlever les poils avec un instrument tranchant; la troisième couverture était d'une toile grossière, et la quatrième était de la même matière, mais ornée d'un plumage artificiellement arrangé, de manière à mettre le porteur à l'abri du froid et de l'humidité. Enfin, dit le savant M. Mitchill (qui le premier a signalé cette découverte), c'était un *habit de plumes* tel qu'on en fait encore sur la côte nord-ouest, et aussi, ajoute Malte-Brun, aux îles Sandwich et aux Fidji. Même adresse à rattacher chaque plume à un fil sortant du tissu; même effet à l'égard de l'eau, qui passe par-dessus sans le mouiller, comme par-dessus le dos d'un canard. Le corps était conservé dans un état de sécheresse qui le fait ressembler à une momie; mais nulle part on n'y trouva de substance aromatique ou bitumineuse. Il n'y avait point d'incisions au ventre par où les entrailles auraient pu être extraites; point de bandages : la peau était entière et d'une teinte noirâtre ou brune; et, circonstance la plus remarquable, tous ces corps étaient dans la position d'un homme huché sur les pieds et le derrière, ayant un bras autour de la cuisse et l'autre sous le siège. Ces cavernes ont servi de grands cimetières. M. Bradford dit que dans une seule, et rien que sur un espace de huit à dix mètres carrés, on a trouvé une centaine de ces *momies* (comme on les appelle en Amérique).

Le même écrivain parle aussi de deux momies trouvées dans le comté de Warren, état du Tennessée. Elles étaient enterrées, dans cette même position, dans des caisses faites de roseaux. L'une était le corps d'une femme et tenait à la main une sorte d'éventail de plumes de coq qui pouvait s'ouvrir et se fermer. Comme les momies du Kentucky, celles-ci étaient couvertes de plusieurs enveloppes; la couverture de plumes n'y manquait pas; mais ici la toile était remplacée par une espèce de papier fait de feuilles de plantes.

Dans les cavernes du Kentucky, on a trouvé à côté de ces momies, mais enfouis assez profondément, différents objets, des arcs et des flèches, de la poterie, des filets, des vêtements, des nattes, des coffres, des colliers, des coupes de bois, des mocassins, et, ce qu'il y a de plus singulier, des os de *pécari*, le cochon mexicain, animal qui n'est point indigène des États-Unis, mais des contrées beaucoup plus au sud.

« La position des corps dans les petites chambres de pierres plates, dit M. Malte-Brun, rappelle bien le monument de *Kiwik* en Scanie, dont j'ai donné la description dans les anciennes Annales de voyages; mais ces deux traits peuvent être communs à beaucoup de peuples; d'ailleurs les corps de Kiwik étaient sans enveloppe, et leur position était bien plus courbée, et la chambre en pierre était plus grande. »

M. Caleb Atwater, auteur de plusieurs mémoires pleins d'intérêt sur les antiquités des États-Unis, a constaté que les squelettes trouvés dans les tumuli ne sauraient appartenir à la race actuelle des Indiens. Ceux-ci ont la taille élevée, un peu mince et les membres droits et longs; les squelettes, au contraire, sont ceux d'hommes petits, mais carrés, dont la taille n'aura que très-rarement dépassé cinq pieds six pouces anglais. Leur front était bas, avec une forte saillie de l'arcade sourcilière; les os des pommettes étaient saillants, la face courte, mais large par le bas, les yeux grands, le menton proéminent. Ce signalement, comme le remarque Malte-Brun, ne convient pas à la race iroquoise-algonquine, qui domine dans la partie septentrionale des bassins du Mississipi et du Missouri; mais elle répond sur beaucoup de points à la configuration des indigènes de la Floride. M. Mitchill, qui a étudié les momies de Kentucky, prétend y trouver dans la conformation du squelette, et surtout dans l'angle facial, une grande similitude avec la race des Malais qui peuplent les îles du grand océan Pacifique.

Les enceintes sont de deux sortes : quelques-unes, d'une forme géométrique régulière, avec de petites dimensions, semblent avoir été consacrées au culte ; les autres, d'une forme moins régulière et quelquefois d'une étendue immense, ont servi à la défense de la ville ou village. Auprès de quelques-unes se montre souvent une tour, construite de terre et de pierres, et qui devait servir à observer au loin dans la plaine. En étudiant la disposition des remparts de terre qui règnent autour des villes, et la disposition d'autres lignes de terre amoncelée, disposées dans plusieurs localités le long d'un fleuve qui fournissait ses eaux à la population, on reconnaît que le but a été à la fois de se protéger contre les attaques de l'ennemi et contre les inondations.

Quelquefois la ligne de terre amoncelée se prolonge à une grande distance et paraît avoir formé la chaussée d'une route. A ce sujet nous rappellerons, que les Indiens actuels ont la connaissance de larges sentiers (ou, pour mieux dire, quelque chose comme ce que nos paysans de la Bourgogne appellent des sentes : par exemple la grande *sente des Bourguignons*). Ces sentes des Indiens se prolongent à d'énormes distances et sont ouvertes de temps immémorial. Il est probable que ce sont quelques-unes des anciennes routes de la population primitive. Auprès d'enceintes carrées ou d'autre forme, certaines enceintes ont une forme elliptique, et souvent un monticule artificiel à l'une de leurs extrémités. On a fait à leur sujet beaucoup de conjectures. Faut-il y voir des cirques comme en ont eu les Romains, ou simplement un terrain préparé pour les sacrifices et les processions d'un culte? Là où manque le monticule, Malte-Brun trouve plus naturel de considérer le fort rond comme l'habitation du cacique et de sa famille, tandis que l'enceinte carrée lui paraît avoir enfermé les habitations de la peuplade. « C'est ainsi, dit-il, que dans le Siam, dans le Japon et dans les îles océaniques, nous trouvons la famille régnante logée dans des enceintes séparées et pourtant attenantes à la ville ou au village. » Là où le fort rond renferme un monticule, il voit un lieu pour les sacrifices ; là où une même enceinte renferme deux monticules, il voit dans l'un la base de quelque autel, et dans l'autre la demeure du cacique.

On est fondé à croire que ces peuples ne bâtissaient pas leurs maisons en briques, puisqu'on n'en a pas trouvé de restes. Les emplacements des maisons, ou plutôt des cabanes, ne sont reconnaissables que par des espèces de parvis en terre battue qui ont dû servir de parquet. Ces cabanes paraissent avoir été rangées très-régulièrement en lignes parallèles.

Passons aux antiquités du Mexique et de l'Amérique centrale.

A partir de Zacatecas, au nord, jusque dans le Guatemala et le Yucatan, au sud et à l'est, on retrouve une analogie frappante dans les produits de l'art : c'est partout le même style ; partout l'artiste s'efforce de produire le même effet, sous la même inspiration et à l'aide de moyens qui diffèrent fort peu. Le grand téocalli ou temple de Mexico était placé au centre de la ville. Il était construit sur le modèle de ces anciennes pyramides que l'on attribue aux Toltèques, et ne datait que de l'année 886 de l'ère chrétienne, c'est-à-dire six cents ans seulement avant que Colomb ouvrît aux Européens le chemin de l'Amérique. L'enceinte générale était formée par d'épaisses murailles de huit pieds de haut, surmontées de créneaux en forme de niches et couvertes de reliefs en pierre représentant des serpents entrelacés. Les quatre portes correspondaient aux quatre points cardinaux ; la grande pyramide qui occupait le centre était orientée aussi soigneusement. Elle mesurait quatre-vingt-dix-sept mètres à la base et trente-sept mètres de hauteur, et se composait de cinq assises. Un grand escalier conduisait à la plate-forme, sur laquelle s'élevaient deux petits autels et les idoles des dieux dans deux chapelles en forme de tours ; là était aussi la pierre des sacrifices. Rois et nobles avaient des oratoires dans l'enceinte du temple, qui renfermait encore des jardins, des fontaines, des habitations pour les prêtres, et plusieurs couvents d'hommes et de femmes.

La ville possédait huit principaux temples du même genre,

à quoi il en faut ajouter plus de dix mille autres petits, probablement de simples oratoires.

Cette description d'un monument qui n'est plus paraîtrait exagérée, si les ruines imposantes des autres téocallis, dans tout le reste du pays, n'étaient pas là pour attester la vérité du récit d'un écrivain espagnol bien informé, Clavijero, contemporain de Cortez.

Plus heureuse que Mexico, la ville de Tezcuco possède encore la ruine de son principal téocalli. Plus d'une maison de la ville moderne a été construite à ses dépens, et dans plus d'un mur, dans le pavé de plus d'une salle, on retrouve des pierres couvertes de figures d'animaux, d'hiéroglyphes et d'autres ornements. Cette pyramide couvrait environ cent vingt mètres carrés. Elle s'élevait par assises, dont quelques-unes sont encore parfaitement distinctes, couvertes d'un ciment d'une grande solidité. Bien que d'autres pyramides, que l'on voit à côté, soient faites en briques, on reconnaît qu'elle a dû être revêtue tout entière en masses énormes de basalte, parfaitement taillées et qui ont reçu un beau poli.

A l'est de la ville sainte de Cholula on voit le célèbre téocalli qui passait pour le plus grand de tout le Mexique, et qui était consacré à *Quetzalcoatl*, le dieu de l'air. Sa base couvre une surface double de celle qu'occupe la pyramide de Chéops en Égypte. Sa hauteur est de plus de cinquante-cinq mètres, c'est-à-dire environ trois mètres de plus que la pyramide de Mycerinus. Le parallélogramme de sa base mesure plus de quatre cent cinquante mètres de longueur. Pour s'en former une idée, qu'on se figure un carré dont la surface équivaudrait à quatre fois celle de notre place Vendôme à Paris, et couvert d'un monceau de couches de briques alternant avec des couches d'argile, qui s'élèverait à deux fois la hauteur du Louvre. Elle compte quatre assises et correspond parfaitement aux quatre points cardinaux; un escalier de cent vingt degrés conduit à sa plate-forme, où s'élevait, du temps des Astèques, une chapelle au dieu de l'air, que les Espagnols ont remplacée par une église sous l'invocation de Notre-Dame *de los Remedios*. Elle est entourée de cyprès. Chaque matin la messe y est célébrée par un prêtre de race indienne. Les bons Indiens de nos jours, qui ont l'habitude d'y venir en foule, et de très-loin, adorer la Madone, auront été probablement quelque peu étonnés, quand ils auront vu le célèbre voyageur, le luthérien M. de Humboldt, armé des instruments de la science, gravir ce lieu vénéré pour s'y livrer à des observations astronomiques. L'antique sacrificateur astèque, le curé catholique et l'académicien d'Europe, ont rendu là tour à tour à la Divinité le culte de la terreur, le culte de l'amour, le culte de l'intelligence.

Une vieille tradition s'était conservée, que ce téocalli renfermait une chambre à l'intérieur. Des fouilles ont amené la découverte d'une chambre voûtée construite en pierres supportées par des poutres de bois de cyprès. On y trouva deux squelettes avec deux idoles en basalte et quelques vases curieux.

Près de Tacuba, ville très-populeuse avant la conquête, sont les ruines d'une ancienne pyramide formée de couches régulières de briques non cuites. Dans le voisinage d'Huexotla, près Tezcuco, sont aussi quelques pyramides formées de couches d'argile alternant avec des briques non cuites. Un éboulement a montré que l'intérieur de l'une de ces pyramides est creux.

Xochicalco, ou la maison des fleurs, est située sur le plateau de Cuernavaca, à environ deux mille mètres au-dessus du niveau de la mer. C'est une sorte de temple fortifié, une masse rocheuse de plus de trois kilomètres de circuit sur cent dix-sept mètres de hauteur, à laquelle la main de l'homme a donné une forme assez régulière ; ses faces correspondent aux quatre points cardinaux. Un large fossé a été creusé à l'entour. Elle présente quatre immenses terrasses ; les talus intermédiaires offrent des plates-formes, des bastions, des élévations coniques et rectangulaires et des escaliers, tout cela l'un au-dessus de l'autre et revêtu de pierres d'un beau porphyre qui ont toutes la forme d'un parallélipipède. Les visiteurs admirent leur coupe régulière et le soin avec lequel elles ont été assemblées sans l'emploi du ciment. Sur la partie nord de la plate-forme du sommet est une pyramide où la pierre est richement sculptée. Le dessin des figures court d'une pierre à l'autre; le sculpteur n'a travaillé qu'après les maçons. Le parallélogramme de la base a une longueur d'environ quatorze mètres; elle comptait sept assises, dont il ne reste que deux. C'était une suite de talus alternant avec des assises perpendiculaires. Les reliefs étaient des hiéroglyphes, où l'on reconnaît des hommes assis les jambes croisées, et des crocodiles ou alligators jetant de l'eau.

Des galeries et des chambres souterraines pénètrent très-avant dans l'intérieur de tout le monument; de larges chaussées rayonnent à l'entour dans toutes les directions. Quelle qu'ait été sa destination, certainement la maison des fleurs était un foyer central pour de nombreuses populations.

Dans la partie nord de la première intendance de Vera-Cruz, près du village de Papantla, sont les ruines d'une autre pyramide de pierres taillées et assemblées au ciment. La base est quadrangulaire et mesure plus de vingt-sept mètres par face; la hauteur est d'environ vingt mètres. Elle compte sept assises; trois escaliers conduisent à la plate-forme, décorée de plusieurs petites niches, dont la disposition, dit M. de Humboldt, a dû avoir un but, ou tout au moins un sens astronomique.

Au nord-est du lac Tezcuco, à huit lieues de Mexico, sont les deux pyramides de Teotihuacan, qui, selon la tradition, étaient consacrées au soleil et à la lune. La plus grande, celle du soleil, a près de quarante mètres de hauteur : le parallélogramme de sa base a plus de deux cent vingt-sept mètres de longueur. Celle consacrée à la lune a environ quarante-huit mètres de haut. Toutes deux comptent quatre assises, subdivisées en gradins; des escaliers en pierre de taille conduisent à la plate-forme. Les pyramides sont construites d'un mélange de petites pierres et d'argile; le revêtement est d'une pierre amygdaloïde assemblée avec un ciment rougeâtre, qui est fait de chaux et de cailloux pulvérisés.

Sur la plate-forme de la pyramide de la lune on voit la ruine d'un petit temple construit en pierre. Il a plus de quinze mètres de long sur moins de cinq mètres de large; l'entrée est orientée au sud. Sur la face méridionale de la pyramide, environ aux deux tiers de la hauteur, s'ouvre une galerie, au bout de laquelle on trouve deux puits, aujourd'hui comblés, jusqu'à environ cinq mètres du sol de la galerie. Ces puits paraissent occuper le point central.

Sur la plate-forme de la pyramide du soleil on a recueilli des débris d'une poterie qui rappelle les formes chinoises, des morceaux d'obsidienne et des fragments d'idoles. On a trouvé dans le voisinage, en assez grande abondance, des couteaux d'obsidienne, des pointes de flèches et des têtes en terre cuite. Les têtes ont quelque chose de la physionomie des Indiens de nos jours, la même conformation du front et du crâne, et elles ont une singulière coiffure. La matière en est une argile bien corroyée et légèrement cuite.

Ces grandes pyramides sont, comme à Cholula, entourées d'autres plus petites, et dont ici le nombre s'élève à quelques centaines. Elles sont disposées par rangées parallèles qui forment des rues, orientées sur les points cardinaux et qui répondent aux quatre faces des pyramides du soleil et de la lune. En général, leur hauteur ne dépasse pas une dizaine de mètres. La tradition les considère comme les tombeaux de chefs de tribus et en même temps comme dédiés aux étoiles. Une large route, qui part de la face sud de la *maison de la lune,* comme disent les Indiens, passe droit devant la face ouest de la *maison du soleil,* et de là court dans la plaine et se dirige vers les montagnes.

Nous avons cité ces téocallis comme les plus importants et les plus propres à donner une idée générale de ces constructions si caractéristiques que l'on retrouve dans toutes les ruines des anciennes villes du Mexique, de l'Amérique centrale et de la presqu'île du Yucatan. Lors de l'arrivée des Espagnols, il n'existait pas une seule ville de la moindre importance qui n'en possédât, non pas un, mais plusieurs. Les écrivains de la conquête n'ont point trouvé de termes assez forts pour dépeindre la prodigieuse magnificence avec laquelle tous ces temples étaient décorés.

Si maintenant nous considérons les ruines des villes elles-mêmes, nous prendrons une haute idée de l'importance qu'elles ont dû avoir et de la population qu'elles ont renfermée. Cortez dit dans sa correspondance qu'à plusieurs lieues aux environs des villes, pas un *pied* de terrain ne restait en friche; et non-seulement les villes étaient nombreuses, mais plusieurs renfermaient de trente à soixante mille maisons ou plutôt feux. Le luxe de la pierre et d'un mortier de chaux était réservé pour les édifices du culte et les demeures des grands. Chaque famille logeait dans une maison de roseaux ou tout au plus de briques non cuites, et couverte d'un toit de gazon et de feuilles d'aloès, et pourtant chaque maison avait son petit oratoire et sa salle de bains.

Tezcuco, en comptant ses faubourgs, était plus grande que Mexico elle-même. Torquemada n'hésite pas à lui donner cent quarante mille feux. Outre les ruines de ses murs et ses *tumuli*, elle a conservé des parties d'un bel aqueduc, encore en assez bon état pour servir aujourd'hui. Des fouilles ont mis à nu les fondations de vastes édifices disparus. Tout proche est une colline, riche en antiquités, couverte jusqu'au sommet de ruines imposantes et traversée en tous sens par des galeries souterraines. Ses flancs sont soutenus en certains endroits par une maçonnerie solide; dans d'autres on a taillé le roc en terrasses; le tout est revêtu d'un ciment, ou, pour mieux dire, d'un stuc. Les murs d'un large édifice sont encore en partie debout; auprès est une citerne qui l'approvisionnait d'eau.

Un objet d'art, parmi les ruines qui couvrent cette colline, a surtout exercé la sagacité des antiquaires : c'est ce que la tradition appelle, on ne sait pourquoi, le *bain de Montezuma*. Qu'on se figure une excavation pratiquée sur la crête d'un roc escarpé et qui surplombe, ainsi que pourrait faire un nid d'hirondelle fixé à un mur. C'est un beau bassin, d'environ quatre mètres de long sur une largeur de moins de trois mètres, et que borde un parapet. Dans le même roc on a taillé un siége dont la forme rappelle celui qui, dans les peintures mexicaines, servait de trône au cacique; on descend dans le bassin par quelques degrés. On jouit de là d'une vue magnifique sur la riche vallée, sur le lac et sur la ville de Mexico. Certainement, prendre un bain dans ce bassin, avec un tel panorama sous les yeux, serait une jouissance bien entendue; mais les voyageurs les plus raisonnables y ont vu, en dépit de la tradition, plutôt un observatoire pour un astronome qu'une baignoire même destinée à un monarque. Dans cette occasion (ainsi qu'à peu près dans toutes), les commentateurs ont mis de la passion, et la passion a aveuglé ou les uns ou les autres. Ceux qui tiennent pour la baignoire ont donné au bassin beaucoup plus qu'un mètre de profondeur (en mesurant au point central, il est vrai); les autres, et nous citerons M. Latrobe, affirment que c'est tout au plus si l'on y pourrait prendre un bain de pieds.

A deux milles de Tezcuco, au village de Huexotla, qui pouvait passer pour un de ses faubourgs, nous remarquerons de beaux aqueducs, dont l'un, revêtu d'un ciment rougeâtre, est dans un état parfait de conservation. Un chemin couvert, flanqué de deux murs parallèles, conduit à l'ancien lit d'une rivière aujourd'hui à sec, sur lequel existe encore un pont d'une construction remarquable, avec une arche construite en voûte cyclopéenne, et qui a plus de treize mètres d'élévation. Le pont s'appuie par un bout sur une masse conique en maçonnerie. Les Mexicains avaient plusieurs autres ponts en pierre. Clavijero parle des grandes et fortes piles qui supportaient le pont de la rivière de Tula.

Dans le district de Zapoteca, à dix lieues d'Oaxaca, jetons un coup d'œil sur les ruines de Mitlan, où l'on reconnaît cinq édifices et leur disposition symétrique. Une porte conduit dans une cour, d'environ cinquante mètres sur chaque côté, et entourée de quatre corps de bâtiments, sur l'un desquels on reconnaît encore les restes de deux colonnes. Cet ensemble est dominé par une terrasse, sur laquelle s'élève un cinquième bâtiment, l'édifice principal et qui a le mieux résisté aux ravages du temps. Il a plus de quarante-trois mètres de longueur et renferme une vaste salle, dont le toit, d'un bois très-dur, est supporté par six colonnes monolithes de porphyre qui ont plus de six mètres de hauteur, et s'amincissent dans leur partie supérieure. L'architecture est généralement d'un caractère solide. Le linteau de la porte de cette salle est formé d'une seule pierre de quatre mètres de long, circonstance remarquable : pour l'ordinaire, dans ces monuments, les linteaux sont de bois. Une cour, ménagée à l'intérieur du bâtiment, conduit, par un large escalier, à deux galeries souterraines, dont chacune est longue de plus de vingt-sept mètres, sur huit mètres de largeur, et qui se coupent à leur milieu à angle droit. Elles sont décorées d'arabesques et de gracieuses combinaisons de la ligne horizontale et de la perpendiculaire, qui rappellent tout à fait ce que nos architectes appellent une grecque. Cette décoration se reproduit, en outre, sur les murs extérieurs de l'édifice, tandis qu'à l'intérieur des salles on voit des peintures représentant des armes, des trophées et des sacrifices. Ces arabesques sont une espèce de mosaïque formée de petits fragments carrés de porphyre incrustés dans de l'argile. Il a paru à M. de Humboldt que les grecques rappelaient d'une manière frappante celles qui ornent les vases étrusques.

Dans le Guatemala, à l'est du Chiapas, et près de la frontière du Yucatan, au milieu d'une forêt sombre et silencieuse, le voyageur arrive à une ville en ruines, dans laquelle M. de Humboldt voit la Coulhouacan des Tzendales, et qu'on nomme du nom de *Palenquè*, parce qu'elle est voisine de la petite bourgade San Domingo Palenquè. Del Rio et Dupaix ont prétendu que cette ville antique devait avoir eu jusqu'à sept lieues de tour; Waldeck ne lui donne qu'une lieue. « Si elle avait davantage, dit-il, je n'aurais pu manquer d'en acquérir la certitude, pendant un séjour de deux ans. »

La partie la mieux conservée est celle qu'on appelle les maisons de pierre, *casas de piedras*. Elle se compose de quatorze corps de bâtiments assis sur une colline élevée qui domine la rivière Micol et son affluent l'Otolum. Un espace rectangulaire, de trois cents mètres sur quatre cent cinquante, s'étend au pied d'une des montagnes plus considérables du groupe voisin. Les constructions sont disposées à l'entour : cinq au nord, quatre au sud, une au sud-ouest et trois à l'est; au delà, dans toutes les directions, tout le long du pied de la montagne, et cela pendant quelques lieues, on retrouve des restes d'édifices disparus. L'édifice principal occupe le centre de l'aire et repose sur un monticule artificiel, de forme oblongue, de vingt mètres de haut. Ce monticule était autrefois revêtu de pierres; mais la végétation a dispersé les matériaux, qui gisent çà et là dans une confusion inexprimable; au-dessous court un aqueduc de pierre construit avec une rare solidité. Le style de l'édifice, bâti avec un excellent ciment de chaux et de sable, est tout à fait grandiose. L'entrée et l'escalier qui y conduit sont à l'est; sur les quatre côtés sont des corridors ou portiques dont la toiture est supportée par des piliers rectangulaires sans stylobate et surmontés, en guise de chapiteaux, de blocs qui sont des cônes renversés, de manière à ce qu'ils se rapprochent par leur sommet et forment un commencement de voûte. De longues pierres, qui courent d'un pilier à l'autre, achèvent le recouvrement et sont revêtues d'un stuc qui brilla autrefois des couleurs les plus éclatantes. Sur chacun de ces portiques s'ouvrent des chambres dont les murs sont ornés de médaillons ou compartiments en stuc, alternant avec des fenêtres pratiquées dans des niches. Quelques médaillons ont dû représenter des bustes ou de simples têtes, dont l'artiste s'était appliqué à varier l'expression. Parmi ceux de la chambre de l'ouest, on reconnaît comme une sorte de masque grotesque avec une couronne et une longue barbe, et au-dessous deux croix, dont l'une est contenue dans l'autre. La disposition des autres appartements est peu régulière. Deux chambres, que l'on a qualifiées deux oratoires, sont décorées d'un stuc qui a été entièrement peint, ainsi que l'attestent des traces de couleur rouge, bleue, jaune, noire et blanche, et des dessins creusés dans la pierre, où les personnages portent des bijoux de toute espèce. D'autres chambres offrent des peintures et de semblables dessins, d'une exécution vraiment étonnante. Les chambres souterraines ont des fenêtres ou plutôt des soupiraux qui donnent à la surface du sol. Ce n'est, à vrai dire, qu'un rez-de-chaussée placé sous le pavé des corridors. Cependant certaines parties sont si obscures, qu'on ne peut les visiter qu'avec des torches. On n'y aperçoit ni bas-reliefs ni ornements en stuc; on n'y remarque que des tables de pierre d'un mètre et demi à plus de deux et posées sur quatre supports en maçonnerie. L'édifice n'a pas moins de cinq cours intérieures. Dans l'une on remarque de curieux bas-reliefs; dans une autre s'élève une tour pyramidale à quatre étages, d'environ quinze mètres de haut. Elle renferme une autre tour parfaitement distincte; les fenêtres des deux tours se correspondent; un escalier conduisait au sommet.

Les treize autres constructions sont du même style. Celle du sud-ouest est assise sur un monticule, et ses ornements en stuc sont remarquables par des figures de femmes, que l'intention de l'artiste semblerait avoir été de représenter sans tête et qui portent des enfants dans leurs bras. Les quatre constructions du sud sont aussi assises sur des monticules, et trois d'entre elles renferment des oratoires. Des fouilles, faites sous le pavé de ces oratoires, ont fait découvrir pour le premier un vase de terre, et pour le second une pierre circulaire qui recouvrait deux petites pyramides, un morceau d'une pierre noire ayant la forme d'un cœur, une tête de lance et deux vases de terre contenant une substance d'une couleur vermillon. Del Rio mentionne en outre des vases renfermant des ossements mêlés à des briques cuites et du mortier.

Les dessins en stuc, les dessins creusés dans la pierre et les bas-reliefs sculptés qui abondent dans ces ruines, représentent des figures de toute sorte, dont la plupart sont vêtues et portent des colliers, quelques objets ronds, des bonnets et des casques ornés de fleurs, et beaucoup d'autres bijoux et parures. Un seul et même type se reproduit dans toutes : le front fuyant et la tête pointue, le nez fort, la lèvre inférieure saillante, et point de barbe.

Dans quelques bas-reliefs on reconnaît des sacrifices humains, des symboles hiéroglyphiques et des hommes qui dansent en portant des feuilles de palmier. Une figure que l'on suppose représenter un dieu, est assise, à la manière des Hindous, sur un trône qui de chaque côté a pour ornements une énorme tête et les griffes de quelque animal; un autre personnage, assis les jambes croisées sur un monstre à deux têtes, reçoit l'offrande d'un homme agenouillé. Une circonstance à observer, c'est que dans ces différentes scènes on ne voit rien qui ait l'apparence d'un instrument de guerre. Ajoutons que dans ces monuments il n'est pas rare de voir la fenêtre affecter la forme de la croix grecque ou du *tau* égyptien, et qu'une croix forme le principal sujet d'un bas-relief.

D'après MM. Catherwood et Stephens, ce bas-relief avait originairement presque un mètre de largeur sur plus de deux mètres de hauteur, et se composait de trois pierres juxtaposées. La pierre qui occupe la gauche en face du spectateur, est encore en place ; celle du milieu a été enlevée par un curieux, qui voulait l'emporter, mais qui a été obligé de la laisser sur le bord d'un ruisseau, à quelque distance. C'est là qu'elle gît actuellement, exposée à l'humidité et aux injures de l'air. La pierre de droite est malheureusement à peu près détruite; plusieurs morceaux ont disparu; mais d'après ceux qu'on a retrouvés dans le monument, il n'est pas douteux que cette partie du bas-relief ne contînt des lignes d'hiéroglyphes qui correspondent à celles qu'on remarque dans la pierre de gauche. Malgré cette dispersion des parties intéressantes de ce tableau, on a pu le rétablir au complet sur le papier.

Il présente dans le milieu une grande croix de forme latine, avec une seconde croix inscrite dans la première. Les trois bras supérieurs des deux croix se terminent par trois croissants réunis, et le pied de la grande croix repose sur un support presque demi-elliptique placé sur un cœur, dont la partie supérieure porte la figure d'un 8 placé transversalement. La croix est surmontée d'un oiseau à double queue, tenant dans le bec un bonnet ou une calotte hémisphérique. A gauche de la croix figure une femme, qui tient du bras gauche un objet que l'on suppose être un enfant, et qui le présente à un prêtre en habits sacerdotaux, debout du côté opposé sur un siége formé de deux spirales placées en sens opposé. L'enfant serait couché sur deux branches d'arbre, dans lesquelles certains antiquaires veulent voir deux branches de lotus ; sa tête se termine en un croissant. Deux feuilles sortent de derrière sa tête, et son corps, terminé aussi par une feuille, est séparé de la main de la femme par quatre petites sphères. La croix inscrite est ceinte dans sa longueur par quatre demi-cercles, placés deux à deux en face l'un de l'autre. De chacun des bras latéraux de la grande croix extérieure part une branche droite terminée en crochet rectangulaire, et garnie de rayons divergents terminés par de petits globes. Ce vaste tableau est entouré de bas-reliefs et de figures. Un signe, que l'on prétend ressembler au scarabée égyptien, est répété plusieurs fois sur les deux bandes latérales; sur celle à droite de la croix il est accompagné de deux ellipses croisées.

Il est inutile de dire que tout cela est très-conjectural, et que dans ces dessins inqualifiables chacun est à peu près libre de voir ce qu'il veut. Un antiquaire américain dit que l'objet qui surmonte la croix, et que plusieurs personnes ont voulu prendre pour un oiseau sacré, porte deux rangs de colliers, d'où pend un autre objet qui a quelque ressemblance avec une main et qui pourrait bien être la fleur d'un certain arbre de la famille des platanes, fleur que les Mexicains appelaient *macphalxotchil* ou fleur de la main. Elle ressemble à la tulipe; mais le pistil figure à peu près une patte d'oiseau, qui aurait six doigts terminés par six ongles.

Patinamit, jadis ville belle et florissante du Guatemala, occupait un plateau d'une grande étendue. Sur l'un des côtés d'une aire spacieuse sont les ruines d'un édifice d'environ cent pas de longueur, construit en pierres de taille, et en face sont les ruines d'un palais vraiment magnifique. Un fossé de trois mètres, avec un mur de maçonnerie, qui aujourd'hui n'a plus qu'un mètre de hauteur, partage la ville, en courant du nord au sud. Il a servi, dit-on, à séparer la résidence des nobles de la partie abandonnée aux classes inférieures. Les rues étaient larges, bien alignées, et se coupaient à angles droits. Le plateau est assez escarpé pour que la ville se trouvât entourée d'un fossé naturel; on n'entrait que par une seule chaussée et une seule porte.

A quelques milles au nord de Villa-Nueva, dans la province de Zacatecas et à environ quarante milles au sud de la ville de Zacatecas, le sol est couvert de ruines, parmi lesquelles le temps a épargné quelques constructions qu'on appelle aujourd'hui *los Edificios*. Elles occupent les trois faces sud, est et ouest d'une petite montagne ou plutôt d'une masse rocheuse et escarpée, qui a été coupée de main d'homme et avec un immense travail en terrasses régulières. On arrivait à la ville, du côté du sud-ouest, par une chaussée de plus de trente mètres de large, qui commence à une assez vaste enceinte formée par une large muraille dont on peut suivre la trace au sud et ensuite à l'est. A l'angle sud-ouest de cette enceinte, on voit une masse de pierres, qui flanque l'entrée de la chaussée. A la première vue la ruine présente un monticule conique; mais en examinant mieux, il est facile de reconnaître une tour formée de quatre fortes murailles, ayant dix mètres de face à la base et autant d'élévation. Sur l'autre côté de la chaussée, correspond une autre tour semblable que le temps a encore moins respectée. La chaussée court de là jusqu'au pied de la montagne. Ici se retrouvent deux autres tours, destinées probablement à flanquer l'entrée de la citadelle. Au milieu de la chaussée, qui a environ un pied d'élévation et est revêtue d'un grossier pavage, on voit un monceau de pierres, qui semblent les débris d'un autel, autour duquel un pavé symétrique de larges dalles figurait une étoile à six rayons.

En montant dans la ville, on trouve des colonnes ou, pour mieux dire, d'énormes piliers ronds sans stylobate ni chapiteau, qui ont soutenu le portique d'un vaste édifice; ils mesurent encore environ six mètres de hauteur sur une circonférence un peu plus étendue. Les pierres de ces piliers, ainsi que des débris de murailles, sont liées avec un ciment formé d'un mélange d'argile commune et de paille. Le capitaine Lions mentionne l'existence de plusieurs pyramides avec plate-forme, où l'on monte par des degrés et dont quelques-unes ont plusieurs assises, circonstance remarquable en ce qu'elle constate une analogie complète entre ces ruines, quoiqu'elles soient bien au nord du Mexico, et les ruines de l'Amérique centrale et du Yucatan. On y a trouvé du stuc et des têtes de flèche en porphyre, mais point d'obsidienne. Le capitaine Lions mentionne un immense bloc de porphyre que l'on a nommé la *Pierre du cacique*. On y voit une empreinte qui rappelle assez la trace que laisserait un pied nu. Est-ce un caprice de la nature? Est-ce l'effet d'un travail?

Dans l'Honduras, sur la rive droite du Copan, affluent du Motagua, sont les ruines de l'ancienne ville de Copan, qui couvrent un espace d'environ deux milles. La plus remarquable est un immense édifice assis sur un monticule élevé et accessible sur trois de ses faces par des degrés. Une cour intérieure présente un escalier par lequel on descend jusqu'à une vingtaine de mètres environ du niveau de la rivière. Là s'ouvre une galerie qui a tout au plus un mètre et demi de haut sur un peu moins d'un mètre de large, et qui vient aboutir à l'escarpement qui domine la rivière. Des fouilles ont amené la découverte à l'entrée de cette galerie d'une petite chambre funéraire d'environ deux mètres de haut ; le sens de la longueur est du nord au sud. Sur deux côtés sont deux niches, que l'on a trouvées couvertes, ainsi que le plancher, de vases et d'écuelles en poterie rougeâtre, dont quelques-uns renfermaient des ossements humains mêlés avec de la chaux. Ce pavé était formé de pierres liées avec de la chaux, et était tout couvert de débris d'ossements. Entre autres objets trouvés en ce lieu étaient des couteaux de pierre, des stalactites, des coquilles de mer et une petite tête sculptée d'un travail parfait. L'artiste a voulu représenter la mort. Les yeux sont fermés et la bouche est contractée. La matière est une pierre d'un très-beau grain, sur laquelle on a appliqué un émail de couleur verte.

L'intérêt de l'antiquaire se porte également sur sept piliers ou plutôt sept obélisques, mais qui présentent un cône renversé; ils sont restés debout au milieu de beaucoup d'autres semblables tombés et brisés ; ils ont de trois à quatre mètres de hauteur sur une largeur d'un mètre à leur sommet. Sur une de leurs faces, ils portent des bas-reliefs représentant des personnages vus de face et les mains croisées sur la poitrine. Le colonel Galindo, qui tout récemment encore administrait la province de Peten dans l'Amérique du centre, et qui a donné une description des ruines de Copan, dit « que ces figures sont coiffées de chapeaux, sont chaussées de sandales à courroies, et ont de riches vêtements en réseau, qui généralement descendent jusqu'à mi-jambe, mais quelquefois sont de vrais pantalons. » Les trois autres faces des obélisques sont couvertes d'hiéroglyphes disposés par petits tableaux carrés. En face et à très-peu de distance, on retrouve presque toujours une table de marbre qui semble avoir été un autel. Un de ces autels, placé dans le temple, qui a moins d'un mètre de largeur sur un mètre deux tiers de longueur, porte jusqu'à quarante-neuf de ces petits tableaux hiéroglyphiques. A ses quatre coins sont seize figures en bas-relief, assises sur des coussins, les jambes croisées et un éventail à la main.

« Parmi les monstrueuses figures trouvées dans ces ruines, ajoute le colonel Galindo, il en est une qui représente une tête colossale d'alligator, ayant entre ses dents une créature à face humaine avec des pattes de quelque animal. Un autre monstre semble un crapaud gigantesque, qui se tiendrait debout, avec des bras d'homme et des griffes comme celles d'un tigre. Sur deux collines voisines, l'une à l'est et l'autre à l'ouest de la ville, sont deux obélisques chargés seulement de tableaux hiéroglyphiques. Ces obélisques, comme en général tous ceux de la ville, sont peints en rouge; la partie la plus aiguë du cône est à la base; leur plus grande largeur est au sommet. »

Copan, lors de la conquête, comptait une population nombreuse. En 1550, cette population n'avait point encore disparu; aujourd'hui, c'est une mince bourgade. La description de Fuentes, qui écrivait en l'an 1700, donne à croire que quelques-uns de ces obélisques ont dû former un encadrement circulaire. « Le grand cirque de Copan, dit-il, est un espace circulaire entouré de plusieurs pyramides qui portent à leur base des figures des deux sexes parfaitement sculptées, peintes et habillées *à la mode castillane.* » Il ajoute : « Au milieu de l'enceinte entourée par les obélisques, une suite de degrés conduisait au lieu du sacrifice. A quelque distance, on voit un porche en pierre, sur les piliers duquel sont sculptés des personnages également vêtus *à la mode castillane*. Après avoir franchi ce porche, on se trouve en face de deux gracieuses pyramides en pierre, qui soutiennent un hamac contenant deux personnes habillées à la mode indienne. On est vivement surpris en voyant que toute cette masse de pierre ne forme qu'un seul morceau, et que malgré son poids énorme on peut la mettre en mouvement, rien qu'en la poussant de la main. »

A environ dix-sept lieues au sud de Merida, dans la province de Yucatan, sur un plateau élevé, s'étend une enceinte couverte de monuments ruinés, connue sous la dénomination d'Uxmal, à cause du voisinage d'une *hacienda* ou ferme qui porte ce nom indien, dont le sens est *le temps passe*. Ces restes d'une cité puissante sont beaucoup mieux conservés que ceux de Palenquè. M. Valdeck affirme qu'elle a dû couvrir un terrain de plus de huit lieues. M. Bradford craint qu'il n'y ait là un peu de cette tendance à exagérer, que Valdeck a lui-même signalée dans les premiers visiteurs de Palenquè. En tout cas, les monuments à mentionner sont fort rapprochés les uns des autres. Aux dix-septième et dix-huitième siècles, ils étaient dans un état de conservation parfaite. Les dégradations que l'on y voit aujourd'hui paraissent d'une date toute récente. Lorsqu'on les découvrit, la végétation les avait tellement envahis, qu'ils étaient enveloppés d'une épaisse forêt.

Selon M. Valdeck, le reste de la ville s'étendait dans la direction du sud-ouest, et sur un espace de huit lieues on retrouve des traces de monuments, à peu de distance l'un de l'autre.

Les plus remarquables forment un ensemble qui consiste d'abord en quatre grandes constructions, disposées sur les faces d'une terrasse quadrangulaire pouvant avoir trois mètres de haut sur plus de trois cent trente mètres de tour, et parfaitement orientée vers les points cardinaux. La partie de l'édifice qui regarde le sud n'a pas moins de soixante-seize mètres de longueur sur neuf mètres de profondeur. Il se divise en chambres, qui sont disposées sur deux lignes ; au-dessus des portes sont des anneaux de pierre que l'on suppose avoir servi à supporter des portières d'étoffes. Dans deux chambres, aux deux extrémités, on a trouvé la trace de poutres, disposées de manière à faire croire qu'elles ont servi à suspendre des hamacs. Au-dessus des portes de ces chambres, et sur la façade intérieure, on retrouve jusqu'à dix-huit fois la représentation du signe *calli* ou maison dans le calendrier mexicain, et chaque fois le signe est accompagné d'ornements différents. Ce corps de bâtiment, traversé dans toute sa profondeur par un grand porche qui conduit à une cour intérieure, occupe sur la terrasse une assise moins élevée que les autres. Celui qui domine l'ensemble est celui de la face nord ; malheureusement, c'est aussi celui qui a le plus souffert. On retrouve à son intérieur les mêmes dispositions et le même caractère d'ornementation que dans celui du sud.

Celui de l'est mesure plus de cinquante-huit mètres de longueur sur huit mètres en profondeur. L'emblème du soleil, tel que le représentent les Mexicains, est répété sept fois sur la façade.

Le corps de bâtiment de l'ouest est moins haut que les autres.

Les façades intérieures de ces corps de bâtiment se lient par un corridor d'environ deux mètres qui court le long de chacun d'eux. Des degrés partent de chaque façade et conduisent à une cour intérieure, pavée de petites pierres, qui n'ont pas deux décimètres carrés, sont admirablement sculptées en demi-reliefs, et dont chacune représente une tortue. Les tortues sont assemblées par quatre, de manière que quatre têtes convergent sur le même point. M. Valdeck en évalue le nombre à plus de quarante-trois mille six cents. La cour en est pavée tout entière, et, quoique la nature de la pierre ne soit pas belle, l'effet est très-agréable.

La terrasse qui sert de base à cet édifice est accessible, à l'est et au sud, par des degrés qui aujourd'hui ne sont plus que des talus, la plupart des pierres s'étant détachées. Cette terrasse était flanquée, au nord et au sud, de dix *tumuli* disposés dans un ordre symétrique, cinq sur chaque face. Tout près de là sont d'autres ruines de terrasses et d'édifices. D'infatigables voyageurs, MM. Catherword et Stephens, viennent récemment d'en donner une description on ne peut plus détaillée et accompagnée de dessins, dans un ouvrage en deux volumes publié à New-York. Tous ces édifices sont empreints du même caractère. C'est toujours le corps de bâtiment, à un étage, assis solidement sur une terrasse, avec un toit plat en pierre, la même distribution de chambre à l'intérieur, et le même style d'ornementation.

Le grand téocalli, qui se trouve à l'est de la masse d'édifices que nous venons de décrire, est une majestueuse pyramide oblongue. « C'est, dit M. Valdeck, le plus majestueux et le plus remarquable parmi les cinquante téocallis que j'ai visités. » Il est tout entier revêtu en pierre. A partir de la base, les pierres qui sont entrées dans ce revêtement vont en diminuant de grandeur ; cependant les seules vraiment remarquables par leurs dimensions sont celles qui forment le linteau de la porte et les quatre piliers de la façade est du temple de la plate-forme. On monte à cette plate-forme par un escalier de cent degrés, du côté de l'est ; elle a plus de trente mètres de long sur quinze mètres de large. Le temple se divise en trois chambres, et devant sa façade principale, qui correspond à la face ou est de la pyramide, s'élève une sorte d'autel dont les côtés offrent de curieux reliefs. On suppose qu'il servait aux sacrifices, et que les corps des victimes étaient précipités de ce côté. Cette façade ouest du temple est ornée de quatre figures d'hommes qui rappellent des cariatides, et qui sont sculptées avec une certaine entente de l'art. Les mains sont croisées sur la poitrine et tiennent quelque instrument; la tête est enveloppée d'une coiffure qui ressemble à un casque, et des oreilles pend un ornement qui rappelle ceux de l'Égypte; du cou part un vêtement fait d'une peau de caïman, avec une bordure d'un joli travail; le corps est serré par une ceinture. Sous chacune de ces figures se trouve une tête de mort accompagnée de quatre os, qui, en s'entre-croisant, forment deux X superposées. Toutes ces sculptures sont très-riches et étaient revêtues de couleurs qui ont conservé leur éclat. Les talus de la pyramide, aujourd'hui couverts d'arbres, sont fort escarpés. Dans quelques ornements recourbés et faisant saillie qui existent à ses angles, on a prétendu reconnaître une tête d'éléphant. Nous ferons observer que cette prétendue trompe serait quadrangulaire et n'irait point en s'amincissant.

Une circonstance remarquable, c'est qu'à Uxmal on ne voit pas de reliefs en stuc; tous sont en pierre, et plusieurs ont été ensuite revêtus en stuc. Toutes ces ruines ont un caractère grandiose et d'immenses proportions. Les murs des chambres dans les temples, quoique construits d'une pierre bien taillée, sont revêtus d'un stuc noir et n'ont point de peintures; elles sont sans fenêtres et voûtées. C'est la voûte dans sa simplicité primitive. Des assises de pierre posées horizontalement, et qui surplombent l'une au-dessus de l'autre, forment deux murs qui se rapprochent à angle aigu, jusqu'à ce que l'espace intermédiaire soit assez diminué pour qu'une longue pierre plate suffise à le couvrir. Les petites pierres dont se compose l'ornementation des façades des édifices sont taillées avec un soin extrême et une précision géométrique; elles sont assemblées avec une justesse irréprochable. « J'ai mesuré tous ces détails, dit M. Valdeck; j'ai fait glisser le plomb sur toutes les jointures, et je n'ai jamais trouvé la plus légère déviation sous le cordeau. »

Parmi les nombreux hiéroglyphes, il en est un surtout digne d'attention ; c'est un double triangle et un globe combinés ensemble. Des voyageurs ont prétendu y voir l'emblème des quatre éléments : la terre, l'air, le feu et l'eau.

A sept lieues de Merida sont les ruines de monuments qui se recommandent par la dimension des pierres employées à leur construction et par les dessins dont elles sont couvertes. Ces ruines portent le nom de *Tixhualajtun*, qui signifie lieu où il y a pierre sur pierre. On remarque un mur dans lequel sont incrustés des tableaux hiéroglyphiques. Cent dix-sept de ces tableaux sont encore à leur place ; quatorze places sont aujourd'hui vides : ce qui faisait en tout cent trente et un tableaux, qui, selon Valdeck, représenteraient un nombre égal de *katuns* ou époques maya. (Nous verrons plus loin ce qu'étaient les katuns.) Mais, ajoute le savant voyageur, comme une partie du mur lui-même a disparu, il est impossible de savoir combien de katuns en tout se trouvaient représentés là.

Au-dessous de la ville de Campêche, on voit des chambres creusées dans le roc. Ont-elles servi d'habitation ou de lieu de sépulture ? La dernière conjecture est la plus probable. A quelque distance sont de belles ruines et aussi un grand monticule artificiel entouré de plusieurs autres de toute grandeur. L'île de Cozumel, où Cortez toucha d'abord, possède également des antiquités nombreuses.

L'histoire de la conquête abonde en détails sur la manière dont les Mexicains fortifiaient leurs villes. Ils employaient les palissades, les fossés, les ouvrages en terre et en maçonnerie. On en retrouve des traces dans les ruines de cités. On a aussi retrouvé des traces de forteresses isolées, par exemple sur une montagne près de Molcaxac, ainsi qu'aux environs de Cordova, la forteresse de Guatusco. Leur ouvrage le plus remarquable en ce genre (et qui rappelle certains travaux célèbres dans notre hémisphère) était la grande muraille de Tlascala, qui, selon le rapport que les habitants de cette république firent à

Cortez, avait été construite par les *anciens habitants* pour se garantir contre les invasions, et qui couvrait une grande partie de la frontière. D'autres points étaient protégés de la même manière. De Solis donne la description de cette grande muraille, qui courait d'une montagne à l'autre sur un espace de deux lieues, et qui barrait le passage dans la plaine. Le revêtement extérieur était de pierre et d'un ciment d'une dureté extraordinaire. L'ouvrage avait six mètres d'épaisseur sur une hauteur d'un peu moins de trois mètres, et était couronné d'un parapet. A l'endroit réservé pour le passage, le mur s'interrompait en formant deux demi-cercles rentrants et concentriques; et c'était dans le couloir étroit et contourné, ménagé entre les deux demi-cercles, qu'il fallait s'engager.

On peut voir encore d'anciens greniers mexicains et des bains à vapeur, *temazcalli*. Les greniers étaient construits en bois ou en pierre avec deux ouvertures, l'une près du sol, l'autre en haut, et celle-ci quelquefois plus large. Les temazcalli, bâtis de pierre ou de briques, avaient exactement la forme d'un dôme. La hauteur allait au plus à deux mètres; le diamètre n'allait pas à trois; le plancher était légèrement convexe. On y entrait par une petite ouverture très-basse; on les chauffait du dehors par une petite cheminée en briques.

Pour les grandes routes, bien entretenues, le Mexique ne le cédait à aucun des états de l'Europe du seizième siècle, et tous auraient pu lui envier l'institution de ses relais de coureurs, chargés de transmettre les ordres et les nouvelles. Qui ne connaît les quatre jetées, de la largeur de deux lances, qui traversaient le lac pour lier au rivage la ville de Mexico, assise sur plusieurs îles? La jetée du sud avait près de deux lieues de longueur. L'une d'elles supportait le célèbre aqueduc de Chapoltepec, qui amenait l'eau d'une colline distante de deux à trois milles. Il consistait en un double conduit en maçonnerie solide, dont chacun avait près de deux mètres de haut sur deux pas de large. L'eau circulait dans deux ou trois rangées de tuyaux faits de troncs d'arbres creusés. M. de Humboldt a retrouvé les restes d'un autre aqueduc tout à fait semblable, qui amenait des eaux prises dans les environs de Churubusquo. Le double conduit était une mesure prudente, qui permettait de pourvoir aux réparations, sans que la ville eût à craindre pour sa consommation journalière.

La pierre des sacrifices dont nous aurons à parler ailleurs, ainsi que la pierre du calendrier, donnent une idée de la grande habileté avec laquelle les sculpteurs mexicains fouillaient la pierre. Le sentiment du beau et même simplement du vrai manque tout à fait dans la représentation de la forme humaine; mais il se montre à un haut degré dans la finesse et le bon goût des détails de l'ornementation.

En passant dans l'Amérique du Sud, nous allons voir que ces monticules coniques artificiels, si nombreux dans l'Amérique du Nord, se retrouvent aussi dans la Colombie, le Pérou et le Chili. Là aussi ils recouvrent la cendre des morts; là aussi, en fouillant sous leur masse, on a pu se rendre compte du degré de civilisation où étaient parvenus les peuples qui les ont élevés.

Nous rencontrerons les premiers environ sous le 7° latitude nord, dans les plaines de Varinas, auprès de Mijagual.

Sur presque tout le territoire qui forma jadis l'empire des Incas, les tumuli sont communs et prennent le nom de *huaca*, qui veut dire objet sacré. Pas un Indien qui ne vous dise que le *huaca* est un tombeau et aussi le lieu où l'usage était d'enfouir à côté du mort les trésors qu'il avait possédés. Dans les premières années de la conquête, ces trésors ont enrichi bon nombre d'Espagnols. Beaucoup de ces huacas ont à l'intérieur des chambres construites en pierre ou en briques, et qui communiquent entre elles. On déposait le corps du défunt, sans creuser le sol sur la place qu'il devait occuper; on l'enveloppait d'un tombeau de pierre et de briques, et on entassait de la terre jusqu'à ce que le huaca eût atteint une hauteur respectable, c'est-à-dire le plus ordinairement de quinze à vingt mètres. La forme était presque toujours oblongue, et la longueur à la base allait de quarante à cinquante mètres. Un monticule voisin de Lima, dans lequel on a trouvé des ossements humains, avait plus de soixante mètres de haut. Au dire d'Ulloa, cette différence de dimensions semblerait indiquer que le huaca était en proportion de la dignité, du mérite ou de la fortune du défunt.

Sans entrer dans des descriptions détaillées, nous citerons le *Panecillo* de Callo, à quelques lieues au sud-ouest de Quito. C'est une masse de plusieurs pierres volcaniques, que quelques voyageurs ont supposé à tort avoir été élevée de main d'homme; le travail humain n'a fait que lui donner une forme régulière. Elle n'a pas moins de quatre-vingt-six mètres de haut.

Près de Santa, dans le Pérou, est un monticule au centre duquel on a trouvé de la poterie d'un bon travail et un squelette qui avait été enterré *assis*. Les huacas de Lambayèque ont dix mètres de haut et couvrent une surface de plus de cinquante-trois mètres carrés. Dans l'intérieur de l'un d'eux, on a trouvé un mur bâti de briques de différentes dimensions.

Le Chili compte quelques tumuli construits en pierre. Dans celui que l'on rencontre sur les montagnes d'Arauco, on a trouvé une urne d'une dimension extraordinaire.

A l'est du lac Titicaca, dans la province de Callao, sur le plateau élevé de Tiahuanaco, sont les ruines qui passent pour les plus anciennes de l'Amérique du Sud. « Le plus admirable chef-d'œuvre de tout ce pays, dit Garcilaso de la Vega (vieille traduction de Baudouin), est un coteau, ou si vous voulez un tertre fait de main d'homme, qui est si haut qu'il n'est pas possible de le croire. Les Indiens, qui semblent avoir voulu imiter la nature dans la structure de ce mont, y avaient mis pour fondements de grandes masses de pierres fort bien cimentées, pour empêcher que ces prodigieuses terrasses entassées les unes sur les autres ne s'éboulassent ; mais on ignore dans quel dessein ils avaient élevé cette merveilleuse construction. D'un autre côté, assez loin de là, on voyait deux grands géants taillés en pierre ; ils avaient des habits qui leur traînaient jusqu'à terre et un bonnet à la tête, le tout usé par le temps, et qui sentait son antiquité. » Remarquez que ces ruines passaient déjà pour fort anciennes lors de la conquête de la contrée et de la ville par Mayta Capac, le quatrième inca.

Les honneurs du huaca ne s'accordaient qu'aux morts de la plus haute distinction ; les morts vulgaires étaient déposés dans des cimetières communs ; le plus ordinairement on les enterrait sans aucune préparation. Et cependant M. Poepig nous apprend qu'à Callao on retrouve encore aujourd'hui des corps d'anciens Péruviens parfaitement conservés, grâce à la nature particulière du sol. Ils ont été enterrés assis.

Dans un ancien cimetière près d'Arica, dit Frezier, en frappant le sol, on reconnaît, au son qu'il rend, qu'une fosse existe à tel ou tel endroit. « La surface est couverte d'une couche de sable d'un décimètre au plus. En l'écartant, on trouve une couche de sel deux fois plus épaisse sous toute l'étendue de la couche de sable. Immédiatement au-dessous, est le corps, assis dans une fosse qui n'a pas plus d'un mètre de profondeur ; il a les genoux à la hauteur du menton et les mains appliquées sur les deux côtés de la tête. Il est tout entier enveloppé d'une grossière étoffe à raies rouges. Pour l'ordinaire, cette étoffe a résisté admirablement aux ravages des siècles ; et cependant ces dépouilles sont là depuis on ne sait quel temps avant la conquête espagnole. L'enveloppe est nouée autour du cou par une corde. Il m'est arrivé de trouver une fois un petit sac placé sur la poitrine, et dans ce sac cinq petits bâtons, longs d'environ un décimètre et liés en faisceaux. » A Santa, dans la baie de Santa, sous le 8° 42′ latitude sud, on a retrouvé un cimetière et des sépultures semblables. Pour quelques-unes cependant on avait pris plus de soin : c'était des chambres murées, d'un peu moins de deux mètres de profondeur sur une longueur d'un mètre et demi.

M. Stephenson est disposé à croire que l'usage des cimetières n'était pas général, et que les habitants de Supe, par exemple, enterraient leurs morts au milieu de leur demeure, comme le font encore quelques Indiens d'aujourd'hui. Il en conclut que beaucoup de lieux que l'on prend aujourd'hui pour d'anciens cimetières ont dû être la place même d'anciennes villes.

Si nous remontons plus au nord, la même différence se retrouve dans les sépultures, selon le rang. Le capitaine Cochrane, qui a visité deux tombes de caciques sur le sommet de la montagne où est le lac Guativita, nous apprend que dans cette contrée la sépulture des chefs se plaçait toujours sur quelque sommet dominant la plaine et qu'elle était toujours isolée, tandis que les basses classes étaient enterrées dans des cavernes pratiquées pour cet usage à quelques centaines de pieds plus bas.

Pour ouvrir une de ces tombes de cacique, il dut enlever d'abord environ trois décimètres de terre, qui recouvraient une pierre tellement énorme, qu'il fut obligé de la faire briser. Elle avait près de quatre mètres de long sur deux de large et une épaisseur d'environ trois décimètres. La tombe était garnie à l'intérieur d'un revêtement de pierre, et on l'avait remplie d'un sable si fortement tassé, qu'il semblait faire corps avec la pierre et en avait acquis la dureté. A une profondeur d'environ deux mètres et demi, il trouva quelques poteries grossièrement fabriquées et grossièrement peintes. Les unes paraissaient destinées à contenir de l'eau, d'autres à des usages culinaires, car elles portaient la marque du feu. A la profondeur de près de cinq mètres, il trouva quelques ossements humains, mais point de crânes ni de dents; à la profondeur de dix mètres, il rencontra enfin le sol naturel.

M. Frezier mentionne un autre genre de sépulture en usage

pour les chefs parmi les populations antiques. Ce sont de petites coupoles construites en briques non cuites, ayant environ deux mètres de diamètre sur quatre à cinq d'élévation. Le mort y était placé assis, et puis on murait l'entrée. On a retrouvé beaucoup d'autres tombeaux en pierre du même genre, mais de forme oblongue, et ayant de trois à cinq mètres de hauteur, entre Andamarca et Tacua. Les murs en sont encore aujourd'hui intacts après plusieurs siècles, bien que construits d'*adobes*, briques grossières, ou plutôt sorte de *pisé*, mélange de boue et de gazon séché au soleil. La seule entrée est une porte excessivement basse; la tradition prétend que c'est afin qu'on ne puisse y pénétrer que dans l'attitude de l'humilité et du respect.

Parmi les différents objets recueillis dans les huacas et dans les tombeaux, les poteries se font remarquer quelquefois par un bon travail. Ulloa dit que les vases à boire étaient pour l'ordinaire d'une belle terre noire ou rougeâtre, de forme sphérique, ayant une anse dans le milieu et d'un côté l'ouverture, à laquelle correspondait de l'autre une tête assez bien modelée. On a trouvé une sorte de vase qui présente deux sphères accolées l'une à l'autre et réunies vers la partie supérieure, par une anse creuse percée d'un trou à son sommet. En emplissant à moitié ce double vase et en le penchant, l'air, refoulé par l'eau, s'engage dans l'anse creuse, et, en s'échappant par le petit trou, produit un sifflement qui ressemble au cri plaintif dont les Indiens accompagnent les cérémonies funèbres.

Les haches trouvées dans les huacas sont quelquefois de cuivre, quelquefois d'obsidienne. On a trouvé des pointes de lance en pierre et aussi des têtes de maïs sculptées en pierre avec beaucoup de soin. Dans des tombeaux, à Manta et à Acatamès, on a trouvé des émeraudes taillées avec une grande précision. Les unes avaient reçu la forme sphérique, d'autres la forme cylindrique, d'autres la forme conique. La plupart étaient percées diamétralement ou de toute autre manière.

Les objets en or sont des ornements de nez, des pendants d'oreilles, des colliers, des bracelets, et des idoles. Les idoles péruviennes se distinguent par une main-d'œuvre toute particulière ; elles sont d'une seule pièce, creuses, ont extrêmement peu d'épaisseur, et ne laissent voir aucune trace de soudure. Le musée de Lima possède une curieuse collection de ces idoles, tant en or qu'en cuivre. Elles n'ont point été jetées dans le moule, mais ont été travaillées au marteau.

Les miroirs trouvés dans les sépultures sont de deux sortes : les uns, de la pierre que les Péruviens appellent pierre inca, minéral tendre et opaque ; les autres, d'une pierre noire et dure, qui est l'obsidienne, vitrification naturelle. La forme est presque toujours ronde. Ils ont d'un à quatre et même cinq décimètres de diamètre, et sont d'un très-beau poli. Il y en a de concaves et de convexes.

Dans les tumuli du Chili, outre de la poterie, on a trouvé des vases de marbre, des haches de basalte, et parfois même des outils tranchants d'un cuivre très-dur.

Dans les huacas et dans les tombeaux se sont rencontrés aussi des plumes de casoar (l'autruche des plaines du Brésil), des sabres, des lances, des casse-tête et autres objets en bois de palmier, des coquilles de mer, des vêtements de laine et de coton, de petites figures habillées comme le sont encore les Indiens d'aujourd'hui, de petites pièces d'or dans la bouche des morts, des chaussures d'argent, des anneaux et de petites coupes d'or de la grandeur d'une demi-coquille d'œuf de poule et garnies d'un bouton : c'étaient probablement des pendants d'oreille ; beaucoup de maïs, des calebasses, des feuilles de bananier disposées comme pour des lits, des fèves, du quinoa (*chenopodium*), espèce d'anserine, dans des vases, et des meules qui servaient à broyer le maïs. Ce sont de larges pierres quelquefois creuses dans le centre et munies d'une poignée sur le côté. On en a trouvé de semblables dans les mines exploitées par les anciens Indiens ; elles devaient servir à réduire en poudre le minerai. On a trouvé jusqu'à du *chica* conservé dans des vases (c'est une boisson fermentée qui se prépare avec le maïs). Les vêtements de coton étaient d'un tissu très-fin, avec des dessins fort curieux brochés dans le tissu même, et teints en indigo et en autres couleurs.

Les Péruviens ont été les meilleurs agriculteurs de toute l'Amérique. Ils se servaient d'engrais. Leurs champs étaient enclos de haies et quelquefois de murs d'argile et même de pierres. Ils ont connu les silos. Les leurs étaient ronds, avec un revêtement de pierre ou tout au moins de briques. Ils leur donnaient pour l'ordinaire un mètre et demi de profondeur au-dessous du sol. On y trouve encore aujourd'hui le grain dans un état de conservation parfaite.

La contrée resserrée entre la mer et les montagnes n'a que des cours d'eau de peu d'étendue; le sol y est sec et sablonneux et a besoin d'une irrigation artificielle. Près de Pisco, on retrouve des traces nombreuses de travaux de ce genre. Partout, même sur le flanc des montagnes escarpées, on reconnaît des preuves de l'habileté patiente de ces peuples à se créer un terrain cultivable en retenant la terre végétale à l'aide de terrasses et en conduisant l'eau par de petites tranchées. M. de Humboldt a suivi, dans cette partie maritime du Pérou, les ruines d'un aqueduc qui amenait l'eau du pied des Cordilières à la côte, distance de trois à quatre milles. « J'ai eu souvent occasion, a dit tout récemment un voyageur moderne (*Quarterly Review*, vol. XIX), d'examiner un de ces canaux, qui prennent leurs eaux tout proche de la source de la Sana, sur la rive droite, et qui courent jusqu'à une distance de cinq lieues. Il m'a été impossible de supputer ses nombreux détours. Certainement il a servi jadis aux besoins d'une immense population, et surtout à la population d'une ville ancienne dont on voit les ruines auprès d'une ferme appelée Cojal. » Les aqueducs péruviens parcouraient souvent des distances de quinze à vingt lieues. On en retrouve plusieurs à double conduit : l'un plus grand pour le service ordinaire, l'autre plus petit et pour le service extraordinaire, lorsque le grand exigeait quelque réparation. Les conduites souterraines ne sont pas moins étonnantes. Garcilaso, au sujet des fontaines qui étaient dans le temple du soleil à Cuzco et qui servaient aux usages sacrés, raconte que de son temps il y en avait une qui coulait encore, mais que les deux autres étaient à sec. Il est probable que c'est une de ces fontaines qui aujourd'hui alimente l'hôpital des indigènes. Ses tuyaux sont souterrains, personne ne sait d'où vient cette eau ; et même avant la conquête espagnole, parmi les prêtres du soleil eux-mêmes, il n'était personne qui fût en état de le dire. A Lamasca est aussi une fontaine alimentée par des canaux souterrains dont la situation est également inconnue.

Deux anciens ouvrages, l'un dans le Pérou, l'autre dans le Chili, feraient honneur aux ingénieurs de notre époque. Près de Caxamarca est un petit lac dans une haute vallée toute entourée d'un cercle de montagnes. Pour garantir leurs champs des inondations du lac, les habitants de la vallée ont percé à travers l'une de ces montagnes un tunnel par lequel s'écoule le trop plein des eaux. Le *salto de agua*, le saut de l'eau, dans les environs de Santiago, est une décharge artificielle ménagée à la rivière Mapocho, qu'on a détournée de son ancien lit. Un lit nouveau lui a été creusé dans le roc, et de la vallée haute, où sa course commence, elle se précipite en une masse énorme dans une vallée inférieure. Là, subdivisée en d'innombrables canaux, elle porte la fécondité dans tous les environs de la ville.

M. de Humboldt raconte avoir été saisi d'admiration à Assuay, c'est-à-dire à une élévation plus grande que celle du pic Ténériffe, devant les ruines d'une magnifique route construite par les incas du Pérou. Cette chaussée, revêtue d'un beau pavé, peut, dit-il, soutenir la comparaison avec les plus belles voies romaines qu'il ait vues en Italie, en France et en

Espagne. Elle court en droite ligne, et sans la moindre courbe, sur une longueur de six à huit myriamètres. On en retrouve un prolongement près de Caxamarca, à vingt lieues au sud d'Assuay, et la tradition est qu'elle allait au delà de Cuzco. Une de ces routes courait à travers la plaine, le long du littoral, tandis qu'une autre, courant sur les montagnes, liait entre eux tous les plateaux élevés. Augustin de Carate raconte que, pour ce dernier travail, il fallut souvent ouvrir la route à travers le roc et combler des abîmes de trente à soixante mètres. Quant à la route de plaine, qui n'avait pas moins de treize mètres de largeur, elle reposait dans beaucoup d'endroits sur des remblais très-élevés. Sur toutes les routes étaient établis des relais de coureurs. Piedro de Cieça de Leon, l'un des conquérants, parle de la route d'en haut comme d'un ouvrage prodigieux, tant pour les difficultés qu'il avait fallu vaincre que pour les maisons de relais et de refuge, et pour les magasins de toute espèce dont elle était pourvue.

Ce signe de civilisation avancée n'était pas particulier seulement au Pérou; on retrouve des restes de belles routes même dans des contrées où la domination des incas n'eut pas occasion de s'étendre. Par exemple, entre Varinas et Caragua, sous le 7e degré latitude nord, on voit une jetée de cinq mètres d'élévation qui court pendant une quinzaine de milles sur une plaine exposée aux inondations. Le capitaine Cochrane a retrouvé les restes d'une ancienne route dans la Colombie, près du lac de Guativita. D'un autre côté, le jésuite Imonsoff, dans une lettre datée de 1716, et citée par don Louis de la Cruz, au sujet de son expédition à travers les Pampas, parle d'une route sur la frontière sud-est du Chili, « route qui conduit de l'autre côté des Cordilières, que les Indiens assurèrent être fort bonne, et qui fut construite par les anciens habitants. »

Donnons maintenant un coup d'œil aux ruines des principales villes anciennes. Nous commencerons par Tiahunaco, qui était la ville sacrée pour tout l'empire du Pérou.

« Ceux du pays de Tiahunaco, dit Garcilaso de la Vega, racontent que toutes les habitations de cette ville furent faites avant le règne des incas, lesquels, à l'imitation de celles-ci, firent bâtir la forteresse de Cuzco. Ils tiennent, au reste, par la tradition qu'ils en ont eue de père en fils, que toutes ces merveilles se firent en une nuit, sans qu'on sût qui en était l'architecte. » Nous avons décrit le *tumulus* et les deux statues colossales dont il a parlé. Il mentionne, en outre, une muraille fort longue et dont les pierres étaient si grandes « qu'on ne pouvait comprendre comment des hommes avaient eu assez de force pour les y transporter; car il est bien certain que, dans cette contrée et même dans les environs, il n'y avait à une grande distance, ni carrières ni rochers d'où l'on pût avoir tiré toute cette masse énorme de pierre. L'on y voyait aussi en d'autres endroits quantité de bâtiments extraordinaires, entre lesquels étaient remarquables de grandes portes dressées en divers lieux, et dont la plupart étaient dans leur entier, qui n'avaient aux quatre coins qu'une seule pierre dans leur structure; et ce qu'il y avait de plus merveilleux, c'est qu'elles étaient presque toutes posées sur des pierres d'une grandeur incroyable, car il y en avait de trente pieds de long, de quinze de large et de six d'épaisseur. Il n'est pas possible d'imaginer avec quels outils elles pouvaient avoir été taillées. »

Citant plus loin une correspondance de Diego d'Alcobaça, qui fut vicaire et prédicateur dans plusieurs provinces, entre autres celle-là, il dit : « On voit une cour de quinze brasses en carré et de deux étages de hauteur. A l'un des côtés de cette place, il y a une salle de quarante-cinq pieds de long et de vingt-deux de large, qui semble couverte de chaume, comme le sont les appartements de la maison du soleil que vous avez vus à Cuzco. La place dont je viens de parler, les murailles, la salle, le toit et les portes, font *un tout d'une seule pièce*, ce qui est un chef-d'œuvre merveilleux, qu'on a pris et taillé dans un grand rocher. Les murailles de la basse-cour ont trois quarts d'aune d'épaisseur; et bien que le toit de la salle soit de pierre, il semble néanmoins être de chaume : ce que les Indiens ont fait exprès, afin de le faire mieux ressembler à leurs autres logements, qu'ils ont accoutumé de couvrir de paille. Le marécage ou le lac joint un des bords de la muraille, et ceux du pays croient que ces bâtiments sont dédiés à l'*Ame du monde*, le Dieu suprême. Il y a là tout contre, quantité d'autres pierres mises en œuvre, qui représentent diverses figures d'hommes et de femmes, faites si au naturel qu'on les croirait en vie. Les unes tiennent des vases en main, comme si elles voulaient boire; les autres sont debout, et les autres semblent vouloir passer un ruisseau qui coule à travers ce bâtiment. Outre cela, on y voit des statues qui représentent des femmes et des enfants qu'elles ont à leur sein ou à leur côté, ou qui les tiennent par le pan de la robe, sans y comprendre plusieurs autres de toute façon. Les Indiens d'aujourd'hui tiennent que ceux de ce temps-là furent transformés en ces statues, pour les péchés énormes qu'ils avaient commis, et particulièrement pour avoir lapidé un homme qui passait par cette province. »

Le peu qui reste des anciens monuments de Cuzco suffit pour constater qu'ils étaient la reproduction de ceux de la ville sainte. Les plus remarquables sont une forteresse sur une hauteur voisine, et le temple ou la maison du soleil. Ce sont deux constructions fort bien conservées. Les pierres employées sont énormes, et, quoique polyangulaires, de différentes dimensions, et assemblées sans ciment, elles sont liées avec une justesse et une précision incroyables. Ces pierres ont rarement moins de six à neuf angles, et il est à peu près impossible de découvrir les interstices. Ceci explique la merveille de la maison du soleil de Tiahunaco, qui probablement était construite avec un art au moins égal, et qui semblait, aux yeux des bons Indiens et de l'excellent vicaire, un tout taillé d'une seule pièce dans une unique masse de rocher. Ulloa nous apprend qu'il était manifeste qu'on avait eu le projet d'entourer la montagne entière d'une muraille d'une étendue prodigieuse, et que les interstices, si difficiles à reconnaître entre les grandes pierres, étaient remplis soigneusement avec des pierres plus petites. Du palais des incas et principalement de la maison du soleil partaient plusieurs passages souterrains qui aboutissaient à la forteresse, afin qu'en cas d'attaque imprévue, souverain et prêtres fussent assurés d'un refuge certain pour leur personne, leurs trésors et les idoles. Ces passages, taillés dans le roc, étaient ménagés avec art, si bien qu'à certains endroits il eût suffi d'un seul homme pour en arrêter une centaine. Ils allaient en zig-zag, formant des angles aigus et se rétrécissant de place en place, de manière à recevoir à peine une personne.

Sur le versant sud du Paramo d'Assuay est l'*Inga-Pilca* ou forteresse du Cannar, qui couronne une colline. A la hauteur de cinq à six mètres s'élève un mur construit en grosses pierres de taille, formant un ovale régulier, dont le grand axe a trente-huit mètres de longueur, et orienté sur les quatre points cardinaux; l'intérieur de cet ovale est un terre-plein garni d'une végétation charmante. Au centre de l'enceinte se trouve une maison, haute de sept mètres et ne renfermant que deux chambres. Ces deux chambres, comme celles d'Herculanum et aussi comme tous les monuments du Pérou, n'avaient point de fenêtres dans l'origine; aujourd'hui on en a pratiqué deux. L'Inga-Pilca semble avoir été un petit fortin placé sur la route comme une étape, et dans lequel les incas venaient passer la nuit quand ils se rendaient du Pérou au royaume de Quito. Ici les pierres ont environ trois mètres; c'est moins leur masse qui les distingue que l'harmonie de leur coupe. Elles sont si purement taillées, qu'il est difficile d'apercevoir le ciment dans leurs joints; cependant quelques constructions secondaires du Cannar offraient une espèce de ciment d'asphalte ou de béton. Ces pierres, comme celles du palais de la montagne, semblent avoir été extraites de grandes carrières situées à trois lieues de là, près du lac de la Culebrita. Elles sont taillées en parallélipipèdes, dont la face extérieure est légèrement convexe et coupée en biseau vers les bords, de sorte que les joints forment de petites cannelures qui servent d'ornement comme les séparations de pierre dans les ouvrages rustiques. Les jambages des portes sont inclinés. Dans le mur intérieur sont pratiquées de petites niches, entre lesquelles des pierres cylindriques d'un beau poli se projettent en saillie; on suppose qu'elles servaient à suspendre des armes.

Au pied de la colline que couronne la forteresse, de petits sentiers taillés dans le roc conduisent à une crevasse qui se nomme en langue quichua *Inti-Guaicu* (le ravin du soleil). Dans ce lieu retiré et sous un berceau d'arbres touffus, surgit à quatre ou cinq mètres de hauteur une masse isolée de grès. Sur l'une des faces de ce rocher blanc est tracée une suite de cercles concentriques, d'un brun noirâtre, représentant l'image informe du soleil avec des traits à demi effacés, qui semblent indiquer deux yeux et une bouche. D'après les indigènes, ce serait là un monument de création divine, auquel la main de l'homme n'a rien ajouté.

Au nord des ruines, sur le penchant d'un coteau, étaient des jardins dépendant de la forteresse. On y voit encore un singulier monument, que l'on nomme *Ynga-Chungana*, le jeu de l'inca. Il consiste en une simple masse de pierre, qui, vue de loin, présente la forme d'un canapé avec un dos orné d'une sorte d'arabesque en forme de chaîne. En pénétrant dans l'enceinte ovale, on s'aperçoit que ce canapé n'offre qu'une seule place, mais que la personne assise y embrassait d'un coup d'œil la perspective entière de la vallée de Gulan, au fond de laquelle une petite rivière, voilée à demi par des touffes de malastomes, tombe en cascades écumeuses. Les archéologues du pays voient dans ce siège une sorte de jeu péruvien, qui consistait à faire rouler des boules tout autour d'une chaîne taillée en creux dans le grès.

A Callo, à dix lieues au sud de Quito, est la *Maison des incas*, monument carré, dont chaque côté a environ trente mètres de développement. On reconnaît fort bien quatre grandes portes extérieures et huit salles, dont trois sont parfaitement conservées. Les murs ont environ cinq mètres de haut sur un d'épaisseur. Les portes rappellent celles des temples égyptiens. Chaque salle a dix-huit niches, distribuées avec une élégante symétrie. Les pierres cylindriques pour suspendre les armes, la coupe des pierres dont la surface est légèrement convexe et les bords taillés en biseau, tout rappelle le monument du Cannar. Ulloa prétend que les pierres sont dures autant que le caillou, d'une belle coupe, et si bien jointes, qu'il serait impossible d'introduire dans les joints une lame de couteau; qu'elles sont inégales, de petites pierres étant mêlées à des grandes, mais le tout parfaitement lié. M. de Humboldt cependant s'est assuré qu'elles sont taillées en parallélipipèdes et disposées par assises régulières.

Caxamarca posséda jadis un palais et des bains. Il reste du palais un mur dont les pierres sont de forme irrégulière, mais d'un beau poli et admirablement jointes. A deux lieues est un monument que l'on nomme *Inga-Rirpo* ou le lit de pierre de l'inca. Il est placé dans une enceinte circulaire de huit à dix mètres de diamètre, sur l'ancienne route qui allait de Cuzco à Quito. C'est un bloc d'un peu moins de trois mètres de long sur environ un mètre et demi de hauteur et moins d'un mètre de largeur. Il porte vers le centre quatre trous larges et profonds de quelques décimètres. De la place qu'occupe ce bloc on jouit d'une admirable vue sur la vallée de Caxamarca. La tradition des Indiens est que les quatre trous étaient destinés à recevoir les quatre pieds du palanquin de l'inca, lorsque la fantaisie lui prenait de venir prendre le frais sur ce belvédère.

A cinq lieues de Caxamarca sont les ruines d'une ville construite sur un singulier plan. La plupart des maisons sont encore entières; elles sont bâties en pierres rangées en cercle et adossées à la base d'une petite montagne. Les murs de la rangée des maisons d'en bas sont d'une épaisseur prodigieuse; plusieurs ont quatre mètres de long sur plus de deux mètres de hauteur. Une pierre suffit pour former tout un côté d'une chambre; des pierres plates forment le toit. Quelquefois le mur est formé de deux rangées de pierres, et l'intervalle est rempli de cailloux et d'un mortier d'argile, le tout faisant une masse aussi dure que la pierre. Cette première rangée circulaire de maisons sert de base à un étage supérieur d'autres maisons, ou pour mieux dire à une rue circulaire aussi : les maisons de cet étage se regardent par le devant, tandis que les unes ont le pignon de derrière appuyé à la montagne et les autres dirigé vers la plaine. A ce premier étage en succède un second, puis un troisième, etc. La montagne entière présente six rues circulaires et sept terrasses de bâtiments, qui sont coupées par quatre rues ascendantes, ouvertes aux quatre points cardinaux. Ces quatre rues viennent aboutir à de larges ruines, qui ont dû être celles d'un palais ou d'une forteresse. Toutes les maisons sont bâties en pierre; aucune n'a été creusée dans la montagne. Les jambages des portes sont inclinés. Les pierres sont taillées d'inégale grandeur et liées avec un ciment. On ne voit nulle sculpture, si ce n'est quelques rares arabesques. M. Stephenson a calculé que cette masse de maisons a dû suffire à loger quelques milliers de familles.

Dans le paramo de Chulucanas est l'ancienne ville de ce nom, entre les villages indiens de Ayavaca et de Guancabamba, sur le versant des Cordillères. Elle couvrait une colline proche d'une petite rivière. Les maisons n'ont qu'une chambre; les rues se coupent à angles droits; la colline est divisée en six étages; chaque plate-forme est consolidée par un travail de maçonnerie.

Dans la plaine de Tacunga sont les ruines d'un palais construit, comme les monuments du Cannar et de Callo, en pierres légèrement convexes à la surface extérieure, avec les bords coupés en biseau. Il reste de cet édifice une large cour et trois grandes salles qui règnent sur trois des côtés.

A une lieue au nord de Diezmo sont les ruines de Taboinga, ou Tabo-inca. Les murs de beaucoup de maisons sont encore debout à la hauteur de près de trois mètres. Elles offrent des différences de grandeur et même de forme; il y en a de rondes et de carrées. En général elles sont espacées. Toutes sont construites de larges blocs réguliers; les interstices sont remplis de petites pierres : le tout est lié au ciment. Un peu au nord-ouest sont les ruines d'un temple de forme quadrangulaire; on y montait par une douzaine de degrés sur deux de ses faces. Les murs sont aujourd'hui presque au niveau du sol. Ville et temple paraissent avoir été entourés d'un rempart de pierre, qui enfermait une bonne portion de la plaine.

Un savant voyageur, M. Poepig, en décrivant les ruines de Tambobamba, à quelques lieues de Diezmo, est entré dans quelques détails intéressants, pour qui veut connaître l'architecture péruvienne. « Les maisons, dit-il, presque toutes de même dimension, sont séparées l'une de l'autre par de petits espaces qui donnent à supposer que chacune avait une cour. On y retrouve le même style et la même manière de bâtir qu'ont conservés encore aujourd'hui les Indiens des Andes, sauf que ces derniers y apportent beaucoup moins de soins. Les matériaux sont la pierre et un ciment où entre certaine argile qui a acquis une dureté extraordinaire. Le cachet distinctif de cette architecture est le toit en coupole, qui est formé de petites pierres engagées dans une couche de ce dur ciment. Quelques toits de cette forme subsistent encore à Tambobamba; ils ont de quatre à cinq mètres d'élévation. Le toit rond en chaume des Indiens modernes est une imitation exacte de ces constructions anciennes, et l'on m'a assuré que l'usage des coupoles pour les petites maisons des Indiens est très-commun dans les environs de Cuzco. » En outre de ce que dit M. Poepig, d'autres écrivains ont mentionné quelques ruines trouvées dans les îles de Capachica, comme preuves que les Péruviens auraient approché de la construction de la véritable voûte en pierres taillées en voussoirs ; M. Bradford cependant reconnaît que, même d'après ces ruines, il est impossible de décider la question.

Près du village de Supe, dans la vallée de Huaura, sont les ruines d'une ancienne ville bâtie sur la pente d'une colline rocheuse. Le roc a été creusé pour servir d'habitation, et de petits murs de pierre servaient de défense.

Au Pérou et chez les nations voisines, la brique non cuite est souvent entrée dans la construction des édifices. Le docteur Meyen parle de tours, ou plutôt d'obélisques, de plus de six mètres de haut sur moins de trois à la base, et entièrement construits en terre. Ils sont aux environs de Palca, sur la route qui conduit d'Arica au lac de Puno ou de Titicaca. Des bandes de métal ont concouru à leur donner de la solidité. A ce sujet, nous remarquerons que dans les monuments de Cuzco l'argent et l'or avaient été employés, dit-on, pour assembler les pierres. On prétend qu'en l'année 1792 on pouvait encore reconnaître, dans les murs du portail d'un couvent de cette ville, les traces de l'argent qui avait été coulé dans les pierres pour mieux les assembler. M. Meyen raconte qu'un de ces obélisques est ruiné à sa base, ce qui lui a permis de s'assurer qu'il n'était point creux, mais entièrement plein. Il en compta sept, dont trois sont très-rapprochés les uns des autres. Comme ils n'ont point été peints, la couleur sombre de la terre leur donne un aspect sévère. Il en rencontra de semblables en d'autres lieux, par exemple auprès de Puno.

Dans les environs de Lima et tout près de Lurin, lieu où l'on prend des bains, on peut visiter les ruines de la ville de Pachacamac, cité importante lorsque Pizarre la visita en 1533, et qui se recommandait par un célèbre temple dédié au dieu Pachacamac. Non loin de là sont aussi les ruines d'une autre ville ancienne, Concon. Ces deux villes ne présentent que des murs d'une brique séchée au soleil, et qui sont d'une grande épaisseur.

Sur la route de Callao à Lima, on retrouve des ruines du même genre. Ulloa mentionne, aux environs de la ville de Cayambé, les ruines d'un temple construit en briques sèches. Il était de forme circulaire, ayant un diamètre de plus de quatre mètres. Les murs avaient cinq mètres de haut sur une épaisseur de plus d'un mètre et demi. Les briques étaient liées avec un ciment d'argile. C'était, disait-on, un temple dédié à Pachacamac. La chose cependant n'est pas très-probable. Vega mentionne, comme un fait historique très-important et exceptionnel, l'existence du temple de ce dieu à Lima. Le temple à Cayambé doit être une maison du soleil.

Ulloa, parlant de l'ancienne architecture militaire des Péruviens, dit que l'usage était de creuser trois ou quatre rangs de fossés vers le sommet d'une montagne escarpée, et de construire des parapets sur les relèvements intérieurs. Ces fortifications s'appelaient *purucas*. La garnison établissait ses logements derrière la dernière ligne de fossés. La ligne la plus avancée avait souvent jusqu'à une lieue de tour. Ces forteresses sont très-nombreuses. Il n'est pas un point élevé, de quelque importance militaire, sur lequel on n'ait retrouvé la trace d'un semblable travail.

Près du village de Bannos, dans le Huamalies, on voit les ruines d'un édifice qui rappelle ceux du Cannar et de Callo, ainsi que celles d'un temple circulaire, et les deux hauteurs qui dominent les deux bords de la rivière portent les restes de travaux militaires. Leurs flancs sont couverts de galeries étagées l'une au-dessus de l'autre. Certains endroits sont défendus par un parapet de maçonnerie; dans d'autres, le parapet est taillé dans le roc même.

Près de la route du Potosi à Tacua, une hauteur se montre couronnée des ruines d'une ancienne ville qu'un profond ravin protégeait d'un côté et qu'un rempart de pierre environnait sur tous les autres. Ce rempart a des embrasures, et les pierres, au rapport de M. Andrews, sont taillées à queue d'aronde d'une manière fort curieuse. Au centre de la place est une citadelle destinée à servir de dernier refuge aux assiégés.

Dans les environs de Guambacho, on retrouve une ligne de fortifications anciennes qui enveloppe une montagne tout proche de la mer; on y reconnaît une forme grossière de bastions.

Près de Patavilca, à une distance de cent vingt milles de Lima, est un lieu nommé Paramonga, ou la forteresse. « On y voit, dit Ulloa, les ruines d'une forteresse importante. Les murs sont de briques séchées au soleil et ont deux mètres d'épaisseur. Le bâtiment principal occupe le sommet de la colline; plusieurs lignes circulaires de travaux partent de la base. En avant de la ligne extérieure sont des angles saillants qui semblent des travaux avancés. On suppose que cette forteresse a appartenu au *chimu* ou roi de Mansichi, et que sous la dynastie des Incas elle leur servit d'habitation lorsqu'ils visitaient la frontière. » Dans le voisinage sont les ruines d'une grande ville. La vallée de Guarmey présente les ruines d'une ancienne forteresse et aussi les restes d'un travail qui rappelle la grande muraille de Tlascala. On l'attribue au grand *chimu*, lors de sa dernière guerre contre les Incas.

Laissant de côté beaucoup d'autres lieux fortifiés du Pérou, nous terminerons par mentionner jusque dans le Chili les restes d'une ancienne forteresse, près de la rivière Cuchapoal.

Comme marque de l'habileté de ces nations de l'Amérique

du Sud à travailler et à fouiller la pierre, M. de Humboldt cite une pierre calendaire et une tête sculptée par eux trouvées chez les Muyzcas, et surtout une pierre d'obsidienne formant un bracelet pour une jeune fille. « On conçoit à peine, dit-il, comment cette substance vitreuse et fragile a pu être si délicatement travaillée et réduite à si peu d'épaisseur. »

Nous avons parlé d'outils de cuivre trouvés dans les tumuli du Chili. Un ciseau de fabrique péruvienne a été trouvé dans une mine d'argent, exploitée à l'époque des Incas, à Villacamba, près Cuzco. La matière était une composition de quatre-vingt-quatorze parties de cuivre et six d'étain. Le musée de Lima possède plusieurs armes de cuivre, dont quelques-unes d'un fort beau travail.

Il est fâcheux qu'un écrivain d'autant de talent que Robertson ait été assez mal renseigné par les correspondants espagnols à qui il demandait les matériaux de son livre, pour avoir avancé « que dans tout l'empire des Incas, Cuzco était la seule place qui eût l'apparence et qui méritât le nom de ville. » Ulloa, M. Temple, M. de Humboldt et bien d'autres voyageurs ont retrouvé de nombreuses et d'importantes ruines jusque dans des contrées aujourd'hui entièrement désertes. M. de Humboldt en a retrouvé sur les plateaux des Cordillères, depuis le 30ᵉ degré de latitude sud jusqu'à l'équateur. Il en a compté jusqu'à neuf, rien qu'entre le paramo de Chulucanas et Guancabamba.

La ligne tracée par cette civilisation sur la partie ouest de l'Amérique du Sud commence aux plaines de Varinas et se prolonge, sans interruption, jusqu'aux vestiges de constructions en pierre que les voyageurs du milieu du siècle dernier ont retrouvés tant sur la route des Andes, dans la province de Cujo au Chili, que sur cette autre route dont parle le jésuite Imonsoff, et jusqu'aux anciens aqueducs sur les bords de la rivière Maycopo, par le 33ᵉ degré de latitude sud.

Nous avons vu dans l'Amérique centrale une autre ligne

de civilisation courir sur le Guatemala, le Yucatan et l'empire du Mexique jusqu'au nord de Zacatecas.

Nous avons vu dans la partie est de l'Amérique du Nord une troisième ligne d'une civilisation moins avancée courir de la rivière Rouge à la Floride, s'étendre le long du Mississipi et sur les rives de l'Ohio.

CHAPITRE QUATRIÈME.

Analogie frappante entre les trois classes d'antiquités américaines. — Elles proviennent d'une population aborigène. — Les Toltèques. — Manuscrit d'un Indien du Yucatan. — Les Aztèques. — Peintures hiéroglyphiques. — Quelle a pu être la civilisation antique de l'Amérique Centrale. — Comment elle se sera répandue sur tout le continent.

Qui refusera de reconnaître que ces trois groupes d'antiquités, bien qu'elles appartiennent à un grand nombre de peuples, ont cependant entre elles une analogie frappante? Le luxe des terrasses est plus ou moins prodigué, les matériaux diffèrent selon que la contrée est plus ou moins riche en pierre, ou que les constructeurs sont plus ou moins avancés en civilisation, mais le type et le style de l'architecture sont constamment et partout les mêmes. L'édifice consacré au culte, la pyramide ou plutôt le monticule conique composé de nombreuses assises et portant sur sa plate-forme le temple dont l'entrée est orientée à l'est, ainsi que les médaillons attestant le culte rendu au soleil et à la lune, se retrouvent également partout. Même encore aujourd'hui, parmi celles des tribus indiennes de l'Amérique du Nord qui ont conservé des restes de l'ancienne foi à ce culte des corps célestes, on donne encore à ces monticules un nom qui rappelle à quel vénérable usage ils ont servi jadis. Les Chactaws, en parlant du monticule de la rivière Noire, affirment « que dans son centre il y a une grande caverne, qui est la *maison du Grand-Esprit.* » Selon le rapport d'Adair, la même tribu donne aux vieux monticules le nom de *Nanne-Yah*, c'est-à-dire les *montagnes de Dieu*. C'est l'équivalent du mot mexicain *teocalli*, composé des deux mots *teotl*, dieu, et *calli*, maison.

Partout se retrouve l'usage de grouper, autour du grand

monticule, l'édifice le plus sacré, d'autres petits édifices, qui sont des tombeaux de personnages honorés.

Partout se retrouvent des traces de la coutume d'inhumer les morts assis, dans une position qui rappelle celle de l'enfant dans le sein de sa mère. Cette coutume est l'expression d'une pensée profonde. La mort est le signal d'un voyage. Au moment de son passage dans l'autre monde, l'homme, selon eux, doit reprendre la position que Dieu lui assigna lorsqu'il le préparait à son entrée dans celui-ci.

Des masques se sont trouvés dans les monticules du Nord; des masques se montrent sur les monuments mexicains, et servaient aux usages religieux de ces peuples. L'usage des masques était également commun aux Muyzcas de l'Amérique du Sud et dans l'empire des Incas.

Tous ces peuples ont su travailler les mêmes métaux : l'or, l'argent, le cuivre et l'étain. Tous ont fait usage de miroirs dans leurs cérémonies religieuses, soit que ces miroirs fussent faits d'obsidienne ou de mica lamelleux. Dans les monticules du Nord, on a trouvé beaucoup de coquillages marins; au Mexique, ils étaient sacrés, et l'on en a découvert dans les *huacas*.

Nous négligerons beaucoup d'autres traits de ressemblance que le lecteur aura pu saisir également, rien que d'après l'inventaire succinct que nous avons donné des antiquités qui couvrent le sol depuis les Andes du Chili jusqu'aux rives de l'Ohio; par exemple : les petites maisons avec toit en coupole, si communes au Pérou, et les toits en coupole des bains de vapeur mexicains; l'analogie entre le monument mexicain qu'on appelle le Bain de Montezuma et ceux qu'on appelle Jeu de l'inca; dans les deux royaumes du Pérou et du Mexique, la construction prudente des aqueducs à double conduit, etc.

Nous ne faisons donc nul doute que ces trois groupes de ruines et d'antiquités appartiennent à trois développements d'une même civilisation partie d'un tronc unique. Ici se présente la grande question : Cette civilisation est-elle aborigène, ou a-t-elle été apportée par l'étranger?

Tout le monde s'accorde à reconnaître que les ruines américaines n'ont ni le caractère cyclopéen ni aucune analogie avec les monuments grecs et romains ; rien en un mot ne peut leur être comparé en Europe.

Plusieurs écrivains se sont appliqués à rechercher jusque dans la moindre de ces ruines le caractère hindou ou égyptien ; certes ce n'est ni la sagacité, ni la science, ni une vaste érudition qui leur a manqué, surtout à M. de Humboldt. Qu'ont-ils réussi à prouver dans leurs discussions très-habiles, mais qui n'ont jamais porté que sur quelques observations de minimes détails, desquels même ils ont eu grande peine à constater l'existence sur un point isolé, sans pouvoir les retrouver ailleurs et sans être en état de recomposer un ensemble? Nous nous contenterons de demander comment il se pourrait faire que les peuples américains, s'ils avaient reçu leur civilisation de l'Inde, n'eussent jamais songé à établir de temple dans une de ces cavernes qui sont si nombreuses sur leur territoire? Ce sont pourtant les lieux où les Hindous ont surtout aimé à placer le sanctuaire de leurs idoles. Les idoles de l'Inde et de l'Amérique n'ont entre elles aucune ressemblance. Le personnage de la divinité américaine est souvent entouré de signes hiéroglyphiques sans nombre, taillés dans le même bloc, et destinés à exprimer ses attributs, mais il n'a jamais plusieurs bras ou plusieurs jambes ; il n'est jamais multiple dans ses membres, comme la plupart des dieux de l'Inde. En admettant même un certain rapport entre les idoles de l'Ohio et celles non moins grossières de la Mongolie, de la Chine ou de la Malaisie, rapport qui doit tenir à l'égale inhabileté des artistes, on retrouverait encore cette dissemblance remarquable, que les dieux de l'Asie ont généralement l'air furieux et la figure en contorsion, tandis que ceux du continent transatlantique, quoique fort laids aussi, ont pour l'ordinaire la physionomie douce et tranquille.

La pyramide américaine diffère essentiellement de celle d'Égypte. Il est assez rare qu'elle ait une chambre à l'intérieur ; c'est presque toujours un solide plein. On peut dire qu'elle est toujours oblongue ; il est extrêmement rare que sa base soit un carré parfait. Elle se termine toujours en une plate-forme destinée à recevoir un temple. Elle n'a de degrés que sur une face, celle où est l'entrée du temple (très-rarement un escalier moins large correspond sur l'autre face, mais jamais sur les quatre). Pour l'ordinaire, ses talus se divisent en plusieurs étages de terrasses. Ces talus ne suivent pas toujours l'inflexible ligne droite ; ils dessinent souvent une courbe d'une élégante noblesse. Qu'y a-t-il dans tout cela de commun avec la pyramide égyptienne ?

Il nous paraît impossible de ne pas reconnaître dans l'architecture américaine un art purement aborigène et qui n'a rien dû aux inspirations de l'étranger.

Ces peuples, comme tous les peuples primitifs, ont commencé par amonceler de la terre ou des pierres, lorsqu'ils en avaient à leur portée, par édifier une colline artificielle pour signaler l'endroit où ils consacraient la sépulture d'un chef ou qu'ils destinaient à servir de point de réunion pour les cérémonies de leur culte. Peu à peu ils ont appris à construire l'édifice à toiture plate soutenue par des piliers, et puis à construire la voûte rudimentaire, celle composée de deux murs s'inclinant l'un vers l'autre par assises horizontales et qui surplombent. Le sommet de l'angle et le recouvrement de la voûte est assez souvent formé par deux pierres taillées en biseau, qui s'appuient l'une contre l'autre ; mais le plus généralement c'est une longue pierre plate qui fait le recouvrement. Les arches grossières de leurs ponts massifs sont construites dans ce système. Jamais leur science n'est allée jusqu'à calculer la taille des pierres en voussoirs. Dans les monuments du Yucatan, qui sont ceux qui attestent la civilisation la plus avancée, on voit qu'ils commençaient à substituer au lourd pilier quadrangulaire le pilier arrondi. M. Stephenson vient de publier de nombreux dessins où l'on voit de naïves colonnes, dont quelques-unes même ont un chapiteau, bien simple il est vrai, et surtout des rangées de colonnettes dont quelques-unes rappellent les balustres qui figurent dans nos balcons ou dans les dossiers de nos anciennes chaises.

Si nous cherchons les contrées où la civilisation a dû commencer à poindre, où les peuplades errantes ont dû commencer à se transformer en populations agricoles, nous aurons :

L'Anahuac, ou le pays montagneux intertropical des Toltèques et des Aztèques;

L'Oaxaca, où s'élève le palais funéraire de Mitla (Mitlan ou Miguitlan);

Teochiapan, Guatemala et Nicaragua, où sont situées les ruines célèbres de Copan, de Peten, d'Huatlan et de Santo-Domingo de Palenquè, jadis Coulhouacan des Tzendales;

Au sud de l'isthme de Panama, le royaume des Muyzcas, Cundinamarca ou la Nouvelle-Grenade;

Les plateaux de Quito, de Cuzco et de Titicaca.

« Des peuples agriculteurs, dit M. de Humboldt (*Annales des voyages*, année 1835), opprimés par la puissance sacerdotale et par les institutions politiques qui arrêtaient les progrès intellectuels des individus et non le bien-être matériel ni la culture de la masse, ainsi que nous le voyons en Égypte, chez les Raséniens ou Étrusques, et au Thibet, habitaient seulement la partie montagneuse de l'ancien continent, qui est située du côté de l'Asie. Dans les pays de plaines qui s'étendent à l'est erraient des multitudes de peuples chasseurs et absolument sauvages. Le passage de la vie de chasseur à l'adoption de demeures fixes était d'autant plus difficile que le manque d'animaux domestiques donnant du lait rendait la vie pastorale impossible en Amérique. Le contraste que je note ici, et qui est un des traits fondamentaux les plus importants de l'histoire de cette partie du monde, exerce encore une influence puissante sur le sort des états américains. Dans l'ouest, les aborigènes agriculteurs forment encore une partie considérable de la population. Les colons européens n'ont fait que suivre l'ancienne civilisation; ils ont donné des noms nouveaux aux anciennes villes mexicaines et péruviennes. Dans l'est, au contraire, les peuples sauvages et pasteurs ont été repoussés en arrière et presque entièrement anéantis. La race blanche et la race noire, avec leurs mélanges, composent seules la population de l'Amérique septentrionale et du Brésil. »

Sur les différents points que les antiquités monumentales indiquent comme ceux où la population a dû s'agglomérer d'abord et devenir assez nombreuse, assez intense, assez active, pour franchir le degré qui sépare l'état sauvage de la civilisation, on retrouve des traces de révolutions et de migrations de peuples, mais sans qu'il soit possible d'en suivre avec quelque rigueur l'enchaînement historique. Voici cependant ce qui nous semble le plus probable.

La contrée de l'Anahuac paraît avoir eu pour plus anciens habitants les Olmèques, les Xicalanques, les Cores, les Tepanèques, les Tarasques, les Miztèques, les Tzapotèques et les Otomites. Les Olmèques ou Ulmèques et les Xicalanques, qui habitaient le plateau de Tlascala, se vantaient d'avoir subjugué une race de géants, tradition qui se fondait vraisemblablement sur les ossements fossiles trouvés dans ces régions élevées. Au sud du pays des Olmèques, nous mentionnerons les Miztèques et les Tzapotèques, qui parlaient aussi des langues primitives, ainsi que les Mayas de Yucatan, ou, pour parler plus exactement, de la presqu'île de Chacnouitan. Le savant Siguenza attribue aux Olmèques la construction des pyramides de Cholula et de Teotihuacan. De cette époque datent probablement les traditions mythologiques, les systèmes d'astronomie et les peintures hiéroglyphiques, qui sont communs à la plupart des peuples de l'Anahuac, du Guatemala et du Yucatan. Les ruines de Palenquè, de Copan, de Mitlan et d'Uxmal, qui ont une si grande analogie entre elles, ont de grands rapports de ressemblance avec celles de Mexico. C'est le premier âge des peuples de l'Amérique. Les hommes apprennent à cultiver la terre, à se réunir et à vivre dans des villes sous le despotisme d'un chef ou sous une loi commune. Les mœurs s'adoucissent; à l'adoration du fétiche s'unit le culte rendu au soleil, dont la marche est si utile à étudier pour régler les travaux agricoles.

La contrée de l'Anahuac et du Guatemala, et les bords du lac de Titicaca, se sont-ils peuplés indépendamment l'un de l'autre, ou laquelle des deux Amériques a envoyé à l'autre une population émigrante? Qui le dira? Cependant, s'il était indispensable de se prononcer sur la question, nous penserions que les émigrations auront dû partir de l'Anahuac et non du lac de Titicaca ou du plateau de Quito. Des émigrants de l'Amérique du Sud auraient-ils pu manquer de se faire suivre du lama et de la vigogne, ces précieux auxiliaires dans leurs travaux? Concevez-vous un Tartare qui émigrerait sans son cheval? Si donc, d'accord avec la science moderne, vous reconnaissez au continent américain son premier couple, son Adam particulier, c'est probablement entre l'isthme de Panama et l'Anahuac qu'il vous faut placer le berceau de cette autre grande famille humaine. Si, au contraire, respectant à la fois l'autorité de la Genèse et l'analogie de certaines ruines qui couvrent le sol, vous voulez donner à la famille américaine des premiers parents partis de notre continent, c'est à travers l'océan Pacifique qu'ils auront eu à naviguer. Qu'ils abordent sur le littoral qui s'étend de l'isthme à la Californie, et vous n'avez besoin que d'une seule expédition; si vous les faites aborder sur tout autre point au sud de l'isthme, vous serez obligé d'avoir recours à un second moyen de peupler l'Anahuac.

A ceux qui prétendraient que l'Amérique a dû recevoir ses

premiers habitants de l'Asie boréale par le détroit de Behring, nous répondrions que la chose n'est pas positivement impossible, mais très-grandement improbable. Une population de pêcheurs, car ces gens n'eussent pu être que des pêcheurs, eût-elle manqué de se répandre et de fonder ses premiers établissements le long du littoral, en descendant peu à peu au sud, où l'eût attirée un climat plus doux? Les rayonnements de population ne peuvent partir que de foyers très-intenses ; l'archipel des Aleutiennes et le littoral jusqu'à la Californie auraient dû nécessairement avoir eu les premiers surabondance de population et par conséquent civilisation, car l'une est la conséquence de l'autre. Or, rien dans la langue, dans les mœurs, dans les traditions, chez les misérables tribus qui errent clairsemées dans ces tristes parages, ne révèle qu'elles aient jamais joui d'une civilisation, ni même qu'elles aient jamais été en contact avec un peuple civilisé. Est-il croyable qu'aucune baie n'aurait gardé quelque trace d'avoir servi de port à une ville? Quoi! dans aucune baie, pas la moindre trace d'un monument, d'un grossier monticule artificiel! Et cependant une population aurait dû jadis vivre là, assez nombreuse, assez concentrée, assez active pour éprouver le besoin de se répandre au loin.

Admettons, à la rigueur, que ces peuples pêcheurs, fatigués de la vie maritime (le cas serait exceptionnel), dédaignent de s'établir sur le littoral, déposent tout d'abord le harpon nourricier et courent chercher les aventures à travers et par delà les monts Rocheux. Les peuples marchent lentement. Les traces des grands foyers primitifs où la population ait commencé à surabonder et à devenir apte à la civilisation, vont se trouver tout au plus dans les hautes vallées qui déversent leurs eaux dans le lac Supérieur ou dans les belles prairies qui sont aux sources du Missouri. Point. Dans le nord de l'Amérique, les traces de civilisation se montrent concentrées surtout entre les monts Alleganis, la rive gauche du Mississipi, et vers le bas Missouri. Que les tribus de pêcheurs de la Colombie aient communiqué de tout temps avec celles de l'Asie boréale, cela n'a rien d'impossible ; mais, selon nous, ces communications n'ont jamais pu avoir la moindre importance réelle.

Une dernière considération : Les écrivains les plus anciens assignent au bison pour contrée natale les vastes prairies où le Missouri prend naissance. On fait errer ses nombreux troupeaux le long du versant oriental des monts Rocheux, depuis le 55° de latitude, à la source de tous les fleuves qui coulent entre le Mississipi et le Rio del Norte. Gallatin prétend que la Colombie est aussi dépourvue de troupeaux de bisons que d'arbres ; mais Gomara affirme qu'on en trouve de cet autre côté des montagnes, et Laet les fait descendre au sud jusque dans la Californie. Or, le bison a dû naturellement se retirer devant la civilisation humaine. Si la civilisation était en effet descendue des monts Rocheux et de la contrée des lacs dans les splendides prairies du Missouri, le bison eût émigré vers les monts Alleganis et l'Atlantique. C'est précisément le contraire qui paraît avoir eu lieu. Le bison paraît n'avoir point été connu des anciens peuples qui ont habité la vallée de l'Ohio et du Mississipi, et qui, selon nous, étaient partis de l'Anahuac ; il se sera retiré devant eux vers le haut Missouri et par delà les lacs.

Peut-être on en pourrait dire autant du lama et de la vigogne, qui auraient, eux, émigré vers l'Amérique du Sud. Peut-être ces timides animaux ont-ils évacué le plateau de l'Anahuac et le Guatemala à mesure que l'homme prenait de ces contrées une possession définitive.

La civilisation, qui a nécessairement commencé à poindre dans l'Amérique centrale, aura de là rayonné peu à peu en descendant vers le sud jusqu'au Chili, et en remontant vers le nord jusqu'aux plaines de Varinas. Bientôt des colons, se dirigeant à l'est, auront suivi le cours de la rivière Rouge et gagné la Floride, tandis que d'autres se seront aventurés le long du Mississipi et se seront répandus sur les rives de l'Ohio. Ils y auront porté avec eux les arts naissants, l'habitude de s'enfermer dans des villes, et un culte grossier des corps célestes, qui, chez tous les peuples primitifs, succède immédiatement au fétichisme, tout en y restant longtemps mêlé, et semble marquer le premier pas de la raison humaine. Ces colonies auront grandi, tout en ayant à lutter contre les tribus errantes qui vivaient à côté d'elles de la chasse dans les forêts. Cette lutte, qui a dû être incessante, aura empêché les colons de suivre, même de loin, les progrès qu'aura continué à faire la population dont ils s'étaient séparés ; ce qui explique l'infériorité relative de leurs monuments comparés à ceux dont est couvert le sol de l'Anahuac. Cependant, d'un autre côté, tandis que la population mère, protégée par son avant-garde de colons contre le contact des tribus sauvages, trouvait du loisir pour cultiver de plus en plus ses facultés intellectuelles, l'instinct guerrier, si nécessaire pour assurer le salut des nations, allait chez elle s'énervant de jour en jour dans de pacifiques travaux. Tandis qu'elle accroissait sa supériorité d'intelligence sur les peuples sortis de son sein, ils acquéraient sur elle la supériorité du courage et de l'audace militaire.

Un jour vint où certaines tribus de chasseurs, assez nombreuses pour ne plus trouver que difficilement à vivre dans les forêts de l'ouest, se ruèrent sur l'un des peuples agricoles du haut Mississipi et le chassèrent de ses villes. Celui-ci se rejeta sur le peuple voisin ; et le contre-coup se communiquant successivement du nord au sud, l'Anahuac se vit envahi par les anciens colons les plus voisins, s'appelaient les Toltèques. Plus tard se succédèrent de nouveaux envahisseurs, les Chichimèques, et puis les Nahualtèques, et enfin les Acolhuans et les Aztèques. La civilisation, qui s'était avancée si péniblement jusqu'aux lacs Érié et Ontario, se replia jusque sur son ancien berceau. Tout le territoire, qu'il avait fallu tant de temps pour coloniser, fut abandonné aux tribus sauvages.

Les tribus indiennes racontent toutes que lorsque leurs ancêtres sont descendus de l'ouest vers le sud, ils ont trouvé ces ruines de villes abandonnées, et que les tribus qu'ils ont chassées de ce sol les avaient de même trouvées déjà désertes. Les Criks, les Cherokis et les Siminoles, nous dit le voyageur Bartram, s'accordent à en attribuer la fondation à des peuples anciens et inconnus, sans avoir conservé à ce sujet aucune tradition positive. Que leur origine soit tout à fait un mystère pour les Indiens d'aujourd'hui, le fait n'a rien de surprenant; cependant il existe une ancienne tradition delaware qui paraît se rapporter à la question de leur abandon.

D'après cette tradition, la grande nation des Lenni-Lenape habitait, il y a plusieurs siècles, une contrée bien loin à l'ouest. Le besoin étant venu pour elle d'émigrer vers l'est, elle trouva le territoire à l'est du Mississipi occupé par un peuple nombreux et civilisé, qui s'appelait les Alligewi, et qui vivait dans des villes entourées de murs. Les Indiens demandèrent la permission de passer le fleuve et de traverser le territoire de ce peuple pour aller plus loin à l'est. On leur répondit d'abord par un refus, et puis la permission fut accordée, sous la condition qu'ils ne chercheraient à former aucun établissement avant d'avoir franchi le territoire des Alligewi. Les Indiens commencent à effectuer le passage du fleuve, mais à ce moment même ce peuple perfide les attaque et les disperse. Les Lenni-Lenape, indignés, font alors alliance avec les Iroquois, qui avaient aussi émigré de l'ouest et qui étaient arrivés également sur la rive du Mississipi, mais à un point plus rapproché des sources. Les tribus alliées attaquent à leur tour les Alligewis avec tant d'acharnement, et sans se laisser abattre par de rudes pertes et de nombreuses défaites, que ceux-ci, pour échapper à une destruction complète, sont obligés de fuir et d'abandonner les rives du Mississipi. Les vainqueurs se partagèrent le vaste territoire laissé à leur volonté.

Les Iroquois s'établirent dans la contrée qui confine aux grands lacs, et les Lenni-Lenape dans une vaste contrée qui descendait au sud et vers l'Atlantique.

MM. Yates et Moulton, dans leur *Histoire de New-York*, citent une tradition des Senecas, tribu des Iroquois, d'après laquelle la contrée qui confine aux lacs aurait été habitée, à une époque fort reculée, par un peuple puissant et nombreux, qui fut détruit par leurs ancêtres. Plusieurs des plus beaux et plus riches établissements des Six Nations ont été, selon elles, habités et cultivés par un autre peuple, dont elles ont continué à distinguer les anciens lieux de sépulture des leurs propres. Elles tiennent également de leurs ancêtres, que l'ancien peuple occupait un vaste territoire, et qu'il fut exterminé par les Iroquois, après des guerres longues et sanglantes. Elles mentionnent même cette circonstance, que la dernière place, entourée de murailles, fut attaquée longtemps sans succès par quatre des nations, mais qu'enfin ayant appelé les Mohawks à leur aide, tous ensemble firent un dernier effort, emportèrent la place d'assaut, et massacrèrent tous les habitants.

Jusqu'à présent les écrivains s'étaient accordés à placer le départ des Toltèques de leur pays, le Hue-Hue Tlapallan ou Tlalpallan, et, selon d'autres Tulapan, et leur apparition dans l'Anahuac vers le milieu du sixième siècle de notre ère. Voici qu'un antiquaire espagnol, don Pio Perez, qui a rempli longtemps les fonctions de gouverneur du district de Peto, dans le Yucatan, signale à l'attention du monde savant un manuscrit en langue maya, qui contredirait ce calcul. Il fait partir les Toltèques de Tulapan quelques siècles plus tôt, vers l'an 217 de notre ère, et les amène dès cette époque jusque dans le Chacnouitan, si improprement nommé Yucatan par les Espagnols. Ce manuscrit a été écrit de mémoire par un Indien du Yucatan, plusieurs années après la conquête espagnole. L'infatigable voyageur M. Stevens le publia, pour la première fois, à la suite de son dernier ouvrage (*Incidents of travel in Yuca-*

tan, New-York, 1843). Les philologues le trouveront là en langue maya. Nous nous contenterons d'en donner la traduction. Lorsque nous traiterons du calendrier mexicain, nous expliquerons ce qu'étaient les *ajau-katun* ou époques pour ces peuples. (Nous renvoyons le lecteur à l'explication que nous donnons plus loin du calendrier maya.)

« Ceci est la série des *katun* (ou époques) qui se sont écoulées depuis le départ de la terre et de la maison de Nonoual, dans laquelle étaient les quatre Tutul-Xiu, située à l'ouest de Zuina, venant de la contrée de *Tulapan*. Quatre époques se passèrent en route avant qu'ils arrivassent ici avec *Tolon-Chante-peuj* et ses compagnons. Lorsqu'ils se mirent en route pour cette île, c'était le 8 *ajau*, et le 6, 4 et 2 se passèrent en voyage, puisque ce fut la première année du 13 ajau qu'ils arrivèrent à cette île, faisant ensemble quatre-vingt-un ans qu'ils avaient voyagé, depuis leur départ de leur pays jusqu'à leur arrivée à cette île de Chacnouitan.

Dans le 8 ajau arriva Ajmekat Tutul-Xiu, et pendant quatre-vingt-dix-neuf ans ils restèrent dans le Chacnouitan.

En ce temps-là eut lieu la découverte de la province de Ziyan-caan ou Bacalar. Le 4 ajau, le 2 et le 13, ou pendant soixante ans, ils commandèrent dans Ziyan-caan, et alors ils vinrent ici. Durant ces années de leur gouvernement de la province de Bacalar eut lieu la découverte de Chichen-Itza.

Le 11 ajau, le 9, le 7, le 5, le 3 et le 1 ajau, ou pendant cent vingt ans, ils commandèrent dans Chichen-Itza; alors elle fut abandonnée, et ils se transportèrent à Champoton, où les Ytzaes, saints hommes, eurent leurs demeures.

Le 6 ajau ils prirent possession du territoire de Champoton. Le 4 ajau, le 2, le 13, le 11, le 9, le 7, le 5, le 3, le 1, le 12, le 10 et le 8, Champoton fut détruite et abandonnée. Depuis deux cent soixante ans régnaient les Ytzaes dans Champoton, lorsqu'ils retournèrent à la recherche de leurs demeures, et alors ils vécurent pour quelques époques dans les montagnes inhabitées.

Le 6 ajau, le 4 ajau, après quarante ans, ils revinrent de nouveau à leurs demeures, et Champoton fut perdue pour eux.

Dans ce katun du 2 ajau, Ajcuitok Tutul-Xiu s'établit dans Uxmal. Le 2 ajau, le 13, le 11, le 9, le 7, le 5, le 3, le 1, le 12, le 10 ajau, en tout deux cents ans, ils commandèrent et régnèrent dans Uxmal, avec les gouverneurs de Chichen-Itza et de Mayalpan.

Après l'espace des ajau-katun du 11, du 9 et 6 ajau, dans le 8, le gouverneur de Chichen-Itza fut déposé, parce qu'il murmurait irrévérencieusement contre Tunac-eel. Cela arriva à Chacxibchac de Chichen-Itza, qui avait parlé contre Tunac-eel, gouverneur de la forteresse de Mayalpan. Quatre-vingt-dix ans s'étaient écoulés, mais l'année 10 du 8 ajau fut l'année dans laquelle il fut défait par Ajzinte-Yutchan, avec Tzuntecum, Taxcal, Pantemit, Xuch-ucuet, Ytzcuat et Kakaltecat ; ce sont les noms des sept Mayalpanais.

Dans ce même katun du 8 ajau ils attaquèrent le roi Ulmil, en conséquence de sa querelle avec Ulil, roi d'Yzamal ; il avait trente divisions de troupes lorsqu'il fut défait par Tunac-eel. Dans le 6 ajau, la guerre fut terminée après trente-quatre ans.

Dans le 6 ajau, le 4 ajau, le 2 ajau, le 13 ajau, le 11 ajau, le territoire fortifié de Mayalpan fut envahi par les hommes d'Ytza, sous leur roi Ulmil, parce qu'ils avaient des murs et gouvernaient en commun le peuple de Mayalpan. Quatre-vingt-trois ans après cet événement, et au commencement du 11 ajau, Mayalpan fut détruite par les étrangers des Uitzes ou montagnards, comme le fut aussi Tancaj de Mayalpan.

Dans le 6 ajau, Mayalpan fut détruite ; les katun du 6 ajau, des 4 et 2 ajau, s'écoulèrent, et alors les Espagnols arrivèrent pour la première fois et donnèrent le nom de Yucatan à cette contrée, soixante ans après la destruction de la forteresse.

Le 13 ajau, le 11 ajau, la peste et la petite vérole furent dans les châteaux. Dans le 13 ajau, Ajpula mourut ; six ans manquaient pour compléter l'ajau : cette année fut supputée à l'est de la roue et commença sur le 4 kan. Ajpula mourut dans le dix-huitième jour du mois zip, dans le 9 ymix; et comme on peut l'exprimer en chiffres, c'était l'année 1536, soixante ans après la démolition de la forteresse.

Avant le complément du 11 ajau, les Espagnols arrivèrent; de saints hommes de l'est vinrent avec eux lorsqu'ils abordèrent cette terre. Le 9 ajau fut l'époque du baptême et du christianisme, et dans cette année arriva de Toral le premier évêque. »

Ce manuscrit, fait observer le sagace et patient commentateur, contient plusieurs erreurs dans l'énumération des époques ou *ajau*, qui ne portent pas toujours le chiffre exact qu'elles devraient porter; mais qu'on n'oublie pas que l'auteur écrivait de mémoire, se contentant seulement de donner le nombre d'époques écoulées entre un événement et un autre, sans s'astreindre à indiquer minutieusement le signe de chaque époque. L'écrivain, disons-nous, a écrit de mémoire, et il n'en pouvait être autrement, puisque la conquête était depuis longtemps accomplie, et que les peintures et les manuscrits hiéroglyphiques de la contrée avaient tous été rassemblés et enlevés par ordre de l'évêque Landa, comme on peut le lire dans l'historien Cogolludo. Aussi ce manuscrit n'est-il qu'un tableau chronologique extrêmement succinct. Cependant, comme malgré ses erreurs il est le seul document existant sur ce sujet, nous le croyons digne de l'attention de tout écrivain qui s'occupe des antiquités américaines.

M. Perez, qui a fait des études très-patientes sur le calendrier des peuples de l'Anahuac et du Yucatan, a pris la peine de corriger les erreurs du manuscrit et d'y appliquer les dates correspondantes de notre ère. Voici son travail :

Quatre époques s'écoulent entre le départ des Toltèques de leur pays, sous la conduite de Tolonchante-Peech, et leur arrivée dans le Chacnouitan. (De l'an 144 de l'ère chrétienne à 217.)

Arrivés dans le Chacnouitan dans la première année de l'époque suivante, ils y restent avec leur capitaine Ajmekat Tutul-Xiu pendant l'espace de quatre époques et plus. (De l'an 218 à 360.)

Ils découvrent Ziyan-caan ou Bacalar, et y commandent l'espace de trois époques, jusqu'à ce qu'ils viennent à Chichen-Itza. (De l'an 360 à 432.)

Ils y restent jusqu'à leur départ pour aller s'établir à Champoton, un espace de six époques. (De l'an 432 à 576.)

De la découverte de Champoton, où ils s'établissent et commandent, jusqu'à ce qu'elle soit détruite et qu'ils la perdent, il s'écoule trois époques. (De l'an 576 jusqu'en 888.)

Ils errent dans les montagnes pendant deux époques, et alors s'établissent pour la seconde fois à Chichen-Itza. (De 888 à 936.)

Dans l'époque suivante, Ajcuitok Tutul-Xiu s'établit dans Uxmal et règne avec le gouverneur de Mayalpan pendant dix époques. (De l'an 936 à 1176.)

Trois époques de plus s'écoulent, et dans la dixième année de l'époque suivante Chacxibchac, gouverneur de Chichen-Itza, est défait par Tunac-eel, gouverneur de Mayalpan, et ses sept généraux. (De l'an 1176 à 1258, qui est l'année de la défaite.)

Dans cette même époque de la défaite du gouverneur de Chichen, ils marchent pour attaquer Ulmil, roi de Chichen, parce qu'il a fait la guerre contre Ulil, roi d'Yzamal. Cette guerre est mise à fin par Tunac-eel dans l'époque suivante. (De l'an 1528 à 1272.)

Après cette époque, Ulmil, roi de Chichen, qui a réparé ses pertes, envahit le territoire de Mayalpan dans le courant de l'époque suivante. Après l'espace de deux époques et plus, et dans la troisième année de l'époque suivante, Mayalpan est détruite par des étrangers qui descendent des montagnes. (De l'an 1272 à 1368, qui est l'année de la destruction de Mayalpan, et ensuite de l'an 1368 à 1392.)

Trois époques s'écoulent; enfin les Espagnols se présentent pour la première fois et donnent à la contrée le nom de Yucatan. (De l'an 1392 à 1488.)

Dans l'époque suivante survient la peste, qui visite les temples et les châteaux. Dans la sixième année de cette époque, mort d'Ajpula, le 11 septembre 1493. (De l'an 1488 à 512.)

Dans la onzième époque, qui est la dernière de ce récit, arrivée des conquérants espagnols en 1527. (De l'an 1512 à 1536.)

Dans l'époque suivante, accomplissement de la conquête en janvier 1541; arrivée du premier évêque en 1560. (Cette époque, qui a commencé en 1536, se termine en 1560.)

Ce manuscrit nous semble surtout précieux comme pouvant servir à fixer le degré respectif de civilisation des envahisseurs et des habitants du territoire envahi. Un petit peuple de fugitifs, qui venait d'user plus de deux générations à errer dans l'exil, vivant sans doute de rapines sur sa longue route, pouvait s'être endurci aux fatigues et aux dangers de toute espèce. Mais à supposer même qu'il eût eu quelque instruction au moment de son départ, tout ce qui restait d'hommes, lorsque la troisième génération eut le bonheur de découvrir, à l'entrée du Chacnouitan, une contrée moins occupée et où elle trouva enfin un coin de terre pour dresser des huttes, devait ressembler à des bandits beaucoup plus qu'au peuple de Salente, rêvé par la belle âme de Fénélon. Les malheureux consument là à se refaire, toujours sous des huttes, un siècle entier, qui ne dut pas ajouter à leurs lumières; et lorsque enfin ils se présentent dans l'intérieur de la presqu'île, couverte de villes, ils ne fondent rien, ils se contentent de forcer les murailles là où ils le peuvent. Dès qu'on parvient à les chasser, ils retournent à une vie errante dans les montagnes. Changez les proportions du tableau, vous avez les barbares de notre continent envahissant le territoire de la riche Italie.

Le rôle que nous venons de voir jouer aux Toltèques dans le Yucatan, ils l'ont certainement joué dans l'Anahuac et dans le Guatemala, lors de leur seconde apparition vers le milieu du sixième siècle. Seulement la première fois ils n'avaient fait que traverser ces contrées sans laisser trace de leur passage, et les traditions mexicaines n'en ont point gardé souvenir, tandis que la seconde fois ils furent plus heureux. Peut-être aussi étaient-ils en plus grand nombre. Quoi qu'il en soit, leur succès demanda du temps; ils usèrent encore dans une vie errante trois générations. Partis de leur contrée de Tlalpallan ou Tulapan en l'an 544, ce n'est qu'en 648 qu'on les voit maîtres de Tollantzinco, dans l'Anahuac, et vingt-deux ans après, en 670, qu'on les voit établis à Tula, à l'extrémité nord de la vallée de Mexico. C'est donc à tort, selon nous, que l'on a prétendu voir dans les Toltèques des hommes capables d'avoir fait avancer d'un pas la civilisation de l'Anahuac. Ils lui ont rendu tout juste autant de services que les Tatars en ont pu rendre à la civilisation chinoise.

Le fameux livre divin, le *Teo-amoxtli*, espèce d'encyclopédie, qui renfermait l'histoire, la mythologie et les lois, et qui fut composé en 708 ou 728 à Tula, d'après l'ordre des rois toltèques, par un grand astrologue, Huematzin, aidé des habiles du pays, atteste simplement le besoin que les vainqueurs auront ressenti de s'instruire et d'élever leur intelligence jusqu'au niveau de celle des vaincus et des peuples voisins, alors que le pouvoir brutal de la force militaire se trouva décidément consolidé.

Quoi qu'il en soit et quelque importance qu'ait pu avoir le royaume fondé par les Toltèques dans la vallée de Mexico, au milieu des autres petits royaumes existants depuis longtemps dans l'Anahuac, c'est ici que commence l'époque historique de cette contrée.

Pour uniques matériaux de cette histoire, le savant possède ce qui reste des peintures hiéroglyphiques mexicaines recueillies lors de la conquête espagnole. Malheureusement, les moines qui apportaient la croix à la suite des canons de Cortez, dans leur ardeur d'anéantir chez le peuple conquis jusqu'au moindre souvenir de l'ancienne religion proscrite, ont détruit le plus qu'ils ont pu de ces précieux documents.

Des fragments de manuscrits hiéroglyphiques sont conservés dans les bibliothèques de Berlin, Dresde, l'Escurial, Vienne, Velletri, Rome, Bologne et Mexico.

Un manuscrit de la bibliothèque de Berlin, postérieur à la conquête, contient la généalogie des caciques d'Azcapozalco, petit territoire de la vallée de Mexico, qui prétendaient venir de l'Acolhuacan. Les personnages morts sont représentés les pieds enveloppés; les personnages vivants se distinguent par de petites langues placées à côté de la bouche, et par les pieds qui sont en liberté. Le nom du personnage se lit dans des signes hiéroglyphiques placés au-dessus de sa tête. A ce manuscrit en est joint un autre qui relate un procès. De telles pièces servaient à établir les droits respectifs des parties et restaient entre les mains du juge comme minute. D'autres peintures de la collection de Berlin contiennent des listes de tributs, des généalogies et l'histoire des différentes migrations dans la Nouvelle-Espagne. Dans quelques-unes, le bouclier des Aztèques a beaucoup d'analogie avec la forme de bouclier que l'on voit sur les vases étrusques.

L'un des manuscrits de la collection de Rome est, à ce qu'on croit, un rituel. M. de Humboldt croit retrouver le caractère hindou dans une peinture qui représente une adoration: un personnage devant une idole touche la terre d'une main en même temps qu'il porte l'autre main à ses lèvres. Dans une autre peinture qui reproduit le bouclier étrusque, des combattants sont armés d'un filet, comme ces gladiateurs que les Romains nommaient *retiarii*. Les chefs se distinguent par un ruban rouge à leur chevelure, c'est le symbole caractéristique des nobles et des héros; et les caciques ont les pieds nus, selon l'usage où ils étaient de ne jamais sortir que portés. Quelques-uns ont à la main un rosaire.

Les manuscrits que M. de Humboldt a vus dans le palais du vice-roi à Mexico, et qu'il a traduits avec tant de sagacité, représentent l'histoire de l'émigration des Aztèques, la fondation de plusieurs de leurs villes, et les principaux événements de leurs guerres.

La bibliothèque de Velletri, l'une des plus riches de l'Italie, possède un rituel et un calendrier mexicains. Dans une peinture, on a prétendu trouver dans la coiffure d'un prêtre quelque ressemblance avec une trompe d'éléphant; ailleurs un sacrificateur est coiffé d'un bonnet pointu qui rappellerait, prétend-on, une coiffure très-usitée dans l'est de l'Asie et sur le littoral nord-ouest de l'Amérique.

Dans la collection de Vienne se reproduit le bouclier dont nous avons parlé, et l'on remarque des dessins de *teocalli*. Un même type se retrouve dans toutes les figures : point de barbe, le nez aquilin et fort, le front fuyant et le crâne en pointe, bien que les traits de la face diffèrent et que les expressions soient très-variées.

Le manuscrit de l'Escurial est, assure-t-on, un rituel. Robertson prétend qu'on y reconnaît les signes des jours et des mois et l'influence astrologique attachée à chacun d'eux.

La collection de Mendoza se composait d'une histoire de la dynastie aztèque de Mexico, depuis la fondation de cette ville jusqu'à la mort de Moctezuma, d'une liste des tributs que chaque ville et chaque province payait au souverain, et de peintures reproduisant les mœurs et institutions mexicaines tant publiques que domestiques. Les teocallis y figurent sous la forme pyramidale, mais on peut cependant remarquer quelques temples d'un autre style. D'ailleurs on reconnaît les différentes assises des teocallis, et l'on voit sur leur plate-forme les prêtres assis et observant les astres. Cette collection, formée par le premier archevêque du Mexique, don Antonio de Mendoza, fut envoyée par lui en présent à Charles-Quint. Tombée au pouvoir des Français, elle passa dans les mains du géographe Thévenot, dont les héritiers la vendirent à Hakluyt. Elle a été publiée. La bibliothèque d'Oxford possède, dit-on, une de ces peintures mexicaines; elle aura probablement fait partie de la collection.

Le *Codex mexicanus* de Bologne comme celui de l'Escurial a trait à l'astronomie et à la religion. La collection de Dresde présente ce qu'on peut réellement qualifier de caractères hiéroglyphiques.

Les copies qui sont à Paris, ainsi que celles de Gemelli et de Boturini, ont un cachet d'authenticité qui les rend aussi précieuses que des originaux; ce sont des annales de migrations, des tables chronologiques et des rôles de tributs.

Les copies de Gemelli ont été faites d'après les peintures de la collection de Siguenza, qui à sa mort passa dans les mains des jésuites de Mexico. Boturini, qui s'était voué avec passion à l'étude de l'histoire du Mexique, avait, pendant un long séjour dans ce pays, formé un musée précieux où l'on voyait plusieurs de ces manuscrits. Le gouvernement les confisqua lorsqu'il prit ombrage de la présence du savant étranger. Plusieurs tombèrent aux mains de l'archevêque de Tolède, qui les publia en partie; d'autres, en petit nombre, ne quittèrent point Mexico; le reste se sera probablement perdu.

Le dessin de toutes ces peintures est d'une extrême incorrection; les détails s'y trouvent multipliés à l'infini; les couleurs sont vives, crues, tranchantes. Les hommes ont généralement le corps large, trapu et excessivement court; la tête d'une grandeur et d'une grosseur énormes; les pieds, à raison de la grosseur des doigts, ressemblent à des griffes d'animaux. Les têtes sont généralement de profil, et l'œil dessiné comme s'il appartenait à une figure de face. Cela est au-dessous de ce que les Hindous et les Chinois présentent de plus imparfait. On croit remarquer cependant qu'il devait exister certains types consacrés par l'usage et dont le dessinateur ne pouvait s'écarter, sous peine de devenir aussi inintelligible qu'un homme qui changerait la forme des lettres d'un alphabet ou la construction grammaticale d'une de nos langues.

Ces manuscrits sont peints sur peau de cerf, par exemple ceux de Rome, Vienne, Velletri et Bologne, ou sur un papier de feuilles d'agave : ce papier est quelquefois aussi fin que le papier de Chine; d'autres fois, comme par exemple le manuscrit de l'Escurial, il est très-épais. Dans l'histoire de la conquête, nous voyons que les peintures s'exécutaient le plus fréquemment sur de la toile de coton. A plusieurs de ces manuscrits sont attachées des notes en espagnol ou en langue mexicaine, qui ont un prix immense, puisqu'elles donnent l'interprétation des dessins par des contemporains de la conquête espagnole, à une époque où la science de cette interprétation n'était pas encore perdue.

Ils ne se reliaient point en volume comme les feuillets de nos livres, ils ne se roulaient point sur un rouleau de bois; ils se pliaient en zig-zag, comme les manuscrits siamois. Deux tablettes en bois léger, collées aux deux extrémités, servaient de soutien, l'un en dessus, l'autre en dessous.

Depuis l'an 1830, un savant antiquaire, lord Kingsborough, publie et a peut-être achevé de publier dans ce moment la collection complète de tout ce qui reste des peintures mexicaines. L'ouvrage formera neuf volumes, édités d'une manière splendide.

On a beaucoup insisté sur ce fait que les peuples de l'Amérique centrale ne possédaient point d'écriture hiéroglyphique proprement dite. Sans leur accorder en ce genre la perfection où étaient arrivés les Égyptiens, il faut cependant reconnaître qu'ils avaient des signes simples pour indiquer l'eau, la terre, l'air, le vent, le jour, la nuit, minuit, la parole, les nombres, les jours et les mois de l'année solaire, etc., etc. Ces signes, réunis à la peinture de l'événement, donnaient à ce dernier une date, un pays, un site et des rapports de détails. Ces peuples, en faisant allusion à certains objets qui flattent les sens, parvenaient à exprimer les noms des villes et ceux des souverains ; on trouve même chez eux des vestiges du genre d'écriture que l'on nomme *phonétique*, ou plutôt le germe de cette écriture.

Il existe une autre source de documents qui certainement ne seraient pas moins précieux à consulter : ce sont les cartouches hiéroglyphiques sculptés dans la pierre au front des monuments, du moins ceux que la cupide et brutale furie des vainqueurs et les outrages du temps ont épargnés ; mais c'est à peine encore si l'on a commencé à visiter ces ruines, et à en reproduire les dessins. Il y a au plus un demi-siècle que le monde savant les a jugés dignes de son attention. Il a fallu plus de temps, des visiteurs plus nombreux, avant que l'Égypte antique consentît à livrer une faible partie de ses mystères à un Champollion. Quel heureux savant de Paris, de Londres, de Berlin ou de New-York, sera le Champollion de l'antique Amérique centrale ? Remarquons que la tâche se présente en outre bien autrement difficile.

Revenons à notre petit royaume des Toltèques, et hâtons-nous, car il n'a pas longtemps à exister. Fondé en 667, il finit tout à coup, en l'an 1052, à la suite d'une famine ou d'une peste, ou plus probablement de toutes les deux, la première engendrant presque toujours la seconde. Dans cette période de près de quatre siècles, on compte seulement une succession de huit rois, bien petit nombre sans doute, mais que Clavijero explique par une loi singulière. Cette loi voulait que chaque règne représentât toujours une période de cinquante-deux années. Le prince mourait-il avant d'avoir régné cinquante-deux ans, un conseil de nobles gouvernait sous son nom tout le temps qui restait à courir ; la vie du prince, au contraire, atteignait-elle le terme obligé, alors il résignait le pouvoir, et sur-le-champ on lui nommait un successeur. Le nom toltèque, comme nom de nation, disparut, c'est-à-dire que leur capitale Tula aura été probablement ruinée par les rois voisins, et que les guerriers de la nation ont dû émigrer. Bon nombre de familles restèrent dans le pays; d'autres se dispersèrent sur toute la vallée de Mexico, et sur le territoire de Cholula et de Tlaximoloyan.

L'établissement des Toltèques à Tula semble avoir été fort orageux, puisque les écrivains qui ont essayé de reproduire une histoire de Guatemala donnent pour fondateurs à la ville de Quiché et au royaume d'Utatlan, une colonie toltèque chassée de Tula, et conduite par un roi du nom de Nimaquiché, qui aurait été le quatrième des huit rois de Tula. En mémoire de ce Nimaquiché, mort pendant un long et douloureux exil, avant que la colonie eût trouvé à s'établir, les colons donnèrent, dit-on, à la première ville par eux fondée le nom de *Quiché*, et eux-mêmes reçurent de là le nom de Quiches.

Si vous vous intéressez tant soit peu aux malheureux Olmèques, dépossédés par les envahisseurs, et chassés de l'Anahuac, Boturini vous apprendra qu'ils avaient émigré dans l'Amérique du Sud, et même aux Antilles.

L'année 1170 est marquée par l'apparition des Chichimèques, nouveaux envahisseurs venus dans la vallée de Mexico de la même contrée que les Toltèques. Leur roi Xolotl fixe d'abord son établissement à Tenayuca (six lieues au nord de la place qu'occupa plus tard Mexico).

Derrière les Chichimèques, accoururent, depuis l'année 1178 jusque dans les premières années du siècle suivant, de nouvelles hordes errantes, les Xochimilques, les Chàlques, les Tepanèques, les Colhues, les Tlahuiques, les Tlascaltèques, les Acolhues et les Aztèques.

Toutes ces hordes, qui paraissent de la même famille, donnaient, dit-on, à leur patrie primitive le nom d'Aztlan, ou de Teo-Acolhuacan. Elles ne marchaient point ensemble, et elles arrivèrent successivement dans la vallée de Mexico.

Les Aztèques se séparèrent des Tlascaltèques dans les montagnes de Zacatecas, et n'arrivèrent que les derniers.

Remarquons que ces noms n'étaient point ceux que ces hordes portaient dans leur patrie primitive, mais bien ceux qu'elles reçurent dans l'Anahuac, en raison des divers points où elles parvinrent à se fixer. Le nom général de Nahualtèques, qui veut dire voisins des eaux, n'était pas même leur nom national; il rappelait seulement leur établissement sur les bords des lacs de la vallée.

Les antiquaires se sont demandé où il convenait de placer cette contrée d'Acolhuacan ou d'Aztlan, de laquelle ces peuples ont émigré. Le sens du mot Aztlan dénote une contrée où les eaux abondent, circonstance qui semble confirmée par les peintures hiéroglyphiques où l'histoire de l'émigration des Aztèques est relatée, surtout la peinture conservée à Berlin. L'intention de l'artiste paraît avoir été d'indiquer un sol marécageux; on voit des traces de pieds qui annoncent le voisinage d'ennemis, des traits lancés d'un bord à l'autre d'une rivière, et des combats entre deux peuples, l'un armé du bouclier aztèque, l'autre nu et sans arme défensive. Dans une autre peinture, les Aztèques combattent un peuple sauvage, vêtu de peaux de bêtes. Ces peintures indiquent généralement que l'émigration part du nord; aussi, les antiquaires ont-ils dirigé au nord leurs recherches des traces du passage. On se rappelle que vers le nord, et sur les bords de Rio-Gila, quelques tribus conservaient les restes d'une civilisation ancienne, Venega en parle dans son Histoire de la Californie, et, en effet, les missionnaires parvinrent à retrouver sur les bords de ce fleuve les ruines d'une ville, que l'on a nommées *Casas Grandes*. Ces ruines couvrent une surface d'une lieue carrée, et ont une grande analogie avec ce que les Mexicains ont construit au sud; on se décida à placer là la seconde station des Aztèques indiquée par les peintures; la troisième se plaçait facilement proche Mexico, dans la première intendance de la Nouvelle-Biscaye. Quant à la première station, on la supposa sur les bords du lac Timpanogo. La contrée native, la contrée d'Aztlan, se trouvait donc loin à l'ouest. Plus tard, lorsqu'on a mieux connu la contrée de ce lac et celle au nord et à l'est de Rio-Gila, on s'est aperçu que la supposition était nécessairement erronée.

On s'accorde à regarder à peu près comme avéré que la civilisation a rayonné du lac de Mexico comme point central, et a suivi le littoral de l'océan Pacifique; on a retrouvé des traces de la langue mexicaine chez des tribus maritimes qui habitent de très-hautes latitudes. Cependant, dès qu'on a franchi au nord le Rio-Gila, ces traces disparaissent, et il a été impossible de retrouver au delà de ce fleuve aucune ruine qui rappelle le séjour d'un peuple parvenu à un certain degré de culture; la nature même du sol y formerait obstacle : la région au nord du Rio-Gila est un vaste désert de sable, d'un aspect trop aride pour supposer qu'une population agricole ait jamais trouvé à y vivre. Si, au contraire, à la hauteur du Rio-Gila, vous tournez à l'est et vous passez les montagnes, vous entrez aussitôt en communication directe avec les ruines qui couvrent le territoire occidental des États-Unis. Certainement, si l'existence de ces ruines et leur analogie constatée avec les antiquités de la Nouvelle-Espagne avaient été connues des premiers savants qui ont essayé de donner une interprétation des peintures hiéroglyphiques, nul doute qu'ils se seraient accordés à placer la contrée d'Aztlan dans quelqu'une des riches vallées de l'un des États occidentaux de l'Union, là où se sont conservées des traditions relatives à un ancien peuple chassé de ses villes.

Les envahisseurs se mêlent aux habitants du pays, et surtout aux familles toltèques qu'ils y rencontrent, et dont ils

parlent la langue. Les Chichimèques, se réunissant aux Acolhues, parviennent les premiers à fonder un royaume; Xolotl, le chef chichimèque, attache à sa fortune les trois principaux chefs acolhues, en leur donnant pour femmes ses deux filles et une jeune vierge de Chalco, née de parents toltèques. Le quatrième successeur de Xolotl vient s'établir à Tezcuco, et trois siècles après, les Espagnols trouvent encore ce trône occupé par la dynastie chichimèque-acolhue. Cette dynastie eut l'honneur de fournir l'un des rois les plus distingués parmi ceux de l'Anahuac, le sage Nezahualcojotl, qui donna à ses sujets un code, d'après lequel les procédures, soit au civil, soit au criminel, ne devaient pas dépasser quatre-vingts jours. Il avait des connaissances en astronomie et en botanique; il avait fait peindre toutes les plantes et tous les animaux des diverses contrées de l'Anahuac. De plus, il était poëte; il avait composé, en l'honneur du créateur du ciel et de la terre, soixante hymnes : deux ont été traduits en vers espagnols par un de ses descendants, don Fernando d'Alba Ixtlilxochitl, qui lui-même a laissé des manuscrits fort curieux sur le royaume de Tezcuco et les événements de la conquête.

Mais la destinée la plus brillante était celle réservée à la plus faible et la plus misérable de toutes ces hordes, les Aztèques. Après avoir erré quelque temps sur la rive occidentale du lac de Tezcuco, elle va se grouper sur la colline isolée de Chapoltepec. Inquiétée par les chefs voisins, elle cherche un refuge dans de petites îles du lac, et donne à son modeste établissement le nom d'Acolco, lieu de refuge. Pendant cinquante ans, elle y vit de poissons, d'insectes et de racines, n'ayant pour se couvrir que les feuilles du *palma-palustris*. Le chef de la horde des Colhues, qui est moins mal établie qu'elle, lui offre un petit territoire sur la rive; elle accepte; mais ce roitelet la soumet à l'esclavage. Par bonheur, lui-même est menacé par la horde des Xochimilques, et les Aztèques trouvent moyen de racheter leur liberté en combattant pour leur maître. Les voilà de nouveau errants dans le voisinage des lacs, jusqu'à ce qu'enfin ils reviennent chercher un nouveau refuge sur d'autres petites îles basses et inhabitées du lac Tezcuco. Ils y dressent, en l'année 1325, quelques huttes de joncs et un temple en bois dédié à leur dieu Huitzilopochtli ou Mexitli, et donnent à cette ville naissante le nom de *Tenochtitlan*, dont le sens indique que là ils ont enfin rencontré le signe par lequel leur dieu a promis de marquer la fin de leur pénible voyage : l'apparition d'un aigle perché sur un nopal.

Telle est l'histoire de la fondation de Mexico. Ses grossiers habitants se civilisent peu à peu par le contact avec la ville plus industrieuse de Tezcuco. Le roi de Tezcuco les invite à combattre pour lui contre le roi de Xaltocan; ils se font remarquer à la guerre et craindre de leurs voisins. Ils commencent à posséder quelque petit territoire sur la terre ferme et à se vêtir d'étoffes de coton fabriquées par eux-mêmes. Tezcuco était à cette époque le plus puissant état de l'Anahuac, et les Aztèques le plus faible; et encore connaissaient-ils déjà les guerres intestines. La population de la petite Tenochtitlan s'était déjà séparée en deux parties, dont la plus faible était allée habiter une petite île du nom de Tlatelolco; c'étaient deux rivales qui se haïssaient cordialement, jusqu'à ce qu'enfin la plus forte finit par s'adjoindre l'autre forcément et faire de la sœur rebelle un faubourg de Tenochtitlan.

Vingt nobles, c'est-à-dire vingt personnages principaux en courage et en talent, gouvernent ce petit peuple aztèque jusqu'à ce que, en l'année 1352, la fantaisie lui prend de se donner un roi, à l'exemple des autres peuples de l'Anahuac. Le choix tombe sur Acamapitzin, qui appartenait par sa mère à la famille qui régnait sur Colhuacan, et par son père au chef de Zumpanco. Le second roi, élu de même, est Huitzilihuitl; celui-ci fut oint par le grand prêtre avec une certaine teinture dont on ne dit pas le nom. Pour lui donner plus d'importance, les nobles imaginèrent de le marier avec la fille du roi des Tepanèques, dont les Aztèques avaient été tenus de devenir feudataires pour la possession de leurs îles, et à qui ils payaient chaque année un tribut de plusieurs milliers de saules, d'une grande quantité de poissons, de plantes potagères et d'oiseaux aquatiques.

Le troisième roi des Aztèques ou Mexicains est Chimalpopoca, frère du second; il suit à la guerre le roi des Tepanèques contre le roi de Tezcuco, et, après une expédition heureuse, il reçoit pour récompense la ville de Tezcuco en fief. Les peintures de la collection de Mendoza placent sous ce règne plusieurs victoires remportées et la soumission des villes de Chalco et de Tequizquiac.

Le règne d'Itzcoal est signalé d'abord par un immense danger. Mexico entrera-t-elle en lutte contre son suzerain, le roi des Tepanèques? Le peuple parle de se rendre et demande aux nobles : « Que deviendrons-nous si nous sommes vaincus ? » Les nobles répondent : « Nous nous livrerons à votre vengeance. — Ainsi soit-il, dit le peuple, et nous vous sacrifierons. » Et puis il ajouta, dit la tradition : « Si vous revenez vainqueurs, vous serez nos maîtres, nos seigneurs; vous le serez de nous, de nos enfants et des enfants de nos enfants. Pour vous, nous cultiverons la terre; nous bâtirons vos maisons, nous porterons vos armes et vos bagages toutes les fois que vous irez à la guerre. » Telle fut, racontait-on, l'origine du servage avec l'humiliante corvée, et de la division des castes dans le vieux Mexique; telle est la base de cet état social que Cortez trouva dans l'empire au jour de la conquête. Les Tepanèques furent vaincus. Mexico réunit à son territoire leur territoire et celui de leurs tributaires. Elle eut désormais pour vassaux les rois de Tacuba, de Tezcuco, de Cojohuacan et de Xochimilco.

Moctezuma, le chef qui s'est le plus distingué à la guerre, porte ensuite la couronne. Il était fils d'Huitzilibuitl, le second roi aztèque, et d'une autre femme que la fille du roi des Tepanèques. Ses armes soumettent des villes éloignées de quelques centaines de milles de la capitale, et atteignent jusqu'au littoral du golfe du Mexique.

Son successeur, Axajacatl parvient dans ses courses jusqu'au littoral de l'océan Pacifique; une confédération de villes maritimes, à la tête desquelles était la ville de Tehuantepec, fut attaquée et soumise.

Son frère aîné, Tizoc, soutenu par les prêtres, et qui périt empoisonné par les nobles, n'eut qu'un règne court et obscur, et fut malheureux à la guerre.

Il est remplacé par un autre frère, Ahuitzotl, en 1482; c'est lui qui bâtit le grand teocalli qui excita l'admiration des Espagnols lors de leur entrée à Mexico. L'inauguration de ce temple fut annoncée à tout l'Anahuac; les rois alliés ou tributaires furent invités à y assister, et les peuples y accoururent de tous les points de l'empire. Les conquêtes furent poussées jusque dans le Guatemala, à plus de neuf cents milles de Mexico. L'empire atteignit les limites par lesquelles les Espagnols le trouvèrent circonscrit.

En 1502, les électeurs portent au trône Moctezuma II, fils du roi Axajacatl, qui est à la fois roi et souverain pontife. Son frère, Cuilahuatzin, lui succéda dans de bien malheureux jours, alors que le trône s'écroulait sous les mousquets et les canons espagnols. Son neveu, le jeune et brillant Quanhtemotzim (Guatimozin), eut la douleur d'assister aux funérailles de l'empire et au sac de sa capitale, sans rencontrer la mort que cherchait son courage. La politique du cupide Cortez ne l'épargna que dans l'espoir d'arracher de lui le secret du lieu où étaient cachés ses trésors. Bientôt le vainqueur se débarrassa de son noble captif par un assassinat judiciaire et par l'infâme supplice de la garotte.

Après l'établissement des Toltèques à Utatlan et la fondation du royaume des Quiches, l'équilibre semble s'être maintenu entre les nombreuses petites nations du Guatemala, que les conquérants aztèques tentèrent d'asservir, mais sur lesquelles ils n'établirent jamais de domination complète. Les Espagnols, à leur arrivée, trouvèrent la contrée divisée entre une trentaine de nations; il s'y parlait jusqu'à vingt-cinq idiomes différents.

Nous en avons assez dit pour montrer que l'apparition des Aztèques et de ces autres hordes venues du nord n'a pu exercer la moindre influence favorable sur la civilisation de l'Anahuac, du Guatemela ou du Yucatan. Ils furent, comme les Toltèques, de rudes et pauvres guerriers qui, après de longues luttes, s'estimèrent fort heureux de s'établir dans quelques villes à côté des populations aborigènes, depuis longtemps policées, de mœurs douces, et dont chacune était accoutumée à vivre des seuls produits de son petit territoire, sans déployer beaucoup d'activité. Les communications commerciales et les transports des denrées leur étaient à peu près interdits par le manque de bêtes de somme.

Cette privation de rapports commerciaux était rachetée, il est vrai, jusqu'à un certain point, par la fréquence et la multiplicité des rapports politiques entre tant de petits états, chaque roi ou chaque gouvernement de république étant occupé sans cesse à nouer une alliance avec tel ou tel voisin, et à ourdir l'intrigue et semer la division chez tel ou tel autre. Un flot de proscrits s'écoulait d'un état dans les autres; une ville opprimée se plaçait sous la protection d'un nouveau suzerain; un collége de prêtres échangeait son savoir contre le savoir de tel autre collége d'une ville alliée; une ville naissante, qui avait un temple à construire, empruntait ses artistes à une ville plus âgée. Voilà probablement comment s'établit partout, sur la surface de l'Amérique centrale, à partir de Zacatecas jusqu'à l'isthme de Panama, un niveau intellectuel commun, un ensemble commun d'observations astronomiques et l'usage du même calendrier, des religions presque partout semblables, des mœurs à peu près identiques et des arts obéissant à des inspirations analogues, et répondant à des besoins qui étaient les mêmes.

Cependant l'existence de chacun de ces petits foyers de civilisation ne pouvait être qu'éphémère. Les capitales de ces petits royaumes devaient se ruiner fréquemment l'une par l'autre, et disparaître rapidement de la scène. La civilisation, qui ne pouvait périr d'un seul coup partout à la fois, devait sans cesse périr pour renaître, et de nouveau périr tour à tour sur les différents points. Cette civilisation, telle que les Espagnols la trouvèrent, et qui probablement existait depuis des siècles bien reculés, ressemble beaucoup à celle des petits peuples que nous voyons dans la Bible se disputer la terre de Chanaan. Nous ne comprendrions pas pourquoi l'Amérique centrale ne serait pas parvenue à un tel degré de culture, aussi rapidement qu'y arrivèrent les nations primitives de notre continent, longtemps avant l'époque des Aztèques et même des Toltèques ; seulement elle nous semble avoir été condamnée à demeurer à peu près stationnaire pendant la longue suite des siècles, et cela faute des éléments d'une force auxiliaire qui avait été refusée à l'homme sur cette autre partie du globe : les bêtes de somme, et le cheval et l'éléphant belliqueux.

A moins de circonstances exceptionnelles, l'histoire nous enseigne que la durée de la vie des nations est comme celle de la vie des créatures, en proportion de leur grandeur. Et comment fonder et surtout conserver une grande nation, sans créer d'abord une grande force militaire essentiellement mobile ? L'Amérique ancienne, privée de ces utiles animaux, n'a jamais eu et ne pouvait avoir de grands et durables empires comme ceux de notre continent, de ces empires où des peuples lointains, fraternisant sous une même loi, contenus et protégés par des armées redoutables et transportées rapidement, se livrent au travail avec une sécurité rarement interrompue, échangent entre eux les produits de climats différents, et éveillent ainsi l'un chez l'autre de nouveaux besoins à satisfaire et par conséquent une énergie plus active pour se procurer plus de jouissances. L'Amérique ancienne n'a jamais eu et ne pouvait avoir une de ces puissantes capitales, centre où afflue fatalement l'élite des intelligences recrutées parmi des millions d'hommes, creuset assez vaste et assez solide pour que la pensée humaine s'y élabore avec tranquillité, à un feu incessamment entretenu par le souffle d'un grand nombre de générations qui peuvent poursuivre sans interruption la tâche commencée.

Le fait d'un petit peuple chez lequel un concours de circonstances aurait développé des instincts plus guerriers et quelque talent militaire, et qui aurait exercé une prépondérance sur ses voisins, se sera sans doute présenté plus d'une fois avant l'époque de la prépondérance des Aztèques, mais il nous paraît impossible qu'aucun, même les Toltèques, ait jamais pu exercer une domination tant soit peu forte et surtout de quelque durée. Il a fallu deux siècles aux Aztèques avant qu'ils pussent porter leurs armes hors de la vallée de Mexico ; ils ont mis un siècle à pénétrer jusqu'aux deux littoraux ; mais les moyens nécessaires pour relier en un ensemble solide les différents peuples soumis leur ont manqué. Ils ont fait tout au plus des tributaires, mais non des sujets ; encore ne sont-ils pas parvenus à entamer le royaume de Mechoacan, qui était à leur porte, et on voit, dès le règne suivant, toutes leurs conquêtes prêtes à leur échapper.

Quant aux peuples de l'Amérique du Sud, les ténèbres qui enveloppent leur premier âge sont, s'il se peut, encore plus difficiles à éclaircir, même par voie conjecturale : nous nous bornerons à prendre ici pour guide le récent ouvrage de M. Bradford sur les antiquités américaines. Nous reconnaîtrons avec lui, que l'on ne doit écouter qu'avec une grande réserve Garcilaso de la Vega. L'histoire des Incas est avant tout un panégyrique à la gloire des enfants du soleil, que Garcilaso était fier de nommer ses aïeux. Avec une habileté d'artiste, il s'empare de la moindre circonstance pour la faire concourir à son but principal. Tout en établissant dans un passage, que l'histoire de l'ancien Pérou se divise en deux époques, et qu'il faut attribuer à la première la construction des monuments de Tiahuanaco, il n'en dénonce pas moins les Péruviens comme se trouvant dans l'état le plus barbare et dans le manque de toute civilisation jusqu'à l'apparition du premier Inca. Forcé de s'avouer à lui-même, que beaucoup des peuples conquis par ces souverains se trouvaient, à l'époque de cette conquête, dans une condition moins déplorable que celle dont il a tracé le tableau, il accorde un certain degré de civilisation à quelques aborigènes; ce qui ne l'empêche toutefois pas de bien spécifier, lorsqu'il rapporte la tradition de Manco-Capac, qu'à ce divin personnage, dont il fait le premier inca, est dû le culte du soleil et l'art de cultiver la terre, et à sa femme l'art de tisser.

Les antiquités recueillies dans un grand nombre de *huacas* appartenant à des contrées qui ne furent conquises que très tard, et par les Espagnols, fournissent la preuve la plus positive que ces arts ont existé chez beaucoup de peuples, sans y avoir été apportés par les incas; assertion que confirment des ruines de villes et de monuments d'une époque antérieure à celle de ces souverains. Les *huacas* des plaines *del Chimu*, près de Truxillo, sont l'œuvre des sujets du grand Chimu, prince soumis par Yupanqui, fils du neuvième inca Pachacutec; et cependant les objets qu'on a trouvés en les fouillant indiquent des mœurs et des arts analogues à ceux des Péruviens propres. Stevenson et Ruschemberger sont même d'avis, que ces huacas ont donné des objets beaucoup plus précieux, sous le double rapport de la valeur intrinsèque et de l'art, qu'aucun des huacas des vallées du Pérou.

Comment accorder tout cela? Faut-il regarder la tradition de Manco-Capac comme une fable de date assez moderne? Ce serait une conjecture trop hasardée, d'autant plus que la même tradition, sous d'autres formes, était commune à plusieurs des peuples aborigènes. Garcilaso lui-même nous fournit la preuve de son existence parmi ces mêmes peuples qu'il flétrit comme dénués de toute culture. Selon lui, les Indiens qui vivaient au sud et à l'occident de Cuzco parlaient d'un déluge ou de quelque chose de semblable, et racontaient qu'après que les eaux se furent retirées, un certain homme parut dans la vallée de Tiahuanaco. Il divisa le monde en quatre parties, qu'il donna respectivement à quatre hommes, dont le premier s'appelait *Manco-Capac*, le second, *Colla*, le troisième *Tocay*, et le quatrième *Pinahua*, envoyant chacun d'eux aux terres qui lui appartenaient, pour y conquérir et gouverner tout ce qui s'y trouverait d'habitants. Manco-Capac, marchant au nord, arriva dans la vallée de Cuzco, y fonda une ville, et puis soumit et civilisa ses voisins.

Le même écrivain ajoute plus loin : « Les Indiens qui vivent à l'orient et au nord de la ville de Cuzco racontent : qu'au commencement du monde, quatre hommes et quatre femmes, qui étaient frères et sœurs, sortirent par les *fenêtres* de certains rochers qui sont auprès de la ville, en un lieu qu'on nomme *Paucartampu*. Ces fenêtres étaient trois en nombre, et il n'y eut que celle du milieu qui servit à la sortie de ces gens-là. Le premier de ces frères est appelé par eux *Manco-Capac* et sa femme *Mama-Oello*. Ils nomment le second *Ayar-Cachi*; le troisième, *Ayar-Vehu*, et le quatrième, *Ayar-Sauca*. »

La tradition de Manco-Capac ne peut donc être considérée que comme appartenant à des siècles très-reculés. Quelque souverain habile du Pérou aura imaginé, dans les temps modernes, de l'exploiter à son profit, pour mieux consolider l'obéissance de sujets nouvellement soumis. Notre descendant des Incas, converti à la religion chrétienne, admet lui-même que Manco-Capac dut être « quelque Indien ambitieux. » Combien de dynasties, dans les temps anciens, ne se sont-elles pas attribué une origine divine! Les rois péruviens ont-ils

donc été les seuls à se décorer de ce titre de « fils du soleil? »
Quoi qu'il en soit, la civilisation de l'Amérique du Sud date
certainement d'une époque bien antérieure à la fondation de
l'empire des Incas. De nombreuses ruines, encore aujourd'hui
existantes, attestent qu'elle a couvert une vaste région et qu'elle
a eu ses principaux foyers le long du littoral de l'océan Pacifique.

Un travail d'un grand intérêt serait de rechercher les traces
des rapports qui ont dû probablement exister entre les peuples d'en deçà et d'au delà de l'isthme et de la contrée du
Darien. La ligne de civilisation se rompt-elle à ce point? Est-
elle interceptée par quelques peuples demeurés constamment
à l'état sauvage? Évidemment non; et les preuves abondent,
qui ne datent pas d'aujourd'hui. Les Espagnols, à leur arrivée
dans la contrée de Panama, ont trouvé de grandes villes gouvernées par des *zaques* ou caciques. Dans le Darien et ailleurs,
ils virent une population à demi civilisée qui cultivait le sol,
avait des vêtements de coton, de l'or travaillé en bijoux, des
perles et des pierres précieuses. C'est là qu'ils eurent pour la
première fois connaissance qu'il existait un empire des Incas.
Nous avons vu l'émeraude être un objet sacré pour les Mexicains. Les peuples qui habitaient le littoral au nord de Quito
adoraient une émeraude presque aussi grosse qu'un œuf d'autruche. On venait de fort loin pour lui rendre hommage et lui
offrir d'autres émeraudes plus petites. « Les prêtres et curacas,
dit Garcilaso, donnaient à entendre que la déesse émeraude
recevait ses filles avec plaisir. »

Si nous passons aux habitants du plateau de Cundinamarca
(Nouvelle-Grenade), « chez les Muyzcas, nous dit M. de Humboldt, à Samagozo, ville antique et déchue, se consommait un
sacrifice humain pour célébrer l'ouverture d'un cycle de
quinze années. La victime était un enfant des plaines, arraché à la maison paternelle et désigné par le nom de *guesa*,
c'est-à-dire *errant*. Élevé dans le temple du soleil, le guesa

devait se promener de l'âge de dix à quinze ans dans les lieux que Bochica, le réformateur, avait parcourus et illustrés par ses miracles; puis, à l'expiration de la quinzième année, on le conduisait vers la colonne, espèce de gnomon destiné à mesurer les ombres solsticiales et le passage du soleil par le zénith. Les prêtres ou *xèques* suivaient la victime. Masqués comme les prêtres d'Égypte, ils représentaient, ceux-ci, *Bochica*, le dieu à trois têtes; ceux-là, *Chia*, la femme de Bochica; d'autres, *Famagota*, symbole du mal, avec un œil, quatre oreilles, et une longue queue. Quand cette procession allégorique était arrivée à la colonne, on y liait la victime, et à l'instant même une nuée de flèches venait la frapper. Son cœur, arraché aussitôt, était offert à Bochica, le *roi soleil*; puis son sang était recueilli dans des vases sacrés. »

Dans ce comput par cycles de quinze années, dans ce réformateur dont on fait le *roi soleil*, dans cet enfant élevé dans le temple jusqu'au jour où il servira de victime, il est difficile de ne pas reconnaître de l'analogie avec ce que nous allons voir plus loin dans les religions du Mexique : le cycle de treize ans, le réformateur roi et dieu au nom duquel s'exerce la vice-royauté temporelle, et le jeune garçon adoré comme un dieu vivant jusqu'au jour du sacrifice.

Blas Valera, cité par Garcilaso, dit en parlant des Antis : « Cette race d'hommes cruels et dénaturés est sortie du Mexique et a peuplé depuis toutes les contrées de Darien et de Panama, d'où elle a passé plus avant dans ces grandes montagnes qui d'un côté aboutissent à Sainte-Marthe et de l'autre au nouveau royaume de Grenade. » Clavijero a parlé d'une danse d'un caractère tout à fait original, et qu'il suppose n'exister que dans le Yucatan; et voilà qu'un voyageur moderne, M. Hippisley, vient de retrouver la même danse à Angostura, la ville principale du bas Orénoque, et qu'un autre célèbre voyageur, M. d'Orbigny, l'a retrouvée à Arequipa, dans le Pérou, et elle est en usage dans ces deux dernières contrées depuis un temps immémorial. C'est la danse des rubans ; elle s'exécute autour d'un mât de cocagne, au sommet duquel sont attachés autant de longs rubans qu'il y a de danseurs et de danseuses. Chacun d'eux tient le bout d'un ruban, et tous ces rubans s'enroulent en tresses variées selon le mouvement de la figure, jusqu'à ce que danseurs et danseuses, de plus en plus rapprochés du centre commun, finissent par se trouver réunis au pied du mât, dont ils s'éloignent alors en cadence pour recommencer les mêmes circonvolutions, tant que la musique ne s'arrête pas.

Encore plus loin au sud, on peut trouver d'autres traits d'analogie. Les Araucaniens, chez qui les Incas n'ont jamais pénétré, ont adoré, en compagnie d'idoles grossières, le soleil et la lune, et leurs sacrifices ressemblaient à ceux de la Nouvelle-Espagne. Ils ouvraient le milieu de l'estomac de la victime tout en vie pour retirer le cœur fumant, qu'ils tournaient vers le soleil en en faisant jaillir le sang. Garcilaso raconte quelque chose d'à peu près semblable des peuples du Pérou, avant l'ère des Incas. « Ils ouvraient, dit-il, la victime tout en vie par le milieu de l'estomac, d'où ils arrachaient le cœur et les poumons ; puis avec le sang encore chaud ils frottaient l'idole à laquelle le sacrifice s'adressait. » Nous ajouterons que les Mexicains paraissent avoir possédé, comme les Péruviens, l'art de construire en cordes et en claies d'osier ces ponts suspendus, dont on attribuait, selon Garcilaso, l'invention aux Incas.

Les Péruviens se plaisent à faire remonter l'origine de leur famille royale au delà de quatre siècles avant la conquête espagnole, c'est-à-dire vers l'an 1100. Mais si l'on considère que la dynastie des Incas ne se composa que de douze souverains régnants, qui se sont succédé par droit d'héritage et sans interrègne, et si l'on suppose que chaque règne ait duré vingt ans en moyenne, on ne trouvera, pour toute la domination de ces princes, qu'une période de deux cent quarante ans ; ce qui ne reporterait la fondation de l'empire qu'environ à l'an 1340.

M. Bradford, qui paraît ne pas s'être posé cette dernière objection, et qui accepte à la date du commencement du douzième siècle la fondation de l'empire péruvien, remarque la coïncidence de cette date avec celle de 1052, où le nom toltèque disparut de l'Anahuac comme nom de nation, à la suite d'une peste dévastatrice. « La tradition, dit-il, nous apprend que la masse la plus active de ce peuple émigra au sud-est dans le Guatemala; et l'on peut suivre ses traces plus loin, par l'existence de la langue mexicaine dans la contrée de Nicaragua. » Il est vrai qu'il s'arrête, sans oser tirer une conclusion positive.

Nous serons plus hardis; nous n'admettons le commencement de l'ère des Incas qu'à la date d'environ 1340, alors que l'Anahuac était le théâtre des guerres fréquentes que nécessitait l'agrandissement des Aztèques et des autres peuples venus du nord, et que des populations dépossédées durent s'écouler vers le sud. Bien des déplacements auront dû s'opérer, jusqu'à ce qu'un des peuples errants soit enfin arrivé jusqu'à la contrée de Cuzco, à travers les petits états aborigènes. Nous reprendrons cette question plus loin, lorsque nous en serons à traiter de la religion des Incas.

CHAPITRE CINQUIÈME.

Religions du Mexique et de l'Amérique centrale. — Calendrier Maya reconstruit par don Pio Perez, gouverneur d'un district du Yucatan.

Les peuples de l'Anahuac vivaient sous un régime féodal qui rappelle beaucoup celui de l'Europe au moyen âge, et qui dut être le résultat de la conquête. Dans les premiers temps de l'empire, la noblesse, comme corps politique, fut toute-puissante; elle était à la fois le pouvoir législatif et le collége électoral qui choisissait les rois. Il y avait au Mexique trente nobles de premier rang, dont chacun avait dans son territoire et sous sa dépendance environ cent mille citoyens, parmi lesquels on comptait trois cents nobles d'une classe inférieure. Chacun de ces chefs exerçait une juridiction territoriale complète; tous levaient des taxes sur leurs vassaux; tous suivaient l'étendard du monarque à la guerre; tous fournissaient un nombre d'hommes proportionné à l'étendue de leurs domaines. Même après les règnes de quelques guerriers heureux, le pouvoir royal ne parvint pas à se soustraire à l'exercice du droit d'élection par les nobles. Il est vrai que sur la fin ce droit n'est plus exercé que par quatre électeurs.

Tout homme de race aztèque naissait libre, lors même que sa mère était esclave. Le père ne pouvait aliéner la liberté d'un de ses enfants que dans le seul cas où, pauvre et incapable de travailler, il ne lui restait que cette ressource pour échapper à la faim. Le père qui exposait ses enfants perdait ses biens et sa liberté. Le pouvoir du chef de famille était très-étendu, et le fils, à quelque âge que ce fût, n'adressait jamais la parole à son père sans sa permission. Il embrassait presque toujours la profession paternelle. Les hommes libres cultivant pour eux-mêmes, étaient traités par les nobles comme des êtres d'une espèce inférieure.

Une portion considérable de peuple était tenue en servage. Ils ne pouvaient changer de résidence sans la permission du maître : c'étaient des instruments de culture attachés au sol et passant avec lui d'un possesseur à un autre. On pouvait même les échanger contre des bestiaux et les donner en payement, soit d'une terre, soit d'esclaves destinés au service particulier du seigneur.

Clavijero parle de trois sortes d'esclaves : les prisonniers de guerre, les hommes vendus, et les condamnés pour quelque crime. Les premiers étaient toujours réservés pour les sacrifices. Les seconds appartenaient généralement à la classe des enfants vendus par leur père.

A côté des fiefs nobles, des biens fonds appartenant aux temples, et inaliénables comme les terres de main-morte de nos clergés européens, à côté de la propriété privée des hommes libres, étaient les biens de communauté.

Dans chaque district, disent Herrera et Torquemada, on affectait au peuple une certaine quantité de terres, dans la proportion du nombre des familles. Ces terres étaient cultivées par toute la communauté. Leur produit se portait dans un magasin commun et se partageait entre les familles, selon leurs besoins respectifs. Ces terres portaient le nom d'*altepletlalli*. Aucun membre de cette espèce de communauté ne pouvait aliéner sa portion, dont la propriété demeurait indivisiblement affectée à l'entretien de sa famille.

La noblesse occupait tous les emplois publics et tous les grades de l'armée ; elle possédait des biens fonds transmissibles du père au fils, mais qui ne pouvaient jamais être aliénés à un plébéien. D'autres fiefs temporaires étaient conférés à certains de ses membres, comme distinctions personnelles ; d'autres encore étaient attachés à certaines fonctions du palais. Les nobles portaient des vêtements interdits au peuple. Leurs maisons se distinguaient par une construction particulière.

Chez ces peuples, qui eurent des arts, et qui surent travailler plusieurs métaux, on voit, comme partout sur notre continent, la supériorité de l'armure concourir à assurer la suprématie du noble. A côté du pauvre vassal qui marche presque nu au combat, se préparant à jeter sur la tête de l'ennemi un filet à grandes mailles, ou à lancer des pierres à l'aide d'une massue creuse ou d'une fronde, le noble se couvrait d'une cotte de mailles d'or ou de cuivre, ou tout au moins d'une espèce de cuirasse rembourrée de coton de trois centimètres d'épaisseur. Son casque de métal imitait la tête d'un aigle, d'un serpent, d'un crocodile ou d'un jaguar, selon que le noble appartenait à l'un des trois ordres militaires créés par le dernier Moctezuma : l'ordre des jaguars, celui des aigles et celui des princes, le premier de tous. Sa pique, de plus de cinq mètres, se terminait par une pointe de cuivre ou d'obsidienne; sa main gauche, abritée par son bouclier d'osier, tenait un dard non moins redoutable, qu'après l'avoir lancé il ramenait à lui à l'aide d'un long cordon; à sa ceinture pendait une longue et large épée de bois, garnie de morceaux d'obsidienne parfaitement affilés. Le Mexique avait une institution assez semblable à celle de notre chevalerie : le titre de *teuctli* était une distinction que tout noble s'empressait de mériter. Pour l'obtenir, il fallait avoir fait ses preuves sur les champs de bataille, et avoir atteint un certain âge. Le candidat devait se soumettre à de longues pénitences, à des jeûnes rigoureux, à une entière continence, se tirer du sang tous les jours, endurer les remontrances, en un mot, supporter tout ce qui peut arriver dans la mauvaise fortune. Lorsqu'il avait épuisé toutes les épreuves, et qu'il était jugé vraiment digne, il venait, au milieu d'une cérémonie religieuse, recevoir des mains d'un prêtre le titre qu'il avait mérité. Les cérémonies pratiquées à la réception d'un teuctli variaient dans les diverses provinces; mais partout on remarque l'intervention du prêtre, qui rappelle au récipiendaire les devoirs que ce dernier s'engage à remplir en qualité de bon teuctli. Probablement il faut voir dans cette institution l'influence des prêtres s'associant à la pensée du pouvoir royal pour discipliner l'aristocratie de naissance, et lui substituer peu à peu une aristocratie de choix. L'histoire du Mexique nous montre ses derniers souverains, et surtout le second Moctezuma, qui fut à la fois souverain et grand prêtre, se servant des prêtres comme d'un instrument pour faire taire les prétentions des familles nobles. L'institution des teuctli aura été le premier pas vers celle des trois ordres militaires, destinés à produire le même effet qu'a produit contre l'aristocratie russe l'établissement des grades. Ce qui prouverait qu'au Mexique le but aurait été surtout de discréditer la vieille noblesse, en élargissant son cadre pour en introduire une nouvelle, c'est que le titre de teuctli s'accordait également au candidat qui pouvait justifier d'une grande fortune : un simple marchand non noble pouvait y prétendre. Cet usage, qui s'établit d'abord à Cholula, finit par prévaloir à Mexico et à Tlascala. Les rois saisissaient cette facilité d'encourager, aux dépens de l'orgueil de caste, le commerce, si difficile dans un empire où il ne pouvait se faire que par caravanes et à dos d'homme. Il est vrai que le marchand chef de caravane ne pouvait être qu'un homme disposant d'un grand capital et de nombreux esclaves.

« Le cacique nouvellement élu, dit l'auteur de l'*Histoire de la conquête*, se trouvait obligé de sortir en campagne à la tête des troupes, et de remporter quelque victoire, ou de conquérir quelque province sur les ennemis de l'empire, ou sur les rebelles, avant que d'être couronné et de monter sur le trône. Aussitôt que le mérite de ses exploits l'avait fait paraître digne de régner, il revenait triomphant à la ville capitale. Les nobles, les sacrificateurs l'accompagnaient jusqu'au temple du dieu de la guerre, où il descendait de sa litière, et après les sacrifices, les princes électeurs le revêtaient de l'habit et du manteau impérial. Ils lui mettaient en main le glaive de bois garni de cailloux tranchants, qui était le symbole de la justice;

il recevait de la main gauche un arc et des flèches, qui désignaient le souverain commandement sur les guerriers ; et enfin le roi de Tezcuco lui plaçait la couronne sur la tête, ce qui était la fonction privilégiée du premier électeur. Un des principaux magistrats faisait un long discours, destiné à congratuler le souverain au nom de la nation ; il y mêlait quelques instructions, dans lesquelles il représentait les soins et les obligations que la couronne impose, l'attention qu'il devait avoir au bien et à l'avantage de ses peuples, etc. »

Le grand prêtre sacrait ensuite le nouveau monarque, c'est-à-dire qu'il l'oignait d'une liqueur épaisse et noire comme de l'encre, dont la composition est restée un mystère pour les Européens. Il l'aspergeait quatre fois avec l'eau consacrée ; il lui mettait sur la tête un capuchon sur lequel étaient peints des os et des têtes de morts, et sur le corps un vêtement noir, et par-dessus un autre de couleur bleue, parsemé des mêmes emblèmes que le capuchon. On environnait le nouveau monarque de certaines drogues, dont la vertu devait le garantir des maladies et des sortilèges ; après quoi, il offrait de l'encens à Huitzilopochtli, et le grand prêtre lui faisait jurer : qu'il maintiendrait la religion de ses ancêtres, qu'il observerait les lois et les coutumes de l'empire, et qu'il traiterait ses sujets avec douceur et bonté. Il jurait encore : que tant qu'il régnerait le soleil donnerait sa lumière, les pluies tomberaient à propos ; que les rivières ne feraient point de ravages par leurs débordements ; que les campagnes ne seraient point affligées par la stérilité, ni les hommes par les malignes influences du soleil.

Le clergé mexicain, nous apprennent les écrivains espagnols, comptait deux chefs : l'un portait le titre de seigneur spirituel, et l'autre de grand prêtre. Peut-être il faut voir là une trace de la fusion des religions et de deux clergés : le clergé des vaincus et le clergé de la nation conquérante. Le seigneur spirituel résidait probablement à Cholula, qui était la ville sainte, la Jérusalem, la Mecque des vieilles nations de l'Anahuac. Là se conservait, assurait-on, la tradition des enseignements du mystérieux Quetzalcoatl, dont nous aurons bientôt à parler, enseignements qui furent communs à toutes ces petites nations conquises; là d'innombrables pèlerins continuaient à affluer; c'était là qu'on venait soumettre aux théologiens les questions qui intéressaient la doctrine et la discipline. Le grand prêtre, qui peut-être n'était autre que le prêtre du dieu Huitzilopochtli, le dieu de la petite émigration des Aztèques, représentait à Mexico le chef du clergé des vainqueurs, et devait jouer le rôle vraiment actif. Quelques écrivains disent que la prêtrise de ce dieu des vainqueurs fut héréditaire. La prêtrise des autres dieux était élective. Le chef spirituel était élu (selon que le souverain, que nous avons vu être électif, parvenait à accaparer plus ou moins de pouvoir réel) soit par le corps des prêtres, soit par les délégués du souverain.

Le clergé, n'étant point héréditaire, ne formait point une caste comme les prêtres de l'Inde. Quelques prêtres étaient mariés; mais le plus grand nombre devait se soumettre au célibat le plus austère. Le clergé formait donc, sinon une caste, du moins une corporation, probablement hiérarchique, où se conservait facilement un esprit et des intérêts traditionnels. Cependant, à la différence de nos corporations ecclésiastiques d'Europe, la prêtrise n'était pas toujours à vie; ce n'était souvent qu'un acte temporaire de dévotion; il n'était pas rare qu'on la quittât pour une autre profession. A ce dernier trait, on reconnaît un clergé qui, pour le pouvoir temporel, est plus habituellement dominé que dominateur, et subit la nécessité de céder à la volonté du chef politique. Quel clergé dominateur laisserait rentrer dans la vie privée un homme qu'il a marqué de son sceau, qu'il peut réclamer comme sien, qui se trouve initié à quelqu'un des secrets de la corporation?

En revanche, le pouvoir spirituel de ce clergé, demeuré en possession de lire la volonté des dieux dans les phénomènes célestes et dans d'autres signes, d'annoncer quand les dieux avaient besoin de sacrifices et de désigner les victimes, de rendre les oracles, d'élever la jeunesse, de conserver le dépôt des connaissances astronomiques, ce pouvoir spirituel, disons-nous, était immense, et assurait une grande part d'influence dans les affaires publiques à ceux qui en étaient revêtus. Si l'on doit juger par le nombre des temples, autels et idoles, nulle population ne fut plus religieuse que la population mexicaine. Zumarraga affirme que les seuls franciscains détruisirent, dans l'espace de huit ans, vingt-deux mille temples ou chapelles. Torquemada évalue à plus de quarante mille les temples et chapelles de l'empire. On porte à deux mille ceux de la capitale seulement. Chacun de ces monticules portait un feu que l'on entretenait continuellement; la ville entière se trouvait éclairée la nuit comme d'une brillante illumination. Le nombre des prêtres devait être en proportion. Clavijero le fait monter à un million. Cinq mille desservaient le grand temple de Mexico, lequel était, comme tous les temples, comme tous les couvents du pays, riche en propriétés foncières, et en esclaves ou serfs pour les cultiver. Aussi l'état ecclésiastique était-il ambitionné comme un moyen de fortune. Beaucoup de nobles, qui voulaient plaire au souverain, y consacraient leurs enfants dès le plus bas âge.

Pour donner une idée du degré de culture intellectuelle où devaient être parvenus les clergés de ces peuples de l'Amérique centrale, nous commencerons par parler du calendrier qu'ils avaient composé. Aucune des vieilles nations de notre continent n'en a possédé un dont la combinaison soit aussi ingénieuse. De tous les écrivains modernes qui ont traité le sujet à fond, M. Pio Perez, ce gouverneur du district de Peto à qui nous devons la découverte du manuscrit en langue maya, vient de donner l'explication qui nous semble la plus satisfaisante, dans un mémoire que M. Stephens a publié à la suite de son dernier ouvrage (New-York, 1841). Ce calendrier maya, sauf l'époque choisie pour l'ouverture de l'année, a une analogie complète avec le calendrier aztèque. Voici la traduction de ce mémoire si remarquable et si plein d'intérêt.

La période de treize ans paraît avoir été chez ces peuples la première combinaison chronologique. Le nombre treize devint pour eux le nombre sacré. Ils subordonnèrent à cette pensée tous leurs calculs de la division du temps, et disposèrent leur calendrier de façon à ce que les jours, les ans, les indictions et les cycles se comptassent par séries de treize.

Il est très-probable que leur première manière de calculer aura été de compter l'année solaire par lunaisons, et chaque lunaison par vingt-six jours; la lunaison aura été divisée, d'après leur principe, en deux séries de treize jours, qui auront représenté la semaine, en comptant la première à partir de la nouvelle lune jusqu'à son plein, et la seconde, de la pleine lune jusqu'à son déclin.

Bientôt, et sans qu'il fût besoin de beaucoup d'observations, ils auront reconnu combien leur année était défectueuse, et ils en auront trouvé la raison qui était : que deux séries de treize jours, ou vingt-six jours, sont loin de faire une lunaison complète, et que les révolutions solaires ne coïncident qu'à de longs intervalles avec celles de la lune. A force de rectifier leurs calculs et leurs dates, ils finirent par mettre leur calendrier d'accord avec la marche de l'astre principal, sans renoncer cependant à leur série de treize jours, qu'ils ne songèrent plus à faire correspondre avec les lunaisons, mais dont ils se servirent comme de semaine.

Il ne faut pas s'imaginer que cette semaine ressemblât à la nôtre, c'est-à-dire fût la révolution d'une série de jours dont chacun a un nom particulier; c'était simplement la révolution ou la répétition successive des chiffres 1, 2, 3, jusqu'à 13, comptés dans les vingt jours dont se composait le mois. L'année étant composée de vingt-huit semaines et d'un jour, ou chiffre additionnel, la série d'années, en raison de cet excédant, suivait la progression arithmétique ; de sorte que, si une année commençait par le chiffre 1, l'année suivante commençait par le chiffre 2, et ainsi de suite jusqu'au chiffre 13 : les treize années formaient alors une indiction, ou semaine d'années, comme nous l'expliquerons plus loin.

Dans la langue du Yucatan, *u* signifie mois, et peut se traduire aussi par lune (ce qui confirmerait la présomption que les Indiens ont compté l'année solaire par lunaisons, faisant de chaque lunaison un mois). Dans quelques manuscrits cependant on trouve le mot *uinal* au singulier, et *uinalob* au pluriel, appliqué aux *dix-huit* mois dont se compose l'année, terme qui s'applique également aux séries et à chacun des noms particuliers assignés aux vingt jours dont se compose le mois.

Le jour se disait *kin*, mot qui signifie aussi le soleil. Voici les noms des vingt jours dont se composait le mois. Nous les disposons par colonnes de cinq, pour mieux faire comprendre ce qui nous reste à dire.

1er.	2e.	3e.	4e.
Kan.	Muluc.	Gix (hix).	Cauac.
Chicchan.	Oc.	Men.	Ajau (ahau).
Quimi (cimi).	Chuen.	Quib (cib).	Ymix.
Manik.	Eb.	Caban.	Yk.
Lamat.	Been.	Edznab.	Akbal.

Remarquez soigneusement les quatre noms initiaux de ces colonnes : *kan, muluc, gix* et *cauac*.

Comme le nombre de noms correspondait au nombre des jours du mois, il s'ensuivait que le nom du jour par lequel l'année avait commencé étant donné, le nom du premier jour de tous les mois, dans leur ordre successif, était également connu, et on les distinguait l'un de l'autre uniquement en ajoutant le chiffre de la semaine à laquelle ils répondaient respectivement. Mais la semaine ne se composant que de treize jours, le mois se composait nécessairement d'une semaine plus sept jours; de sorte que, si le mois commençait avec le chiffre 1 de la semaine, il finissait avec le chiffre 7 de la semaine suivante.

C'était, comme on voit, précisément le contraire de notre calendrier, où le jour de la semaine se désigne par un nom, et le jour du mois par un quantième; chez ces peuples, le jour de la semaine se désignait par un quantième, et le jour du mois par un nom.

En sorte que, pour savoir quel quantième de la semaine correspondait au premier jour de chaque mois, il suffisait de savoir par quel quantième de la semaine l'année avait commencé, et d'ajouter, au chiffre de ce quantième, successivement le nombre sept, en ayant soin de retrancher treize lorsque le total dépassait treize. Voici, par exemple, la série des quantièmes correspondants aux premiers jours des dix-huit mois de l'année :

1. 8. 2 (15-13). 9. 3 (16-13). 10. 4. 11. 5. 12. 6. 13. 7. 1. 8. 2. 9. 3.

On a supposé que l'année ait commencé par le premier quantième de la semaine. On prendra généralement pour premier chiffre de la série le quantième de la semaine par lequel l'année aura commencé.

Même encore aujourd'hui, les Indiens appellent l'année *jaab* ou *haah*; et à l'époque de leur ancien culte, ils la faisaient commencer à notre 16 juillet. Ils avaient choisi le moment où le soleil se trouve au zénith de la péninsule du Yucatan, dans sa route vers les régions du sud; et c'est un fait à noter que, tout à fait dépourvus d'instruments pour leurs observations astronomiques, et ne les faisant qu'à l'œil nu, ils n'ont cependant erré dans leur calcul que d'une avance de quarante-huit heures. Cette faible différence prouve combien de soins ils devaient apporter pour déterminer le jour précis où l'astre passe au point culminant de notre sphère, et que probablement ils auront su se servir du gnomon dans les jours les plus mauvais de la saison pluvieuse.

L'année se divisait en dix-huit mois, comme il suit :

1er Pop, commençant à notre 16 juillet.
2e Uòò, commençant à notre 5 août.
3e Zip, commençant à notre 25 août.
4e Zodz, commençant à notre 14 septembre.
5e Zeec, commençant à notre 4 octobre.
6e Xul, commençant à notre 24 octobre.
7e Dze-yaxkin, commençant à notre 13 novembre.
8e Mol, commençant à notre 3 décembre.
9e Dchen, commençant à notre 23 décembre.
10e Yaax, commençant à notre 12 janvier.
11e Zac, commençant à notre 1er février.
12e Quej, commençant à notre 21 février.
13e Mac, commençant à notre 13 mars.
14e Kankin, commençant à notre 2 avril.
15e Moan, commençant à notre 22 avril.
16e Pax, commençant à notre 12 mai.
17e Kayab, commençant à notre 1er juin.
18e Cumku, commençant à notre 21 juin.

Ces dix-huit mois de vingt jours ne donnant qu'un total de trois cent soixante jours, et la révolution solaire se composant de trois cent soixante-cinq jours, on ajoutait à la fin de l'année cinq jours complémentaires, qui ne faisaient partie d'aucun mois, et que l'on appelait *jours non comptés*. On les appelait aussi *uayab* ou *uayeb jaab*; ce qui offre deux sens : le mot *uayab* peut être dérivé de *uay*, qui signifie lit ou chambre, d'où l'on pourrait croire que les Indiens regardaient alors l'année comme prenant du repos pendant ces cinq jours; le même mot peut être aussi dérivé de *uag*, qui signifie détruit, blessé, rongé par le suc caustique de quelque plante, ou toute autre liqueur corrosive, sens qui s'accorderait fort bien avec l'opinion des Indiens, que ces jours étaient mauvais, et apportaient la mort subite, les fléaux et des calamités de toute sorte.

Aussi, les consacrait-on à célébrer la fête du dieu *Mam* ou *grand-père* : le premier jour, on l'allait chercher, et on le promenait en procession et en grande pompe; le second jour, la solennité se renouvelait, mais un peu moins brillante; le troisième jour, on le descendait de l'autel pour le placer au milieu du temple; le quatrième jour, on l'avançait jusque sur le seuil, et le cinquième ou dernier jour, on lui donnait son congé en cérémonie. Dans la nuit suivante, s'ouvrait l'année par le premier jour du mois *pop*, qui correspond, comme nous l'avons dit, à notre 16 juillet. Cogolludo a donné une description très-détaillée du dieu *Mam*.

La division de l'année en dix-huit mois de vingt jours n'aurait donné qu'un total de trois cent soixante jours; et le premier jour de l'année tombant, par exemple, sur le jour qui dans le mois a nom *kan*, le dernier jour de l'année serait tombé sur *akbal*, de façon que l'année suivante recommençant par le même jour *kan*, toutes les années auraient été semblables. Mais comme de l'addition des jours complémentaires il résultait que l'année commencée en *kan* finissait en *lamat* (le dernier de notre première colonne de cinq jours), l'année suivante commençait en *muluc* (le premier de notre seconde colonne); la troisième année commençait en *gix* (le premier de notre troisième colonne), et la quatrième année en *cauac* (le premier de la quatrième de nos colonnes), de façon que la cinquième année commençait de nouveau en *kan*. Qu'on se rappelle aussi que l'année se composait de vingt-huit semaines, dont chacune avait treize quantièmes, et qu'après les vingt-huit semaines on ajoutait un jour et un quantième additionnels, en sorte que si l'année commençait par le quantième 1 de la semaine, elle finissait par le même quantième, et l'année suivante commençait par le quantième 2, et ainsi de suite jusqu'à ce que le nombre des années eût épuisé la série des treize quantièmes de la semaine. On avait alors une semaine d'années. La série de ces treize années ayant épuisé trois fois la série des quatre noms *kan, muluc, gix, cauac*, plus une treizième année marquée du nom *kan*, il s'ensuivait que la semaine d'années qui s'ouvrait commençait par le nom *muluc*; on en avait fini avec l'indiction *kan*, et l'on entrait dans l'indiction *muluc*, à laquelle succédait au bout de treize ans l'indiction *gix*, et ensuite l'indiction *cauac*.

Lorsqu'ils reconnurent qu'aux trois cent soixante-cinq jours de l'année il fallait ajouter environ six heures, comment ces peuples s'y sont-ils pris pour rétablir, au bout d'un certain temps, la concordance entre leur calendrier et la révolution solaire, sans déranger leurs combinaisons ingénieuses? Ici nous aurons recours à ce qui a été dit du calendrier mexicain, qui a la plus grande analogie avec celui du Yucatan.

Veytia, dans son *Histoire de l'ancien Mexique*, suppose qu'au bout des dix-huit mois, ou à la suite des cinq jours complémentaires, on intercalait tous les quatre ans un jour, et que sur ce jour on bissait le nom du jour précédent, tout en ajoutant une unité au quantième de la semaine. Mais alors il y aurait eu perturbation de l'ordre numérique, dans lequel les années devaient se suivre pour former la semaine d'années, puisque la cinquième année eût porté pour chiffre indicateur le chiffre 6 au lieu de son chiffre 5. La série régulière des années, de 4 à 6, eût été interrompue. Cette interruption, répétée tous les quatre ans, eût rendu impossible cette harmonie continue (sur laquelle repose tout le système du comput indien) entre les quantièmes de la semaine, qui servent à donner le chiffre de l'année qui finit et de celle qui s'ouvre, et l'indiction donnée par le roulement régulier des quatre noms initiaux.

Pour parer à cet inconvénient, il faudrait supposer que, sur ce jour ainsi intercalé, soit au bout des dix-huit mois, soit à la fin des cinq jours complémentaires, non-seulement on bissait le nom du jour précédent, mais encore on bissait le chiffre du quantième, et qu'on prenait quelque précaution particulière pour ne point confondre ce jour avec un autre, lorsqu'il s'agissait d'établir une date.

Boturini a le premier émis l'opinion : que les Indiens négligeaient d'intercaler un jour tous les quatre ans, pour intercaler à la fois une semaine de jours, ou treize jours, à l'expiration d'un cycle de cinquante-deux ans. Ce moyen n'aurait point eu l'inconvénient de déranger le comput dans l'ordre numérique des années, mais il l'eût troublé dans la série des quatre noms initiaux, qui servent à donner l'indiction. On verra, en effet, dans la table d'indiction que nous allons donner, que chaque cycle se compose de quatre semaines d'années, dans chacune desquelles se reproduit le roulement régulier et jamais interrompu des mêmes quatre noms initiaux, chaque semaine d'années commençant avec le quantième 1 et finissant avec le quantième 13. En conséquence, si à la fin de chaque cycle on avait ajouté une semaine de jours, le premier jour de l'année suivante aurait été le quatorzième dans la série des vingt jours du mois (au lieu d'être le premier, sixième, onzième ou seizième). Il aurait fallu renoncer à la série régulière de quatre jours initiaux toujours les mêmes, et leur en substituer d'autres, changement qu'il aurait fallu opérer de nouveau à chaque nouveau cycle.

Les Indiens dessinaient une petite roue, dans laquelle ils plaçaient les signes hiéroglyphiques des quatre jours initiaux : *kan*, à l'est; *muluc*, au nord ; *gix*, à l'ouest, et *cauac* au sud, pour les compter dans cet ordre. Quelques écrivains ont prétendu qu'il suffisait d'un tour et un quart de tour de la roue, c'est-à-dire de quatre années, plus une cinquième commencée de nouveau par *kan*, pour faire un *katun* : le *katun* eût alors répondu à notre lustre. D'autres ont dit qu'il fallait quatre tours de roue plus un quart de tour, ce qui signifierait treize années. D'autres enfin, et nous nous rangerons à cette opinion, composent le *katun* de quatre semaines d'années ou indictions complètes. Outre la petite roue, ils en avaient une grande qu'ils appelaient *buk-xoc*, dans laquelle ils plaçaient trois séries des quatre signes de la petite roue, ce qui faisait douze signes. On commençait à compter par le premier *kan*, et l'on continuait à les marquer tous, jusqu'à ce qu'on eût nommé quatre fois ce même signe *kan*, ce qui faisait alors treize années et complétait une indiction ou semaine d'années. On recommençait à compter par *muluc*, que l'on nommait de même quatre fois; ce qui formait l'indiction suivante; et ainsi de suite pour *gix* et *cauac*; on avait alors un *katun*.

Ces détails sont passablement arides, et le sujet exige quelque attention; peut-être nous saura-t-on gré de nous résumer d'une manière succincte.

1° Le *katun* est le cycle de cinquante-deux ans.

2° Il se compose de quatre semaines d'années ou indictions, dont chacune compte treize années.

3° La semaine se compose de treize jours, désignés par un quantième, et le mois de vingt jours, dont chacun porte un nom et a son signe hiéroglyphique. Ainsi, par son quantième, le jour se rattache à la semaine; par son nom, il appartient au mois.

4° L'année se compose de vingt-huit semaines plus un jour. Grâce à cet excédant d'un jour, les années se succèdent dans un ordre corrélatif, à partir du chiffre 1 jusqu'à 13, pour former la semaine d'années ou indiction. Ce chiffre est toujours celui du quantième du jour par lequel l'année a commencé. Ainsi l'année qui a commencé par le quantième 1 finit par ce même quantième et est marquée du chiffre 1; l'année qui s'ouvre commence par le quantième 2 et est marquée du chiffre 2.

5° L'année compte dix-huit mois; et le mois n'étant que de vingt jours, dont chacun a un nom, on a ajouté cinq jours complémentaires qui n'appartiennent à aucun mois, mais pendant lesquels la série des noms des jours n'est pas interrompue. Le résultat de cette combinaison est que l'année commence nécessairement et tour à tour par l'un des quatre noms, qui sont toujours les mêmes et se représentent dans le même ordre. Ce sont : *kan, muluc, gix, cauac*, que nous avons qualifiés noms initiaux.

6° La semaine d'années se composant de treize années, le même nom initial qui a marqué le premier jour de la première année, marque le premier jour de la cinquième, de la neuvième et de la treizième. Il donne le nom de l'indiction. La semaine d'années qui succède s'ouvre par le second nom, etc. Dans le cours de quatre fois treize années, ou cinquante-deux années, c'est-à-dire un *katun*, les quatre noms initiaux ont chacun à leur tour donné le nom à quatre indictions ou semaines d'années.

Voici l'ordre dans lequel se succéderaient les cinquante-deux années d'un *katun*, divisé en quatre indictions ou semaines d'années. Comme par une heureuse coïncidence notre année 1841 correspond à l'ouverture d'un cycle indien, nous l'avons choisie pour point de départ.

1re INDICTION.		2e INDICTION.		3e INDICTION.		4e INDICTION.	
1841.	1. *Kan.*	1854.	1. *Muluc.*	1867.	1. *Gix.*	1880.	1. *Cauac.*
1842.	2. Muluc.	1855.	2. Gix.	1868.	2. Cauac.	1881.	2. Kan.
1843.	3. Gix.	1856.	3. Cauac.	1869.	3. Kan.	1882.	3. Gix.
1844.	4. Cauac.	1857.	4. Kan.	1870.	4. Muluc.	1883.	4. Muluc.
1845.	5. *Kan.*	1858.	5. *Muluc.*	1871.	5. *Gix.*	1884.	5. *Cauac.*
1846.	6. Muluc.	1859.	6. Gix.	1872.	6. Cauac.	1885.	6. Kan.
1847.	7. Gix.	1860.	7. Cauac.	1873.	7. Kan.	1886.	7. Muluc.
1848.	8. Cauac.	1861.	8. Kan.	1874.	8. Muluc.	1887.	8. Gix.
1849.	9. *Kan.*	1862.	9. *Muluc.*	1875.	9. *Gix.*	1888.	9. *Cauac.*
1850.	10. Muluc.	1863.	10. Gix.	1876.	10. Cauac.	1889.	10. Kan.
1851.	11. Gix.	1864.	11. Cauac.	1877.	11. Kan.	1890.	11. Muluc.
1852.	12. Cauac.	1865.	12. Kan.	1878.	12. Muluc.	1891.	12. Gix.
1853.	13. *Kan.*	1866.	13. *Muluc.*	1879.	13. *Gix.*	1892.	13. *Cauac.*

L'expiration d'un *katun* était le signal de grandes fêtes, et l'on élevait un monument sur lequel on plaçait une grande pierre qui avait la forme d'une *croix*, ainsi que l'indique le mot *kat-tun*. On peut remarquer que, dans toute la durée d'un cycle, il n'arrive pas que le même nom initial tombe deux fois sur le même chiffre, de sorte qu'il suffisait de citer le nom initial de l'année pour indiquer à quelle année du cycle on était parvenu. La roue ou le tableau qui portait gravés les signes hiéroglyphiques de ces noms aidait à cela.

Outre le cycle de cinquante-deux ans ou *katun*, les peuples du Yucatan avaient un autre cycle d'une durée beaucoup plus grande, qui leur servait pour classer les dates de leurs époques principales et des grands événements de leur histoire. Il se composait de treize périodes de vingt-quatre années chacune, ce qui donnait un total de *trois cent douze* années. Chaque période ou *ajau-katun* se subdivisait en parties inégales : la première, de vingt années, que l'on rangeait dans un tableau carré, circonstance d'après laquelle cette première partie était appelée *amaytum*, *lamaythe* ou *lamaytum*. L'autre partie ne comptait que quatre années, et était appelée *chek oc katun* ou *lath oc katun*, ce qui signifie base ou piédestal du *katun*. On considérait ces quatre années comme des années intercalaires ; de là on les croyait des années de calamité, et on les qualifiait *uyaeb jaab*, qualification analogue à celle qu'on avait donnée aux jours complémentaires de l'année.

Cette distinction entre les vingt premières années et les quatre dernières a donné à croire que les *ajau* ne se composaient que de vingt années seulement, erreur dans laquelle sont tombés tous les écrivains qui ont traité ce sujet. S'ils avaient compté les années dont se compose une période, et noté la déclaration positive des manuscrits, que les *ajau* se composaient de vingt-quatre années divisées ainsi que nous venons le dire, ils n'auraient pas égaré leurs lecteurs sur ce point.

Il est constant que ces périodes, époques ou âges, recevaient le nom d'*ajau-katun*, parce qu'on commençait à les compter du jour *ajau*, qui se trouve le second jour des années qui commencent en *cauac*. Mais comme ces jours et quantièmes étaient pris d'années qui avaient accompli leur cours, les périodes de vingt-quatre années n'avaient point un ordre arithmétique, mais se succédaient ainsi : 13, 11, 9, 7, 5, 3, 1, 12, 10, 8, 6, 4, 2. L'usage des Indiens d'établir le chiffre 13 en tête de la série, indiquerait probablement que cette année avait été signalée par un événement remarquable. Une circonstance viendrait à l'appui de cette opinion. Lorsque les Espagnols arrivèrent dans la péninsule, les Indiens reconnaissaient le chiffre 8 comme le premier ; c'était la date de l'établissement de leurs ancêtres ; un savant indien proposa d'abandonner cet ordre et de commencer à compter du chiffre 11, par la seule raison qu'il était celui de l'année de la conquête. Maintenant, si le 13 ajau-katun commence sur un second jour de l'année, ce doit être de cette année qui commence sur 12 *cauac*, et qui est la douzième de la première indiction. (Voyez le tableau ci-dessus des indictions.) Le 11 *ajau* commencera à l'année 11 *cauac*, qui vient après une période de vingt-quatre ans, et ainsi de suite. Remarquons qu'après ce laps d'années nous venons au chiffre respectif marqué dans la série des *ajau* qui est placé le premier ; ce qui prouve que les *ajau* se composaient de vingt-quatre et non pas de vingt années seulement, comme l'ont pensé quelques-uns.

Voici la série d'années pour deux *ajau-katun*, à partir de l'année de l'ère chrétienne 1488, où le 13 ajau commence sur le second jour de l'année, 12 cauac, la douzième de la première indiction.

ANNÉES DU CHRIST.	13 AJAU.	ANNÉES DU CHRIST.	13 AJAU.		ANNÉES DU CHRIST.	11 AJAU.	ANNÉES DU CHRIST.	11 AJAU.	
1488	12 Cauac.	1500	11 Cauac.		1512	10 Cauac.	1524	9 Cauac.	
1489	13 Kan.	1501	12 Kan.		1513	11 Kan.	1525	10 Kan.	
1490	1 Muluc.	1502	13 Muluc.		1514	12 Muluc.	1526	11 Muluc.	
1491	2 Gix.	1503	1 Gix.	LAMAYTUN.	1515	13 Gix.	1527	12 Gix.	LAMAYTUN.
1492	3 Cauac.	1504	2 Cauac.		1516	1 Cauac.	1528	13 Cauac.	
1493	4 Kan.	1505	3 Kan.		1517	2 Kan.	1529	1 Kan.	
1494	5 Muluc.	1506	4 Muluc.		1518	3 Muluc.	1530	2 Muluc.	
1495	6 Gix.	1507	5 Gix.		1519	4 Gix.	1531	3 Gix.	
1496	7 Cauac.	1508	6 Cauac.		1520	5 Cauac.	1532	4 Cauac.	
1497	8 Kan.	1509	7 Kan.	Base du Katun.	1521	6 Kan.	1533	5 Kan.	Base du Katun.
1498	9 Muluc.	1510	8 Muluc.		1522	7 Muluc.	1534	6 Muluc.	
1499	10 Gix.	1511	2 Gix.		1523	8 Gix.	1535	7 Gix.	

Le point fondamental de départ pour adapter les ajau aux années de l'ère chrétienne, pour calculer les périodes ou cycles accomplis, et pour établir la concordance entre les dates historiques des Indiens et nos dates européennes, est l'année 1392. D'après tous les documents, confirmés par le témoignage de don Cosme de Burgos, un des hommes de la conquête (et qui a consigné ses observations dans un manuscrit malheureusement perdu), sur cette année de notre ère tombait l'année 7 *cauac*, au second jour de laquelle s'ouvrait le 8 ajau.

A partir de là, toutes les années qui précèdent ou qui suivent se rapportent aux tables que nous venons de donner, et la concordance parfaite avec toutes les séries est la plus forte preuve que notre explication du calendrier est la seule exacte.

« A la fin de chaque ajau ou période de vingt-quatre années, dit un manuscrit, on célébrait de grandes fêtes en l'honneur du dieu, et on conjurait une image du dieu avec une inscription en signes hiéroglyphiques. »

L'usage de ce cycle était d'une grande utilité et importance. Ainsi, par exemple, alors que le 8 ajau se rapportait à quelque événement historique qu'il était nécessaire de distinguer des autres, le 8 *ajau* était établi comme une date distincte, et il était entendu que les trois cent douze années étaient accomplies qui forment le katun entier, avant de revenir au même chiffre. La chose était plus claire, si l'écrivain expliquait qu'il s'était écoulé un *uudz-katun*, ce qui est la somme totale des treize katun du grand cycle. Les dates s'énonçaient avec plus ou moins de précision. Souvent on se contentait d'indiquer le commencement, le milieu ou la fin de tel *ajau*; d'autres fois on disait combien d'années du katun s'étaient écoulées, sans mentionner le mois ou le jour; parfois on précisait minutieusement l'année, le mois et le jour. On en voit un exemple dans le manuscrit indien que nous avons donné, relatif à l'histoire du Yucatan, au passage où il est question de la mort d'un certain personnage, probablement très-notable, *Ajpula*. Il est dit qu'il mourut dans l'année 6 du 13 ajau, lorsque le premier jour de l'année était 4 *kan*, au point oriental de la roue, dans le jour de 9 *ymix*, le dix-huitième du mois *zip*. Cette date, ainsi exactement précisée, va nous servir d'exemple pour démontrer comment peut s'établir sa concordance avec la date correspondante de notre ère.

Consultant le tableau ci-dessus des années pour le 13 ajau, nous verrons que l'année 12 *cauac* tombe dans notre année chrétienne 1488; sur le second jour de cette année indienne, s'est ouvert le 13 ajau. Notre année 1493 correspondra à la sixième dudit ajau; le premier jour de cette année est un 4 *kan*, qui sert de désignation à l'année.

Passons au 18ᵉ jour du mois *zip*. « Comme ce mois commence au 25 de notre mois d'août, le 18ᵉ jour correspondra à notre 11 septembre. Cherchons maintenant si ce jour tombe en effet sur le quantième 9 de la semaine, s'il est un 9 *ymix*. Le premier mois de cette année commençait avec 4 *kan*, puisque l'année porte la désignation 4 *kan*. Rappelons-nous la règle que nous avons posée en traitant des mois : « Pour trouver

RELIGIONS DE L'OCÉANIE ET DE L'AMÉRIQUE.   243

quel quantième de la semaine correspond au premier jour de chaque mois, il suffit de savoir par quel quantième de la semaine l'année a commencé, et d'ajouter au chiffre de ce quantième successivement le nombre sept, en ayant soin de retrancher treize, lorsque le total dépasse treize. »

Le quantième de la semaine correspondant au jour par lequel s'est ouvert le premier mois étant, dans le cas présent, le chiffre 4, on aura pour le quantième correspondant au jour par lequel s'est ouvert le deuxième mois $4 + 7 = 11$; et pour quantième correspondant au jour par lequel s'est ouvert le troisième mois, qui est le mois *zip*, $11 + 7 - 13 = 5$.

Le mois *zip* a donc commencé, dans cette année 4 *kan*, par un 5 *kan*, et les jours du mois se sont suivis ainsi, en correspondant aux jours indiqués de nos mois d'août et septembre.

QUANTIÈME de la semaine.	NOMS DES JOURS des mois indiens.	AOUT.	QUANTIÈME de la semaine.	NOMS DES JOURS des mois indiens.	SEPTEMBRE.	QUANTIÈME de la semaine.	NOMS DES JOURS des mois indiens.	SEPTEMBRE.
5	Kan.....	25	12	Chuen...	1er	6	Edznab..	8
6	Chicchan.	26	13	Eb......	2	7	Cauac...	9
7	Quimi...	27	1	Ben.....	3	8	Ajau....	10
8	Manik...	28	2	Gix.....	4	9	Ymix....	11
9	Lamak...	29	3	Men.....	5			
10	Muluc...	30	4	Quin....	6			
11	Oc......	31	5	Caban...	7			

Par conséquent, notre 11 septembre, qui correspond dans le mois *zip* au jour qui porte le nom *ymix*, a porté, cette année-là, pour quantième de la semaine, le chiffre 9; c'était un 9 *ymix*.

Il est impossible d'établir l'origine de ce grand cycle, et comment et quand l'on commença à s'en servir. Les savants mexicains ou toltèques, ni aucun des personnages chargés de rectifier le système chronologique pour la computation du temps, n'en ont fait usage; ils paraissent n'en avoir pas même soupçonné l'existence. Le peu de manuscrits incomplets qui existent dans la péninsule n'en font aucunement mention. Nous n'avons, pour nous guider, aucun document ni même aucune conjecture, à moins qu'il ne se trouve sur le sujet quelque chose dans l'ouvrage écrit par don Christoval Antonio Xiu, fils du roi de Mani, d'après l'ordre du gouvernement d'alors, ouvrage que le P. Cogolludo mentionne comme existant de son temps, et que quelques écrivains prétendent exister encore aujourd'hui.

On voit seulement que le chevalier Boturini a eu quelque connaissance, quoique imparfaite, de cette manière de compter le temps. « Dans le calendrier des Indiens du Mexique, dit-il (à la page 112 de son livre, *Esquisse d'une histoire nouvelle de l'Amérique du Nord*), lorsque le premier signe de l'indiction se trouve placé sous le chiffre 1, par exemple $\overset{1}{ce}$ *tecpatl*, on s'est imaginé que ce cas ne se présentait qu'une fois par chaque quatre cycles, parce qu'ils parlaient alors des caractères initiaux de chaque cycle; et ainsi, d'après les dispositions de leurs roues peintes, $\overset{1}{ce}$ *tecpatl* ne marquait qu'une fois le commencement des quatre cycles. »

Boturini veut dire : marquait le commencement d'un cycle par quatre cycles; mais il est dans l'erreur. Dans le calendrier mexicain, comme dans celui du Yucatan, chaque cycle de cinquante-deux ans commence avec le même caractère initial que celui de l'année.

« Pour cette raison, ajoute-t-il, tout caractère de ces signes initiaux, placé dans leur histoire, signifie que quatre cycles indiens, de chacun cinquante-deux ans, se sont écoulés ; parce qu'ici il ne s'agit plus des caractères qui sont dans le corps des quatre cycles; et bien qu'ici les caractères soient les mêmes, ils ont une valeur différente. »

Veytia déclare qu'il n'a trouvé rien de semblable, ni qui ait rapport au système de Boturini dans aucun des anciens documents qu'il a recueillis ou examinés, ou dans ceux mentionnés par aucun historien indien, pas même lorsqu'il s'agit d'indiquer les dates des événements les plus remarquables. En réponse à cette observation de Veytia, nous pensons qu'on peut dire que Boturini, comme Veytia l'établit ailleurs, a examiné les calendriers qu'employaient dans des temps reculés les Indiens d'Oaxacac, Chiapas et Soconusco, et que, ces calendriers étant semblables à ceux du Yucatan, il n'est pas déraisonnable de supposer que ces peuples, ainsi que les peuples du Yucatan, ont compté par cycles plus grands que le cycle mexicain. Boturini aura pris là une idée, quoique confuse et inexacte, de nos ajau ou grands cycles. L'inexactitude provient probablement de ce qu'il ne se sera pas bien rendu compte de la combinaison de leur comput, parce que les Indiens qu'il aura consultés se seront mal expliqués, ou que les manuscrits sur lesquels il aura travaillé étaient incomplets. Il est possible aussi que les Indiens de ces contrées eussent un comput particulier, et comptassent par quatre cycles de chacun cinquante-deux ans, donnant un total de deux cent huit ans, grand cycle qui, nonobstant la différence dans le calcul et le nombre d'années, aurait une grande analogie avec le grand cycle du Yucatan de trois cent douze ans. L'erreur de Boturini se bornerait (en supposant que le contraire fût prouvé) à avoir attribué à tort aux Mexicains la connaissance et l'usage d'un grand cycle en outre du cycle ordinaire.

La grande similitude qui existe entre les noms de jours dans le calendrier d'Oaxacac, Chiapas et Soconusco et le calendrier du Yucatan, n'a pas échappé aux commentateurs. Voici ces noms, tels que Veytia les donne pour les deux calendriers.

CALENDRIER D'OAXACAC.		CALENDRIER DU YUCATAN.	
1 Votan.	11 Ben.	1 Kan.	11 Hix ou Gix.
2 Ghanan.	12 Hix.	2 Chicchan.	12 Men.
3 Abagh.	13 Tzinkin.	3 Quimi.	13 Quib.
4 Tox.	14 Chabin.	4 Manik.	14 Caban.
5 Moxic.	15 Chue ou Chic.	5 Lamat.	15 Edznab.
6 Lambat.	16 Chinax.	6 Muluc.	16 Cauac.
7 Molo ou Mulu.	17 Cahogh.	7 Oc.	17 Ajau.
8 Elah ou Elab.	18 Aghual.	8 Chuen.	18 Ymix.
9 Batz.	19 Mox.	9 Eb.	19 Yk.
10 Enoh ou Enob.	20 Ygh.	10 Ben.	20 Akbal.

Le *ghanan* d'Oaxacac, le *gh* se prononçant *k*, est le même que le *kan* ou *kanan* (qui signifie jaune) du calendrier du Yucatan. Dans *molo* ou *mulu* on retrouve *muluc*; dans *chue*, *chuen*; dans *aguhal*, *akbal* ou *akual*; dans *ygh*, *yk*; dans *lambat*, *lamat*. Cette similitude et la circonstance que plusieurs des noms yucatans n'ont pas de sens connu, induisent à croire que les deux calendriers ont une origine commune, sauf quelques changements introduits par les prêtres, pour consacrer quelques événements particuliers, ou pour d'autres raisons. Les Indiens auront adopté ces changements, sans prendre la peine de changer les autres signes, soit par respect pour la chose établie, soit parce que leur sens, aujourd'hui perdu, était encore alors d'un usage vulgaire.

Les Indiens du Yucatan semblent avoir connu encore un autre cycle. Malheureusement il nous a été impossible de comprendre comment ils s'en servaient, et nous n'avons trouvé aucun exemple qui pût nous donner une idée de sa nature. Nous ne pouvons que traduire littéralement le passage suivant d'un manuscrit indien : « Il y avait un autre chiffre qu'ils appelaient *ua katun*, et qui leur servait comme de clef pour trouver les katuns. Suivant l'ordre de sa marche, il tombe sur les jours de *uayeb jaab*, et revient à la fin de certaines années : katuns 13, 9, 5, 1, 10, 6, 2, 11, 7, 3, 12, 8, 4. » Nous avons vu que *uayeb jaab* est un des noms donnés aux cinq jours complémentaires qui terminaient l'année, et aussi aux quatre dernières années de l'ajau de vingt-quatre années.

Voici une table des ajau et de leur concordance avec notre calendrier, à partir de l'ère vulgaire jusqu'à la fin de notre dix-neuvième siècle. Elle est divisée en trois colonnes : la première donne les années de notre ère, la seconde colonne les années de l'indiction indienne, sur lesquelles les ajau commencent au second jour de l'année, et la troisième colonne l'ordre dans lequel se succèdent les ajau. La première année de l'ère vulgaire correspond à l'année indienne 7 *kan*, qui est la deuxième de 7 *ajau*, qui commence au second jour de l'année de l'indiction, 6 *cauac*. Les astérisques indiquent les années sur lesquelles s'ouvre un nouveau grand cycle, un *ajau-katun*.

ANNÉES de l'ère chrétienne.	ANNÉES de l'indiction indienne.	AJAU qui commencent sur elles.	ANNÉES de l'ère chrétienne.	ANNÉES de l'indiction indienne.	AJAU qui commencent sur elles.
24	4 Cauac.	5 Ajau.	984	2 Cauac.	3 Ajau.
48	2 Cauac.	3 Ajau.	1008	13 Cauac.	1 Ajau.
72	13 Cauac.	1 Ajau.	1032	11 Cauac.	12 Ajau.
96	11 Cauac.	12 Ajau.	1056	9 Cauac.	10 Ajau.
120	9 Cauac.	10 Ajau.	1080	7 Cauac.	8 Ajau.
144	7 Cauac.	8 Ajau.	1104	5 Cauac.	6 Ajau.
168	5 Cauac.	6 Ajau.	1128	3 Cauac.	4 Ajau.
192	3 Cauac.	4 Ajau.	1152	1 Cauac.	2 Ajau.
216	1 Cauac.	2 Ajau.	* 1176	* 12 Cauac.	* 13 Ajau.
* 240	* 12 Cauac.	* 13 Ajau.	1200	10 Cauac.	11 Ajau.
264	10 Cauac.	11 Ajau.	1224	8 Cauac.	9 Ajau.
288	8 Cauac.	9 Ajau.	1248	6 Cauac.	7 Ajau.
312	6 Cauac.	7 Ajau.	1272	4 Cauac.	5 Ajau.
336	4 Cauac.	5 Ajau.	1296	2 Cauac.	3 Ajau.
360	2 Cauac.	3 Ajau.	1320	13 Cauac.	1 Ajau.
384	13 Cauac.	1 Ajau.	1344	11 Cauac.	12 Ajau.
408	11 Cauac.	12 Ajau.	1368	9 Cauac.	10 Ajau.
432	9 Cauac.	10 Ajau.	1392	7 Cauac.	8 Ajau.
456	7 Cauac.	8 Ajau.	1416	5 Cauac.	6 Ajau.
480	5 Cauac.	6 Ajau.	1440	3 Cauac.	4 Ajau.
504	3 Cauac.	4 Ajau.	1464	1 Cauac.	2 Ajau.
528	1 Cauac.	2 Ajau.	* 1488	* 12 Cauac.	* 13 Ajau.
* 552	* 12 Cauac.	* 13 Ajau.	1512	10 Cauac.	11 Ajau.
576	10 Cauac.	11 Ajau.	1536	8 Cauac.	9 Ajau.
600	8 Cauac.	9 Ajau.	1560	6 Cauac.	7 Ajau.
624	6 Cauac.	7 Ajau.	1584	4 Cauac.	5 Ajau.
648	4 Cauac.	5 Ajau.	1608	2 Cauac.	3 Ajau.
672	2 Cauac.	3 Ajau.	1632	13 Cauac.	1 Ajau.
696	13 Cauac.	1 Ajau.	1656	11 Cauac.	12 Ajau.
720	11 Cauac.	12 Ajau.	1680	9 Cauac.	10 Ajau.
744	9 Cauac.	10 Ajau.	1704	7 Cauac.	8 Ajau.
768	7 Cauac.	8 Ajau.	1728	5 Cauac.	6 Ajau.
792	5 Cauac.	6 Ajau.	1752	3 Cauac.	4 Ajau.
816	3 Cauac.	4 Ajau.	1776	1 Cauac.	2 Ajau.
840	1 Cauac.	2 Ajau.	* 1800	* 12 Cauac.	* 13 Ajau.
* 864	* 12 Cauac.	* 13 Ajau.	1824	10 Cauac.	11 Ajau.
888	10 Cauac.	11 Ajau.	1848	8 Cauac.	9 Ajau.
912	8 Cauac.	9 Ajau.	1872	6 Cauac.	7 Ajau.
936	6 Cauac.	7 Ajau.	1896	4 Cauac.	5 Ajau.
960	4 Cauac.	5 Ajau.			

Pour compléter son travail, M. Pio Perez a joint un almanach dressé par lui, pour les années correspondantes à nos années 1841 et 1842, d'après le comput et les croyances superstitieuses des anciens Indiens du Yucatan. Chaque jour de l'année est accompagné d'une indication curieuse; ainsi, le jour est heureux ou malheureux; tel jour est bon pour planter, tel autre pour chasser; dans tel jour naissent les savants, les sages, tel autre est bon pour les nobles; tel jour menace de mort subite; dans tel autre on met les mains sur le jaguar; tel jour est mauvais; tel jour la taxe sur les enfants se prélève; c'est un jour de maladie; etc., etc. Cela rappelle beaucoup les almanachs de quelques nations de notre Europe du moyen âge.

« Le nombre des jours malheureux est incroyable, fait observer M. Pio Perez; mais j'ai trouvé ces indications, toutes les mêmes, répétées dans trois anciens almanachs que j'ai examinés, et auxquels je me suis exactement conformé. Je les ai appliquées au quantième et non pas au nom de jour, parce que, suivant mon opinion, l'annonce des pluies, du moment venu de planter, etc., se rapporte évidemment à tel ou tel jour précis du mois, et non pas à tel ou tel nom de jour en particulier, puisque les noms se représentent chaque année sous un différent quantième, et que leur roulement pivote tour à tour sur les quatre initiaux *kac*, *muluc*, *gix* et *cauac*, qui sont tour à tour en tête de l'année. Je dois dire cependant qu'ailleurs j'ai vu établi en principe, que les jours *chiccan*, *quimi*, *oc*, *men*, *ahau* et *akbal*, étaient des jours de paix dans le mois; et cela me paraît assez probable en effet, car je ne vois pas de raison pour un nombre si excessif de jours malheureux. Les almanachs dont je viens de parler ne sont pas construits sur ce principe, peut-être par ignorance ou par superstition poussée à l'excès.

» On y voit des jours où le *brûleur* prépare son feu, l'allume, l'active et puis l'éteint. Ces jours tombent sur les quantièmes 3, 4, 10 et 11, joints aux noms de jours *chiccan*, *oc*, *men* et *akbal*. Ainsi, par exemple, le brûleur prépare son feu le jour 3 *chiccan*, il l'allume le 10 *chiccan*, il l'active le 4 *chiccan* et il l'éteint le 11 *chiccan*. La même chose se reproduit pour les jours *oc*, *men*, *ahau*, preuve certaine que ces époques sont mobiles, puisque les quantièmes 3, 4, 10 et 11 ne tombent pas chaque année sur les mêmes noms de jour du mois.

» Que si l'on demande quel est ce brûleur qui prépare, allume, active et éteint son feu, nous répondrons qu'il nous est impossible de le dire. Peut-être les jours qui portent ces indications étaient-ils ceux réservés aux sacrifices ou à quelques actes de dévotion?

» Retrouver la signification des noms des mois et des noms des jours n'est pas une tâche facile : quelques-uns de ces mots ne sont plus usités; d'autres ont changé de signification ou se prononcent aujourd'hui d'une manière différente, qui empêche de les reconnaître. Néanmoins j'ai fait de mon mieux, et aussi bien que me l'a permis l'état actuel de la langue du Yucatan. Je commence par les dix-huit noms de mois :

1. *Pop*, natte de roseau. 2. *Uo*, grenouille. 3. *Zip*, arbre. 4. *Zodz*, chauve-souris. 5. *Zec* (mot hors d'usage). 6. *Xul*, fin ou conclusion. 7. *Dzeyaxkin* (j'ignore la signification, quoique le sens du mot *yaxkin* soit *été*). 8. *Mol*, réunir. 9. *Chen*, puits. 10. *Yax*, premier, ou *Yaax* vert ou bleu (comme le mois suivant est *zac*, qui signifie blanc, je pense qu'il vaut mieux adopter *yaax*). 11. *Zac*, blanc. 12. *Quez*, antilope. 13. *Mac*, couvercle. 14. *Kankin*, soleil jaune (peut-être parce que dans ce mois, qui correspond à notre avril, l'atmosphère est chargée de vapeurs). 15. *Moan* (mot hors d'usage). 16. *Pax*, instrument de musique. 17. *Kayab*, chanteur. 18. *Cumku*, coup de tonnerre.

Voici pour les vingt noms de jours :

1. *Kan*, nœud (il peut signifier également quelque chose de jaune, ou fruit et bois bon à couper). 2. *Chiccan*, mot hors d'usage (s'il faut lire *chichan*, ce mot signifierait petit ou peu). 3. *Quimi* ou *cimi*, la mort, ou un mort. 4. *Manik*, mot hors d'usage. En le divisant en *man*, qui veut dire passer, et *ik*, qui veut dire vent, on aurait vent qui passe). 5. *Lamat* (mot hors d'usage). *Muluc* (mot hors d'usage; s'il faut y voir la racine de *malucbal*, il signifierait réunion). 7. *Oc*, ce qui peut tenir dans la paume de la main. 8. *Chuen* (mot hors d'usage; quelques-uns le traduisent par aborder). 9. *Eb*, échelle.

10. *Been* (mot hors d'usage). 11. *Hix* (mot hors d'usage, mais que l'on retrouve combiné avec d'autres mots, et comportant alors l'idée de rudesse). 12. *Men*, constructeur. 13. *Quib* ou *cib*, gomme de copal (qui servait d'encens). 14. *Caban* (mot hors d'usage). 15. *Edznab* (mot hors d'usage). 16. *Cauac* (mot hors d'usage, mais qui pourrait bien avoir été le mot *Cacau*). 17. *Ahau* ou *Ajau*, roi. 18. *Ymix* (mot hors d'usage, mais qui pourrait avoir été *Yxim*, maïs). 19. *Yk*, vent. 20. *Akbal* (mot hors d'usage). »

Tout en admirant ce beau travail, et combien il suppose de recherches patientes, et tout en accordant à la pénétrante sagacité de son auteur notre tribut d'éloges, nous regrettons que M. Pio Perez ait négligé d'indiquer les jours de repos, les jours répondant au sabbat des juifs ou à notre dimanche. Quelques écrivains, en traitant du calendrier mexicain, divisent les vingt jours du mois en quatre séries, et de chaque cinquième jour font un jour de foire ou de marché. Clavijero dit que les foires tombaient sur les jours qui portaient le signe initial de l'année.

Dans le calendrier aztèque, les signes initiaux sur lesquels commencent les années et qui donnent les indictions, représentent un lièvre, un roseau, un caillou, une maison. La semaine des treize années se nomme *tlalpilli*; le cycle de quatre semaines d'années reçoit le nom de *xiuhmolpilli*, et est représenté hiéroglyphiquement par un paquet de roseaux liés d'un ruban. L'année finissait vers le solstice d'hiver, à cette époque où le soleil, pour nous servir de l'expression naïve des premiers moines espagnols, *recommence sa besogne*. En traitant des jours intercalaires qui se plaçaient à la fin d'un cycle de cinquante-deux ans, M. Prescott, auteur d'une excellente histoire de la conquête du Mexique, publiée tout récemment, émet l'opinion que les Mexicains n'intercalaient point treize jours entiers, ce qui aurait été trop, puisque l'excédent annuel à ajouter aux trois cent soixante-cinq jours n'est que de six heures moins environ onze minutes. Comme à l'époque de la conquête espagnole leur calendrier se trouva correspondre au calendrier européen (en tenant compte de la réforme grégorienne, qui ne s'opéra que plus tard), on peut présumer qu'ils se contentaient d'intercaler douze jours et demi seulement, ce qui eût rétabli la concordance avec l'année réelle, à cela près d'une différence presque inappréciable. Il cite à ce sujet Gama, qui, après une étude approfondie de la question, croit que les Mexicains prenaient soin de faire commencer leur cycle de cinquante-deux ans, alternativement à minuit et à midi. » Gama, ajoute-t-il, semblerait pouvoir s'appuyer du témoignage d'Acosta, mais il serait contredit par Torquemada et Sahagun, qui fixent la fin de l'année à l'heure de minuit, sans ajouter aucune observation. Toutefois, je citerai en faveur de l'hypothèse de Gama une circonstance à laquelle je n'ai point vu encore donner toute l'attention qu'elle me paraît mériter. Outre le cycle de cinquante-deux ans, les Mexicains en avaient un du double, un cycle de cent quatre ans auquel ils donnaient le nom de *vieillesse*. Comme il n'était point d'un usage ordinaire dans leurs calculs, qui s'établissaient par leurs paquets hiéroglyphiques de cinquante-deux roseaux liés ensemble, il me semble très-probable qu'il servait à marquer le laps de temps après lequel l'ouverture des cycles de cinquante-deux ans se présentait à la même heure, et dans lequel on avait pu introduire vingt-cinq jours intercalaires sans fraction excédante. L'intercalation de vingt-cinq jours par cent quatre ans aurait donné ainsi une concordance avec la révolution solaire plus exacte que la concordance d'aucun calendrier européen, puisqu'il faudrait alors plus de cinq siècles pour constituer une différence d'un jour. »

Le système de Gama, reproduit par M. Prescott, est certainement fort ingénieux, mais nous ne comprenons pas pourquoi le grand cycle de cent quatre ans, s'il eût été connu des Mexicains, aurait manqué de son signe hiéroglyphique. Cette absence de signe pour le désigner nous donne à croire qu'il n'aura été inventé qu'au moment de la conquête, alors que l'usage des hiéroglyphes disparut devant l'usage d'un alphabet, et que les Indiens auront voulu avoir un grand cycle, qui correspondit à peu près au siècle européen apporté par les Espagnols. On s'explique fort bien que les Aztèques, dont l'ère historique ne commençait qu'à l'année correspondante à notre année 1091, n'eussent point encore senti, comme les vieux peuples autochthones du Yucatan, le besoin d'employer, pour supputer les dates de leur chronologie, un cycle plus grand que celui des quatre semaines d'années.

Les recherches de Gama l'ont amené à conclure que l'année du nouveau cycle s'ouvrait, chez les Aztèques, au jour qui correspondrait à notre 9 janvier, ce qui serait beaucoup plus tôt que ne l'ont établi les écrivains mexicains. En plaçant l'intercalation à la fin des cinquante-deux ans, la perte annuelle de six heures faisait qu'au bout de quatre ans, l'année commençait un jour trop tôt; ainsi, le cycle s'ouvrant sur notre 9 janvier, la cinquième année s'ouvrait sur le 8, la neuvième année sur le 7, et ainsi de suite, jusqu'à ce que le dernier jour de la série des cinquante-deux années tombât sur le 26 décembre; alors l'introduction des treize jours intercalaires venait rectifier le comput et reporter l'ouverture de la nouvelle année sur notre 9 janvier. Les écrivains plus anciens ont fait varier le commencement de l'année entre le 9 et le 28 janvier.

Le jour civil se comptait à partir du lever du soleil. C'est par erreur que M. de Humboldt l'a cru divisé en huit intervalles; Gama, dans son second Mémoire sur la pierre calendaire, prouve qu'il fallait compter dans le jour seize intervalles. Quatre étaient déterminés par le lever, le coucher et les deux passages du soleil par le méridien. Les heures devaient être généralement inégales, comme les heures planétaires des juifs. Les époques du jour et de la nuit, qui correspondent à peu près à nos heures 3, 9, 15, 21, temps astronomique, n'avaient pas de nom particulier ; pour les désigner, les peuples de l'Anahuac montraient, comme le font nos laboureurs, le point du ciel auquel serait placé le soleil en suivant sa course de l'orient à l'occident, et le geste était accompagné de ces mots remarquables « *Iz Teotl*, là sera Dieu, » locution qui rappelle l'époque antérieure à la conquête des Aztèques, alors que les populations autochthones, mûries par une vieille civilisation, se contentaient d'adorer le soleil.

Nous n'avons aucune idée des instruments dont ces peuples ont pu s'aider pour leurs observations astronomiques. Il ne nous reste d'eux qu'une énorme pierre circulaire, chargée de signes hiéroglyphiques, que M. de Humboldt a appelée la pierre calendaire, et que Gama a très-bien démontré avoir dû être un cadran solaire vertical. Les savants y ont retrouvé le calendrier mexicain et la preuve que ces peuples avaient les moyens de déterminer avec précision les heures du jour, l'époque des solstices et des équinoxes, et le passage du soleil au zénith de Mexico. Ce monument, que l'on a retrouvé en 1790, au milieu des fondements de l'ancien téocalli où Cortez l'avait fait enfouir, alors que les moines espagnols s'appliquèrent trop bien à anéantir tout ce qui pouvait rappeler le souvenir de l'ancien culte, est un bloc énorme de porphyre trapéen, dont la couleur est d'un gris noirâtre, qui n'a pas moins de quatre mètres de diamètre, et dont le poids est évalué à vingt-quatre mille kilogrammes. Les carrières qui l'ont fourni se trouvent dans les montagnes qui sont au delà du lac Chalco, à plusieurs lieues de Mexico. Il a fallu l'amener à travers une contrée entrecoupée par des cours d'eau et de nombreux canaux d'irrigation. Un pont sur un de ces canaux céda sous le poids de cette masse, et l'on eut à la retirer de l'eau. Il est vraiment prodigieux qu'un peuple privé du secours des bêtes de somme ait osé tenter et ait pu accomplir une pareille entreprise. Un voyageur anglais, Latrobe, pour expliquer la chose, a cru nécessaire d'admettre que les mastodontes, dont on a retrouvé des ossements fossiles dans la vallée du Mexique, y faisaient encore partie du règne animal à cette époque. D'autres écrivains employaient à ce travail une armée de dix mille hommes. Le fait est que le bloc fut conduit à Mexico dans des temps très-modernes, sous le règne du dernier Moctezuma. Selon Martyr, qui tenait ses informations de témoins oculaires, le transport s'opéra à l'aide de rouleaux de bois, et par de longues files d'hommes attelés à des câbles.

La seule tradition propre à jeter un bien faible jour sur les ténèbres qui enveloppent l'histoire religieuse du Mexique, serait celle relative à *Quetzalcoatl*, si les premiers écrivains espagnols avaient été à même de la recueillir dans toute sa pureté, et non pas déjà surchargée de détails évidemment apocryphes.

Ce personnage mystérieux, dont le nom, probablement apocryphe et symbolique, signifie *serpent revêtu de plumes vertes*, était, dit-on, blanc et barbu. Il vint accompagné d'étrangers qui portaient des manteaux noirs; son manteau, à lui, était parsemé de croix rouges. Il était grand prêtre à Tula, et avait fait sa première apparition à Panuco. Il fonda en divers lieux des congrégations religieuses. On le voit, assure-t-on, dans une peinture mexicaine conservée à la bibliothèque du Vatican, apaisant par la pénitence le courroux du ciel. Il s'imposait de rudes austérités et n'épargnait pas les tourments à sa chair. Lors d'une grande famine, il se retira sur la montagne *qui parle* (le Calcitepel), et là il marchait pieds nus sur les feuilles de l'agave hérissées de piquants. Son règne était un règne de paix et de bonheur. Il ordonnait des sacrifices de fleurs et de fruits au grand Esprit, et se bouchait les oreilles lorsqu'on lui parlait de guerre. Il n'était pas seul à gouverner; il ne se réservait que le pouvoir spirituel, abandonnant les affaires humaines à son compagnon Huemac. La tradition ajoute que le dieu Teszcalipotca lui donna un breuvage qui le rendit immortel et lui inspira le désir de voyager. De Tula il vint à Cholula, dont les habitants le prièrent de les gouverner; ce qu'il fit pendant vingt ans. Il mit ce temps à profit : il leur apprit à fondre les métaux, à tailler les pierres précieuses; il régla les intercalations du calendrier; il ordonna des jeûnes et des prières, exhorta les hommes à la paix; il ne voulut pas que l'on offrît à la Divinité autre chose que les prémices des moissons. Reprenant le cours de ses voyages, il disparut subitement sur le littoral du golfe du Mexique, à l'embouchure de la rivière Guasacualco ou Huasacoalco. Il avait promis toutefois qu'il reviendrait un jour régner sur les Cholulans et renouveler leur bonheur.

Cette tradition se conserva au Mexique longtemps encore après la conquête, parmi les populations nouvellement converties au christianisme. Le père Torribio de Motilinia vit encore sacrifier en l'honneur du réformateur divinisé, sur le sommet de la montagne Matlalcuya, près de Tlascala, ainsi qu'à Cholula. Lorsque le père Sahagun passa par Xochimilco, tout le peuple, le prenant pour un des descendants de ce personnage, lui demandait s'il ne venait pas de Tlalpallan, où l'on supposait que Quetzalcoatl s'était retiré depuis sa disparition.

Les Cholulans, dit Clavijero, conservaient avec la vénération la plus profonde quelques petites *pierres vertes* parfaitement taillées, qui, à les croire, avaient appartenu à Quetzalcoatl. Ces pierres, qui sont les émeraudes, lui étaient consacrées; on les voit jouer un singulier rôle dans les funérailles. « Après que le corps est brûlé, nous dit le même écrivain, ainsi que les vêtements, les armes et les instruments de la profession du défunt, on dépose les cendres dans un vase de terre, et l'on y joint, dans certaines circonstances et selon la condition de la famille, une pierre précieuse d'une valeur plus ou moins grande, qui est destinée à tenir lieu de cœur au défunt dans l'autre monde. » Dans un autre passage, il dit aussi : « On suspend une émeraude à la lèvre inférieure du défunt dont on va brûler le corps, afin qu'il puisse s'en servir en place de son cœur. » Les Mexicains semblent avoir fait du cœur le siége de l'intellect; c'est un rapport qu'ils auraient avec les Égyptiens, chez qui l'ibis, choisi pour le symbole du cœur à cause de sa forme, était consacré à Hermès, le dieu de la sagesse. Ce rapport suffirait-il pour autoriser à voir dans Quetzalcoatl, ainsi que l'ont vu certains écrivains, un représentant de la civilisation égyptienne? Nous ne le pensons pas. D'autres écrivains en ont fait un missionnaire de la religion de l'Hindoustan, ou un missionnaire phénicien de la religion de Zoroastre. Les moines de l'armée de Cortez n'hésitèrent pas à en faire un prédicateur catholique de la foi. Quelques-uns ont vu en lui l'apôtre saint Thomas.

A ces opinions, nous nous contenterons de répondre : Admettons qu'un naufrage ait fait dériver de sa route un vaisseau, parti de n'importe quel point de notre continent. Le vaisseau, monté par un Phénicien ou quelque missionnaire européen, vient aborder, par un miracle, précisément au fond du golfe du Mexique, dans la baie de Tampico, ou, s'il vient de la haute Asie, il aborde le littoral opposé, en dépit de la tradition elle-même, qui fait apparaître le réformateur d'abord à Panuco. Nous supposons que le naufragé a pris le temps de se familiariser avec la langue du pays, et qu'il est en état de prêcher assez bien pour s'emparer tout d'un coup des esprits. Il enseigne à ses disciples l'art de fondre les métaux et de tailler les pierres précieuses, et il oublie de leur enseigner ce que la nation d'où il vient doit connaître, puisqu'elle connaît tant de choses et qu'elle navigue au loin, la navigation et la construction de vaisseaux moins grossiers que les misérables pirogues qu'on a trouvées chez les populations des deux littoraux américains. Il leur apprend à introduire des jours supplémentaires dans leur calendrier, si différent de tous ceux de notre continent, et il n'imagine pas, lui qui peut tout sur ces esprits grossiers, de leur donner son propre calendrier ! Il se constitue réformateur religieux, et cependant, dans ses enseignements, l'on ne verrait prédominer, d'une manière nette et tranchée, aucun de ces dogmes si caractéristiques dont chacun sert de base à quelqu'une des vieilles religions de notre continent : soit la Trinité et les incarnations de Brahma et de Vichnou; soit la lutte entre Ormuzd et Ahriman et les légions de bons et de mauvais anges; soit la déchéance des âmes d'origine divine, mais condamnées, en punition de leur orgueil, à descendre sur la terre pour y habiter des corps périssables et subir un temps d'épreuves, etc.! Chrétien, le mystérieux personnage aurait apporté le symbole de la croix, sans placer sur cette croix Jésus mourant pour assurer la rédemption du genre humain!

Notre opinion est que le réformateur n'a pas eu besoin d'accourir de par-delà les mers. Nous regardons Quetzalcoatl comme aborigène de l'Anahuac. Il aura joué parmi ces petites nations un rôle analogue à celui que le Bouddha fut appelé à jouer dans l'Inde, et en même temps à celui de Confucius à la Chine. Il faut voir en lui un de ces hommes à la conviction ardente, au cœur aimant, à la parole forte, comme il en a surgi chez tous les peuples, alors que le despotisme et la cupidité d'une caste de prêtres oppresseurs avaient comblé la mesure des maux et que les opprimés succombaient sous le fardeau d'exigences sanguinaires. L'ère de Quetzalcoatl, n'importe dans quel siècle on doit la placer, aura été marquée par une révolution religieuse radicale dont il aura été la tête, et son compagnon Huemac le bras. Ainsi que Confucius, il aura enseigné l'abolition des sacrifices sanglants, le renversement des idoles; pour religion, la croyance à un Dieu unique; et pour tout culte, quelques offrandes de fleurs et de fruits, et surtout la charité envers le prochain. Ainsi que le fit dans l'Inde ce solitaire de la race des Shakyas, qui prit le nom de Bouddha *l'illuminé*, il aura prêché la pratique du jeûne et des mortifications, comme moyen d'assurer le triomphe des désirs intellectuels sur les instincts de la chair, et fondé quelques institutions propres à sacrifier et à laver la souillure du péché. Il est venu ouvrir pour ces peuples l'âge que Vico appelle l'âge des *hommes*, et qui succède à l'âge des *héros* et des *dieux*. Dans l'Anahuac, sans doute, la civilisation a suivi la même marche que partout ailleurs. A la première nature, la nature *poétique*, celle que Vico appelle la nature des poëtes théologiens, qui transforment les corps en substances animées par les dieux, succéda la seconde nature, la nature *héroïque*, à laquelle les héros attribuèrent une origine divine. « Imaginant, dit le grand écrivain, que tout était l'ouvrage des dieux, les héros en conclurent qu'eux-mêmes étaient les enfants de quelque dieu, et ils placèrent avec justice la noblesse naturelle dans cette descendance. Les héros fondateurs d'asiles ou de villes se considérèrent donc comme les princes de l'humanité et regardèrent comme des *brutes* les hommes abandonnés des dieux, échappés aux disputes que causaient parmi eux la communauté des femmes, et venant se réfugier dans les asiles. La troisième nature est la nature humaine, intelligente, modeste, douce et raisonnable, par conséquent obéissant à la loi de la *conscience, de la raison et du devoir.* »

La tradition de Quetzalcoatl nous semble une indication suffisante pour donner à croire que les peuples de l'Anahuac s'étaient élevés jusqu'à cette troisième nature, et cela depuis des temps anciens. Dans une question où tout est conjectural, s'il nous fallait absolument indiquer une époque, nous serions tenté de placer la réforme déiste entre l'établissement des Toltèques à Tula, vers le milieu du sixième siècle, et les invasions du douzième, qui firent rétrograder les peuples de l'Anahuac vers le polythéisme et une féroce idolâtrie. Voici la considération qui nous déterminerait.

Nous avons vu, d'après le savant Boturini, un des peuples autochthones de l'Anahuac, les Olmèques, en se retirant devant les Toltèques, aller se répandre sur les Antilles. S'ils n'ont pas été les premiers à peupler ces îles, ils y auront du moins porté leur civilisation et leurs institutions religieuses. Ils auront été sinon les pères, du moins les précepteurs des populations caraïbes. Or les Européens, en abordant aux Antilles, n'ont rencontré que des croyances naïves : la foi à des bons esprits ou *chemens*, chaque homme ayant son *chemen* particulier; au-dessus de tous, le soleil et les étoiles, adorés, il est vrai, comme *chemens* d'une nature supérieure, mais nulle trace du système philosophique et des nobles institutions dont on reconnaît quelques lambeaux à travers la théogonie diffuse de la religion mexicaine, de ce système et de ces institutions qui se montrent moins altérés dans la religion des Incas, et dont on peut étudier de beaux vestiges jusque dans la religion de peuples sortis de l'Anahuac, et retombés à l'état sauvage dans un temps tout moderne, par suite de la conquête espagnole, les Natchez et les Chicassais.

De la même époque, du milieu du sixième au douzième siècle, daterait aussi la réforme religieuse, opérée chez les Mayas par le grand législateur Zamna. Probablement il faut placer vers le même temps l'apparition du législateur Bochica chez les Muyzcas, au sud de l'isthme de Panama.

Nous avons indiqué déjà quelles causes s'opposaient à ce que ces petits états éphémères, où la civilisation était condamnée à périr au moindre choc pour ne renaître que lentement de ses cendres, se fondissent jamais en une seule grande nation, assez puissante pour voir d'actives relations commerciales et des rapports fraternels et suivis s'établir entre des concitoyens nombreux répandus sur un immense territoire. Donnez à ces peuples sédentaires les moyens de se rallier en un grand empire qui ait quelque chance de durée; et le besoin de communiquer fréquemment au loin amènera peu à peu le perfectionnement des signes qui peuvent servir à traduire la pensée et à la transmettre, sans altération, d'une contrée à l'autre et de génération en génération. Voyez quels résultats eut plus tard la fondation d'un grand empire, simplement tentée plutôt qu'accomplie par le premier Moctezuma et ses successeurs. Elle avait suffi déjà pour multiplier à l'infini les peintures hiéroglyphiques, longtemps employées par les prêtres seuls, et pour en vulgariser rapidement l'usage, même dans les transactions civiles, en faisant abandonner tout à fait celui des nœuds sur des cordons ou des colliers de coquillages. Lors de la venue des Espagnols, on comptait plusieurs milliers de peintres et copistes dans ce genre d'écriture si imparfaite. Que les hommes parmi lesquels Quetzalcoatl prêcha sa doctrine si pure eussent été en possession de l'art précieux d'une écriture, comme celles qui ont pu se former lentement et par tâtonnements successifs chez les grandes et fortes nations de notre continent plus heureux, et cette doctrine eût eu le sort de celle de Confucius, de celle de Bouddha. Les croyances grossières apportées par les hordes conquérantes eussent pâli devant elle. Elle se serait conservée, malgré les persécutions, vivace et intacte chez les peuples vaincus ; et le vainqueur lui-même eût fini par s'y convertir. Au lieu de cela, les enseignements du réformateur sont faussés ou mal interprétés par de perfides ou inhabiles dépositaires de la tradition orale. Ils vont s'effaçant de jour en jour davantage de la mémoire des vaincus. Du culte rendu à Dieu seul, chaque peuple retourne plus ou moins, selon que les circonstances accessoires en décident, au culte rendu à celles de ses œuvres qui semblent les plus admirables, et aux forces mystérieuses de la nature représentées par des idoles, ou même à un culte rendu à des animaux. Une transaction s'établit entre le clergé des vainqueurs et les clergés des vaincus. Au service de la politique, une théogonie commune se fonde où les dieux des vainqueurs prennent place, et où l'on accorde un souvenir à l'ancien réformateur déiste, en lui faisant l'injure de le diviniser, en faisant de lui le dieu de l'air.

La circonstance que le personnage était un homme blanc

est évidemment apocryphe ; et s'il est réellement vrai qu'il soit représenté ainsi sur une peinture mexicaine, ce ne peut être que sur une peinture faite au moment de la conquête espagnole. La politique des conquérants aztèques, pour consolider par une apparence de droit divin la suzeraineté qu'ils prétendaient établir sur l'Anahuac, les avait engagés à réclamer le dieu Quetzalcoatl, révéré chez toutes ces nations, comme étant leur compatriote et ancien suzerain, et venu plusieurs siècles avant eux du pays de Tlalpallan. Or, les Toltèques et les Aztèques et les autres peuples venus de Tlalpallan n'étaient point des hommes blancs ; et si le réformateur et ses compagnons eussent été en effet des hommes aussi manifestement étrangers à la race aztèque, la même politique aurait pris grand soin d'effacer le souvenir de cette circonstance défavorable au lieu de le perpétuer. A la rigueur, il eût pu être quelque peu barbu ; il lui eût suffi de ne point s'épiler, ainsi que le faisait la presque totalité des peuples américains. Rappelons-nous les paroles de l'infortuné Moctezuma à Cortez : « Nous savons, d'après nos livres, que moi et les miens nous ne sommes point indigènes de cette contrée, mais d'une race étrangère et venue d'un pays fort lointain. Nous savons aussi que le chef qui amena ici nos ancêtres retourna au pays natal pour un certain temps, et revint ici pour visiter ceux qu'il y avait établis, après quoi il repartit de nouveau tout seul. Nous avons toujours vécu dans la croyance que ses descendants, qui sont nos légitimes souverains, doivent venir un jour prendre possession de l'empire, et c'est seulement comme vice-roi du grand Quetzalcoatl que nous gouvernons. »

Pour peu que l'on réfléchisse que la couronne aztèque était élective, on comprendra le double intérêt qu'avait l'aristocratie aztèque à entretenir la vénération pour le dieu Quetzalcoatl et pour sa fabuleuse descendance, qui devait venir un jour entrer en possession de la suzeraineté comme de son héritage. Elle empêchait à la fois qu'une famille puissante parvînt, au détriment des autres familles, à se consolider héréditairement sur le trône, ainsi fictivement occupé, et elle se créait une arme contre tous les peuples vis-à-vis lesquels elle prétendait exercer également la vice-royauté, tant que se prolongerait l'absence des descendants du dieu.

Lorsque parut Cortez, Moctezuma et l'aristocratie aztèque se trouvèrent pris au piége tendu par eux-mêmes. Les peuples mécontents et à demi soulevés saluèrent les Espagnols comme venant, au nom de la postérité divine, réclamer l'héritage. Moctezuma, au lieu de pouvoir agir tout d'abord avec énergie et d'écraser Cortez, fut obligé de temporiser avec lui et de le recevoir dans sa capitale, jusqu'à ce que le clergé trouvât quelque pieux expédient pour s'en délivrer.

Fut-ce vraiment à Panuco que parut d'abord le réformateur? ou bien les vieilles croyances de ces peuples, adorateurs du soleil, admettaient-elles seulement comme plus convenable sa venue des régions de l'orient, où le soleil se lève? Quoi qu'il en soit, remarquons que les paroles de Moctezuma fournissent un argument de plus en faveur de notre opinion sur la direction dans laquelle il faudrait chercher la contrée de Tlalpallan. Elles démontrent clairement qu'on a eu tort de la chercher au nord-ouest du lac de Timpanogos. Il ne faut pas remonter au nord plus haut que le Rio-Gila, et tourner à l'est dans la vallée de la rivière Rouge et vers le Mississipi.

Les croix rouges dont était parsemé le manteau du réformateur ont donné lieu à de nombreux commentaires. Mentionnons d'abord rapidement les différents peuples chez lesquels ce symbole se retrouve appartenant à des âges anciens.

Plusieurs ruines de monuments celtiques dans les îles de la Grande-Bretagne présentent cette forme, que l'on retrouve également dans quelques ruines druidiques. C'est le cas du grand temple de Classerniss dans l'une des îles Hébrides, et de la galerie et du cimetière que l'on voit à New-Grange en Irlande.

Dans l'Italie antique le bâton des augures romains était surmonté d'une croix. La croix figure sur l'un des bas-reliefs de Pompéia à côté d'autres symboles et des images des dieux des païens. Vénus est représentée par une croix et un cercle ; Saturne par une croix et un croissant. Sur l'une des faces d'une médaille trouvée à Citium, dans l'île de Chypre, nous dit Clarke dans ses Voyages, médaille qui date d'avant la fondation de l'empire macédonien, on voit, au milieu d'un carré dentelé, un cercle de grains ou rosaire d'où pend une croix. On lit dans Pococke que le même symbole fut retrouvé dans les fondations du temple de Sérapis à Alexandrie lorsqu'on le détruisit. En réponse aux écrivains qui n'ont vu là qu'une fraude pieuse de la part des païens nouvellement convertis à la foi chrétienne, Clarke répond d'une manière explicite et victorieuse, que la découverte n'aurait rien d'extraordinaire, et que ce symbole a certainement signifié l'immortalité de l'âme. En Égypte, le bâton d'Osiris est surmonté de la croix ou du *tau* sacré, et la *crux ansata* se retrouve dans les mains de plusieurs dieux. Quelques-uns des personnages peints sur les murs d'un tombeau de Thèbes, ouvert par Belzoni, sont tatoués d'une croix sur les bras et sur les cuisses. Dans l'une des grottes voisines d'Edfou, on a découvert une croix peinte sur le mur, avec cette inscription au bas : *La croix des chrétiens* ; ce qui indiquerait la crainte que cette croix ne pût être confondue avec la croix égyptienne. Dans quelques monuments en briques non cuites de l'oasis de Thèbes, la croix grecque figure à côté du célèbre hiéroglyphe égyptien, la *crux ansata*.

Dans l'Hindoustan et dans la haute Asie, patrie des systèmes religieux les plus anciens, la croix appartient à la plus haute antiquité et elle a un caractère sacré. L'un des principaux temples souterrains d'Éléphanta est creusé sur ce plan, et ce symbole se remarque au-dessus de la tête de quelques personnages des bas-reliefs. Les pagodes de Benarès et de Mathura affectent cette forme. Les Hindous portent fréquemment la croix suspendue à un rosaire, et l'usage de ces rosaires existe de temps immémorial dans l'Asie orientale. Brahma est souvent représenté le rosaire en main : le rosaire est l'arme des ascétiques de cette religion. On le retrouve au Thibet et dans la Chine. Les Mongols y attachent également un caractère sacré. On lit dans un voyageur moderne, Avril (*Voyage à la Chine*) : « Il est à remarquer que chez les Tartares le souverain pontife porte le nom de lama, mot qui en langue tartare signifie *croix*. Les Tartares de Bogdo, qui conquirent la Chine en 1644, et qui, en matière religieuse, reconnaissent la suprématie du dalaï-lama, portent avec eux des croix qu'ils appellent également lamas.

A en croire plusieurs écrivains, le symbole se serait retrouvé jusque dans quelques-unes des îles de l'Océan Pacifique ; les premiers voyageurs auraient vu les naturels des îles Gambier tatoués de croix. On lit dans Beechey que, lors de la découverte de l'île Mulgrave, les naturels portaient des colliers d'où pendait une croix.

De tout ceci il résulte d'une manière claire et positive que pour notre continent, et à la rigueur pour l'Océanie (en admettant les derniers faits qui la concernent comme suffisamment prouvés), la haute Asie serait la patrie de ce symbole, qui de là s'est répandu à peu près partout, en réclamant un droit à la très-grande vénération des hommes.

En est-il de même pour le continent américain? Le symbole de la croix y a-t-il jamais eu une valeur, je ne dis pas égale, mais seulement analogue? Énumérons les faits : Nous avons déjà dit que, sur la poitrine d'un squelette trouvé sous un des tumuli, aux États-Unis, était une croix de cuivre avec un collier de graines. Nous avons au Mexique les croix du manteau de Quetzalcoatl. Cordova et Grijalva, dans leur premier voyage au Yucatan, virent de larges croix de bois et de pierre, dont quelques-unes étaient peintes. Les Ytzaèques, peuple du Yucatan, avaient un singulier supplice : on enfermait les coupables, nous dit Waldeck, dans une croix de métal, et on la chauffait jusqu'à ce qu'ils expirassent. Les chambres souterraines du palais de Mitlan sont disposées en forme de croix. La croix se montre dans les bas-reliefs d'Uxmal, et l'une des figures semble occupée à compter les grains d'un collier. Nous avons parlé du célèbre bas-relief de la croix de Palenqué et de quelques fenêtres percées en forme du *tau* égyptien. « Les croix les plus célèbres, dit Clavijero, sont celles du Yucatan, à Mizteca, Queretaro, Tepique et Tianquitztepec; les missionnaires espagnols, dont elles attirèrent surtout l'attention, ne manquèrent pas de les attribuer à l'apôtre saint Thomas; la croix rappelait aux peuples de cette contrée le souvenir de leur grand prophète Chilam-Cambal. M. Stephens, dans son dernier voyage au Yucatan, a visité la célèbre croix de l'île de Cozumel. Elle est aujourd'hui dans un couvent de moines, qui ont placé dessus une grossière effigie du Christ en plâtre. Cette croix et une autre avaient figuré sur deux piliers qui sont les restes d'un temple ancien. Nous retrouverons chez les Péruviens un exemple unique d'une croix conservée par les Incas. Les Patagons se tatouent le visage d'une croix ; deux récents voyageurs, King et Fitzroy, ont pensé à tort qu'ils tenaient cet usage de leurs premiers rapports avec les Espagnols; c'était chez eux un usage antérieur. On lit dans un écrivain d'une grande autorité, Martin Dobrizhoffer : « Je ne puis dire ce que signifient ces croix et d'où vient cet usage; les Abipones eux-mêmes n'ont pu m'en instruire. Tout ce qu'ils savent, c'est que leurs ancêtres en usaient ainsi de tout temps, et cela leur suffit. » Et plus loin : « Et non-seulement les Abipones que j'ai vus portaient une telle croix sur leur visage, mais encore plusieurs portaient des croix noires sur leurs manteaux de laine rouge. »

Voilà tout ce qu'on est jamais parvenu à constater dans une question où les premiers investigateurs, les moines espagnols, ont cependant déployé un grand zèle, qu'on n'accusera pas de philosophique partialité.

De la seule circonstance que ces faits sont en petit nombre résulte la preuve la plus forte que la croix américaine n'a rien de commun avec la croix asiatique. Supposez la croix apportée d'Asie, elle ne peut être alors qu'un symbole vénéré, et de la vénération rendue à un symbole découle nécessairement sa reproduction à l'infini. Que prouve la forme d'un ornement de cuivre trouvé sur un squelette dans une sépulture unique, alors que dans les si nombreuses sépultures que l'on a fouillées aux mêmes contrées, et où l'on a trouvé tant de squelettes entourés d'objets de toute nature, la même circonstance ne s'est jamais reproduite une seconde fois? Que signifierait de même le bas-relief de Palanqué, où l'on a prétendu voir une adoration de la croix, alors que dans tant de temples du même pays et sur toute la surface de l'Anahuac, on n'a rien retrouvé qui eût avec cela le moindre rapport? Les croix du Yucatan, qui même sont très-loin d'être communes, proviennent de l'usage de marquer d'une pierre en forme de croix le monument que l'on élevait à l'expiration d'un *katun* ou semaine d'années; c'était un simple souvenir constatant qu'une époque chronologique s'était écoulée. Peut-être les croix des cycles petits et grands étaient-elles, dans certains cas, accompagnées de signes hiéroglyphiques, destinés à rappeler la nature des événements par lesquels le cycle se recommandait à la mémoire des hommes. Il y a loin de là au symbole religieux asiatique. La croix unique trouvée dans tout l'empire des Incas, et conservée dans le palais de l'Inca, doit avoir été un simple souvenir chronologique, comme nous le dirons plus au long en son lieu. Il en doit être de même des croix rouges du manteau de Quetzalcoatl, croix que peut-être le réformateur n'a jamais réellement portées, mais que l'on aura plus tard semées sur le manteau du dieu, comme souvenirs chronologiques, ou en mémoire de ce qu'il avait rectifié le calendrier. Son nom de serpent lui vint peut-être de la même cause; le serpent se mordant la queue est le signe hiéroglyphique de l'année, le même serpent roulé, et présentant quatre nœuds, indique le cycle de quatre semaines d'années. Quant au tatouage en croix des Patagons, et à la croix sur le manteau de quelques-uns, il serait bien extraordinaire, et on peut déclarer vraiment impossible que la croix de Quetzalcoatl et du Yucatan fût arrivée jusque chez eux, à travers l'Amérique du Sud, sans laisser nulle part trace de son passage dans l'intervalle. S'il faut voir dans cette croix des Patagons autre chose qu'une naïve combinaison artistique de la ligne horizontale et de la verticale, et peut-être un signe de reconnaissance qui aura existé dans un temps pour distinguer une tribu d'une autre, il résulte du moins de leur réponse qu'ils ne la portaient nullement comme un symbole qui se recommandât à leur vénération.

En résumé, notre opinion est que l'Amérique centrale a eu son Bouddha et son Confucius dans le réformateur Quetzalcoatl. Ce qui nous donne surtout la conviction qu'une réforme aussi radicale aura été accomplie, du moins pour quelque temps, qu'une croyance aussi pure aura été enseignée, bien que le bon grain ait été promptement étouffé par l'ivraie, c'est : 1° la disparition de la caste sacerdotale héréditaire, que l'histoire nous montre chez tous les peuples autochthones avoir présidé au début de la civilisation, et ne rentrer dans le néant que longtemps après qu'elle est devenue, d'instrument utile, obstacle inerte ou fardeau écrasant. 2° L'absence de toute société d'initiés. Ces sociétés procèdent par rechercher le dieu qui convient à une aristocratie des intelligences; elles enveloppent leur enseignement de formules dont l'obscurité étudiée semble aussi bien faite pour décourager la pénétration du disciple que pour l'exercer; elles s'appliquent à voiler la lumière, et redoutent le moindre rayonnement en dehors du cercle de l'initiation; vient enfin le réformateur, dont la parole simple et lucide disperse les voiles, abaisse les murailles du cercle, met la lumière à la portée de tous également, et enseigne une même loi divine pour le noble et le plébéien, pour le docte et pour le pauvre d'esprit. 3° L'institution de congrégations religieuses, où le premier titre pour être admis est une vie sainte et irréprochable, et le détachement de toutes les voluptés terrestres. 4° Enfin cette considération, vraiment toute-puissante, que de pieux catholiques, de doctes théologiens, qui ont vécu parmi ces peuples, alors que la croix n'était pas encore le symbole de la foi pour les majorités, et à qui l'on ne refusera pas d'avoir dû discerner entre la lumière et les ténèbres, n'ont pas reculé devant la pensée de voir dans le réformateur un missionnaire de la foi catholique, tant les vestiges de ses enseignements, bien qu'altérés, leur ont paru sublimes et toucher de près à la doctrine que Jésus prêcha sur notre continent! Certes, les esprits les plus difficiles auraient mauvaise grâce à nous reprocher de chercher à Bouddha et à Confucius un rival dans l'homme de génie et de cœur que des savants, approuvés par des papes, ont pris pour un apôtre du Christ, pour le vénérable saint Thomas.

Nous venons de parler du réformateur en sa qualité d'homme, nous le retrouverons plus loin en sa qualité de dieu.

Si l'on nous objectait qu'il est difficile de supposer que des populations, après avoir touché de si près les hauteurs du spiritualisme, aient pu retomber dans les superstitions d'une ignoble idolâtrie, et même revenir aux sacrifices humains, nous répondrions par l'exemple du peuple hébreu. Longtemps après que Moïse eut reçu la loi sur le mont Sinaï, ne voyons-nous pas Jephté, élu chef d'Israël, immoler sa fille à Jéhovah, en reconnaissance de la victoire accordée à ses armes? Plus tard, après les règnes si brillants du pieux David et du grand Salomon, ne voyons-nous pas les deux tribus de Benjamin et de Juda demeurer seules fidèles au culte de Jéhovah, tandis que la politique des dix autres, c'est-à-dire de la presque totalité d'Israël, introduit, à côté du culte du Dieu de ses pères, le culte des idoles empruntées à l'étranger? Et cependant ces Hébreux apostats avaient une écriture phonétique. La connaissance des livres sacrés était chez eux une chose vulgaire. La vraie doctrine, affranchie de toutes les chances d'erreurs qui peuvent résulter de la tradition orale ou d'une grossière hiéroglyphie purement *figurative*, avait d'admirables chances de durée. Malgré cela l'erreur dure, non-seulement pendant une génération, mais elle se perpétue de génération en génération pendant près de quatre siècles, de l'an 978 avant Jésus-Christ, jusqu'à l'an 588, où Nabuchodonosor emmène à la fois en esclavage toute la race juive, aussi bien les vrais croyants que les infidèles.

L'histoire religieuse des dix tribus séparées du temple de Jérusalem offrirait probablement un caractère assez analogue à celui qui frappe tout d'abord dans l'histoire religieuse du Mexique. Les traces d'institutions sublimes apparaissent çà et là au milieu d'un chaos de croyances absurdes, de pratiques sauvages et atroces, sans qu'il soit possible à l'observateur, même le plus persévérant, d'y reconnaître et d'y saisir l'ensemble d'un système.

Au surplus, nous avons la preuve que le retour à l'idolâtrie ne dut pas s'accomplir chez les populations de l'Anahuac sans protestation de la part des esprits éclairés. Nous voyons sur le trône de Tezcuco les rois de cette dynastie chichimèque-acolhue, venue, comme la race aztèque, de la terre étrangère, tenter de suivre une autre politique et s'appliquer à conserver chez les vaincus les dernières lueurs d'une raison qu'ils reconnaissent supérieure à celle des vainqueurs. Le prince le plus éclairé, Nezahualcojotl, essaya plusieurs fois de repousser l'introduction des sacrifices humains, commandée par la politique des souverains aztèques. Il construisit un téocalli sur la plate-forme duquel s'élevait une tour, dont neuf étages représentaient les neuf étages des cieux; un dixième avait un plafond peint en noir sur lequel des incrustations d'or, d'argent et de pierres précieuses figuraient les astres qui brillent à la voûte céleste. Il le dédia au *Dieu inconnu, la cause des causes*. Aucune image ne fut admise dans ce lieu consacré au Dieu invisible, à qui l'on n'offrait que le parfum des fleurs et du copal.

Dans la religion mexicaine, le Dieu suprême invisible avait nom *Teotl*. On l'appelait aussi *Ipalnemoani*, celui par lequel nous vivons, l'âme du monde, ou encore *Tloque-Nahuaque*, celui qui est tout, qui possède tout en lui. Dans ce dernier cas, il était probablement l'unité cosmique, l'esprit et la matière coexistants, coéternels. Il n'a point de culte ; les hommages et les prières sont réservés pour d'autres dieux moins parfaits, plus rapprochés de l'humanité, et sujets comme elle à des transformations périodiques. « Les Mexicains, dit Gomara, étaient prévenus de cette folle opinion qu'il fut un temps où il n'y eut point d'autre Dieu dans le ciel, jusqu'à ce que les hommes eussent commencé à devenir misérables à mesure qu'ils se multipliaient. Ils regardaient leurs dieux comme des génies favorables, qui s'étaient produits à mesure que l'humanité avait eu besoin d'eux. » C'est le système de l'émanation, qui se retrouve dans presque toutes les religions.

L'usage de se tourner vers l'orient pour prier, et surtout l'expression proverbiale que nous avons déjà citée, *Iz Teotl, là sera Dieu*, en parlant du soleil, nous montre que, pour les esprits ordinaires, le soleil devenait Dieu lui-même. Le prince éclairé de Tezcuco faisait à l'opinion vulgaire cette concession, qu'il se qualifiait de fils du soleil, avec la terre pour mère. Ce titre de fils du soleil répondait à notre mot *divin*. C'était le plus beau que l'on pût donner à un homme, et les Indiens ne se faisaient pas faute de l'appliquer. Dans la nuit fatale où les Espagnols, évacuant Mexico, et pressés par l'ennemi, trouvaient la mort sur les chaussées rompues du lac, l'un d'eux, Alvarado, échappa d'une manière presque miraculeuse, en franchissant tout d'un saut, appuyé sur sa lance, la dernière et immense brèche qui le séparait du rivage. Amis et ennemis, Aztèques et Tlascalans (ces derniers étaient les alliés de Cortez), s'écrièrent tout d'une voix, dans leur transport d'admiration : Celui-ci est vraiment fils de *Tonatihu*, fils du soleil.

Nous avons vu les plus antiques téocallis du Mexique, les pyramides de Teotihuacan, consacrées au culte du soleil, *Tonatihu*, et de la lune, *Meztli*. La lune était adorée comme femme du soleil, et les étoiles comme ses sœurs. Une statue colossale du soleil figurait sur la plate-forme du téocalli consacré à ce dieu. Elle était taillée dans un seul bloc, et faisait face à l'est. Sa poitrine était couverte d'une plaque d'or et d'argent, sur laquelle venaient se réfléchir les premiers rayons de l'astre à son lever. Le manuscrit d'Ixtlilxochitl fait mention des restes de cette statue, que l'auteur a vus au commencement du dix-septième siècle. Boturini les a retrouvés encore dans la première partie du dix-huitième. Ils avaient entièrement disparu lors de la visite de Veytia, en 1757. La statue avait été brisée par l'ordre de l'infatigable évêque Zumarraga, dont la main fut plus lourde pour les monuments de l'Anahuac que la main du temps.

La lune était personnifiée sous la figure d'une femme ayant à côté d'elle un serpent, et recevant le nom de *Cioacoatl* ou la *femme serpent*. Les premiers écrivains espagnols ont vu dans cette femme un rapport avec l'Ève des Hébreux et des Syriens ; d'autres y voient une réminiscence de la tradition de quelques peuplades sauvages de l'Amérique du Nord, qui supposent, lorsque la lune est à son déclin, qu'elle est dévorée par un grand serpent. La légende de la femme serpent, pour désigner la lune, aura probablement été apportée dans l'Anahuac par les hordes conquérantes.

Lors d'une éclipse de soleil ou de lune, l'opinion vulgaire

au Mexique supposait que l'un de ces astres s'efforçait de dévorer l'autre. En conséquence, pour hâter la fin du conflit, on faisait le plus grand bruit possible, on battait les chiens et les esclaves pour les faire hurler et crier, et on lançait des traits vers le ciel.

Bien que l'on appelât quelquefois cette femme-serpent la mère de *notre chair*, peut-être dans le même sens que les Égyptiens l'appelaient la *mère du monde*, il ne faut pas la confondre, dans le culte mexicain, avec la déesse *Centeotl*, qui était l'emblème de la fécondité, la déesse de la terre et des récoltes. Cette dernière recevait le nom de *Tonantzin*, notre mère, et de *Teteoinan*, la mère des dieux, sans doute de ceux de l'ordre le plus inférieur. Selon les Aztèques, elle était née mortelle; le dieu Huitzilopochtli lui procura les honneurs de la divinité en enjoignant à son peuple (qui ne tenait encore qu'une bien petite place dans l'Anahuac) de la demander pour reine à son père, le roi de Colhuacan. La jeune vierge arrivée, le dieu ordonna qu'on la lui immolât comme victime, et que l'on couvrît un jeune homme de sa peau.

Ce terrible dieu Huitzilopochtli avait été le dieu particulier de la petite horde des Aztèques pendant les longues années de leur migration. Son image, en bois, placée dans une châsse de roseaux, avait constamment cheminé au milieu d'eux, sur les épaules de quatre prêtres. Son nom se composait de deux mots, *Huitzilin*, qui désigne l'oiseau colibri, et *opochtli*, qui signifie gauche; car le dieu était peint avec des plumes de colibri sous le pied gauche. Les premiers écrivains espagnols ont corrompu ce nom en *Vizlipuzli*.

L'idole de Huitzilopochtli était une figure humaine, faite d'un bois précieux, assise sur un siége de couleur d'azur, que supportait un brancard, d'où l'on voyait sortir, aux quatre côtés, quatre têtes de serpent. Le front de l'idole était peint en bleu; elle avait sur le nez une raie bleue, qui traversait d'une oreille à l'autre. Montanus, écrivain hollandais, dit que cette idole avait des ailes semblables à celles de la chauve-souris, de grands yeux ronds, une bouche fendue jusqu'aux oreilles.

L'auteur de la *Conquête du Mexique* dit qu'elle était placée sur un autel fort élevé, entouré de rideaux. « On l'avait faite de figure humaine, assise sur un trône soutenu par un globe d'azur, qu'ils appelaient le ciel. Il sortait de ce globe quatre bâtons dont le bout était taillé en tête de serpent. Cela formait un brancard, que les sacrificateurs portaient sur leurs épaules quand ils produisaient l'idole en public. Elle avait sur la tête un casque de plumes de diverses couleurs, en figure d'oiseau, avec le bec et la crête d'or bruni. Son visage était d'une sévérité affreuse, et encore plus enlaidi par deux raies bleues, qu'elle avait, l'une sur le front et l'autre sur le nez. Sa main droite reposait sur une couleuvre ondoyante, qui lui servait de bâton ; la gauche portait quatre flèches, qu'ils révéraient comme un présent du ciel, et un bouclier couvert de cinq plumes blanches mises en croix. Tous ces ornements, ces marques et ces couleuvres avaient leur signification mystérieuse. Le dieu était couvert de perles et de joyaux. »

La tradition racontait ainsi la naissance du dieu. Une femme priant dans le temple vit tout-à-coup flotter dans l'air une touffe de plumes aux brillantes couleurs. Elle les prit et les plaça sur son sein. Peu à peu elle devint grosse et enfanta le terrible dieu, qui vint au monde, comme la Pallas des Grecs, tout armé.

Sur la plate-forme du grand téocalli de Mexico, à côté de la chapelle du dieu des vainqueurs, était la chapelle du dieu *Tlaloch*, que quelques écrivains ont confondu avec le dieu de la pénitence, et dont d'autres ont fait le dieu de l'eau. Dans ces contrées, où la sécheresse est le fléau le plus ordinaire et le plus redouté, le dieu de l'eau avait droit à des hommages empressés. On lit dans Gomara « que les Mexicains tenaient ces deux dieux, Tlaloch et le dieu de la guerre, pour frères et pour si bons amis qu'ils partageaient entre eux le pouvoir souverain sur la guerre, égaux en force et uniformes en volonté. Par cette raison, ils ne leur offraient à tous deux qu'une même victime; les prières étaient en commun. Ils les remerciaient également des bons succès, et tenaient, pour ainsi dire, leur dévotion en équilibre. » Nous serions tenté de voir dans ce dieu de l'eau un dieu des peuples vaincus, admis, par la politique des Aztèques, à vivre en confraternité avec le leur. Ce qui nous porte à le croire, c'est que ce dieu recevait un hommage particulier alors que les récoltes commençaient à sortir de terre, alors qu'elles approchaient de la maturité, et alors que les moissons se faisaient. On reconnaît là le dieu de la population agricole plutôt que celui des fiers guerriers vivant de tributs et du travail des serfs.

Tezcatlipoca était le dieu de l'expiation. Les Mexicains l'invoquaient dans l'adversité, parce qu'ils croyaient qu'il châtiait les péchés du genre humain par la peste et la famine. On le représentait de deux manières, mais toujours assis sur un trône, au-dessus d'un autel. Quelquefois son idole était faite d'une pierre noire, luisante comme du jais et couverte de joyaux. Elle portait des pendants d'oreilles d'or; un bijou attaché à une chaîne du même métal ornait son cou et sa poitrine; un petit tuyau de cristal, de la longueur de quelques centimètres, perçait sa lèvre inférieure; au bout du tuyau on attachait souvent une plume verte ou bleue, ce qui n'était pas l'effet d'un caprice, mais un symbole appartenant à cette divinité. De ses cheveux tressés avec un cordon d'or pendait une oreille, autre symbole pour montrer que le dieu écoutait volontiers les prières. La main droite était armée de quatre flèches, symbole des quatre fléaux qu'il envoyait dans sa colère : la peste, la guerre, la famine et la pauvreté. La main gauche tenait un miroir d'or bien poli, et qui reflétait distinctement les objets, ce qui signifiait que rien n'était caché à ce dieu vengeur. D'autres fois, un rideau rouge, sur lequel étaient peints des têtes et des ossements humains, servait à cacher l'idole, dont le bras droit était levé et semblait lancer un javelot. La main gauche soutenait un bouclier, d'où l'on voyait sortir quatre flèches, autour de cinq pommes de pin disposées en croix. La tête était couverte de plumes de cailles. Lorsque l'idole n'était point faite d'une pierre noire, elle était soigneusement peinte en noir.

Quetzalcoatl, adoré comme dieu, était le dieu de l'air : on l'appelait aussi celui *qui prépare le chemin pour le dieu de l'eau*. Il était le dieu de la science et des inventions; sous ce point de vue, il représentait, dans la mythologie mexicaine, l'Hermès égyptien. Pour l'ordinaire, on donnait à son temple la forme ronde. Sa chapelle la plus célèbre était sur le téocalli de Cholula. Le P. Sahagun, qui vit de ses yeux les idoles aztèques « avant que le bras des chrétiens nouveau-convertis les fît tomber de la place où siégeait leur orgueil », donne en détail le costume et les insignes du dieu. Il avait la face noire, bien différente de celle qu'on lui avait attribuée de son vivant : cette circonstance n'est-elle pas vraiment remarquable? Il était coiffé d'une mitre surmontée de plumes couleur de feu. Il portait au cou un magnifique collier d'or, des pendants d'oreille en turquoises, un riche sceptre dans une main; l'autre main s'appuyait sur un bouclier où étaient peints de curieux emblèmes destinés à rappeler le pouvoir qu'il exerçait sur les vents. On venait en pèlerinage à cette chapelle de tous les points les plus reculés de l'Anahuac. Cortez, qui prit tous ces pèlerins pour autant de mendiants, dit dans sa correspondance : « On voit ici des mendiants par bandes, tellement qu'on se croirait dans un pays civilisé de l'Europe. »

Sans pousser plus loin cette énumération, nous nous contenterons de dire qu'il en est de ce polythéisme comme de tous les autres. Nous avons vu déifier la terre, l'air et l'eau; il en était de même du feu. L'herbe des prairies, les montagnes, la nuit, l'enfer ont leurs dieux. Il y en a pour le commerce, la chasse, la pêche, la médecine, le vin, les plaisirs, les fleurs, etc. Le nombre monte à plus de deux cent soixante, qui sont classés selon leur importance et hiérarchiquement, à partir des grands dieux jusqu'aux dieux domestiques, dont les petites images ornaient et protégeaient jusqu'à la plus pauvre habitation. Toute cette mythologie était devenue commune aux diverses nations de l'Anahuac; seulement, chaque contrée et même chaque ville avait sa divinité protectrice, sa divinité de prédilection. A supposer qu'une pensée dominante ait relié tout cela en un ensemble, les documents font aujourd'hui entièrement défaut à l'investigateur qui serait tenté de se mettre à la recherche de cette pensée. Pour saisir quelque peu le système philosophique de cette religion, il faut, selon nous, étudier soigneusement celui de la religion des Incas.

Il serait curieux de savoir quel dieu était adoré dans la hideuse idole que l'on a retrouvée tout récemment sous le pavé de la galerie de Mexico, où elle resta enfouie depuis le temps de la conquête espagnole. C'est, dit **M.** d'Orbigny, un globe de basalte de neuf pieds de haut, dans lequel on a taillé une figure difforme qui tient autant du tigre que de l'homme, autant du singe que du reptile. Deux grands serpents lui tiennent lieu de bras, et sa draperie se compose de festons de vipères; ses côtés sont deux ailes de vautour; ses pieds sont ceux d'un tigre qui ouvre les griffes; et, entre ces deux emblèmes, paraît la tête d'un autre serpent à sonnettes, qui semble glisser le long de l'idole. Quant à ses ornements, ils cadrent avec la forme du monstre : c'est un énorme collier de cœurs humains, de crânes et de mains qui sont suspendus à des entrailles, collier repoussant et hideux, qui couvre entièrement la poitrine de la statue, en laissant voir seulement le haut des seins. Sans doute, au temps où le peuple l'adorait, cette statue devait être peinte de couleurs qui ajoutaient à son effet terrible.

« Les peuples du Mexique, dit Gomara, croient, d'après leurs peintures hiéroglyphiques, qu'avant le soleil qui les éclaire maintenant (seizième siècle) il y en a eu déjà quatre qui se sont éteints les uns après les autres. Dans ces quatre âges, l'espèce humaine a été anéantie par des inondations, des tremblements de terre, un embrasement général et l'effet des ouragans. Après la destruction du quatrième soleil, les ténèbres ont couvert le monde pendant vingt-cinq ans; c'est au milieu de cette nuit profonde, dix ans avant l'apparition du cinquième soleil, que le genre humain a été régénéré. Alors les dieux, pour la cinquième fois, créent un homme et une femme. » Les Mexicains comptaient, en 1552, huit cent cinquante ans depuis le jour où parut le dernier soleil. Torquemada veut que cette fable soit d'origine toltèque.

M. de Humbolt en a donné un savant commentaire, d'après une peinture mexicaine. Le premier âge, celui des combats contre les géants, est aussi l'âge où la terre finit par refuser les aliments. Il a cinq mille deux cent six ans. La disette, représentée sur la peinture par un génie malfaisant qui descend sur la terre pour arracher l'herbe et les fleurs, fait périr la première génération des hommes. L'âge du feu vient ensuite; sa durée est de quatre mille huit cent quatre ans. Les oiseaux seuls peuvent échapper à l'embrasement; tous les hommes sont métamorphosés en oiseaux, excepté un homme et une femme, qui se sauvent dans une caverne. Quatre mille dix ans composent la durée du troisième âge, l'âge du vent. Les hommes périssent par l'effet des ouragans, mais quelques-uns sont changés en singes. Le quatrième âge, celui de l'eau, la dernière des grandes révolutions que la terre ait éprouvées, voit tous les hommes convertis en poissons, moins un homme et une femme, qui se sauvent dans un tronc d'arbre. La peinture nous montre Coxcox, le Noé des Mexicains, et sa femme, Xochiquetzal, assis dans un tronc d'arbre couvert de feuilles, et flottant au milieu des eaux. L'ensemble de ces quatre âges donne dix-huit mille vingt-huit ans. On ne voit nulle part indiqué combien d'années s'étaient écoulées depuis le déluge de Coxcox jusqu'à la fondation de Mexico ; mais quelque rapprochées qu'on suppose ces deux époques, on trouve toujours que les Mexicains attribuaient au monde une durée de plus de vingt mille ans. On retrouve dans les quatre destructions, fait observer M. de Humboldt, l'emblème des quatre éléments : la terre, le feu, l'air et l'eau.

Il existe une autre peinture curieuse, qui représente la migration des Aztèques, et dans laquelle on retrouve aussi, dit-on, le déluge de Coxcox. Un homme nu est étendu dans un bateau, et lève les bras comme s'il implorait. Plus haut, est figurée une montagne qui porte un arbre, et sur cet arbre un oiseau qui bat des ailes. De son bec s'échappent une infinité de petites languettes, comme on en voit, dans les peintures mexicaines, devant la bouche des personnages, pour désigner qu'ils sont vivants. D'un côté de la montagne, est une tête d'homme, surmontée d'une tête d'oiseau ; de l'autre, une tête, ornée de deux pointes, que l'on dit être une tête de femme, et surmontée d'une main. Un groupe d'hommes s'avance vers l'oiseau. Au-dessous de tout cela, sur les sinuosités d'une ligne qui indique la ligne de migration, défilent quinze hommes, dont chacun porte sur sa tête un emblème différent. Il faut voir là, dit-on, la reproduction d'une tradition aztèque, d'après laquelle l'homme dans le bateau rappellerait le déluge. On peut demander, il est vrai, pourquoi Coxcox se trouve ainsi seul et sans sa femme. Les deux têtes des deux côtés de la montagne seraient celles de Coxcox et de sa femme Xochiquetzal. La chose est bien problématique, d'autant plus que les Mexicains avaient un dieu représenté avec une tête d'oiseau au-dessus de la sienne. L'oiseau sur l'arbre distribuerait les différents langages aux hommes groupés devant lui ; cela peut s'admettre, et nous croyons que les quinze personnages qui défilent au-dessous seraient les quinze chefs de familles à qui il fut accordé de parler le même langage, et qui habitèrent la contrée d'Aztalan. C'est au lecteur à juger quelle foi on peut ajouter à toutes ces explications si conjecturales.

Nous mentionnons ici seulement pour mémoire, et sans autre garantie que celle de Clavijero, une tradition qu'il attribue au peuple du Mechoacan, d'après laquelle *Tezpi* (qui est le même personnage que Coxcox) construit une arche, y enferme des couples de toutes les créatures vivantes, et puis, le déluge terminé, envoie à la découverte le vautour, qui ne revient pas, et ensuite le colibri, qui revient avec une petite branche au bec. Ceci s'accorderait assez mal avec les idées de transmigration des âmes que nous venons de voir dans la cosmogonie mexicaine et avec les métamorphoses des hommes en oiseaux, en singes et en poissons.

Cette croyance à une métempsycose se retrouve à propos du paradis aztèque. Chez eux, l'homme n'était pas seul appelé à jouir du bienfait d'une âme immortelle : les animaux partageaient avec lui cet avantage. Par suite de cette pensée, certains animaux avaient droit à une sorte de culte : on consacrait des chapelles au jaguar, à l'aigle et surtout au serpent. Dans l'année 1791, on découvrit à Mexico une tombe contenant le squelette d'un loup. Il avait été soigneusement déposé dans un cercueil de pierre avec quelques vases d'argile et de métal. L'ancienne Mexico possédait deux vastes édifices, dont l'un servait d'asile aux animaux inoffensifs, et l'autre aux animaux qui vivent de proie, oiseaux, quadrupèdes ou reptiles.

Clavijero dit que les Mexicains croyaient à une demeure où les âmes des morts séjournaient un certain temps, jusqu'au moment de venir habiter d'autres corps, ordinairement des corps d'animaux. Leur dieu *Mictlanteuctli*, le souverain de la demeure des morts, a du rapport avec l'Égyptien Sérapis, celui qui gouverne les morts. L'Égyptien Anubis est représenté avec une tête de chien ; des chiens consacrés étaient nourris dans son temple ; son office consistait à conduire les âmes des morts à leur destination. Une des cérémonies principales des funérailles mexicaines consistait à tuer un *techichi*, le chien du Mexique, afin qu'il accompagnât le défunt dans l'autre monde. On pensait que sans le secours d'un tel guide il était impossible de se tirer des sombres chemins qui y conduisent.

Et, en effet, il fallait, disait-on, passer entre deux montagnes qui se heurtent sans cesse, près du grand serpent, sur les terres du crocodile, au milieu de huit déserts, et franchir ensuite huit montagnes noires. Avant de brûler le corps, et tandis qu'il était exposé assis dans un fauteuil, on plaçait près de lui des papiers couverts de peintures hiéroglyphiques, espèce de passe-port pour le voyage qu'il allait entreprendre. Le corps du monarque était couvert de dix-sept couvertures fort riches, dont chacune avait sans doute une destination symbolique, et son visage restait caché sous un masque enrichi de perles et de pierres précieuses. On brûlait encore avec le défunt une image de son dieu tutélaire. D'Acosta s'est trompé en supposant qu'on sacrifiait nécessairement, dans ces funérailles solennelles, quelques-uns des parents.

La privation de la lumière était le seul tourment qui attendît les âmes des méchants. Une autre classe d'hommes, dont le mérite était d'avoir succombé à certains genres de maladies, était appelée à goûter, dans un séjour à demi éclairé, une sorte de satisfaction tranquille. Les soldats morts sur le champ de bataille ou captifs de l'ennemi, et les femmes qui mouraient en couches, allaient habiter le palais du soleil. Les âmes des guerriers escortaient le soleil depuis son lever jusqu'au milieu de sa course; les femmes l'accompagnaient ensuite jusqu'à son coucher. Après quatre ans de cette vie de béatitude, toutes ces âmes étaient transformées, soit en nuages, soit en oiseaux au brillant plumage, soit en poumas (le lion de l'Amérique) ou en jaguars. Les nobles avaient leur paradis à part. Un autre séjour était réservé aux âmes des malheureux enfants sacrifiés sur les autels. On disait aussi qu'une place privilégiée dans le grand temple était occupée par ces âmes d'enfants, et que là, invisibles, elles assistaient, à certains jours de l'année, aux cérémonies religieuses.

Clavijero est le seul écrivain qui mentionne, dans cette religion, l'existence d'un mauvais esprit, ennemi de la race humaine, et portant un nom dont le sens serait *chouette douée de raison*. On reconnaissait des facultés supérieures à cet animal, qui voit dans la nuit. On ne peut établir sur une aussi faible base la croyance positive à un dogme qui aurait du rapport avec le dualisme et avec le principe du mal dans les religions de notre continent. Cependant nous verrons plus loin, dans la cérémonie du baptême, la croyance à une influence pernicieuse qui menace l'enfant. Le principe du mal, dit à ce sujet M. Prescott, dominait trop abondamment dans la nature de tous les dieux aztèques, pour qu'il fût besoin de songer à le personnifier dans un seul dieu spécial.

Et, en effet, dans nulle autre religion, jamais les dieux ne se montrèrent aussi terribles, aussi avides du sang humain. Le sacrifice humain a été par toute la terre le premier culte que l'homme ait imaginé de rendre à la Divinité. Le dieu des premiers Hébreux lui-même tente Abraham, et, pour voir jusqu'où va son obéissance, il réclame du vieux père le sacrifice de son fils unique. Le fait ne s'accomplit pas; mais le principe est reconnu. L'homme doit à Dieu la victime, quelle qu'elle soit, qu'il plaira à Dieu de lui demander. Voyons dans le petit peuple aztèque, réfugié sur une île du lac de Tezcuco, le débris d'une nation à demi civilisée, que cinquante ans d'une migration laborieuse et féconde en mille dangers, ont ramené à l'état de barbarie à peu près complète. Pour maintenir quelque discipline parmi ces rudes Calibans, l'enseignement religieux doit procéder par la terreur; les dieux irrités demanderont le sang coupable en expiation de la moindre faute, et aussi le sang le plus précieux, le sang le plus innocent, en échange des faveurs qu'on implorera d'eux. Entouré de voisins puissants, il faut périr ou les soumettre. La politique des chefs, pour entretenir l'esprit guerrier et satisfaire aux exigences des prêtres, sans qu'il en coûte autant à la nation, fait admettre que les dieux accepteront pour victime le captif recueilli sur le champ de bataille. Le petit peuple guerrier et fanatique se rue à la recherche de victimes ; il se répand dans la vallée de Mexico, et puis sur tout l'Anahuac, imposant son atroce doctrine à chaque nouveau peuple, dont il se fait un instrument qui lui sert à en dompter d'autres. Cortez demandait à Moctezuma pourquoi il avait laissé la république de Tlascala conserver son indépendance au milieu de l'Anahuac soumis. « Afin qu'elle puisse me fournir des victimes pour mes dieux, » répondit le pieux monarque. Le manuscrit d'Ixtlilxochitl fait mention d'un singulier traité entre les rois alliés et la république de Tlascala et ses confédérés. On y convient d'un lieu qui servira de champ de bataille, et de certaines époques de l'année où l'on se battra, afin que chacun puisse s'approvisionner de victimes. Le vainqueur ne profitera pas de son avantage pour envahir le territoire ennemi, et pour tout le reste, les parties continueront à vivre dans la meilleure intelligence.

Dans certains cas, par exemple, quand le captif était un personnage distingué par sa naissance ou par sa valeur, il arrivait que quelque dévot croyait faire un acte agréable au dieu en jouant sa vie contre celle de la victime. Un duel avait lieu entre lui et le captif; tous deux nus et armés d'un bouclier et d'un glaive de bois garni de lames d'obsidienne, ils combattaient, à la vue du peuple, sur une vaste pierre circulaire, à laquelle le captif était lié par un pied seulement. Si le captif demeurait vainqueur, il échappait à la mort, et c'était au vaincu à servir de victime à sa place.

Parée comme le dieu en l'honneur de qui elle allait être immolée, la victime assistait aux processions, aux danses mêlées de chants, et à toutes les solennités de la fête. L'instant fatal venu, on lui faisait monter, nue et les mains libres, les degrés qui conduisaient à la plate-forme du téocalli. Quelquefois un prêtre lui présentait, avant de monter, une petite idole, faite de maïs et de miel, en lui disant : Voilà votre dieu. La pierre du sacrifice était un bloc de jaspe vert, présentant une surface convexe. Les prêtres y étendaient le patient sur le dos ; quatre étaient occupés à lui tenir fortement les pieds et les mains ; un cinquième lui passait autour du cou un collier de bois, dont la forme était celle d'un serpent roulé ; et le sixième, le *topiltzin* ou grand sacrificateur, couvert d'un vêtement rouge, assez semblable à nos scapulaires, la tête ornée de plumes vertes et jaunes, les oreilles d'anneaux d'or et d'émeraudes, et la lèvre inférieure d'une petite turquoise, montrait à la foule qui se pressait au bas du téocalli le dieu à qui il allait sacrifier, et invitait à entrer en prières. Armé de son couteau d'obsidienne, il s'approchait de la victime, lui fendait l'estomac, et lui arrachait le cœur, qu'il présentait d'abord au soleil et qu'il jetait ensuite au pied de l'idole ; le reprenant aussitôt, il l'offrait à l'idole elle-même, soit en l'introduisant dans la bouche, soit en se contentant de lui en frotter les lèvres ; après quoi il le brûlait, et en recueillait précieusement les cendres. Quand la victime était un prisonnier de guerre (nous avons vu que c'était le cas le plus fréquent), on coupait la tête, que l'on conservait dans des lieux consacrés à cet usage.

Le corps était rendu au maître du captif, qui le faisait manger à ses amis comme un mets pieux dans un banquet solennel. Ce n'était point là un repas de cannibales faméliques ; la chair humaine prenait place au milieu de mets préparés avec un art raffiné et de breuvages exquis. Jamais aucune civilisation n'a présenté de contrastes plus étranges et plus révoltants. Marco parle, il est vrai, d'un peuple civilisé, dans le sud de la Chine, et d'un autre dans le Japon, qui boivent le sang et mangent la chair de leurs captifs.

Selon la divinité à laquelle il s'adressait, le sacrifice était précédé ou accompagné de certaines circonstances, dont le sens allégorique est aujourd'hui insaisissable. Nous nous bornerons à en mentionner quelques-unes.

La victime que l'on immolait lors de la fête du dieu Tezcatlipoca devait être un jeune homme d'une beauté remarquable et sans aucune tache sur le corps. Pendant une année, il avait la mission de représenter le dieu. On lui nommait des tuteurs qui lui apprenaient à remplir son rôle avec grâce et dignité. Devant lui fumait le copal et brillaient les fleurs au plus doux parfum. Quand on le promenait par les rues, il voyait la foule se prosterner et l'adorer. Quatre jeunes filles, portant le nom des principales déesses, étaient appelées à l'honneur de partager sa couche. Les grands personnages le festoyaient journellement et le traitaient comme un dieu. Enfin, l'heure du sacrifice venue, le grand prêtre l'immolait avec les plus grandes démonstrations de respect. Les principaux nobles se partageaient à leur table ses doigts et ses bras.

A la fête du dieu *Xipe*, le dieu des richesses, un prêtre se revêtait de la peau encore toute sanglante de la victime, et parcourait les rues, demandant l'aumône à tous ceux qu'il rencontrait. A l'une des fêtes du dieu Tlaloc, la prérogative du clergé allait jusqu'à courir sus aux passants et à les dépouiller. Ils n'épargnaient même pas, ce jour-là, les magasins royaux, s'ils parvenaient à les forcer, ni les receveurs des impôts qui leur tombaient sous la main.

Dans la fête du dieu du feu, chaque victime avait son parrain choisi parmi les principaux personnages. Le noble patron, après avoir bu et mangé toute la nuit avec le patient, et longtemps dansé à côté de lui autour d'un bûcher flamboyant, l'y précipitait et le retirait promptement pour qu'il pût être sacrifié vivant à la manière ordinaire. Pareille horreur se répétait lors de l'anniversaire de l'arrivée des dieux, dans la nuit qui précédait l'instant où les prêtres, après avoir étendu une natte devant l'autel de Tezcatlipoca, annonçaient y distinguer la trace des pas divins.

A la fête de la mère des dieux, une jeune vierge servait de victime. Quelques vieilles matrones dansaient autour d'elle un jour durant, en l'excitant à la résignation ; c'étaient elles qui lui tranchaient la tête, après que le grand prêtre l'avait immolée. On sacrifiait à Tlaloc de pauvres enfants tenus en cage comme de petits oiseaux.

La fête la plus solennelle était celle qui revenait tous les cinquante-deux ans, et marquait le passage d'un cycle à l'autre. C'était une croyance générale dans tout l'Anahuac, que le monde devait finir à l'expiration d'un cycle. A cette fatale époque, on éteignait le feu sacré dans les temples ; personne n'eût osé en entretenir dans sa maison. On déchirait ses vêtements, on brisait ses meubles précieux, en signe de détachement des choses de la terre. Les femmes enceintes devenaient un objet d'épouvante ; on leur cachait la figure sous un masque de papier d'agave ; on les enfermait dans les greniers publics, persuadé que l'on était qu'au moment de la grande catastrophe elles se changeraient en jaguars, et se joindraient aux dieux courroucés pour se venger des iniquités des hommes.

La fête commençait dans la soirée du dernier jour complémentaire. Les prêtres prenaient le vêtement de leur dieu, et, suivis d'une foule immense, ils se rendaient processionnellement à la montagne de Huixachtecatl, à deux lieues de Mexico. Arrivés à son sommet, ils attendaient en silence l'instant où les pléiades passeraient par le méridien. A ce moment précis, le grand prêtre plongeait le couteau sacré dans la poitrine d'une victime humaine. Dans la plaie, on introduisait le bout d'un instrument destiné à donner du feu par le frottement de deux morceaux de bois ; avec ce bois enflammé, on allumait un immense bûcher, dans lequel on jetait le cadavre de la victime. Aux premiers jets de la flamme qui s'apercevait au loin, le peuple poussait des cris de joie ; des messagers, tenant à la main des torches de bois résineux, portaient le feu nouveau de village en village ; ils le déposaient dans les temples, d'où il était distribué aux habitants. L'allégresse redoublait au moment où le soleil pointait à l'horizon. Alors la procession reprenait le chemin de la ville. Le peuple croyait voir les dieux rentrer dans le sanctuaire ; les femmes sortaient de leur prison ; on se parait de nouveaux habits. On employait les treize jours intercalaires suivants à nettoyer les temples, à blanchir les murs des maisons, à renouveler les meubles et tout ce qui servait aux usages domestiques.

On n'a rien de précis sur le chiffre que pouvait atteindre annuellement le nombre des victimes, tant les premiers écrivains ont mis de partialité à l'exagérer. Torquemada porte à plus de soixante-douze mille le nombre de celles immolées à l'occasion de la dédicace du grand téocalli de Mexico, et à cent mille le nombre total pour cette même année 1486. L'évêque Zumarraga, dans une lettre écrite quelques années après la conquête, donne le chiffre de vingt mille par an ; Herrera, d'après Acosta, applique ce chiffre à toute l'étendue de l'empire, et pour une seule solennité. Gomara affirme que deux soldats de Cortez, dont il cite les noms, comptèrent jusqu'à cent trente-six mille crânes, rien que dans un de ces charniers attenants aux téocallis. Et cependant, à côté de ces autorités, qui ont eu la facilité de puiser leurs documents aux meilleures sources, nous avons l'autorité du vénérable Las-Casas, qui, en réponse à l'assertion de Sepulveda, au sujet du chiffre annuel de vingt mille, dit : « que c'est là une évaluation de bandits qui exagèrent à dessein, pour essayer de justifier les atrocités commises par eux-mêmes, et qu'en réalité le chiffre annuel ne dépassait pas cinquante victimes. » Mais alors comment concilier ce dernier chiffre avec l'étrange traité que nous avons cité entre la république de Tlascala et les rois alliés ?

Appelés à remplir cette mission de sang, on comprend que

les clergés électifs de l'Anahuac devaient se recruter d'hommes à convictions profondes, et animés d'une férocité sombre pour le moins autant que d'ambition.

Ces clergés s'imposaient eux-mêmes de rudes devoirs, et les remplissaient généralement avec ferveur. Sur les champs de bataille, le prêtre se mêlait aux combattants. La faculté de se marier ne lui était pas toujours interdite, mais le plus grand nombre se vouaient à un austère célibat et à toutes les rigueurs de la vie de couvent : trois offices par jour et un au milieu de la nuit, le jeûne, la flagellation, des effusions de sang pratiquées avec les piquants de l'aloès. On punissait de mort le moindre manque à la chasteté; le coupable expirait la nuit sous le bâton. L'exemple était fréquent de fanatiques qui, désespérant de dompter en eux l'aiguillon de la chair, s'infligeaient le traitement radical auquel Origène eut le courage bizarre de recourir. Le père Acosta, en parlant des couvents ou sortes de séminaires dans lesquels se formait la jeunesse des deux sexes destinée à la prêtrise, s'exprime ainsi : « En vérité, il est étrange de voir les croyances d'une fausse religion avoir une telle force parmi les jeunes hommes et les jeunes filles de Mexico, qu'ils servent le démon avec plus de rigueur et d'austérité que plusieurs de nous n'en mettent à servir le vrai Dieu tout-puissant, ce qui est un grand scandale et une grande confusion. »

L'étonnement des premiers missionnaires fut extrême de rencontrer dans un tel culte les traces de trois institutions évidemment dégénérées et perverties, mais qui, dans leur origine, durent se rapporter à une religion très-épurée, et qui leur semblèrent avoir quelque analogie avec trois des sacrements de l'Église catholique : le baptême, la confession et la communion. Aussi l'un d'eux vit-il dans cette ressemblance un artifice du diable pour mieux égarer les hommes.

« Il ne faut pas douter, dit le père Blas Valera, que le diable, par un esprit d'orgueil et d'ambition, n'ait cherché à être honoré comme Dieu, non-seulement par la faveur des cérémonies païennes, mais aussi par quelques coutumes de la religion chrétienne, qu'il a introduites, comme un singe envieux et malin, dans plusieurs contrées des Indes, afin de s'attirer un plus grand respect de ces misérables. De là vient qu'il y avait parmi eux une contrée dont les habitants se confessaient de vive voix pour se nettoyer de leurs péchés, et une autre où ils lavaient la tête aux enfants. J'omets ces contrées où ils jeûnaient avec une abstinence merveilleuse, et ces autres où ils s'offraient volontairement à la mort pour la défense de leur fausse religion. De sorte que comme dans l'ancien monde les fidèles chrétiens se présentaient au martyre pour la foi catholique, ainsi dans le nouveau les gentils s'exposaient à la mort par la malice du diable. »

Voici, d'après le père Sahagun, comment se pratiquait le baptême mexicain. C'est la sage-femme qui en est chargée. Au point du jour, tous les parents se réunissent dans la cour de la maison; le lever du soleil est l'instant précis où commence la cérémonie. La sage-femme, le visage tourné vers l'occident, et l'enfant dans ses bras, accomplit certains rites; après quoi elle répand de l'eau sur la tête de l'enfant, en prononçant cette prière : « Cher enfant, prends et reçois l'eau du maître du monde, laquelle est notre vie, et nous est donnée pour l'accroissement et le renouvellement de notre corps. Ceci est pour laver et purifier. Puissent ces gouttes, qui viennent du ciel, entrer dans ton corps et y séjourner ! Puissent-elles effacer et chasser de toi la part de mal et de péché qui t'est échue avant le commencement du monde, puisque chacun de nous est sous son influence, étant tous les enfants de *Chalchivitlycue* (la déesse de l'eau) ! » Elle lavait alors tout le corps de l'enfant, et reprenait : « D'où que tu viennes, toi qui veux nuire à cet enfant, éloigne-toi et retire-toi de lui, car il recommence une nouvelle vie; il est né de nouveau; il est lavé et purifié de nouveau, et notre mère *Chalchivitlycue* l'introduit de nouveau dans le monde. » Elle se tournait ensuite vers l'orient, et de ses deux bras élevant l'enfant vers le ciel : « O Dieu, disait-elle, tu vois ici cette créature que tu as envoyée dans ce séjour de chagrins, de douleur et de pénitence ; accorde-lui, grand Dieu, tes faveurs et ton inspiration, car tu es le grand Dieu, et avec toi est la grande déesse. »

La confession mexicaine ressemblait à la confession catholique, en ce sens que, en principe du moins, le secret du confessionnal était inviolable et que les peines infligées étaient des austérités du même genre. Elle en différait 1° en ce qu'elle n'avait lieu qu'une fois dans la vie, et le plus ordinairement dans un âge avancé, alors que l'homme, approchant de la tombe, sentait le besoin d'implorer le pardon céleste. 2° En ce que l'absolution du prêtre suffisait pour soustraire le coupable à la poursuite des lois de ce monde, et équivalait pour lui, devant les magistrats, à un arrêt d'acquittement. Quel mode puissant d'influence créé en faveur du clergé ! Une institution consolante est pervertie et se change à leur profit en une arme contre la loi civile. Voici un passage de la prière du confesseur avant de donner l'absolution au coupable repentant : « Dieu clément, toi qui lis dans le fond de tous les cœurs, laisse descendre ton pardon et ta faveur, comme les eaux pures du ciel, pour effacer de nouveau les souillures de cette âme. Tu sais que ce pauvre homme a péché, non par *son propre et libre vouloir*, mais en raison de l'influence du signe sous lequel il est né. » Après une longue exhortation au pénitent, et l'injonction d'accomplir telle ou telle pratique de pénitence, et surtout de procurer à l'autel de tel ou tel dieu un captif bon à sacrifier, le prêtre terminait par recommander la charité envers les pauvres : « Couvre la nudité du pauvre et prends soin de le nourrir, quelques privations que tu doives t'imposer ; car tu ne dois point oublier que sa chair est semblable à la tienne et que tous les hommes se ressemblent. »

Si l'on peut se fier entièrement, nous ne disons pas à la

sincérité du P. Sahagun, mais à sa sagacité parfaite et à sa saine et impartiale investigation ; si les Mexicains auxquels il s'est adressé n'ont pas cédé au désir bien naturel de relever de leur mieux aux yeux des vainqueurs la religion de leurs pères en lui prêtant quelques traits qui la rapprochassent d'une religion dont ils restaient impuissants à nier la supériorité ; on conviendra qu'un temps a dû exister où l'Anahuac, sous le rapport de la simplicité et de la pureté des croyances, se sera trouvé de bien peu en arrière, sinon au niveau des antiques nations de notre continent.

A certaines époques de l'année, l'usage était de pétrir, avec de la farine de maïs, des légumes, des fruits, du miel et aussi du sang de victimes, soit d'animaux et surtout de cailles, soit même d'enfants, l'idole du dieu tutélaire de la famille ou de la cité, et puis de s'en partager les débris entre parents, entre concitoyens. Nous pensons qu'il faut voir là une perversion d'une belle institution du grand réformateur. Il avait enseigné, nous dit-on, pour tout culte au Dieu créateur et unique, l'offrande des prémices des biens de la terre; et probablement ces offrandes devaient être mangées ensuite entre tous, riches et pauvres, nobles et plébéiens, dans un banquet fraternel et égalitaire. A mesure que les peuples seront retournés à l'idolâtrie, chaque cité, chaque famille aura donné aux gâteaux destinés à une communion sainte la forme de son idole de prédilection; et lorsque enfin les farouches Aztèques auront implanté sur le sol leur culte barbare, on aura fini par mêler le sang à l'antique et innocente offrande. A Mexico, l'idole comestible chargée de représenter le terrible Huitzilopochtli était de grandeur d'homme, il y entrait le sang de plusieurs enfants immolés. Un mois après sa consécration, célébrée par des danses et des divertissements, on l'apportait, au point du jour, dans une salle où se trouvaient réunis un petit nombre de prêtres et le monarque seulement. Un prêtre, qui pour cette solennité *prenait le nom de Quetzalcoatl*, tirait une flèche au cœur de l'idole en criant : « Le dieu est mort! » L'idole était ensuite divisée en milliers de parcelles, et distribuée dans chaque quartier, de manière que tout habitant pût prendre part à la grande cène. Veytia et Acosta nous apprennent que chacun mangeait sa parcelle « avec une extrême révérence, humiliation et larmes, disant qu'il mangeait la chair de son dieu. »

Le nom du grand réformateur, conservé dans cette cérémonie, semble indiquer positivement qu'il en aurait été le fondateur. La flèche par lui lancée est peut-être destinée à rappeler qu'il renversa pour un temps le culte des idoles, et que tous les autres dieux sont inférieurs, sujets à périr, et doivent céder au dieu unique et éternel enseigné par lui. On pourrait conjecturer aussi que l'honneur de partager l'idole et de lui porter le premier coup appartenant sans doute, en chaque localité, au personnage le plus considérable, la politique aztèque imposait au monarque le devoir de s'effacer devant Quetzalcoatl, qui était réputé le suzerain réel, et avait promis de reparaître un jour.

Cette religion, souillée de tant d'horreurs, est pourtant du petit nombre de celles qui ont enseigné l'égalité entre les sexes, et ce n'aura pas été sans doute le moindre bienfait du réformateur. L'acte symbolique par lequel le prêtre consacrait le mariage, consistait à nouer le voile de la femme à un coin du manteau du mari, tous deux étant assis sur la même natte et ayant pour témoins, le mari deux vieillards, et la jeune fille deux matrones, devant les deux familles réunies. On consacrait aux dieux protecteurs de la famille la natte sur laquelle les époux avaient dormi la première nuit. L'institution du mariage était chose si respectable, qu'un tribunal spécial était établi pour prononcer rien que sur ces sortes de causes; on ne pouvait divorcer qu'en vertu d'un jugement rendu par lui après l'audition des deux parties. La femme divorcée rentrait dans sa dot et gardait les enfants de son sexe, les garçons suivaient leur père. L'adultère était puni par la mort des deux coupables : seulement le sexe le plus fort s'était réservé le droit de corriger l'austérité de la vie conjugale par les douceurs de la polygamie ; mais cette ressource n'était que d'un usage très-rare et chez les personnages d'un très-haut rang. Les femmes étaient traitées avec douceur et considération et honorées des fonctions sacerdotales, excepté de celles du sacrifice, sans doute parce qu'on n'eût trouvé aucune femme qui consentît à les remplir. Elles jouissaient de la liberté la plus grande, prenaient part à toutes les fêtes en compagnie avec les hommes, et, dans la classe même la plus basse, n'étaient jamais chargées que de travaux proportionnés à leur faiblesse. Sur ce point, comme sur beaucoup d'autres, la civilisation de l'Anahuac se montre supérieure à toutes celles des nations de l'Asie ; et même avec la polygamie chez les grands (qu'on peut regarder comme un cas à peu près exceptionnel), elle se trouve de niveau avec celle de nos nations protestantes de l'Europe où le divorce est admis, et où les princes ont la faculté de contracter mariage de la main gauche.

CHAPITRE SIXIÈME.

Religion des Incas et quelques croyances de l'Amérique du Sud.

Le peu que nous savons de l'histoire des Incas fut recueilli au moment même de la conquête espagnole, et d'après la tradition orale. Le souvenir de ces quelques faits principaux s'était conservé dans les chansons des *aravicus* ou poëtes, et dans les apologues des *amautas* ou philosophes. Quelques écrivains ont prétendu que les Péruviens manquaient même de la naïve hiéroglyphie figurative des peintures mexicaines; la chose n'est pas probable, car les tribus les plus sauvages ont un commencement d'hiéroglyphie. Ils eurent pour aides de la mémoire les *quipos*, collections de nœuds pratiqués sur des cordons de différentes couleurs. Ces cordons, de la longueur d'un mètre, étaient suspendus à une longue ficelle et constituaient une espèce de frange. Telle ou telle couleur devenait, selon les cas donnés, symbole de tels ou tels objets, et les nœuds exprimaient des chiffres coordonnés d'après le système décimal.

On lit dans Acosta : « Pour les différentes affaires de guerre, de gouvernement, de tributs, de cérémonies, de terres, il y avait divers quipos, et dans chaque paquet de ceux-ci beaucoup de nœuds et de fils attachés, les uns rouges, verts, bleus, blancs, et autant de différence que nous en trouvons dans nos vingt-quatre lettres, en les plaçant de diverses manières, pour en tirer une aussi grande quantité de sons ; de même les Indiens de leurs nœuds et couleurs tiraient un grand nombre de significations des choses. » Garcilaso de la Vega nous apprend qu'ils se servaient des quipos surtout pour leurs comptes et pour les détails de statistique, et cependant aussi quelquefois, quand ils avaient quelque nouvelle à communiquer. « Ces nœuds, dit-il, étaient comme autant de chiffres par où l'Inca et ses gouverneurs s'entendaient ensemble et savaient ce qu'il leur fallait faire eux-mêmes. » Dans un autre endroit, où il est question de petits Indiens à qui les pères jésuites font représenter en langue péruvienne un drame dont le sujet est le *très-saint sacrement de l'autel*, le même écrivain dit : « Ils vont trouver les Espagnols, soit prêtres soit séculiers, et ils les prient de leur lire quatre ou cinq fois chaque vers, pour le leur apprendre par cœur, et afin qu'il ne leur échappe de la mémoire, qu'ils ont fort bonne, ils répètent plusieurs fois chaque parole, qu'ils marquent d'un petit caillou ou d'un grain d'une certaine semence qui est de diverses couleurs, qu'ils appellent *chuy*. Par le moyen de ces marques ils retiennent les mots qu'on leur a dit, et ils apprennent ainsi leur rôle avec beaucoup de facilité et en peu de temps. » Ailleurs, il cite une légende en vers, que le P. Blas Valéra raconte avoir trouvée « parmi les nœuds et les comptes de certaines annales fort anciennes, qui étaient désignées par des fils de diverses couleurs, et dont le gardien lui expliqua la tradition, ainsi que des comptes et annales. En parlant des *quipoucamyu* ou gardiens des quipos, obligés par le devoir de leur charge de rendre raison de tout ce qu'on leur demandait sur l'histoire, G. de la Vega s'exprime ainsi : « Ils étudiaient sans cesse ces nœuds pour bien retenir par cœur la tradition qu'ils avaient des exploits de leurs ancêtres. Par ce même moyen, ils se rendaient capables de discourir de leurs lois, de leurs ordonnances, de leurs coutumes et de leurs cérémonies ; car, par la couleur du filet et par le nombre des nœuds, ils apprenaient ce que telle ou telle loi défendait, et quelle punition devait atteindre ceux qui la violaient. Ils savaient encore quels sacrifices il fallait faire au soleil à certaines fêtes de l'année, quelles ordonnances ou quels édits étaient en faveur des veuves, des étrangers et des pauvres. Enfin rien n'échappait à leur connaissance, et ils pouvaient parler pertinemment de toutes les choses de leur pays, qu'ils avaient apprises par cœur et par tradition ; car chaque filet ou chaque nœud leur remettait en mémoire ce qu'il contenait, comme sans comparaison dans les commandements et articles de notre sainte foi catholique, ce qu'il faut que nous fassions pour notre salut est compris sous chaque nombre. »

On voit par là que les quipos, après avoir joué, pour ce qui tient au calcul, le rôle de la taille dont se servent encore nos boulangers, étaient devenus, par une application heureuse, autant de nomenclatures symboliques avec leurs sous-divisions 1°, 2°, 3° etc., destinées à servir de jalons à la mémoire. Chaque quipos, dans ce cas, devenait, pour ainsi dire, un chapelet particulier que le gardien devait apprendre et s'exercer à réciter. G. de la Vega dit en propres termes que les nœuds marquaient bien le nombre, mais non pas la parole ; cependant l'exemple qu'il cite, de nouvelles communiquées à l'aide de quipos, ainsi que celui de la légende en vers conservée par ce moyen, et les cailloux et semences de différentes couleurs employés par les enfants pour se rappeler les mots de leur rôle, indiqueraient, selon nous, une tendance très-prononcée et déjà même quelques progrès vers le but de marquer la parole. Nous sommes tenté de croire que certaines couleurs étaient déjà affectées à représenter quelques-uns des principaux sons de la voix, ceux qui se reproduisent le plus fréquemment dans le langage. S'il eût pu durer davantage, l'empire des Incas eût fini peut-être par posséder un alphabet basé sur la combinaison ingénieuse des couleurs et des nœuds, pour représenter les voix et leurs articulations, jusqu'à ce que le besoin de conserver la pensée, et surtout d'échanger des idées entre peuples éloignés, devenant de plus en plus impérieux, un autre mode meilleur, probablement la hiéroglyphie figurative perfectionnée et puis phonétique, fût venue à son tour satisfaire à ce besoin.

Si nous prenons l'empire des Incas à sa naissance, nous le trouverons modestement resserré dans la vallée qu'arrose la Guatanay. Le premier inca, auquel on a donné le nom de

Manco-Capac, soumet le pays vers l'orient, nous dit G. de la Vega, jusqu'à la rivière de *Paucartempé*, peut-être une quinzaine de lieues; il conquiert huit lieues de terre jusqu'à la grande rivière *Apurimac*, et au midi neuf lieues jusqu'à *Guequezona*. Sur ce territoire, il fonde la ville de *Cuzco*, et envoie peupler plus de cent bourgs, dont les plus grands sont de cent maisons, et les autres moindres, selon que la localité le permet.

Le second inca, Sinchi Roca (le mot *sinchi* signifie le vaillant) agrandit d'une vingtaine de lieues le territoire, et organise ses sujets en décuries.

Le troisième, Lloque Yupanqui (*lloque* veut dire gaucher, et *yupanqui* signifie, qui fait compter ses vertus), soumet le pays de Collao, habité par plusieurs petits peuples originaires des bords du lac Titicaca.

Le quatrième, Mayta-Capac (le mot *capac* veut dire puissant en armes), après avoir poussé d'abord ses poursuites vers le sud et l'ouest, se distingue par une expédition au-delà de l'Apurimac; il fait jeter sur cette grande rivière un pont de lianes, assez solide pour donner passage à son armée de douze mille hommes. A sa mort, le territoire s'étendait au-delà du lac Titicaca, jusqu'à Choque-Apu (aujourd'hui la Paz), et même jusqu'à Paria (Oruro), et vers la côte, jusqu'à Arequeba (Ariquipa).

Capac-Yupanqui, le cinquième inca, reçoit la soumission des peuples qui habitent les bords du lac de Puria et aussi des peuples qui habitent le pays de Chuquisaca.

Le sixième inca, l'inca Roca, met sur pied jusqu'à trente mille hommes. Il fut, dit G. de la Vega, le premier qui marcha avec une si grosse armée. Le territoire, ajoute cet écrivain, comptait alors, de l'orient à l'occident, plus de cent lieues de terre, et du septentrion au midi plus de deux cents.

« Les rois incas, dit-il ailleurs, divisaient leur empire en quatre parties qu'ils appelaient *Tahuantinsuyu*, c'est-à-dire les quatre parties du monde, suivant les quatre points cardinaux du ciel. La ville de **Cuzco** en était comme le centre, et ce nom ne lui était pas mal imposé, puisque, dans le langage particulier des Incas, il signifiait le nombril de la terre. En effet tout cet empire est long et étroit, comme le corps humain, et la ville de Cuzco en occupe presque le milieu. Ils appellent *Antisuyu* cette partie qui regarde l'orient, à cause du pays des *Antis* qui est de ce côté-là. Ils emploient le mot de *Cuntisuyu* pour désigner la partie du couchant, à cause du pays de *Cunti*, qui est fort petit. Quant à la partie du nord, elle prend le nom de *Chinchasuyu*, à cause du pays de *Chincha*; et le pays de *Collasuyu*, qui est comme le détroit du milieu, emprunte son nom du pays fort étendu de *Collao*, qui est du côté du sud. » Le nom Pérou n'a jamais été employé par les Indiens. En voici l'origine : les premiers Espagnols qui, après avoir franchi l'isthme de Panama, explorèrent le littoral de la mer du Sud, jusques environ sous la ligne, s'emparèrent d'un naturel de qui ils voulurent apprendre le nom de son pays. L'Indien, qui les comprenait mal, leur répondit par les mots *beru* et *pelu* : le premier, qui était son propre nom ; le second, qui était le nom de la rivière la plus prochaine. Les Espagnols, à leur retour à Panama, racontèrent qu'ils venaient de visiter un pays nommé *Pérou*, et ce nom fut appliqué par la suite à toute l'immense contrée que conquit Pizarre.

Le septième inca, l'inca Yahuarhuacac (nom qui signifie celui qui pleure du sang), fut un prince peu guerrier. Les peuples du Chinchasuyu s'étant révoltés et marchant sur Cuzco, il eut la faiblesse d'abandonner sa capitale, que son fils Viracocha défendit avec courage et succès. Le père dut subir l'humiliation de céder la couronne au fils victorieux.

L'inca Viracocha porta ses armes vers le nord ; il s'illustra surtout par la construction de deux canaux, dont l'un, de cent vingt lieues de longueur et profond de quatre mètres, existe encore aujourd'hui. L'autre, qui fut creusé dans le pays de Cuntisuyu, est complétement ruiné.

Le neuvième inca, Pachacutec (ce mot signifie qui bouleverse le monde), guerroya surtout contre les peuples du pays de Caxamarca et contre ceux des vallées qui s'ouvrent sur le littoral sud, entre autres celle de Rimac (aujourd'hui Lima).

L'inca Yupanqui porta ses armes jusqu'à la province de Muza, nommée Moxos par les Espagnols, et située au-delà des Andes, non loin du Paraguay; il dirigea aussi une expédition contre le Chili, qu'il avait, dit-on, soumis tout entier. Ce fut lui qui bâtit la fameuse forteresse de Cuzco.

L'inca Huayna-Capac (le premier nom signifie jeune homme riche en belles actions) accomplit la conquête du royaume de Quito, tentée par son prédécesseur, et le donna à un fils naturel, Atahualpa, qu'il avait eu de la fille du dernier roi de Quito (né d'une mère qui n'était point *palla*, il ne pouvait être inca de sang légitime, comme nous le verrons plus loin).

Le douzième inca légitime fut l'inca Huascar (ce mot veut dire chaîne), nommé ainsi en souvenir de ce qu'à sa naissance, son père avait fait fabriquer la fameuse chaîne d'or de sept cents pieds de long et grosse comme le poignet, laquelle servait à la divine famille à danser un branle solennel, dans certaines fêtes, sur la place de Cuzco : l'inca trouvant plus convenable que chacun tînt un anneau de la chaîne, au lieu de se tenir par les mains. Dépossédé par l'usurpateur Atahualpa, qui n'avait pas voulu se reconnaître son vassal pour le royaume de Quito, il languissait dans une prison, lorsque les Espagnols se présentèrent.

» A ce moment, l'empire, dit G. de la Vega, s'étendait du côté du nord jusques à la rivière *Ancasmayu* ou rivière Azurée, qui passe entre les confins de Quito et de Pasto. Du côté du midi, il était borné par la rivière appelée *Mauly*, qui court de l'est à l'ouest au-delà du royaume du Chili, avant que d'arriver au pays des *Araucos*, qui est à plus de quarante degrés de la ligne. Entre ces deux fleuves, on compte environ mille trois cents lieues de longueur. Ce que les Espagnols ont appelé Pérou en a sept cent cinquante, depuis la rivière Ancasmayu jusqu'à la province des *Chicas*, qui est la dernière des *Charcas*, à le prendre du nord au sud. Tout cet empire paraît fort étroit si on le considère de l'orient à l'occident; sa plus grande largeur, si l'on traverse depuis la province *Muyu Pampa* par le pays de *Chachapuyas* (ou *Chacapoyas*), jusques à la ville de *Truxillo*, située sur le bord de la mer, est de cent vingt lieues, et sa plus étroite étendue, depuis le port d'*Arica* jusques à la province appelée *Liliaricossa*, n'est que de soixante-dix lieues. »

A supposer que chacun de ces douze règnes ait duré vingt ans en moyenne, ce qui est le calcul le plus rationnel, on voit qu'il a dû suffire de deux siècles et demi pour que le modeste état fondé par le premier inca ait atteint ce développement vraiment extraordinaire.

C'est que, sur aucun trône, l'histoire ne nous montre une dynastie poursuivant le but de toutes les dynasties, conquérir et organiser selon l'intérêt de son ambition, avec plus d'habileté et de persévérance. En sa qualité de descendant légitime de Manco-Capac et de sa femme *Mama Oello*, tous deux enfants du soleil et de la lune sa femme et sœur, l'Inca, réunissant sur sa tête tout le pouvoir spirituel et tout le pouvoir temporel, était plus même qu'un pontife-roi ; il était un envoyé du ciel, et participait de la divinité. Toutes ses volontés étaient celles du dieu son père.

Cet état social se composait d'une noblesse héréditaire ou les *curacas* (le curaca, dit G. de la Vega, est un seigneur ayant des vassaux), d'hommes libres, probablement les artisans habiles, et d'une sorte de serfs ou *yanaconas* employés à porter des fardeaux et à exécuter les travaux les plus pénibles. L'organisation administrative rappelle beaucoup celle des anciens Mogols. La population entière était répartie en décuries. Dix chefs de famille formaient une décurie, et l'un d'eux avait la conduite des neuf autres. Cinq décuries ou cinquante hommes venaient se grouper sous un même chef. Deux compagnies de cinquante hommes étaient réunies sous le commandement d'un centenier; cinq détachements de cent hommes obéissaient à un autre chef; enfin deux brigades de cinq cents hommes étaient placées sous l'autorité d'un chef supérieur. Chaque chef était hiérarchiquement responsable des fautes commises par ses subordonnés; s'il tardait à les dénoncer, il était puni à l'égal du coupable; et comme les moindres fautes étaient presque toujours punies de mort, ou tout au moins du fouet et du bannissement, les chefs, pour complaire à l'autorité supérieure et éviter un châtiment terrible, outrepassaient nécessairement leurs devoirs, et allaient plutôt au delà qu'ils ne restaient en deçà. Les fautes ne pouvaient manquer d'être très-nombreuses, car les édits du monarque avaient la prétention de tout régler, jusqu'à la forme des vêtements, les repas et les dépenses des familles. Les familles nobles étaient en possession héréditaire des hauts emplois tant civils que militaires; mais l'inca avait-il à se plaindre de l'un d'eux, il le dépossédait et donnait la dignité à l'un des enfants ou des frères. Personne n'avait la liberté de changer de résidence et de sortir de la décurie à laquelle il appartenait, mais l'inca transférait selon son caprice des populations entières d'une province à une autre. La justice civile était rendue par le juge de la ville, sous l'inspection d'un juge pour la province, et, dans les cas très-importants, par un commissaire spécial. Aucun arrêt ne tenait devant un édit de l'inca. Le despotisme était là aussi complet qu'il l'est encore de nos jours dans la Russie; le *knout* russe se trouvait représenté par le fouet, dont le moindre décurion était armé.

Comment la propriété était-elle organisée? Il est à peu près impossible de s'en rendre compte, les premiers écrivains ayant traité la question d'une manière trop peu claire. Nous emprunterons à G. de la Vega le passage suivant : « L'inca Pachacutec (c'est le neuvième) ordonna, par un édit, que chaque province ou chaque ville aurait des bornes prescrites, qui comprendraient les montagnes, les pâturages, les bois, les rivières, les lacs et les terres labourables, comme des choses qui seraient érigées en juridiction perpétuelle, pour appartenir à telle ville ou à telle communauté; défendant en même temps aux gouverneurs des villes et aux *curacas* de diviser ou diminuer tant soit peu ces bornes, et même d'en appliquer aucune partie pour eux ou pour autrui. En un mot, il voulut que ces champs fussent partagés également, selon qu'il était déclaré par la même loi, pour le bien commun des habitants des villes et des provinces, en réservant la part des revenus du soleil et du domaine du roi. (Chaque territoire était divisé en trois parts : la part de la commune, celle du soleil pour l'entretien des temples, et celle de l'inca monarque.) Il ordonna aussi que les Indiens seraient obligés à l'avenir de labourer, de semer et de recueillir les biens de la terre, selon le partage qui en serait fait, tant pour leur particulier que pour le bien du public : par où l'on peut voir *combien se sont lourdement trompés ceux qui ont osé soutenir que les Indiens n'étaient propriétaires d'aucuns héritages ni d'aucunes terres.* Ils ont commis cette erreur faute d'avoir compris que ce partage ne se faisait point à l'égard du compte des possessions et des terres, mais du travail commun et particulier qu'ils devaient employer à les labourer. » On voit là une nouvelle réorganisation de la propriété en vertu du droit de conquête, mais en même temps le respect pour cette propriété reconstituée.

L'impôt s'acquittait en journées de travail. Tout chef de famille âgé de plus de vingt-cinq ans et de moins de cinquante, au-dessous du grade de centenier, devait sa part de travail pour l'exploitation des terres de la commune, puis des terres du soleil et de celles de l'inca. Les artisans, maçons, tisserands, orfèvres, etc., etc., s'acquittaient envers l'inca en journées de travail de leur profession. G. de la Vega dit « que pour s'acquitter du tribut, un ouvrier n'était obligé de donner tout au plus que trois mois de son temps. » La chose lui paraît toute simple; l'ouvrier était, il est vrai, nourri et vêtu pendant le temps du travail.

Ce qui aura porté plusieurs écrivains à croire à l'absence de la propriété privée, c'est la coutume du travail en commun, coutume qui datait de temps immémorial, dit G. de la Vega, parmi les Indiens de ces contrées. « Lorsqu'un Indien voulait labourer sa terre, il allait devant l'autorité compétente, afin qu'on lui marquât un jour pour cela, et alors, du commun consentement de ceux de la ville, chacun travaillait pour lui, et ainsi son ouvrage était fait en fort peu de temps. » On comprend l'excellence de cette coutume, et comment elle dut s'introduire nécessairement, parmi des agriculteurs qui n'avaient pour labourer la terre que de gros pieux de la longueur du bras, et qui manquaient de chariots pour rentrer les récoltes.

Au-dessus des curacas venaient les incas créés par privilége; c'étaient les curacas que l'inca avait honorés du titre d'inca, faveur qui avait été accordée notamment à toutes les principales familles de la province de Cuzco. Les premiers incas avaient ainsi récompensé les services militaires de ceux qui les avaient aidés dans leurs conquêtes; ils avaient rattaché à l'intérêt de leur dynastie les intérêts de tout ce qui disposait de quelque force.

Mais ces incas par privilége n'étaient jamais confondus avec les incas du sang royal. La postérité sacrée de Manco-Capac se gardait de se mélanger jamais avec aucune autre. Une loi inviolable prescrivait à l'inca héritier du trône d'épouser l'aînée de ses sœurs, et à défaut de sœur, sa plus proche parente légitime; aucun n'aurait pu régner, sans prouver qu'il descendait du soleil, à la fois du côté de sa mère et du côté de son père. Cette épouse de l'inca recevait le titre de *coya*, ce qui n'empêchait pas le monarque de prendre autant qu'il lui plaisait d'autres femmes parmi ses parentes et aussi parmi les étrangères. Les enfants de la coya étaient destinés à la succession au trône. Si la première coya ne donnait point d'enfants, l'inca devait épouser la parente qui venait ensuite. Les enfants nés des parentes étaient reconnus de sang légitime, ceux des étrangères étaient bâtards et n'avaient nul droit. Par respect pour le sang légitime, tous les incas de naissance royale, jusque dans le quatrième degré, se mariaient avec leurs parentes. Toutes les femmes et filles du sang royal légitime portaient le titre de *palla*, titre que ne pouvaient jamais réclamer celles des familles d'incas par privilége.

Les incas monarques ont eu des enfants par centaines. Il n'était pas rare de voir l'inca avoir trois cents fils ou filles; aussi la famille était-elle devenue tellement nombreuse, que lors de la conquête espagnole, en outre des *pallas* mariées ou destinées au mariage, elle comptait jusqu'à quinze cents *pallas* dont la virginité avait été vouée au soleil, et qui, depuis l'âge de huit ans, étaient renfermées dans le couvent des *vierges choisies*, ou maison des épouses du soleil. Cinq cents vierges, prises parmi les filles d'incas privilégiés, étaient admises à l'honneur de les servir.

Les mâles de la dynastie formaient une riche pépinière où l'inca trouvait à choisir de fidèles généraux et administrateurs, et, ce qui est plus rare, des ministres du culte animés du même intérêt que le souverain. De rudes épreuves, à la suite d'une éducation sévère, devaient être les garanties de leur aptitude aux exercices militaires, de leur force d'âme, et de leur habileté de conduite. Il en était de même pour les fils d'incas privilégiés et même pour ceux des moindres curacas. C'était une sorte de chevalerie, aristocratie du mérite créée dans l'aristocratie de naissance, et le moyen le plus efficace de consolider celle-ci.

Vis-à-vis chaque nouveau peuple conquis, les incas suivaient invariablement une même politique, où le despotisme le plus inflexible affectait des formes de douceur. L'idole principale du pays était enlevée et apportée à Cuzco, où elle trouvait un asile honorable dans un temple dont la destination rappelle celle du Panthéon des Romains : ce devait être, aux yeux des vaincus un signe que leur dieu principal s'avouait soumis. Les autres idoles étaient respectées ; pour l'abandon de leur culte, le vainqueur se confiait au temps et à la supériorité du culte qu'il introduisait. Un temple était élevé au soleil dans la ville principale, et à côté du temple un couvent recevait des jeunes filles prises dans toutes les familles tant soit peu influentes. Ces vierges des provinces étaient honorées du titre, non point d'épouses, mais de filles du soleil, et parmi elles l'inca daignait se choisir quelques femmes : c'était un moyen de se gagner les familles ambitieuses. Les droits de souveraineté des familles étaient scrupuleusement maintenus. Le souverain vaincu venait avec toute sa famille faire un séjour de quelque temps à la cour de l'inca, après quoi lui, ou probablement celui de ses fils ou parents qui donnait à l'inca le plus de garantie de sécurité, était rétabli dans la dignité, mais cette fois sous le contrôle d'un représentant de l'inca. Ce représentant était, selon l'importance de la conquête, pris parmi les incas du sang royal, ou simplement parmi les incas du privilége. Ce souverain rétabli devait chaque année, ou tout au moins tous les deux ans, faire un voyage à Cuzco. Ses jeunes fils y résidaient tout le temps de leur éducation ; en même temps qu'ils servaient d'otages, ils se façonnaient aux mœurs des vainqueurs, ainsi que de nombreux jeunes hommes de leur pays qui venaient tour à tour servir auprès de leur personne.

Tout le monde apprenait à parler la langue de Cuzco, qui était déclarée la langue officielle de tout l'empire, et que l'on faisait, ainsi que la religion officielle, enseigner soigneusement chez tous les peuples conquis. Les lois du pays n'étaient modifiées que peu à peu et dans ce qui était absolument contraire à la répartition de la population par décuries, à la division du domaine en trois parts réservées pour la commune, pour le soleil et pour l'inca, et à l'organisation de l'impôt du travail. Si la province conquise était belliqueuse et éloignée de Cuzco, on s'assurait de la fidélité des habitants en en transportant une partie ou même le tout dans quelque autre province pacifique et fidèle. Bien qu'en paraissant respecter l'ancien culte, on veillait à ce qu'il n'eût pour ministres que des hommes pris dans la famille des curacas rétablis, et tous devaient reconnaître pour supérieur l'inca du privilége, qui avait mission de sacrifier dans le nouveau temple du soleil.

Dans la maison du soleil de la ville de Cuzco et aussi dans celle du lac Titicaca, sur les bords duquel Manco-Capac avait fait sa première apparition, le droit d'offrir les sacrifices n'appartenait qu'à des incas de sang royal; pour tout autre service du temple, il suffisait du titre d'inca par privilége. Les fonctions du culte n'exigeaient point de costume particulier, et, chose singulière, la langue de Cuzco, nous affirme G. de la Vega, n'avait pas de mot qui répondît à notre mot *prêtre*. Le personnage principal qui présidait à ces fonctions comme délégué de l'inca, de qui émanait tout pouvoir tant spirituel que temporel, était toujours un de ses oncles, ou frères, enfin de sa parenté la plus proche et la moins contestable. Il portait le titre de *villac-umu*, composé du mot *villa*, qui signifie proférer, et de *umu*, qui veut dire *devin* ou sorcier, « voulant donner à entendre, dit G. de la Vega, qu'il déclarait au peuple ce sur quoi il avait consulté le soleil et ce que le soleil lui commandait de leur dire. » Nulle part, pas même à Rome, le gouvernement religieux ne fut réduit davantage à n'être qu'un simple accessoire du gouvernement politique.

La croyance religieuse était simple, les rites peu compliqués, et le dépôt des connaissances sacrées, conservé par quelques membres de la nombreuse famille royale, semble avoir été assez restreint, à juger du moins par l'imperfection du calendrier et par la manière dont ils procédaient à leurs observations astronomiques. Les aristocraties, même les plus intelligentes, s'entendent mieux à former des capitaines et des hommes d'état que des savants. La passion qui les meut est l'ambition. La science, au contraire, veut surtout un esprit dégagé de toute pensée mondaine et animé du seul désir de connaître. Ils savaient que la révolution solaire s'accomplit en une année, ce qu'ils désignaient par le mot *huata*. Suivant Acosta, leur année commençait au solstice qui pour nous indique l'hiver. G. de la Vega nous apprend « qu'ils comptaient leurs mois par lunes, et qu'il n'y avait point de mois qui n'eût son nom particulier; le croissant servait à compter les demi-mois et les quartiers formaient les semaines, mais ils n'avaient point de noms pour en spécifier les jours. » Comment accorder cette semaine d'un quartier lunaire avec la loi de l'inca Pachacutec que le même écrivain rapporte ailleurs? « Il ordonna qu'il y eût tous les mois trois jours de fêtes, destinés aux récréations publiques, afin que ses sujets ne fussent pas accablés par un travail continuel. » Ils composaient leur année de douze lunes; malheureusement aucun écrivain ne nous apprend comment ils s'y prenaient pour la faire concorder avec l'année solaire.

Voici comment ils constataient le retour des solstices et des équinoxes, retour sur lequel se réglaient les travaux des champs et les principales fêtes. Ils avaient construit à Cuzco seize tours, dont huit situées à l'est et les autres à l'ouest. Ces tours étaient rangées quatre par quatre; les deux du milieu étaient plus petites que les autres. L'inca monarque se plaçait dans un lieu propice pour observer si le soleil se levait et se couchait entre les deux petites tours; et quand le fait avait lieu, on déclarait le solstice arrivé.

« Pour vérifier l'équinoxe, dit G. de la Vega, ils avaient élevé des colonnes fort riches et travaillées avec beaucoup d'art au milieu des places qui étaient devant les temples du soleil. Les incas chargés du service des temples observaient exactement l'ombre de ces colonnes aussitôt que le temps de l'équinoxe approchait. L'emplacement sur lequel s'élevaient ces espèces d'observatoires était circulaire, et par son centre on avait tiré une ligne de l'est à l'ouest. Une longue expérience leur avait appris en quel endroit ils devaient chercher leur point ; et par l'ombre que la colonne projetait sur la ligne ils jugeaient du moment où l'équinoxe aurait lieu. Si depuis le lever du soleil jusqu'à son coucher l'ombre se faisait remarquer autour de la colonne, et qu'il n'y en eût pas du tout à midi, de quelque côté qu'on regardât, ils proclamaient ce jour équinoxial. Aussitôt ils ornaient les colonnes de fleurs et d'herbes odoriférantes ; puis ils plaçaient au sommet de l'une d'elles un trône magnifique, où ils disaient que le père des Incas venait s'asseoir ce jour-là avec toute sa lumière. Des cérémonies publiques fêtaient ce grand jour, et l'on offrait au soleil de magnifiques présents d'or, d'argent, de pierreries. Il faut remarquer qu'en poussant leurs conquêtes vers le nord, les rois du Pérou observèrent que plus ils approchaient de l'équateur, moins les colonnes produisaient d'ombre en plein midi ; aussi celles qu'on éleva à Quito et dans le voisinage de cette ville jusqu'à la mer étaient-elles, dans l'opinion populaire, les plus estimées, parce que le soleil y donnait à plomb et qu'à midi elles ne projetaient pas d'ombre. Le père des Incas, disait-on, ne trouvait pas de siège plus agréable, et il s'asseyait perpendiculairement sur ces colonnes, tandis qu'il se posait de côté sur celles des autres provinces. »

L'étoile de Vénus était la seule qui eût reçu d'eux un nom particulier ; ils l'appelaient *chasca*, c'est-à-dire *la chevelue*. Ils disaient que le soleil, en qualité de roi des *coyllur* (nom général qu'ils donnaient à tous les corps célestes autres que le soleil et la lune), ordonnait que *chasca*, le plus beau de tous, se tînt toujours auprès de lui et qu'il marchât devant ou derrière, comme un serviteur favori. Ils admiraient aussi les pléiades à cause de leur beauté, mais sans leur accorder l'honneur d'un nom distinct. Ils prétendaient voir, dans ce que nous nommons la voie lactée, la forme d'une brebis accompagnée de son agneau.

Ils supposaient la terre entourée d'eau de toutes parts et posée sur cette eau, ce qui rappelle tout à fait le système du géographe arabe du moyen âge El-Drisi, que nous avons vu « comparer la partie solide de notre globe à un œuf qui flotterait dans un bassin rempli d'eau. » D'après les personnes éclairées de Cuzco, le soleil se plongeait en réalité chaque soir dans l'Océan ; sa chaleur desséchait la plus grande partie de l'eau ; et pour reparaître le lendemain du côté de l'orient, il passait par-dessous la terre.

Une éclipse de soleil était, dans l'opinion populaire, un accès de courroux qui troublait l'auguste visage d'*Ynti*, le père des Incas ; c'était le nom du soleil. Une éclipse de lune était un symptôme qui donnait lieu de craindre que, venant tout à coup à mourir, la mère *Mama Quilla*, comme ils l'appelaient, ne se détachât du firmament, et, tombant sur la terre, n'écrasât l'humanité en masse. On excitait les enfants à supplier Mama Quilla de ne point se laisser mourir. On faisait un bruit terrible de tambours et de trompettes pour la tirer de son assoupissement. On fouettait les chiens pour les faire hurler, s'imaginant qu'elle aurait pitié de leurs cris, parce que jadis elle avait reçu de cet animal un service signalé. D'un autre côté, une vieille tradition, particulière à certaines contrées, et qui a dû précéder la fondation de l'empire des Incas, racontait que le renard, devenu amoureux de la lune à cause de sa grande beauté, s'avisa un jour de monter au ciel pour s'accoupler avec elle, et qu'il l'embrassa si étroitement, qu'à force de la serrer et de la baiser, il lui fit les taches qu'on y remarque. Lorsque Mama Quilla reprenait peu à peu son brillant visage, le peuple disait qu'elle commençait à se bien porter ; que *Pachacamac*, qui soutenait l'univers, l'avait guérie, et qu'il lui commandait expressément de ne pas mourir, de peur que tout le monde ne pérît.

A côté d'une science aussi enfantine, on s'étonne de rencontrer une religion dont la philosophie porte un certain caractère de netteté saisissable même à travers les récits diffus, incohérents et si incomplets des premiers écrivains de la conquête espagnole; une religion dont le dogme se révèle à tous dans toute son intégrité, dont la symbolique est facilement accessible à toutes les intelligences, et ce qui est plus admirable encore, dont le culte est exempt de cet esprit de cruauté qui a souillé le culte de presque toutes les religions de l'un et de l'autre continent.

Voici, selon nous, comment (après une lecture laborieuse de G. de la Vega, dont le livre nullement digéré fourmille de contradictions presque à chaque page, ainsi que ceux des premiers écrivains qui ont été à même de recueillir la tradition orale), voici, disons-nous, comment on pourrait reconstruire la théogonie et la cosmogonie enseignées par les *amautas* ou philosophes, que G. de la Vega qualifie *yncas amautas*, parce que probablement ils étaient toujours de la caste des incas, tout au moins des incas du privilége.

Pachacamac est la cause des causes. Ce nom, dit G. de la Vega, est composé de *pacha*, qui signifie le monde, et de *camac*, participe présent du verbe *camar*, dont le sens est animer, et la racine *cama*, âme. Pachacamac doit donc se traduire : *animant le monde*, ou bien *celui qui est à l'univers ce que l'âme est au corps*. Pedro de Cieca, ajoute-t-il, s'est donc trompé lorsqu'il le traduit par le *facteur* du monde, celui qui a fait le monde. Plus loin, G. de la Vega dit positivement que la langue de sa patrie manque du mot pour exprimer l'idée de *création* du monde à la manière des théologiens catholiques.

Nous retrouvons donc encore ici le panthéisme, base sur laquelle se sont fondées toutes les religions antérieures à l'ère chrétienne sur notre continent. L'âme du monde et le monde, Dieu et la matière, sont donc ici coexistants, sont coéternels. Tout est Dieu, et Dieu est tout.

Pachacamac, âme du monde, échappe par sa subtilité aux

regards des hommes ; qui oserait essayer de reproduire son image ? Il est le *très-étendu* ; qui oserait lui proposer d'habiter dans les murs d'un temple ? On doit se contenter d'adorer, dans le plus profond de son cœur, le Dieu inconnu et non manifesté; on doit même, par respect, éviter de prononcer son nom : si l'on est contraint de le faire, que ce soit en accompagnant la parole de gestes qui expriment une humilité confuse et la vénération la plus grande. « Ils rapprochaient leurs épaules, dit G. de la Vega, baissaient la tête, penchaient le corps en avant, et levaient les yeux au ciel, puis tout à coup ils abaissaient leurs regards vers la terre, portaient leurs mains ouvertes sur l'épaule droite, et donnaient des baisers à l'air. » Observons cependant que les plus dévots se permettaient d'arracher, ou de faire le simulacre d'arracher un poil de leurs sourcils et de le souffler en l'air, en évitant de se tourner vers le soleil, pour bien montrer que c'était non pas à lui, mais cette fois à Pachacamac, qu'ils adressaient l'acte symbolique par lequel ils entendaient l'offrande de leur personne, corps et âme.

De *Pachacamac*, qui est le dieu virtuel et sans manifestation, émane *Ynti*, la lumière, le feu, le pur, dont la manifestation est le soleil, et qui devient le générateur des existences individuelles. Vis-à-vis toutes les créatures, il exerce le pouvoir divin. « Ils l'adoraient pour le Dieu souverain, universel, qui par sa chaleur vivifiante engendrait et nourrissait toutes les choses du monde. » C'est à lui, à lui seul que doivent s'adresser les sacrifices et les actes extérieurs de l'adoration. Il est dieu, mais non point parfait, mais non point éternel à la manière de l'infini, du grand Tout. Ynti se renouvelle à des époques déterminées et s'est déjà renouvelé plusieurs fois. Comme générateur, Ynti représente le principe actif; il a pour sœur et femme Mama Quilla, ou la lune, qui se renouvelle chaque mois et qui est souvent en danger de mourir tout à coup ; elle représente le principe passif. Tout ce qui est, tout ce qui respire, est produit par le mariage d'Ynti et de Mama Quilla, l'esprit et la matière céleste. Celle-ci doit être vénérée par les hommes, mais n'a droit ni à l'adoration ni aux sacrifices, bien qu'on l'appelle la mère universelle de toutes choses. Les étoiles (probablement engendrées par cette union) habitent le ciel en qualité de servantes de la lune et non du soleil, à cause qu'on les voyait de nuit et non de jour. Ynti a pour exécuteur de sa justice, et qui doit être vénérée, la trinité du tonnerre, de l'éclair et de la foudre (trois choses exprimées dans la langue de Cuzco par un unique et même mot). L'arc-en-ciel, qui procède d'Ynti, a droit aussi à la vénération. Était-il donc, comme parmi les Hébreux, le signe de réconciliation entre Ynti et les hommes? Cela est probable, puisque l'orage était une manifestation de courroux. Observons que G. de la Vega raconte que lorsqu'on le voyait paraître, on se hâtait de fermer la bouche et d'appuyer la main sur les lèvres : on s'imaginait que si l'on restait la bouche ouverte, les dents pouvaient être gâtées.

Nous ne trouvons pas un seul passage propre à nous éclairer sur la formation de la terre; sans doute elle est engendrée également par l'union d'Ynti et de Mama Quilla. Nous lisons dans G. de la Vega : « Ils trouvaient que les herbes, les plantes, les arbres, ne sont que de simples créatures de ce grand astre, qui leur donnait l'être pour le service des hommes. » Nous voyons l'usurpateur Atahualpa, pressé par le moine Valverde, qui lui enseigne que Jésus-Christ a créé le monde, répondre : « qu'il ne sait rien de cela, qu'il ne croit même pas qu'aucun être excepté le soleil puisse créer quelque chose, qu'il le tient pour Dieu et la terre pour mère. » Atahualpa, qui se prétendait inca légitime, quoique à tort d'après la loi, ne prétendait pas dire que la terre fût sa mère, mais bien la mère des hommes; il se disait, lui, fils du soleil et de la lune. L'union du soleil avec la terre, pour engendrer la création sublunaire, est ici évidente. Il y a donc la matière céleste représentée par Mama Quilla, et la matière sublunaire engendrée par elle et représentée par la terre.

Mais cette matière sublunaire et d'ordre inférieur est atteinte de dégénérescence, et encore plus que l'autre sujette à renouvellement. « Les *amautas* croyaient que c'était une chose indigne et infâme d'attribuer le nom, l'honneur, l'autorité, la puissance et les autres qualités divines aux choses sublunaires. » La matière sublunaire est entachée du vice originel d'impureté. Cette impureté native, la source des maladies et des fléaux, ou autrement le principe du mal physique et du péché, lèpre morale, est personnifiée dans *Cupay*, le méchant esprit, dont on ne prononce pas le nom sans cracher à terre, en signe d'abomination. Cupay a pour empire le centre de la terre. Chaque année on invoque contre lui l'assistance d'Ynti, qui en triomphe et le replonge dans sa souterraine demeure. Dans ce dualisme, Cupay semble mauvais par nature et non pas par abus de la liberté, comme l'orgueilleux Satan d'autres religions. C'est une lutte entre les deux principes coexistants, coéternels, le pur et l'impur, la lumière et les ténèbres, l'esprit et la matière.

« Ils divisaient, dit G. de la Vega, l'univers en trois mondes : 1° *Hanan pacha*, le haut monde, le ciel ; 2° *Hurin pacha*, le bas monde, inférieur à cause de la corruption ; 3° *Veu pacha*, le monde souterrain, qu'ils nommaient encore *Cupaya huacin*, la demeure de Cupay. »

Le principe du mal ne mérite que l'exécration des hommes ; aussi Cupay n'a point d'autels. Aucune des créatures de ce bas monde, sujet à la corruption et à l'impureté, n'est digne d'adoration. Il est enjoint de parler « avec respect et même avec vénération » de certains objets, par exemple : un rocher, un arbre, un fleuve, un torrent, un animal, dont Ynti aura daigné se servir pour opérer un miracle et manifester sa puissance, ou annoncer sa volonté, mais aucun de ces objets eux-mêmes, quoiqu'ils soient en quelque sorte sacrés, *huacas*, ne doit donner lieu à un acte de culte. Dans cette religion, point d'idole ; l'image d'Ynti n'est reproduite qu'une seule fois et dans le seul temple de Cuzco ; encore, dans ce temple, n'accomplit-on les actes du culte qu'en se tournant, comme dans les autres temples, vers Ynti en personne, et non pas vers son image.

« Les *amautas*, dit G. de la Vega, ont cru que l'homme était composé d'âme et de corps, que l'âme ne pouvait être mieux appelée qu'un esprit immortel, et que le corps était fait de boue, parce qu'il devenait terre. C'est pour cela même qu'ils le nommaient *alpacamasca*, c'est-à-dire *terre animée*, et que pour marquer la différence qu'il y a de l'homme à la bête, ils employaient les mots de *runa* et de *llama*, dont le premier signifie un être doué d'entendement et de raison, et l'autre désigne une bête. D'ailleurs, sur ce que l'expérience leur apprenait que les animaux croissaient et avaient du sentiment, ils leur attribuaient pour cet effet l'âme végétative et la sensitive, mais non pas la raisonnable. » Ici l'âme raisonnable est évidemment une émanation d'Ynti, lequel est l'émanation pure du dieu virtuel, de l'âme du grand tout. Selon eux, pendant le sommeil du corps, l'âme ne s'endort pas, elle va se promener par le monde, où elle voit les choses qu'au réveil nous disons avoir songées.

Que devient-elle après sa séparation du corps, alors que celui-ci tend à se dissoudre? Les écrivains sont à ce sujet très-sobres de détails. G. de la Vega envoie l'âme du juste goûter dans le monde supérieur une félicité calme ; l'âme du méchant se rend dans la demeure souterraine de Cupay. Il ne s'explique pas sur les tourments qu'elle y peut subir. Ceci équivaut à dire : L'âme qui s'est purifiée de la souillure terrestre par l'amour de Dieu, remonte au ciel se confondre et se reposer dans l'âme d'Ynti le lumineux, le pur ; l'âme du méchant reste plongée misérablement dans la matière corrompue, au plus profond des ténèbres de cette matière. Cependant la récompense et le supplice des âmes, quels qu'ils soient, ont un terme. La vie d'Ynti est la durée d'un monde ; lorsque Ynti vient à s'éteindre, ce monde meurt; et lorsqu'émane de nouveau Ynti, le monde est engendré de nouveau. Les âmes y seront appelées à revivre sous leur enveloppe de matière reconstituée, à reprendre leur ancien rang dans l'échelle des âmes, sans avoir à craindre, comme dans le système de la résurrection hindoue, de devoir passer, pour cause de démérite, sous des formes de la vie terrestre plus élémentaires que la forme humaine : l'être infini, l'être parfait, le grand tout, dans son existence éternelle, passe alternativement de l'activité au sommeil et du sommeil à l'activité.

Le rituel de cette religion était fort simple; il consistait en un petit nombre d'actes faciles à accomplir, et dont le sens mystique ne pouvait échapper à l'intelligence même la plus paresseuse. Nous avons vu que l'acte principal d'adoration consistait à s'arracher, ou à faire le simulacre de s'arracher un poil des sourcils, pour le souffler en l'air vers le soleil, ce qui signifiait qu'on faisait à Ynti l'offrande de sa personne, corps et âme. Une autre manière était de porter la main à la bouche et de lui envoyer des baisers. Un vrai dévot ne buvait pas sans auparavant tremper son petit doigt dans le vase, pour ensuite secouer en l'air la gouttelette qui y demeurait attachée : c'était une libation en l'honneur d'Ynti.

Dans les grands sacrifices publics, les victimes étaient des agneaux, des moutons ou des brebis, selon la nature du présage que l'on prétendait tirer ; on choisissait de préférence des bêtes parfaitement noires ; la victime ne devait point porter de liens. Dans presque toutes les religions, la victime est plus agréable au dieu quand elle semble s'offrir d'elle-même. Quatre ou cinq hommes la tenaient par les pieds, le dos sur la pierre du sacrifice, et la tête tournée dans la direction du soleil. « Ainsi en vie, dit G. de la Vega, le sacrificateur lui ouvrait le côté gauche, où il mettait la main et en tirait le cœur, les poumons et tout le reste de la fressure, qui devait sortir entière sans qu'il y eût rien de rompu. Ils tenaient pour un si bon présage quand les poumons palpitaient encore après qu'on les avait arrachés, qu'ils prenaient alors pour indifférents tous les autres présages, parce que, disaient-ils, celui-ci suffisait pour les rendre bons, quelque mauvais qu'ils fussent. Lorsqu'ils avaient tiré la fressure, ils soufflaient dans le gosier pour le remplir de vent, puis ils le liaient par le bout ou le pressaient avec la main, observant en même temps si les conduits par où l'air entre dans les poumons, et les petites veines qui s'y voient ordinairement, étaient plus ou moins enflées, parce que plus ils l'étaient et plus le présage leur paraissait bon. Ils considéraient aussi plusieurs autres choses. Ils tenaient pour un présage sinistre s'il arrivait qu'en ouvrant le côté à la bête, elle se levât sur pied et s'échappât des mains de ceux qui la tenaient. Ils prenaient encore pour un malheur, si le gosier, qui tient d'ordinaire à la fressure, venait à se rompre sans qu'ils l'eussent tiré entier; si les poumons étaient déchirés ou le cœur gâté. » On commençait le sacrifice par un agneau. Si le présage n'était pas bon, on immolait un mouton et ensuite une brebis. Un mauvais présage répété trois fois n'empêchait pas de consommer la cérémonie, mais alors il était certain qu'Ynti était courroucé. On s'attendait à quelque grande calamité : la stérilité de la terre, une épidémie sur les troupeaux, une peste ou une guerre sanglante. On n'immolait que des brebis stériles ou qui avaient passé l'âge d'engendrer, et on ne livrait à la flamme que les entrailles et le sang. La chair était mangée dans un pieux banquet.

Quatre fêtes principales signalaient les quatre époques principales de la révolution solaire. Le solstice de notre mois de décembre ramenait la fête nommée *Cuscuicraymi*. C'était le moment où le germe des semailles confiées à la terre commençait à poindre dans les champs. On invoquait Ynti pour qu'il commandât à la gelée de ne point nuire au maïs. « Il faut remarquer, dit G. de la Vega, qu'il gèle toute l'année, tant en été qu'en hiver, dans cette haute vallée de Cuzco et dans celle de *Sac-*

sahuana et aux autres de la frontière, et qu'il n'y fait pas même tant de froid à Noël qu'à la Saint-Jean. »

A l'équinoxe de notre mois de mars venait le moment de récolter le maïs. On remerciait Ynti du bienfait qu'il avait daigné accorder aux hommes.

Le solstice de notre mois de juin ramenait la fête la plus solennelle de toutes les fêtes, celle qualifiée par excellence *Yntip-Raymi,* la fête du soleil. Pour les habitants de Cuzco (plus éloignés du tropique du Cancer que de celui du Capricorne) ce jour était celui où le soleil, après s'être éloigné le plus possible de leur climat, commençait la marche qui devait l'y ramener.

Pour ce grand jour, les vierges *pallas*, les épouses du soleil, pétrissaient des gâteaux avec la farine du maïs. Ces gâteaux étaient destinés à l'inca monarque et à tous les incas du sang légitime. « C'était le soleil qui traitait ses enfants. » Nous ajouterons, qui traitait tous les hommes, puisque G. de la Vega ajoute : « Pour le commun peuple, il était servi par une infinité d'autres femmes, qui lui apprêtaient à manger et qui lui faisaient de ces gâteaux de maïs avec beaucoup de soin et d'attention; car, quoiqu'on ne les fît que pour le commun, il fallait néanmoins que la farine en fût pure; il n'était permis de manger de ce gâteau que le jour de cette solennité, parce qu'on le regardait comme une chose sacrée. » Ordinairement la farine du maïs se mangeait bouillie, ou bien on se contentait de faire rôtir les grains.

Ynti, pour célébrer son retour, donnait donc un banquet à l'humanité en masse.

Les trois jours précédents avaient été consacrés à un jeûne austère, les maris s'étaient abstenus de la compagnie de leurs femmes; tout cela en signe de la douleur qu'inspirait le grand éloignement d'Ynti. Comme symbole de son absence supposée, chaque famille avait éteint le feu du foyer domestique; les vierges épouses du soleil avaient éteint le feu sacré dont la garde leur était confiée.

Un peu avant le point du jour, l'inca monarque se rendait sur la grande place de Cuzco, accompagné de tous les incas du sang légitime, qui marchaient par ordre, chacun selon son rang et son âge ; venaient ensuite les incas du privilége et tous les grands curacas de l'empire, car tous étaient convoqués pour ce grand jour. La politique trouvait son compte à placer souvent la personne de chacun d'eux immédiatement sous la main du monarque. Tout le monde se déchaussait, et on attendait pieds nus le moment où Ynti, de retour, se montrerait à l'horizon. A ce moment, tout le monde se prosternait profondément et lui envoyait des baisers. « Les incas du privilége et les curacas avaient pris place assez près du lieu le plus honorable appelé *Cussipata*, et adressaient au soleil le même acte d'adoration. L'inca monarque se levait alors, tandis que les autres demeuraient à genoux, et il prenait en mains deux grands vases d'or appelés *aquilla*, qui étaient pleins de la boisson ordinaire (une liqueur fermentée et très-enivrante, une sorte de bière fabriquée avec le maïs ou le *quinua*, espèce de millet)». Comme l'aîné de la maison d'Ynti son père, avec le vase qu'il tenait de la main droite, il lui servait à boire ; c'est-à-dire qu'il versait la liqueur dans une cuvette d'or, d'où elle coulait, par un tuyau souterrain, dans le temple du soleil.

Ynti, à son tour, invitait sa postérité à lui rendre raison : l'inca monarque buvait quelques gouttes de la liqueur contenue dans l'autre vase, et distribuait le reste aux incas du sang légitime.

Dans d'autres vases était préparée la liqueur destinée aux incas du privilége et aux grands curacas. Après qu'Ynti avait de la sorte trinqué avec ses fils et avec les grands représentants mâles de l'humanité (les femmes ne figuraient point dans les cérémonies religieuses, et c'est à tort que quelques écrivains y ont attribué un rôle aux vierges épouses du soleil ; aucune femme, pas même elles, pas même la *coya*, n'entrait dans le temple), chacun reprenait sa chaussure et on se rendait processionnellement à la maison d'Ynti. Le peuple, spectateur de cette procession, reconnaissait aux diverses coiffures le rang, la patrie et même les prétendus aïeux de tous ces personnages.

Les insignes du pouvoir suprême étaient deux plumes tachetées de noir et de blanc, et une frange de laine rouge. Les plumes provenaient d'un oiseau extrêmement rare, de l'espèce du faucon, et que Vega appelle *coraquenque* : elles se portaient au-dessus des deux oreilles. La frange rouge couvrait d'une tempe à l'autre le *llantu*, tresse de laine de plusieurs couleurs, ronde, de la grosseur du doigt, et qui faisait trois ou quatre fois le tour de la tête. Ajoutez quelques fleurs assez semblables aux œillets d'Espagne, mêlées aux feuilles d'une plante qui ressemble au lierre et qu'on appelait *vinay huayna, toujours jeune*, parce qu'elle ne perdait jamais sa verdeur. Les cheveux étaient coupés fort courts, de manière que les oreilles fussent parfaitement dégagées et que l'on pût reconnaître la dimension majestueuse du trou dont étaient percés les deux lobes, dilatés à un excès incroyable. Ces mêmes insignes appartenaient également à l'inca monarque et à la coya, et personne autre ne pouvait porter les cheveux aussi courts, ni pratiquer dans les lobes de ses oreilles une ouverture aussi large. Les oreilles de tout personnage de distinction étaient percées dès le jeune âge, et l'on agrandissait soigneusement le trou fait par l'épingle en y enchâssant des objets de plus gros en plus gros. Dans le lobe d'une oreille d'inca monarque, on eût pu enchâsser une de nos pièces de cinq francs. Pour tout autre personnage, l'ouverture ne pouvait être que moindre de moitié. Elle diminuait progressivement d'après l'échelle des rangs. A qui trouverait cet usage laid et ridicule, on peut répondre que tout signe distinctif d'un despote a toujours un caractère imposant. Et puis des lobes d'oreilles dilatés à ce point sont des lettres de noblesse inhérentes à l'individu, d'une exhibition permanente et qu'un faussaire ne saurait improviser.

L'héritier présomptif portait par-dessus le *llantu* une frange de couleur jaune.

Le *llantu* de plusieurs couleurs, ainsi que les fleurs et les feuilles, appartenaient également à tous les incas du sang légitime. « Ces fleurs étaient un symbole de clémence et de piété. Comme le soleil, leur père, faisait croître ces fleurs dans les champs pour donner du plaisir aux hommes, ils devaient de même produire et nourrir ces mêmes vertus dans leur âme, pour faire du bien à tout le monde, afin qu'il n'y eût personne qui ne les appelât avec raison *amis des pauvres*. »

Les incas du privilége n'avaient point droit aux fleurs, mais seulement au *llantu*, qui devait être de couleur noire.

Les curacas des différentes provinces se coiffaient avec la tête d'un pouma, d'un jaguar, s'attachaient aux épaules les ailes d'un condor, ou portaient des masques représentant des têtes d'animaux ou d'autres emblèmes significatifs, selon qu'ils prétendaient tirer leur glorieuse origine de tel ou tel animal, ou bien d'un fleuve, d'un arbre, etc., enfin de quelque objet vénéré.

Le temple de Cuzco se composait de six corps de bâtiments ou pavillons, distribués sur un terrain en parallélogramme, qui s'étendait de l'est à l'ouest et qu'entourait une sorte de cloître. Le pavillon du soleil, isolé des autres, occupait l'extrémité orientale. Venaient ensuite le pavillon de la lune et celui des étoiles ; et, à l'extrémité occidentale, le pavillon de l'arc-en-ciel et celui de la trinité du tonnerre, éclair et foudre. Entre ces quatre derniers pavillons s'élevait le sixième, qui servait de logement au *villac-umu* ou *devin*, et à ceux des incas chargés des fonctions du culte, et qui se relayaient pour la garde du temple à chaque quartier de la lune. Pendant ce service, il leur était interdit de sortir de l'enceinte sacrée ni jour ni nuit, mesure dont le but était de garantir que pendant tout ce temps ils suspendaient tout commerce avec la femme.

Ces six pavillons n'avaient qu'un seul étage, étaient construits en belle pierre, et leur toiture en chaume affectait la forme d'une pyramide oblongue. Les pavillons du soleil, de l'arc-en-ciel et du tonnerre, étaient à l'intérieur revêtus de plaques d'or, ceux de la lune et des étoiles étaient revêtus de plaques d'argent. Tout autour du cloître et dans sa partie supérieure régnait une guirlande d'or, large d'environ un mètre. Dans le pavillon du soleil se voyait l'image d'Ynti, plaque d'or d'une notable épaisseur et d'une dimension prodigieuse. L'artiste avait représenté une figure humaine d'où s'échappaient des flammes et des rayons. A droite et à gauche de la sainte image étaient les corps des incas défunts, rangés par ordre de temps, et si bien embaumés qu'ils paraissaient vivants. Ils étaient placés sur des trônes d'or, le visage tourné vers l'entrée du temple. Huayna-Capac, le plus vénéré à cause de ses qualités éminentes, avait seul l'insigne privilége d'être tourné vis-à-vis la figure de cet astre.

Les *coyas* défuntes étaient rangées de même dans le pavillon de la lune, où l'artiste avait représenté *Mama-Quilla* par un visage de femme gravé sur une plaque d'argent. *Mama-Oello*, mère de l'inca Huayna-Capac, avait, par un privilége mérité, la figure tournée en face de l'éclatant symbole.

Quand la procession était arrivée à deux cents pas de l'entrée du temple, tout le monde se déchaussait de nouveau, à l'exception cette fois de l'inca monarque. Il entrait, suivi de tous les incas du sang légitime. Chacun déposait comme offrande le vase d'or qui lui avait servi à boire sa portion de liqueur. Les incas dédiés au service du temple venaient à l'entrée recevoir les vases de chaque curaca. « Outre leurs vases, ils présentaient comme offrande plusieurs belles pièces d'or et d'argent qui représentaient en petit et au naturel divers animaux, comme des brebis, des agneaux, des lézards, des crapauds, des couleuvres, des renards, des jaguars et des poumas, des oiseaux de toutes les sortes et de tout ce qui croissait dans leurs provinces. »

La cérémonie de l'offrande accomplie, on revenait sur la grande place, où, ce jour-là seulement, devait se faire le sacrifice (les autres jours, il se faisait devant l'entrée du temple).

Pour ce grand jour, le feu du sacrifice devait leur être donné, comme ils le disaient, « de la main du soleil. » G. de la Vega raconte ainsi le procédé : « Ils prenaient un grand bracelet appelé *chipana*, semblable à ceux que les incas portaient au poignet de la main gauche, excepté que celui-ci, porté par le *villac-umu*, était plus grand que les autres. Il avait, au lieu de médaille, un vase concave de la grosseur de la moitié d'une orange, extrêmement luisant et poli. On l'opposait directement au soleil, et dans un certain point où les rayons qui sortaient du vase se ramassaient ensemble; on mettait, au lieu de mèche, un peu de charpie de coton où le feu prenait aussitôt par un effet naturel. »

On portait de ce feu dans le temple ainsi qu'à la maison des vierges, épouses du soleil, et on prenait soin de l'entretenir toute l'année.

La solennité se terminait par un repas où figurait en première ligne le gâteau sacré de maïs. Cette sorte de communion n'était pas la seule. La loi voulait que les habitants des villes s'assemblassent deux ou trois fois le mois pour manger en commun devant leurs curacas. « Les pauvres étaient appelés à ces festins publics, afin que cette réjouissance contribuât à leur faire oublier une partie de leur misère. »

Ce gâteau reparaît encore dans la fête de la purification appelée *Citu*, que ramenait l'équinoxe de notre mois de septembre. Cette fois, il est accompagné d'un autre gâteau, ou plutôt d'une pâte à demi cuite, pétrie avec le sang de jeunes garçons de cinq à dix ans; mais ce sang s'obtenait sans meurtre, et simplement par une saignée entre les sourcils, ou en provoquant l'hémorragie par les narines.

Dans la nuit qui précédait la fête, on se réunissait entre parents; on s'était préparé par le jeûne et par une ablution complète dans l'eau courante d'une rivière. Chacun prenait de cette pâte dans laquelle entrait du sang, et s'en frottait dévotement le visage, la tête, l'estomac, les épaules, les bras et les cuisses, bien convaincu qu'il se purifiait ainsi le corps, et éloignait pour longtemps la maladie. Cela fait, le membre le plus âgé ou le plus qualifié de la famille prenait un gros morceau de cette même pâte et allait en frotter la porte donnant sur la rue. Il l'y laissait même attaché, pour montrer aux passants que la maison avait été purifiée et sanctifiée.

Dès qu'Ynti se montrait à l'horizon, on se prosternait et on le suppliait de préserver la ville de toute calamité. Alors le jeûne était rompu, et on mangeait l'autre gâteau de pur maïs.

Cependant on voyait sortir de la forteresse un inca du sang légitime, qui s'annonçait comme messager du soleil. « Il avait une robe retroussée autour du corps et à la main une lance garnie d'une bordure de plumes de diverses couleurs qui entouraient le bois depuis la pointe jusqu'à la poignée, le tout enrichi de quantité d'anneaux d'or. Cette lance ainsi ornée servait aussi d'une espèce d'étendard en temps de guerre. Ce courrier sortait de la forteresse, et non pas du temple du soleil, parce qu'ils le regardaient comme un messager de guerre, et qu'on ne parlait dans cette forteresse, destinée à être la demeure du soleil, que de ce qui concernait les armes, au lieu qu'on ne traitait dans son temple que des affaires de paix. Il descendait, brandissant sa lance d'un air menaçant, jusque sur la grande place, où il était rejoint par quatre autres incas du sang légitime, armés de lances pareilles et ayant retroussé leurs robes, comme c'est la coutume parmi les Indiens toutes les fois qu'ils veulent courir ou faire quelque chose d'important. Le messager touchait de sa lance les lances des quatre autres incas, disant qu'Ynti leur commandait, comme à ses agents et fidèles enfants, de chasser de la ville et du pays voisin toutes les incommodités et les maladies qui s'y trouveraient. Aussitôt les quatre incas se mettaient en marche, en suivant les quatre grandes routes qui aboutissaient à Cuzco, et par lesquelles on allait à ce que les Indiens avaient qualifié les quatre parties du monde. Tous les habitants, hommes et femmes, jeunes et vieux, étaient aux portes de leurs maisons. En voyant passer les quatre incas, ils faisaient de grandes acclamations et des applaudissements extraordinaires; ils secouaient leur robe, comme s'ils eussent voulu en ôter la poussière, et mettaient ensuite la main sur la tête, sur le visage, sur les bras et sur les cuisses, qu'ils se frottaient comme s'ils eussent voulu laver ces parties, s'imaginant qu'ils chassaient par ce moyen les maux de leurs maisons, afin que ces messagers les bannissent de la ville. »

La nuit venue, la population se répandait par les rues, armée de torches enflammées, pour chasser les maux de la nuit, comme on avait expulsé ceux du jour. Les débris des torches étaient soigneusement jetés dans la rivière où la veille s'étaient faites les ablutions, afin que le courant emportât jusqu'à la mer les maux mis en fuite. Venait-on à rencontrer le lendemain quelqu'un de ces débris rejeté sur le rivage, on s'en éloignait avec horreur, tant l'on redoutait les germes de contagion dont on le supposait chargé.

Les écrivains ne mentionnent rien qui ressemble à un baptême, circonstance assez singulière là où le dogme d'une souillure originelle semble pourtant établi. A l'âge de deux ans, on sevrait les enfants, on leur donnait un nom et on coupait leur chevelure; chaque membre de la parenté donnait un coup de rasoir, fait de pierre tranchante, et offrait un présent à l'enfant.

La cérémonie du mariage ne portait pas un caractère plus religieux. Tous les ans, à une certaine époque déterminée, l'inca monarque mariait les incas et les pallas du sang légitime. L'âge de nubilité était fixé à dix-huit ans pour les filles, vingt-quatre pour les garçons. Les futurs époux comparaissaient devant lui par couples. Il les appelait par leurs noms, les prenait par la main, leur faisait prononcer le serment de fidélité conjugale, et les déclarait mariés. Le lendemain, dans chaque ville de l'empire, les curacas mariaient de la même manière les couples qui se présentaient devant eux. Les mariages se faisaient tous exclusivement entre gens d'une même ville, et le plus possible entre parents. Il était interdit aux habitants d'une province ou d'un district d'épouser des indigènes d'une autre province ou même du district voisin. Les écrivains ne nous apprennent pas si le lien était indissoluble, si quelque loi protégeait la femme contre l'abandon du mari, ni même si la polygamie était autorisée ailleurs que chez les grands personnages.

Nous avons vu la femme éloignée du temple; voici un autre fait qui confirmerait qu'elle était tenue dans un bien triste état d'infériorité. Aux funérailles de l'inca monarque, et même à celles des grands personnages, la coutume était que les femmes que le défunt avait le plus aimées se laissassent enterrer vivantes, ainsi que ses serviteurs les plus favoris. Observons que cet acte de barbarie doit être considéré comme étant ici tout à fait en dehors de la religion; autrement on verrait la femme de toutes les classes condamnée par l'opinion à sortir de cette vie en même temps que son mari. C'est ici une mesure purement politique. Le despote, pour empêcher la trahison de se glisser dans l'intérieur de son palais, croit ne pouvoir rien imaginer de mieux que de rendre la vie de tout ce qui l'approche de plus près solidaire de la sienne.

Par suite de la croyance que l'âme rentrerait un jour en possession du corps, on se gardait de hâter la dissolution de celui-ci en le livrant aux flammes ou à l'action décomposante et immédiate du sol. On le plaçait dans l'attitude d'un homme assis, au fond d'une tombe construite en pierres, ou dans une case d'un caveau funéraire disposé par étages. Le climat de Cuzco est tellement sec, que les corps se desséchaient promptement et ne tombaient point en putréfaction.

Telle fut dans son ensemble cette religion officielle dont les Incas s'étaient faits les apôtres armés, et qu'ils avaient déclarée religion de l'empire. Au-dessous d'elle, végétaient dans chaque province, et même à Cuzco, d'antiques croyances qu'il était difficile de bannir des esprits de la classe inférieure. N'avons-nous pas encore en France l'exemple d'une vénération portée à de vieilles légendes qui appartiennent à l'époque druidique ? Dans son curieux recueil de *Documents sur l'histoire des possessions espagnoles d'Amérique*, M. Ternaux Compans a donné un mémoire écrit par un des premiers religieux augustins qui aient eu mission de prêcher au Pérou, et où l'on retrouve quelques-unes des antiques croyances ou plutôt des débris des antiques croyances indigènes, presque effacés sous la domination inca. Il n'y a point là une théogonie raisonnée, un système religieux qui mérite d'être étudié. Pour l'ordinaire, un dieu suprême abandonne à d'autres dieux le soin de gouverner le monde : chaque ville, chaque famille, chaque individu se place, selon son caprice ou au hasard, sous la protection immédiate de dieux inférieurs, représentés par des idoles ou par un animal vivant. Ce sont des croyances analogues à celles qui se retrouvent encore aujourd'hui chez les tribus d'*Araucanos*, à l'extrémité méridionale du Chili.

D'où venaient ces fondateurs d'empire qui, vers l'an 1340 (c'est la date vraiment acceptable), apparurent tout à coup dans la vallée de Cuzco, parlant une langue étrangère, plus tard restée la langue particulière que parlaient entre eux les incas, et proclamant la religion la plus rationnelle de toutes les religions écloses par-delà l'Atlantique ? Nous exceptons toutefois celle qu'aura dû prêcher le réformateur Quetzalcoatl, dont elle reproduit probablement en grande partie le système philosophique, bien qu'en l'altérant. Pour éclaircir la question, examinons d'abord de quels peuples indigènes ces conquérants sont parvenus à se faire des sujets et des prosélytes. Nous suivrons l'ouvrage d'un célèbre voyageur, M. d'Orbigny, intitulé l'*Homme américain*, ouvrage basé sur les sources les plus respectables aussi bien que sur les observations personnelles de l'auteur.

Le territoire de l'empire des Incas était occupé par quatre grandes nations principales, demeurées encore aujourd'hui bien distinctes : les *Quichuas* ou *Quichos*, les *Aymaras*, les *Atacamas* et les *Changos*.

Les *Changos*, ou plutôt les débris de cette nation, se rencontrent sur les bords de l'océan Pacifique, entre les 22° et 24° de latitude sud.

Il faut placer les *Atacamas*, dont les ancêtres se nommaient *Olipes* ou *Llipi*, suivant G. de la Vega, entre les 19° et 22° de la même latitude.

Les *Aymaras* couvrirent, dit-on, tout le plateau des Andes du 15° au 20°; c'est la contrée où se trouve le lac Titicaca. Ils formaient, à proprement parler, un noyau autour duquel rayonnait la nation *Quichua*.

Le nom Quichua paraît n'avoir été d'abord que celui d'une simple tribu et s'être appliqué plus tard d'une manière très-générale. Peut-être même ne le fut-il que par les Espagnols qui, après avoir combattu les Quichuas dans le Guatemala, conservaient ce nom pour désigner les Indiens au sud du Mexique?

Les Quichuas donc (à supposer que ce soit leur vrai nom) s'étendaient vers le nord sur tout le plateau des Andes, et probablement jusqu'à Quito. En se dirigeant vers le sud, ils occupaient tout le plateau et une certaine portion du versant oriental jusqu'au 15° sud, où ils confinaient aux Aymaras. Au sud de cette dernière nation, ils habitaient les provinces de Cochabamba, de Chuquisaca, de Chayanta et de Potosi. A partir de cette zone, ils ne paraissent plus sur les plateaux et vivent sur le versant oriental jusqu'à Tucuman et Santiago del Estero, au 28° de latitude. Sur le versant occidental, vers la côte, ils s'arrêtent à la ville d'Arequipa, habitée par les Aymaras, et à celle d'Atacama, habitée jadis par les Atacamas. Sur tout le littoral sud, les Quichuas régnaient sur des peuples soumis, mais d'une origine différente de la leur. Ils couvraient donc une longue bande de terrain qui suivait du nord au sud la chaîne des Andes, depuis Quito jusque près du lac Titicaca. Au-delà des Aymaras, enclavés au milieu d'eux, ils se montraient encore sur une lisière du versant oriental depuis Cochobamba jusqu'à Santiago del Estero. Vers l'ouest, ils étaient bornés par les Andes; vers l'est, par les plaines chaudes et boisées.

« Une foule de petites nations, répandues depuis Quito jusqu'à Santa-Cruz de la Sierra, avoisinaient les Quichuas au levant. Dans le nombre, on peut citer : les Chayaritos, les Chuchos du Rio-Paro, les Quixos, les Apolistas, les Maropas, les Tacanas, les Mocetenes et les Yuracares. Dans la direction du sud, les Quichuas confinaient aux Chiriguanos, et, plus au sud encore, aux Matacos et à d'autres tribus d'origine araucane. Au nord, ils avaient pour voisins des populations de la race des Muyzcas, habitants du plateau de Condinamarca. »

De toutes ces populations, les Aymaras, les habitants de la contrée de Quito et les Muyzcas, sont celles qui paraissent avoir été, avant l'époque des incas, en possession de la civilisation la plus avancée.

La tradition du vieillard qui, après un déluge, partage la terre entre Manco-Capac et ses trois frères, est originaire de la vallée de Tiahuanaco, près du lac Titicaca. De là elle se sera répandue chez les peuples voisins. Voici comment l'un des incas imagina de la transformer, pour la faire servir à ses vues politiques. Rien n'empêche d'attribuer l'honneur de l'invention au second inca, Sinchi Roca.

Il aura changé le nom de son père, petit conquérant heureux de la vallée de Cuzco, et en aura fait le vénérable personnage de Manco-Capac lui-même. Mais cette fois Manco-Capac n'eut plus de frères, ou du moins il n'en fut plus question. Il eut pour femme et sœur *Mama-Oello Huaco*, et tous deux furent les enfants, non plus d'un vieillard habitant de la terre, mais du soleil et de la lune en personne, et envoyés du ciel par le dieu leur père « pour enseigner aux hommes à vivre en créatures raisonnables, et non plus à la manière des bêtes. »

« Le soleil donc les mit près du marécage de Titicaca, et leur dit qu'ils allassent où bon leur semblerait, et que, lorsqu'ils voudraient manger ou dormir en quelque lieu, ils essayassent de ficher en terre une verge d'or, qui avait deux doigts de grosseur et une demi-aune de long, qu'il leur donna tout exprès pour un signal infaillible de sa volonté, qui était que là où cette verge s'enfoncerait dans la terre d'un seul coup qu'ils lui donneraient, ils s'arrêtassent pour s'y établir et y tenir leur cour. Les deux divins voyageurs se mirent en marche, essayant de temps à autre la vertu de la verge d'or, et, sur la place même où ils la virent enfin s'enfoncer d'un seul coup, ils fondèrent leur cour et la ville de Cuzco, après toutefois s'être mis en quête de réunir tout ce qu'ils purent rencontrer d'hommes et de femmes et les avoir séduits par leur éloquence. »

La nation des Aymaras, nation civilisée et puissante, et cela depuis des temps reculés, à juger d'après les antiques et si remarquables monuments de Tiahuanaco, serait-elle donc en effet le berceau des incas?

Nous ne le pensons pas. Les bas-reliefs des portiques monolithes représentent, il est vrai, le soleil entouré de ses rayons; mais à côté de cette image est celle du condor; ajoutez des figures creusées dans la pierre et des statues que l'on doit prendre pour des idoles. On peut voir là les signes d'une religion du soleil, mais une religion autre que celle professée par les Incas, religion épurée et sévère, qui n'admet point de dieux subalternes et repousse les images de ses temples. On nous dira qu'en se séparant de la nation mère les incas auront pu se faire réformateurs; cependant voici une objection qui nous semble très-forte.

C'est le quatrième inca, *Mayta-Capac*, qui conquiert la ville de Tiahuanaco, et ses monuments si remarquables sont pour lui une découverte, et une découverte qui le frappe tellement, qu'il se promet d'embellir Cuzco par des monuments construits d'après ce modèle. Quatre générations ne se sont point encore écoulées depuis la séparation de la mère patrie, et des petits-fils ingrats auraient déjà complétement oublié ces monuments qui font sa splendeur, ces monuments dont l'antiquité vénérable se perdait déjà dans la nuit des temps, et dont l'opinion vulgaire n'osait attribuer la construction à des mains d'hommes !

Les incas n'ont donc point puisé leur religion chez les Aymaras, nation civilisée dans une plus haute antiquité, mais presque entièrement dégénérée à l'époque des incas ; ils y ont, au contraire, imposé la leur par la force des armes, l'habileté de leur politique et surtout la supériorité de cette religion simple et jamais cruelle. Seulement, pour corroborer la foi qu'ils exigeaient à la tradition de Manco-Capac telle qu'ils l'avaient amendée, ils déclarèrent Tiahuanaco ville sainte : l'orgueil des Aymaras fut flatté et intéressé à accepter la nouvelle édition de la vieille légende.

Nous avons dit plus haut que les antiquités recueillies dans les *huacas* de la plaine *del Chimu*, près de Truxillo, dénotaient une civilisation fort avancée ; on en peut dire autant de la contrée de Quito ; mais le système religieux y était trop peu raisonné et trop inférieur à celui adopté par les incas pour que nous songions à voir dans l'une de ces contrées la mère-patrie du fondateur de Cuzco.

Il serait moins déraisonnable de la placer dans la contrée des *Muyzcas*, adorateurs de Bochica, le *roi-soleil*; mais le peu que nous connaissons de leur religion nous la montre empreinte de cruauté, et ayant une symbolique étrange et compliquée. Cette religion demeure encore à une bien grande distance de la religion d'Ynti. On resterait toujours dans la nécessité de faire du premier inca non-seulement un fondateur d'empire, mais un fondateur de religion, un prophète armé, un Mahomet. Or, l'idée de prophète armé exclut nécessairement l'idée de politique conciliante ; le prophète armé et ses séides aux convictions fortes procèdent par une logique radicale. Qui imaginerait Mahomet transigeant avec les idoles d'une nation conquise, et leur ouvrant, dans sa capitale, une mosquée pour refuge? Autant vaudrait supposer Moïse réservant quelque coin du temple de Jéhovah pour y héberger les dieux de bois et de pierre des Cananéens. Dans la politique des incas, rien de chaud, rien de large, rien d'élevé, rien ne montre le prophète à qui Dieu a révélé une vérité neuve, et qui a la conscience d'être le vase et le glaive d'élection : tout est combinaison froide et astucieuse, habileté étroite et mondaine.

Voulez-vous une preuve que cette religion était déjà usée pour les incas, et apprécier à sa juste valeur la foi que les incas-monarques eux-mêmes, et probablement les esprits supérieurs, avaient dans le pouvoir divin d'Ynti, relisez ce qu'un de ces souverains *avait coutume de dire* : « Plusieurs croient que le soleil est vivant, et qu'il est le créateur de tout ce que l'on voit dans le monde ; mais il me semble que celui qui fait quelque chose y doit être présent nécessairement. Or, plusieurs choses se font en l'absence du soleil; donc il ne les fait pas toutes. On peut connaître qu'il n'a pas de vie, de ce qu'il ne cesse de faire sa course au ciel sans se lasser jamais, au lieu qu'il se lasserait sans doute comme nous s'il était vivant. S'il avait une pleine liberté, il visiterait assurément quelque partie du ciel où il ne va jamais. On peut donc bien dire qu'il en est de lui comme d'un animal qu'on a mis à l'attache, qui fait toujours le même tour, ou comme d'une flèche décochée qui ne va qu'au lieu où l'archer la darde, sans qu'il lui soit possible d'y aller de son propre mouvement. »

Dans une question où la disette de faits ne permet de procéder que par conjectures très-hasardées, nous serions tenté de faire du premier inca le chef d'une colonie émigrée de l'Amérique centrale.

Entre la religion d'Ynti et celle du Mexique on peut remarquer un grand air de parenté. La première semble le système résumé, l'expression philosophique de la seconde. Teotl et Pachacamac sont également *âme du monde*. Le soleil, unique objet d'adoration dans l'une, est honoré dans l'autre du culte le plus ancien et principal. Dans les deux, la lune est la mère universelle des choses; la terre est la mère de la création sublunaire. Entre plusieurs traits communs aux deux religions, la communion fraternelle et égalitaire, qui contraste si singulièrement avec des mœurs ultra-aristocratiques, la purification pratiquée avec le gâteau où se mêle le sang innocent d'un jeune enfant, nous semblent des traits bien caractéristiques.

Nous ne sommes pas loin de penser que la religion d'Ynti se sera formée chez quelque peuple voisin de l'Anahuac, à la suite de la révolution intellectuelle opérée par le prédicateur déiste Quetzalcoatl, le personnage mystérieux en qui nous persistons à voir le Confucius et le Bouddha de l'autre continent. Chaque peuple aura pris sa part plus ou moins grande de la réforme, qui aura rayonné sur toutes les villes de l'Anahuac et du Guatemala. La foi du prince éclairé de Tezcuco, dont nous avons parlé, nous semble avoir beaucoup d'analogie avec celle professée par les incas. C'est, pour les esprits supérieurs, un déisme philosophique qui livre à l'adoration du vulgaire un seul de tous les objets appréciables par les sens, et cet objet est la création reconnue pour la plus admirable qui soit dans l'univers visible.

Plus tard, le peuple adorateur d'Ynti aura, grâce à quelques circonstances favorables, été mieux que les autres préservé d'une réaction funeste dans son système religieux. Il aura échappé au retour d'un polythéisme, d'une mythologie extravagante, d'un culte rendu à des images et d'un rituel souillé par des pratiques atroces.

Nous avons vu que l'Amérique centrale était depuis longtemps accoutumée à déverser sur l'Amérique du Sud sa civilisation par ses bannis et ses populations déplacées. Elle lui aura aussi déversé plus tard l'une de ses religions réformées.

Nous supposons que, vers l'an 1300, c'est-à-dire à l'époque où l'empire aztèque, solidement établi dans la vallée de Mexico, a commencé à s'étendre sur le reste de l'Anahuac, un refoulement se sera opéré parmi tous les petits peuples de cette contrée et du Guatemala. Le peuple adorateur d'Ynti aura subi le joug et les nouveaux dieux d'un vainqueur. Ses principales familles, ses familles nobles, suivies des guerriers et de la partie la plus active de la population, auront émigré, emportant avec elles la religion épurée, dont elles vont se trouver les seules dépositaires.

Cette colonie, après quarante ans d'une vie errante, et probablement après plusieurs tentatives manquées d'établissement, parvient enfin à se conquérir un petit territoire dans la vallée de Cuzco. «Elle y fonde une capitale et environ cent bourgs, dont les plus grands ont cent maisons, c'est-à-dire peuvent loger cent familles.» Tout cela peut s'accomplir avec un chiffre de vingt à trente mille âmes.

Pendant ces quarante années de fatigues et de misères, ce débris vagabond d'un peuple, bien que privé du secours d'une écriture et même d'une hiéroglyphie figurative, aura pu conserver intacte une religion simple et austère, sans mythologie aucune, et dont le rituel était facile; mais quoi d'étonnant qu'il ait perdu son bagage scientifique, et qu'il ne lui reste rien du savoir astronomique attesté par ce calendrier si minutieusement combiné qui a distingué les peuples de l'Amérique centrale? Peut-être à leur départ les émigrés comptaient-ils parmi eux très-peu de savants, c'est-à-dire de prêtres; ou, ce qui est plus probable, à la suite de dissensions nées des difficultés de l'exil, le sacerdoce aura pu être accaparé, avec le pouvoir civil et militaire, par la famille la plus puissante et qui fournissait les meilleurs guerriers, mais non des personnages savants.

A l'appui de notre hypothèse, que nous avouons n'être que très-hasardée, nous pourrions invoquer le fait de la croix trouvée par les Espagnols dans le trésor de l'inca, et le seul objet de ce genre qu'on ait trouvé dans tout l'empire et chez les nations voisines.

« Les rois incas, dit G. de la Vega, avaient dans Cuzco une croix de très-beau marbre, qu'on nomme jaspe cristallin, sans qu'on sût depuis quel temps elle y pouvait être. Cette croix était longue de trois quarts d'aune ou environ, large de trois doigts, à peu près de la même épaisseur, toute d'une pièce et d'une pierre extrêmement luisante et polie; il n'y avait aucune inégalité dans ses angles, qui étaient fort bien faits, ni dans ses bras, qui étaient de forme carrée. Ils la gardaient dans une de leurs maisons royales, et dans un appartement de ceux qu'ils appellent *huaca,* qui est un lieu tenu pour sacré. Quoiqu'ils ne l'adorassent pas, ils l'avaient néanmoins en très-grande vénération, soit qu'ils le fissent pour la beauté de sa figure ou pour quelque autre considération que nous ne savons pas. »

Pour nous, cette croix est un de ces monuments par lesquels les peuples du Guatemala et du Yucatan étaient dans l'usage de consacrer le souvenir d'un katun ou cycle accompli. Les émigrés auront, au moment du départ, détaché de la muraille du temple le signe qui leur rappelait le dernier cycle de splendeur qui eût lui pour la patrie.

Plus tard, le sens de cet emblème vénérable et chéri se sera perdu, et cela se conçoit. Les incas, reniant leur origine, falsifiant à leur profit la tradition aymara, et s'attribuant Manco-Capac pour aïeul, avaient le plus grand intérêt à oublier la croix du katun, à taire une circonstance propre à manifester que leur véritable aïeul était venu de fort loin et de la région du Nord, et non pas de la vallée de Tiahuanaco et du lac Titicaca.

A ceux de nos lecteurs qui trouveraient le chemin parcouru un peu long, nous répondrions par l'exemple de ces émigrations qui, dans les temps antiques, ont parcouru sur notre continent des distances non moins considérables, et aussi par un exemple particulier à l'Amérique du Sud elle-même. Nous voyons dans G. de la Vega un roi des *Chancas*, du nom de *Hancohuallu*, mécontent du joug des incas, « émigrer de sa capitale à la tête de plus de vingt mille hommes propres à porter les armes, sans compter les femmes et les enfants, dans l'intention de peupler le territoire qu'il trouverait à sa bienséance. Il y réussit, et il planta sa tente à deux cents lieues de son pays. »

Le fait d'un peuple guerrier s'asservissant les autres petits peuples de l'Amérique du Sud, et fondant un empire vaste, mais destiné à se dissoudre promptement, se sera sans doute reproduit plusieurs fois avant l'époque de l'empire des incas. Celui-ci avait-il plus de chances de durée? Nous ne le pensons pas. Là, comme au Mexique, ont manqué à l'homme les animaux auxiliaires qui rendent la force militaire plus terrible et plus rapide, et facilitent les grandes communications commerciales, deux conditions indispensables pour relier ensemble d'une manière solide les membres de tout corps social un peu important. Le llama, dont le Pérou fut doté, lui donna bien peu d'avantages sur le Mexique ; il fut une bien faible ressource pour les transports, comparé aux puissantes et nombreuses variétés de bêtes de somme que l'homme utilisa sur notre continent. L'empire des incas était bien jeune, et cependant, depuis quelques règnes, il avait déjà dépassé de beaucoup le degré de développement auquel pussent suffire les moyens physiques d'action gouvernementale dont cette civilisation disposait.

Le Chili ne fut jamais que mal soumis. La domination sur le pays de Quito dut être bien incomplète, puisque le conquérant dut renoncer à en faire une province de l'empire et le maintenir royaume séparé.

Cette religion, dont l'excellence avait fait la plus grande force morale du vainqueur, et qui le servit mieux encore que les armes, en éclairant les esprits des vaincus et en adoucissant leurs mœurs, avait dû elle-même, dans certaines contrées, se plier à de grandes exigences. Elle était déjà profondément atteinte de dégénérescence et de corruption. Ainsi, par exemple, dans la vallée de Rimac (où est aujourd'hui Lima), les incas avaient dû, en violation du dogme fondamental, tolérer l'existence d'un temple à Pachacamac, le dieu inconnu, celui qu'on ne devait adorer qu'au plus profond de son cœur, le très-étendu, qui se refuse à se laisser enfermer entre des murailles. Cuzco, la ville sainte, n'avait pas tardé à subir deux rivales en sainteté : Tiahuanaco (d'où l'on avait rapporté la pensée coupable de reproduire l'image du soleil, en violation du dogme qui défendait les images) et la vallée de Rimac. Dans ce dernier lieu, Pachacamac non-seulement recevait des sacrifices, mais il souffrait qu'à ses côtés on adorât des dieux poissons et le renard. Il rendait des oracles en personne; il est vrai qu'il n'accordait cet honneur qu'aux incas et aux très-grands seigneurs, laissant une idole sous figure d'homme, l'antique et indigène idole de Rimac, répondre aux gens de condition inférieure.

A la tradition falsifiée de Manco-Capac une intrigue de palais avait encore ajouté une falsification de plus. Un fils d'inca monarque, pour enlever à son père la frange rouge et les deux plumes de *coraquenque*, avait fait intervenir dans des songes un nouveau personnage sacré, *Viracocha*, neveu direct du soleil et frère cadet de Manco-Capac et Mama-Oello. L'heureux usurpateur avait reçu le surnom du grand oncle par lui improvisé.

Enfin, comme dernière considération, un peu avant la conquête espagnole, le bâtard Atahualpa venait de faire mettre à mort tout ce qu'il avait pu saisir de la race des Incas du sang légitime. Le prestige qui s'était longtemps attaché à la descendance divine avait reçu là une rude atteinte. Le sacerdoce et les grandes charges des pouvoirs civil et militaire cessaient d'être concentrés sur les têtes de la famille du chef de l'empire.

La dissolution de l'empire était inévitable et prochaine, si les aventuriers espagnols ne se fussent présentés tout à coup, apportant avec eux une force militaire supérieure et seule capable de le consolider.

CHAPITRE SEPTIÈME.

Quelques croyances des sauvages de l'Amérique du Nord.

« Le recensement des peuples indigènes de la partie septentrionale du Nouveau-Monde n'a pas été fait; je vais le faire. Beaucoup d'hommes, beaucoup de tribus manqueront à l'appel; dernier historien de ces peuples, c'est leur registre mortuaire que je vais ouvrir. »

Ainsi s'exprimait, en 1827, l'illustre écrivain qui, dans sa jeunesse, a touché la main des vieux sachems, a fumé le calumet sous l'*ajoupa*, dans les forêts alors vierges encore de l'Ohio et de la Louisiane, et qui sut prêter à la chaste Atala toutes les grâces de son âme mélancolique et tendre, à Chactas toute la fierté de son génie à son insu républicain, au père Aubry tous les trésors de sa foi à son insu philosophique.

Nous espérons ne pas déplaire à nos lecteurs en replaçant sous leurs yeux ce précieux recensement.

« En 1534, à l'arrivée de Jacques Cartier au Canada, et à l'époque de la fondation de Québec par Champlain, en 1608, les Algonquins, les Iroquois, les Hurons avec leurs tribus alliées ou sujettes, savoir : les Etchemins, les Souriquois, les Bersiamites, les Papinaclets, les Montaguès, les Attikamègues, les Nipissings, les Temiscamings, les Amikouès, les Cristinaux, les Assiniboils, les Pouteouatamis, les Nokais, les Otchagras, les Miamis, armaient à peu près cinquante mille guerriers, ce qui suppose, chez les sauvages, une population d'à peu près deux cent cinquante mille âmes (quinze ans est l'âge du service militaire, et le corps des combattants se compose, en général, du cinquième de la tribu). Au dire de Lahontan, chacun des cinq grands villages iroquois renfermait quatorze mille habitants. Aujourd'hui, on ne rencontre dans le bas Canada que six hameaux de sauvages devenus chrétiens : les Hurons de Corette, les Abénaquis de Saint-François, les Algonquins, les Nipissings, les Iroquois du lac des Deux-Montagnes et les Osouékatchies. Le reste des cinq nations iroquoises est enclavé dans les possessions anglaises et américaines, et le nombre de tous les sauvages que je viens de nommer est tout au plus de deux mille cinq cents à trois mille âmes.

« Les Abénaquis, qui, en 1587, occupaient l'Acadie (aujourd'hui le Nouveau-Brunswick et la Nouvelle-Écosse); les sauvages du Maine, qui détruisirent tous les établissements des blancs en 1675, et qui continuèrent leurs ravages jusqu'en 1748; les mêmes hordes qui firent subir le même sort au New-Hampshire; les Wampanoags, les Nipmucks, qui livrèrent des espèces de batailles rangées aux Anglais; les Pequots du Connecticut; les Indiens qui négocièrent la cession d'une partie de leurs terres avec les États de New-York, de New-Jersey, de la Pensylvanie, de la Delaware; les Piscataways du Maryland; les tribus qui obéissaient à Powhatan, dans la Virginie; les Paraoustis, dans les Carolines, tous ces peuples ont disparu.

« La plupart de ces peuples appartenaient à la grande nation des Lenni-Lenap, dont les deux branches principales étaient les Iroquois et Hurons au nord, et les Indiens Delawares au midi.

« Des nations nombreuses que Ferdinand de Soto rencontra dans les Florides (et il faut comprendre sous ce nom tout ce qui forme aujourd'hui les états de la Géorgie, de l'Alabama, du Mississipi et du Tennessee), il ne reste plus que les Creeks, les Chéroquois et les Chicassais.

« Les Creeks, fédération formée par les Muscogulges et les Siminoles, ne pourraient mettre sur pied, dans ce moment, deux mille guerriers. Des vastes pays qui leur appartenaient ils ne possèdent plus qu'environ huit mille carrés, dans l'état de Géorgie, et un territoire à peu près égal dans l'Alabama. Les Chéroquois et les Chicassais, réduits à une poignée d'hommes, vivent dans un coin des états de Géorgie et de Tennessee ; les derniers, sur les deux rives du fleuve Hiwassee.

« En remontant le Mississipi depuis son embouchure jusqu'au confluent de l'Ohio, tous les sauvages qui habitaient ces deux bords, les Biloxis, les Torimas, les Kappas, les Sotouïs, les Bayagoulas, les Colapissas, les Tansas, les Natchez et les Yazous ne sont plus.

« Dans la vallée de l'Ohio, les nations qui erraient encore le long de cette rivière ont été refoulées par suite des guerres de 1810 à 1814.

« Depuis l'embouchure de l'Ohio jusqu'au saut de Saint-Antoine, sur le Mississipi, on trouve, sur la rive occidentale de ce dernier fleuve, les Saukis, dont la population s'élève à quatre mille huit cents âmes ; les Renards, à mille six cents âmes ; les Winebegos, à mille six cents, et les Ménomènes, à mille deux cents. Les Illinois sont la souche de ces tribus.

«Viennent ensuite les Sioux, de race mexicaine, divisés en six nations : la première habite en partie le Haut-Mississipi ; la seconde, la troisième, la quatrième et la cinquième tiennent les rivages de la rivière Saint-Pierre ; la sixième s'étend vers le Missouri. On évalue ces six nations siouses à environ quarante-cinq mille âmes.

« Derrière les Sioux, en s'approchant du Nouveau-Mexique, se trouvent quelques débris des Osages, des Cansas, des Octotatas, des Mactotatas, des Ajouès et des Panis.

« Les Assibonis errent, sous divers noms, depuis les sources septentrionales du Missouri jusqu'à la grande Rivière Rouge, qui se jette dans la baie d'Hudson. Leur population est de vingt-cinq mille âmes.

« Les Cypowais, de race algonquine et ennemis des Sioux,

chassent, au nombre de trois ou quatre mille guerriers, dans les déserts qui séparent les grands lacs du Canada du lac Winnepic.

« Voilà tout ce qu'on sait de plus positif sur la population des sauvages de l'Amérique septentrionale. Si l'on joint à ces tribus connues les tribus moins fréquentées qui vivent au delà des montagnes Rocheuses, on aura bien de la peine à compléter le chiffre de quatre cent mille individus. Il y a des voyageurs qui ne portent pas à plus de cent mille âmes la population indienne en deçà des montagnes Rocheuses, et à plus de cinquante mille celle au delà de ces montagnes, y compris les sauvages de la Californie. »

Tels étaient, il y a près de vingt ans, les faibles débris d'une population que les calculs les moins exagérés de savants voyageurs portaient à plus de trois millions d'âmes, rien que pour le territoire compris entre le Mississipi et le fleuve Saint-Laurent. Aujourd'hui, le faible chiffre donné par le recensement de 1827 a subi encore une grande diminution.

M. de Chateaubriand termine par cette réflexion : « Dans la langue iroquoise, les Indiens se donnaient le nom d'*hommes de toujours*, *ongoué-onoué*; ces hommes de toujours ont passé, et l'étranger ne laissera bientôt aux héritiers légitimes de tout un monde que la terre de leur tombeau. »

Quatre langues principales, au rapport du grand écrivain, paraissent se partager l'Amérique septentrionale : l'algonquin et le huron au nord et à l'est; le sioux à l'ouest, et le chicassais au midi; mais les dialectes diffèrent, pour ainsi dire, de tribu à tribu.

La langue algonquine commençait à l'Acadie et au golfe Saint-Laurent; tournant du sud-est par le nord jusqu'au sud-ouest, elle embrassait une étendue de douze cents lieues. On la parlait au sud, jusque dans la Virginie; elle s'arrêtait au nord à la contrée des Esquimaux; à l'ouest, elle avait pour limite la rive gauche du Mississipi.

Le huron était parlé par le peuple qui lui a donné son nom et par les Iroquois, colonie de ce peuple.

L'algonquin et le huron sont les langues mères de tous les peuples compris entre les sources du Mississipi, la baie d'Hudson et l'Atlantique jusqu'à la côte de la Caroline.

Le sioux se parlait depuis la rive droite du Mississipi jusqu'aux montagnes Rocheuses à l'ouest, et jusqu'à la Rivière Rouge au nord.

Les Creeks actuels parlent le chicassais mêlé d'algonquin; l'ancien natchez n'était qu'un dialecte plus doux du chicassais.

Parmi ces populations, plusieurs étaient évidemment des débris de peuples tombés dans l'état sauvage, après avoir possédé une civilisation quelquefois fort avancée.

D'après les antiquités retrouvées, il est très-certain, avons-nous dit, qu'un peuple beaucoup plus civilisé que les sauvages actuels a fleuri dans la vallée de l'Ohio et du Mississipi, et cela dans des temps très-reculés. Quand et comment a-t-il péri ? C'est ce qu'on ne saura peut-être jamais. Nous avons cité les traditions qui ont quelque rapport à ce sujet, l'invasion des Lenni-Lenap sur le territoire des Allighewi et l'écoulement des tribus de l'ouest vers les rivages de l'Atlantique.

Quelques hommes instruits regardent les tribus des Florides comme un débris de la grande nation civilisée des Allighewi qu'auraient soumis les Muscogulges, l'une des nations sauvages venues de l'ouest. La population autochthone, qui cultivait la terre, devient serve, et travaille au profit du vainqueur, qui chasse; car, chez les tribus venues du nord, la culture de la terre est indigne de l'homme, et est l'occupation de la femme.

Selon plusieurs écrivains, on doit voir dans les Sioux une colonie mexicaine dégénérée, et qui n'avait quitté le Mexique que dans des temps assez modernes; il n'y a là ni vainqueurs ni vaincus : l'homme chasse et la femme cultive.

Les Natchez étaient également une colonie émigrée de l'Anahuac, mais de date encore plus récente. Elle n'avait émigré qu'après la chute de Moctezuma et la conquête espagnole.

Les Chicassais venaient, dit-on, de la même contrée, également chassés de leur territoire natal par les aventuriers européens.

Rien d'étonnant que chez ces débris de peuples condamnés à la vie de chasseurs, et descendus, par la force des circonstances, à l'état sauvage, se soient conservées certaines traces de quelques-unes de leurs anciennes institutions, tant civiles que religieuses.

Ainsi, par exemple, les Natchez avaient une monarchie absolue, un chef qui avait une garde, se prétendait issu du soleil et se faisait appeler le *soleil*, une *femme-chef*, car la succession au trône avait lieu par les femmes, et différentes classes d'hommes. Ils avaient un collége de prêtres ; ils entretenaient avec soin un feu perpétuel, avaient une sorte de communion et une cérémonie de purification, où figurent des gâteaux particuliers et le *jus* de la *racine du sang*. Quelque chose d'analogue se retrouve chez toutes les tribus provenues d'une émigration de ce genre.

Un fait dont l'explication serait plus intéressante est le commencement de civilisation que les premiers voyageurs qui abordèrent au Canada ont trouvée chez l'une des tribus du nord, les Iroquois, qui n'avaient eu aucun contact avec la civilisation partie de l'Anahuac.

Les Iroquois se séparent des Hurons. Ils abandonnent les bords du lac Huron, et se fixent sur la rive méridionale du fleuve Hochelaga (le Saint-Laurent), non loin du lac Champlain. Dans la suite, ils remontent jusqu'au lac Ontario, et occupent le pays situé entre le lac Érié et les sources de la rivière Albany. Ils se livrent à la culture des terres, et deviennent une nation agricole et paisible qui se groupe dans de grandes bourgades. Les Algonquins les méprisent et leur achètent leur récolte.

Ne pourrait-on établir aucun rapprochement entre ce fait et celui des expéditions européennes à la terre de *Winland*, dans les premières années du onzième siècle? « L'an 1001, dit Malte-Brun, un Islandais, nommé Biorn, allant rejoindre son père, établi au Groënland, fut poussé par une tempête fort loin au sud-ouest. Il aperçut un pays plat, tout couvert de bois, et revint par le nord-est au lieu de sa destination. Son récit enflamma l'ambition de Leïf, fils d'Éric-Randa, le Norwégien qui avait fondé les établissements du Groënland; un vaisseau fut équipé; Leïf et Biorn partirent ensemble. Ils arrivèrent sur la côte que ce dernier avait vue. Une île couverte de rochers se présenta; elle fut nommée Helleland. Une terre basse, sablonneuse, couverte de bois, reçut le nom de Markland. Deux jours après, ils rencontrèrent une nouvelle côte, au nord de laquelle s'étendait une île, et ils remontèrent une rivière dont les bords étaient couverts de buissons qui portaient des fruits très-agréables. La température de l'air paraissait douce à nos Groënlandais; le sol semblait fertile, et la rivière abondait en poisson, surtout en beaux saumons. Étant parvenus à un lac d'où la rivière sortait, nos voyageurs résolurent d'y passer l'hiver. Dans le jour le plus court, ils virent le soleil rester huit heures sur l'horizon, ce qui suppose que cette contrée devait être à peu près par les 49° de latitude. Un Allemand, qui était du voyage, y trouva des raisins sauvages, et en expliqua l'usage aux navigateurs scandinaves, qui en prirent occasion de nommer ce pays Winland, c'est-à-dire pays du vin. Les parents de Leïf firent plusieurs voyages au Winland. En 1121, un évêque, Éric, se rendit du Groënland au Winland. »

On n'a aucun témoignage positif que les Groënlandais aient formé au Winland des établissements stables; mais la circonstance de cet évêque qui s'y transporte rend la chose presque certaine. Les Iroquois n'auraient-ils point dès lors les Groënlandais pour leurs premiers maîtres en civilisation?

De ce peu que l'on sait sur l'origine des tribus sauvages de l'Amérique du Nord, on doit du moins tirer cette conclusion, que pour connaître leurs mœurs dans leur plus grande simplicité primitive, c'est chez les tribus sorties de la grande nation des Lenni-Lenap qu'il faudrait les étudier. Malheureusement, la chose n'est pas facile ; et d'ailleurs les tribus de toute origine se sont souvent confondues entre elles, et il n'en est guère qui n'ait emprunté quelques traditions aux autres, tout en leur cédant en échange quelques-unes des siennes.

L'homme qui a le mieux connu ces tribus nous paraît être le missionnaire morave Heckewelder, dont l'excellent livre a été traduit en français par Du Ponceau, en l'an 1822 ; c'est lui qui va nous servir de guide.

« Les Indiens, dit-il, regardent la terre comme leur mère universelle ; ils croient qu'ils ont été créés dans son sein, où ils ont habité pendant longtemps avant de venir à sa surface. Voici une des traditions delawares les plus répandues. Ils ont habité dans la terre, où il faisait sombre et où le soleil ne luisait pas ; ils mangeaient des souris, qu'ils attrapaient avec leurs mains. Ganawaghala, l'un d'eux, ayant par hasard découvert un trou pour sortir de la terre, il en sortit, et trouva dans une forêt un daim qu'il emporta avec lui. En raison du bon goût qu'ils avaient trouvé à sa chair, et de la description avantageuse qu'il leur fit de la surface de la terre, leur mère, ils conclurent qu'il était plus avantageux pour eux de l'aller habiter, ce qu'ils firent. »

Notre écrivain pense que les Indiens se considéraient, dans les premiers temps, comme alliés en quelque sorte à certains animaux. Parmi les Lenap, la tribu de la *Tortue* réclame la prééminence sur toutes les autres, parce que leur parente, la grande tortue, monstre fabuleux, qui est l'Atlas de leur mythologie, porte, suivant leurs traditions, la grande île (la terre) sur son dos, et aussi parce qu'elle est amphibie et peut vivre sur la terre et dans l'eau, ce qu'aucun des animaux qui ont donné leur nom aux autres tribus ne peut faire. Le mérite du *dindon*, d'après lequel une autre tribu est nommée, est d'être immobile et de rester toujours avec eux ou autour d'eux. Quant au *loup*, par lequel une autre tribu est désignée, il est naturellement vagabond, courant d'un endroit à l'autre pour atteindre sa proie ; sa vie est l'emblème de la leur. Ils le regardent aussi comme leur bienfaiteur, et pensent que ce fut lui qui, par l'ordre du Grand-Esprit, tua le daim rapporté par le premier homme sorti du sein de la terre après la découverte du trou.

Voici une tradition iroquoise rapportée par le père Lafiteau, missionnaire catholique. « Dans le commencement, il n'y avait que six hommes. Comme il n'y avait point encore de terre pour leur servir d'habitation, ces six hommes étaient portés dans les airs, au gré des vents. Comme ils n'avaient point de femmes, il fallait nécessairement que leur espèce manquât à leur mort ; mais ils apprirent heureusement qu'il y en avait une dans le ciel, et il fut résolu que l'un d'eux, qu'ils nommaient le *Loup*, s'y transporterait s'il en trouvait le moyen. L'entreprise cependant paraissait impossible, lorsque quelques oiseaux ayant chargé le député sur leurs ailes, lui servirent heureusement de véhicule pour arriver au ciel. Il n'eut garde d'y entrer ; il était trop avisé pour cela ; ainsi, ayant aperçu, près des avenues de ce séjour, une fontaine, il se cacha un peu, ne doutant pas que la femme céleste n'y vînt puiser de l'eau. Il ne fut pas trompé dans son attente. Elle y vint peu de temps après, et le galant l'ayant abordée et lui ayant fait quelques présents (on ne devine pas trop ce qu'il put lui donner), il s'en fit aimer, et en obtint les dernières faveurs. Le maître du ciel s'en étant aperçu quelque temps après, la chassa du ciel, comme indigne d'un pareil séjour, et une tortue la reçut sur son dos. Lorsqu'elle fut descendue, la loutre et quelques autres poissons puisèrent, dans le fond de l'eau, de la boue et de la vase, dont ils environnèrent le corps de la tortue, et formèrent, par ce moyen, une petite île qui s'agrandit peu à peu. Voilà, selon ces sauvages, quelle fut l'origine de la terre. Du commerce que cette femme avait eu avec le député, naquirent deux enfants, dont l'un, qui avait des armes offensives, tua son frère, qui n'en avait point. Dans la suite, cette femme eut d'autres enfants des deux sexes, d'où sont sortis tous les autres hommes. »

Il n'est pas difficile, ajoute le père Lafiteau, de juger que cette tradition, quelque défigurée qu'elle soit, est sans doute un reste de la première histoire du monde : d'Ève chassée du paradis pour sa désobéissance, et du meurtre d'Abel par Caïn. Nous serions tenté d'y voir, nous, une preuve des communications que les Iroquois auront eues avec quelque colonie groënlandaise dans le Winland.

Les Ottawaw, qui descendent de la race huronne, ont une tradition qu'ils doivent sans doute aux Sioux, et qui paraît avoir une origine mexicaine. Un vieux chef et sa femme, qui vivaient sur les bords du lac Huron, avaient un fils, *Ono-wut-to-kwut-to*, celui *qui attrape les nuages*, un très-bel enfant. Un jour que l'enfant avait jeûné, une très-belle femme descendit du ciel et l'invita à y monter avec elle. Le jeune garçon la suivit sur la cime des arbres, et puis à travers les airs et par delà les nuages. Ils passèrent enfin par un petit trou rond et se trouvèrent dans une belle et vaste prairie. Là était une grande cabane de bonne apparence. Cette femme était la lune. Après quelques pourparlers entre elle et son frère le soleil, qui lui reprocha d'agir contre la défense du Grand-Esprit, en enlevant des enfants aux habitants de la terre, le jeune attrapeur de nuages devient le mari de la très-belle femme. Un jour, il se promène en compagnie de son beau-frère le soleil, qui veut bien lui montrer comment il s'y prend pour se procurer sa nourriture. Le soleil lance une pierre sur un petit enfant qui jouait innocemment sur la terre. L'enfant tombe malade et est sur le point de mourir. Le médecin est appelé et s'adresse au soleil pour en obtenir la guérison de l'enfant ; à quoi le soleil répond : Envoyez-moi un chien blanc. En effet, le chien blanc est tué et flambé ; l'enfant guérit. « Voyez-vous, dit le soleil à l'attrapeur de nuages, il est parmi vous autres, dans le bas monde, des hommes que vous croyez de grands médecins ; mais c'est parce que leurs oreilles sont ouvertes et qu'ils entendent ma voix, quand j'ai frappé quelqu'un, qu'ils peuvent parfois guérir les malades. Ils engagent les hommes à me donner ce que je demande, et lorsqu'ils me l'ont envoyé, je retire ma main de ceux que j'ai frappés. »

L'attrapeur de nuages finit par s'ennuyer, et demande à retourner sur la terre. La lune le lui permet ; mais elle lui défend avec menaces d'y prendre femme. L'imprudent n'en tient compte ; il épouse une jeune femme de sa tribu. Quatre jours après, il était veuf. Il tente un second mariage, mais cette fois le châtiment tombe sur lui-même. Il entend, pendant la nuit, un bruit inaccoutumé auprès de sa cabane ; il sort pour en reconnaître la cause, et disparaît pour ne plus jamais revenir. On suppose que depuis lors il réside dans les régions célestes, où il a pris la place de son beau-frère, et d'où il veille sur les affaires des hommes.

De ces traditions, les deux dernières ont un caractère tourmenté, et qui trahit une date assez moderne. Les traditions delaware et lenap nous semblent seules avoir un cachet antique et primitif.

« Les Indiens, dit notre missionnaire morave, regardent en quelque sorte tous les êtres qui ont été doués par le Grand-Esprit de la faculté de vouloir et d'agir, comme une grande société dont l'homme est le chef. Ils sont, il est vrai, destinés à gouverner les animaux, mais il peut exister entre les animaux et eux des liens intimes de parenté, ou au moins ces liens existaient au commencement des temps. Ils ne sont, en effet, suivant leur opinion, que les premiers parmi leurs égaux, les souverains légitimes et héréditaires de toute la création animée, dont ils sont eux-mêmes partie constituante. De là vient que, dans leurs langues, ces inflexions de leurs noms, que nous appelons *genres*, n'expriment pas, comme parmi nous, le masculin ou le féminin, mais l'ordre animé et l'ordre inanimé. Ils vont jusqu'à comprendre les arbres et les plantes dans le premier de ces deux ordres. Toute la nature animée, à quelque degré que ce soit, est à leurs yeux un grand tout, dont ils n'ont pas encore essayé de se séparer. Ils n'excluent pas les animaux du séjour des esprits où ils espèrent aller après leur mort. »

A l'appui de son assertion, le missionnaire cite le langage que les sauvages tiennent souvent aux animaux. Un chasseur delaware casse l'épine du dos à un gros ours, et comme l'animal pousse des cris plaintifs, le chasseur, au lieu de l'achever, le gourmande ainsi : « Ours, lève-toi ! tu es un lâche et non un guerrier, comme tu le prétends. Si tu étais guerrier, tu le montrerais par ta fermeté, et tu ne crierais pas comme une vieille femme. Tu sais, ours, que nos tribus sont en guerre l'une contre l'autre, et que la tienne a été l'agresseur. (Il fait allusion à une tradition qu'ont les Indiens d'une espèce d'ours très-féroce, appelé l'*ours sans poil*, dont l'espèce a été, disent-ils, détruite par leurs ancêtres.) Ta tribu a trouvé les Indiens trop forts pour elle, et elle se cache dans nos forêts pour manger nos cochons. Peut-être dans ce moment as-tu de la chair de cet animal dans ton estomac ? Si tu m'avais vaincu, je l'aurais supporté avec courage et serais mort comme un brave guerrier ; mais toi, ours, tu restes là et tu cries, et tu déshonores ainsi ta tribu par la lâcheté de ta conduite. » Et comme le missionnaire représentait au chasseur que l'animal ne pouvait l'entendre : « Oh ! reprit-il, l'ours m'entendait très-bien ; n'avez-vous pas remarqué comme il paraissait honteux pendant que je lui faisais ces reproches ? »

M. de Chateaubriand cite une allocution du même genre, par laquelle les sauvages terminent ordinairement la grande chasse aux castors. Un orateur prononce l'éloge des défunts, comme s'il n'avait pas contribué à leur mort. Il raconte leurs mœurs, loue leur esprit et leur sagesse : « Vous n'entendrez plus, ajoute-t-il, la voix des chefs qui vous commandaient et que vous aviez choisis entre tous les guerriers castors pour vous donner des lois. Votre langage, que les jongleurs savent parfaitement, ne sera plus parlé au fond du lac; vous ne livrerez plus de batailles aux loutres, vos cruels ennemis; non, castors; mais vos peaux serviront à acheter des armes; nous emporterons vos jambons fumés à nos enfants; nous empêcherons nos chiens de briser vos os, qui sont si durs. »

Le dogme fondamental semble être la croyance à un Grand-Esprit ou grand manitou, âme du monde, âme du grand tout, et à des esprits ou manitous inférieurs, représentant des forces mystérieuses qui agissent sur telle ou telle partie de la création. On invoque le manitou de l'air, pour qu'il éloigne les effets de la tempête; on invoque le manitou des eaux pour qu'il les empêche de se gonfler; sans compter les innombrables manitous de l'ordre le plus infime. «Chaque sauvage, nous dit M. de Chateaubriand, a son manitou comme chaque nègre a son fétiche : c'est un oiseau, un poisson, un quadrupède, un reptile, une pierre, un morceau de bois, un lambeau d'étoffe, un objet coloré, un ornement américain ou européen. Le chasseur prend soin de ne tuer ni blesser l'animal qu'il a choisi pour manitou. Quand ce malheur lui arrive, il cherche, par tous les moyens possibles, à apaiser les mânes du dieu mort; mais il n'est parfaitement rassuré que quand il a *rêvé* un autre manitou. » Le choix du manitou se décide ordinairement d'après l'inspiration qu'apporte un songe. Chacun étudie soigneusement ses songes; les pères étudient les songes de leurs enfants.

Un père, le matin, offre à son enfant, d'une main le déjeuner, de l'autre un morceau de charbon de bois. Si le charbon est accepté, le père se montre satisfait et donne à l'enfant des éloges ou d'autres marques de contentement. La faculté de supporter un long jeûne est un titre de considération très-envié; quelquefois il arrive que l'enfant supporte la privation d'aliments, et se contente d'un peu d'eau, pendant plusieurs jours de suite. On donne alors une attention particulière à ses songes, et d'après ces songes le père se forme une opinion sur l'avenir de son enfant.

Voici ce qu'on lit dans les mémoires de John Tanner, livre fort intéressant de M. Edward Clark, traduit en français par M. de Blosseville.

« Un vieillard, guerrier très-distingué, avait rêvé pendant un jeûne, dans son enfance, qu'une chauve-souris venait à lui, et il avait choisi ce petit animal pour son manitou, ou, comme on dit encore, pour sa médecine, c'est-à-dire pour sa religion : médecine et religion s'expriment par le même mot. Il ne donnait aucune attention aux coûteuses médecines de guerre ou de chasse en honneur chez les autres Indiens. Toute sa vie, il porta une peau de chauve-souris attachée au sommet de sa tête, et, dans ses nombreuses excursions de guerre, il marchait au combat, tout triomphant dans sa confiance que ceux des Sioux qui ne pouvaient pas frapper une chauve-souris juste à l'aile ne seraient jamais capables de le blesser. Il tua un grand nombre d'ennemis sans jamais, dans sa longue carrière, être atteint d'une balle. Il attribuait ces succès à l'influence protectrice de la médecine qui lui avait été révélée en songe, à la suite d'un jeûne, dans son enfance. »

Le même écrivain nous apprend que les chansons usitées dans les cérémonies préparatoires pour l'ouverture de la chasse se rapportent aux opinions religieuses. « Elles s'adressent souvent à *Na-na-boo-sho* ou *Na-na-bush*, qu'ils supplient de leur servir d'interprète et de communiquer leurs requêtes au Grand-Esprit. Souvent aussi ils implorent *Me-suk-kum-mik-o-kwi*, ou la Terre, la grande aïeule de tout. Dans ces chansons, ils racontent comment *Na-na-bush* a créé la terre pour obéir aux ordres du Grand-Esprit, et comment toutes les choses nécessaires aux oncles et tantes de *Na-na-bush*, c'est-à-dire aux hommes et aux femmes, ont été confiées à la garde de la grande-aïeule. *Na-na-bush*, toujours le bienveillant intercesseur des hommes auprès du Grand-Esprit, fit naître, pour leur usage, les animaux, dont la chair devait leur servir d'aliment, dont la peau devait les vêtir. Il créa des racines et des médicaments d'une vertu souveraine pour guérir leurs maladies, et, dans les temps de disette, les rendre capables de tuer le gibier.

« Tout cela fut confié aux soins de la grande aïeule la Terre, et pour que les oncles et tantes de *Na-na-bush* ne l'invoquassent jamais en vain, la vieille femme eut ordre de ne point sortir de sa cabane. Aussi les bons Indiens n'arrachent-ils aucune des racines dont leur médecine se compose, sans déposer en terre quelque offrande à la Terre.

« Ils chantent aussi comment, dans les premiers temps, le Grand-Esprit ayant tué le frère de *Na-na-bush*, ce dernier s'irrita et se révolta contre lui. *Na-na-bush* devenait de plus en plus fort, et allait l'emporter, lorsque ce dernier, pour l'apaiser, lui donna le *Metai* (la grande fête). *Na-na-bush* en fut si content qu'il l'apporta sur la terre à ses oncles et à ses tantes. »

On reconnaît là des croyances modernes communiquées par les Sioux, colonie mexicaine dégénérée. Ce manitou créateur, qui est une émanation du Grand-Esprit, âme du grand tout, provient évidemment du Mexique. Au surplus, il est difficile de se faire une idée juste de ce que les sauvages entendent par esprit, âme. Questionnez un individu à ce sujet, il vous répondra que l'âme est l'ombre du corps.

Ils pensent que l'âme, ou, comme ils l'appellent, l'ombre, se détache du corps dans les maladies violentes, et ils regardent une personne dont l'état paraît désespéré comme déjà morte. Aussi vous parlent-ils d'hommes qui sont morts en tel temps, et qui cependant ont vécu depuis non-seulement bien des jours, mais bien des années. « Je les ai entendus, dit M. Edward Clark, reprocher à un malade de s'exposer témérairement, dans sa convalescence, au danger de perdre son ombre, qui n'était pas bien attachée à sa personne. » Ils pensent que l'âme se sépare du corps avant le dernier soupir; mais ils croient aussi qu'elle ne s'en éloigne que longtemps après.

On en trouve qui, dans de violentes maladies, racontent que telles et telles personnes sont mortes, et qu'ils ont marché le long du sentier des morts, jusqu'à un grand fraisier ou arbousier qui pousse près de la route, du même côté de la rivière qui coule dans le pays des morts. Ils ont vu la rivière elle-même; quelques-uns l'ont passée et sont arrivés dans les villages des morts.

On pourrait induire qu'ils croient à une résurrection des corps, d'après ce propos, qui est chez eux proverbial : « L'homme ne peut mourir pour toujours, puisque le grain de maïs lui-même, enfoui dans la terre, reprend de la vie et repousse de nouveau. »

Il ne faut pas confondre le manitou adopté par chaque individu avec son *totem*. Les totem sont surtout en usage chez les tribus de la race algonquine (il n'est pas suffisamment constaté qu'ils existent toujours ailleurs). Ils forment une espèce de blason : chaque famille, se supposant descendue de quelque animal, en adopte, pour ses armoiries, la représentation. Le tombeau est orné du totem qui a distingué le sauvage pendant sa vie et joué un rôle dans toutes les occasions solennelles.

C'est dans les mœurs des Indiens un grand crime d'épouser une femme qui ait le même totem que le mari; et ils citent des exemples de jeunes hommes mis à mort par leurs plus proches parents pour expier la violation de cette règle.

L'ours, le petit brochet et le poisson blanc sont les totem de quelques familles. Le moose (l'élan) passe pour avoir été dans l'origine celui de la nation des Ottawwaws. Ce peuple s'étant accru par l'accession de diverses autres bandes, beaucoup de nouveaux totem se sont introduits avec elles, et sont aujourd'hui entremêlés dans les familles de la race primitive. Le renne, l'aigle à la tête blanche, le faucon femelle, le serpent d'eau, l'arbre fourchu, la grue, la mouette et le petit poisson-chat, sont des totem bien connus. Le chat sauvage est un totem commun chez les Muskegoes.

Le nom vulgaire d'un homme peut être et est souvent changé, soit lorsqu'il part pour la guerre, soit à l'occasion de quelque événement remarquable ; mais le totem ne change jamais. « Il n'est pas vrai, dit M. Edward Clark, qu'ils aient toujours la figure de leur totem tatouée sur quelque partie de leur corps ; il ne l'est pas non plus qu'ils portent constamment sur eux une peau ou quelque autre marque qui les fasse immédiatement reconnaître. »

Parmi des hommes qui vivent en petites troupes et d'une vie errante au fond des forêts, il n'est pas possible que s'établisse le despotisme d'une caste soit nobiliaire, soit savante. Les colonies émigrantes d'un pays civilisé qui comptaient un clergé et une noblesse héréditaire, durent perdre peu à peu ces usages. Le plébéien chasseur échappait trop facilement au joug, et le loisir qui permette à certains hommes de se faire plus savants que d'autres au point d'exercer un despotisme durable d'intelligence manque à tous. Le peu de connaissances médicales et religieuses, les traités de paix et les conventions entre tribus, se conservent dans la mémoire des vieillards. Ils ont à cet effet des *wampums* ou ceintures garnies de coquillages de différentes couleurs. Chaque wampum est un aide-mémoire, une sorte de chapelet que les hommes doués de la meilleure mémoire s'exercent à apprendre et à réciter dès leur jeunesse. Pour toute écriture, ils en sont réduits à d'informes essais de dessin, qu'ils tracent au couteau sur l'écorce d'un arbre ou sur une planchette.

Là où manque un collége de prêtres dépositaires de la science nationale, on trouve le prophète ou voyant, qui se dit inspiré par le Grand-Esprit, et le sorcier ou jongleur, qui prétend posséder le secret d'évoquer et de chasser les mauvais esprits, de guérir les maladies et aussi de les communiquer à la personne dont on cherche à se venger.

« Les Indiens, dit M. Edward Clark, possèdent en général, au nombre des provisions les plus essentielles de leurs cabanes, des écorces, des racines et des herbes médicinales; et même dans leurs voyages, celles dont l'usage est le plus fréquent font partie de leur bagage indispensable. La plupart de ces familles ont leur sac à médecine, ou sac sacré, fait en peau de castor ou de loutre, orné avec soin, et qui renferme les petits objets nécessaires à leur art médical et à leur culte. L'usage de ces sacs varie dans les différentes tribus; quelquefois ils sont consacrés à un objet unique; quelquefois aussi la diversité de leur contenu en fait de véritables pot-pourris, mais ils sont toujours considérés comme sacrés, et je ne me rappelle pas un seul exemple de leur violation par des mains profanes. »

Le sac à médecine ne fournit pas seulement des armes défensives, il en fournit d'aggressives et que chacun emploie de son mieux contre son ennemi personnel.

Une petite image est préparée pour représenter l'homme, la femme, ou l'animal contre lequel doit être tenté le pouvoir de la médecine. Si l'on veut causer la mort, on pique, avec un instrument aigu, la partie qui représente le cœur, et on y applique un peu de médecine. L'image employée à cet effet s'appelle *muzzi-ne-neen*, et le même nom désigne les petites images d'homme, de femme, ou d'animal, tantôt grossièrement tracées sur une écorce de bouleau, tantôt gravées sur un morceau de bois avec plus de soin.

M. Edward Clark donne de précieux détails sur la principale cérémonie religieuse des sauvages, le *metai*, ou la fête de la médecine. (Il parle surtout des Indiens qui habitent dans la contrée du Haut-Missouri.) Elle se célèbre sous la direction de quelques vieillards nommés les chefs du *metai*, et les initiés seuls y sont admis. Les invitations se font par l'envoi de petits fragments de roseau; dans le Nord, on se sert quelquefois de plumes. Pour cette fête, les victimes, et par conséquent les mets du repas, sont toujours des chiens; le chien étant l'animal le plus intelligent et le plus utile à l'homme, doit être l'offrande la plus agréable au manitou. Les vieillards prêchent tour à tour. L'orateur baisse la voix chaque fois qu'il doit prononcer le nom du Grand-Esprit, et l'auditoire répond par l'interjection *Kwahooooo*, dont la première syllabe s'accentue lentement et d'une voix sourde, qui va baissant de syllabe en syllabe jusqu'à ce que le mouvement des lèvres ne soit que suffisant pour faire vibrer l'air et donner un son. Selon l'opinion indienne, le Grand-Esprit reçoit une commotion chaque fois que l'orateur prononce son nom.

En outre de cette fête, pendant un jour entier du printemps et un autre de l'automne, tout bon chasseur étend son sac à médecine dans l'arrière-partie de sa cabane, et régale ses voisins en l'honneur de sa médecine.

Les sauvages ont de plus la fête destinée à obtenir des songes, la fête de l'imposition des noms, etc.

Pour la fête de la guerre, qui se célèbre lors de l'entrée en campagne, on a soin de n'inviter les conviés que par nombre pair, jamais par nombre impair. L'animal destiné au festin, ours, daim, élan, ou tout autre, est cuit tout entier, et les convives ne doivent pas laisser le plus petit morceau de sa chair; mais on se garde de briser un seul os. Tous les os sont nettoyés avec soin; on recompose du mieux possible le squelette, et on le suspend à un arbre; cela probablement en vertu du respect que l'on porte aux tribus des animaux, et de la croyance à leur résurrection.

En général, dans tout festin solennel, il y a pour le convive obligation de manger sa part tout entière sans en laisser une bouchée. On imite ainsi noblement le faucon et les autres oiseaux de proie, qui n'en font jamais à deux fois de la proie tombée sous leurs serres. Le convive mal disposé a quelquefois la ressource de racheter la liberté de son estomac moyennant une amende d'une certaine quantité de tabac. Dans ce cas, si aucun des autres convives ne consent à manger pour lui, on appelle un homme du dehors.

A la fête des morts, les festins ont lieu sur les tombeaux des amis que l'on a perdus. On allume un feu, et chaque convive, avant de commencer à manger, coupe un petit morceau de viande et le jette dans le feu. La fumée et l'odeur raniment l'*ombre* du mort, qui revient prendre sa part du festin.

Chez les peuples où toute l'éducation tend à former des guerriers vaillants, il est un usage qui a quelque chose de touchant; c'est celui du *jébi*, ou souvenir du mort. A la perte d'un parent ou d'un ami, le guerrier recueille quelque objet qui lui ait appartenu, et le conserve soigneusement. Il ne prendra plus un seul repas sans mettre de côté la part du *jébi* ou du souvenir du mort. Cette observance dure des années, jusqu'à ce qu'il trouve à la guerre l'occasion de se débarrasser glorieusement du *jébi*, en le jetant sur un champ de bataille. Quelques-uns enfouissent alors le *jébi* dans les entrailles d'un ennemi tué dans le combat.

Nous ne croyons pas pouvoir mieux terminer qu'en donnant ici quelques chants religieux que M. de Blosseville a traduits du livre d'Edward Clark.

CHANT POUR LE METAI.

Cette chanson et les trois suivantes sont chantées par le principal chef du metai avec accompagnement de son tambour.

O mes amis assis, autour de moi, je donne maintenant toute mon attention au metai. — Qui fait couler cette rivière? C'est l'esprit. Il fait couler cette rivière. — Examinez-moi bien, mes amis, et comprenez que nous sommes tous compagnons. Qui a fait marcher le peuple? Un oiseau a fait marcher le peuple. — Je vais me mettre en marche, et si j'aperçois quelque animal, je tirerai sur lui. — Je frappe votre cœur, j'atteins votre cœur, ô animal! c'est votre cœur que j'atteins, c'est votre cœur. Je me rends semblable au feu. — Je puis attirer l'eau d'en haut, d'en bas, et d'autour de moi. — Je peux rendre semblable aux morts; je l'ai fait pour un homme. — Je peux rendre semblable aux morts; je l'ai fait pour une femme. — Je peux rendre semblable aux morts, je l'ai fait pour un enfant. — Tel je suis, tel je suis, mes amis; tout animal, tout animal, je le frappe juste, mes amis.

CHANT POUR LA MÉDECINE DE CHASSE.

Cette longue chanson religieuse est en haute considération chez les Indiens.

Je désirais naître, je suis né; et quand je fus né, je fis tous les esprits. — J'ai créé les esprits. — *Na-na-bush* s'est assis sur la terre; son feu brûle pour jamais. — Quoique vous parliez mal de moi, mes amis sont d'en haut, mes amis. — Je puis me servir de beaucoup d'espèces de bois pour rendre un ours incapable de marcher. Je pense de vous, que vous usez du *Weniszebug-gone* (espèce d'arbre vert); je pense cela de vous. — Ce que je prends, c'est du sang, ce que je prends. — Maintenant j'ai quelque chose à manger. — Esprits, je couvre ma tête en me couchant pour dormir. — Je remplis ma chaudière pour l'esprit. — Il y a longtemps que vous êtes des esprits, depuis que je suis descendu sur la terre dans le vieux temps. — Je vous prépare pour un ours, je vous prépare. — C'est un esprit qui vient à la fois du ciel et de la terre.

(Ici les Indiens se mettent à danser.)

Je suis celui qui donne le succès, parce que tous les esprits m'assistent. — La plume! la plume! c'est là ce qu'il me faut, la plume! — Qui est esprit? Celui qui a marché avec le serpent, qui a marché sur la terre, celui-là est un esprit. — Maintenant ils vont manger quelque chose, mes femmes; maintenant je leur dis qu'ils vont manger. — Cette ocre jaune, je vais l'épurer. — Maintenant je vais préparer mon oiseau; quelquefois je le préparais, et quelquefois il était animé. — Il n'est pas d'animal que je ne puisse tuer, parce que le tonnerre à la grande voix vient à mon aide; il n'est pas d'animal que je ne puisse tuer. — Je prends un ours, je prends son cœur. — Un serpent à sonnettes fait du bruit sur les poteaux de ma cabane, il fait du bruit. — Les quatre bâtons dont je viens de me servir appartenaient à un shwneebe; quand je les ai frappés ensemble, ils ont été entendus dans tout le pays. — Je m'élève de la terre, je descends du ciel, je vois l'esprit, je vois les castors. — Je peux faire venir un vent d'est, et le faire passer sur la terre.

(Cela se chante quatre fois.)

Je me suis assis, et la terre au-dessus et au-dessous m'a contemplé. Je peux tuer un ours, je peux le tuer.

CHANT D'UN MÉDECIN.

J'entends tout le monde; mais je me fais serpent noir, mon ami : c'est moi qui parle, assis là sur la terre. — Qu'est-ce que j'introduis dans votre corps? Ce sont des peaux de serpent que j'introduis dans votre corps. — Je suis manito. Les racines des arbrisseaux et des herbes m'ont fait manito. — Les serpents sont mes amis. — Sous la terre, le chat sauvage est mon ami.

CHANT DE MÉDECINE DE GUERRE.

Je me lève. — Je prends le ciel, je le prends. — Je prends la terre, je la prends. — Je marche à travers le ciel, je marche. — La femme de l'orient m'appelle.

FIN DU TROISIÈME VOLUME.

TABLE.

CHAPITRE PREMIER.

Opinion des anciens et des Pères de l'Église sur les habitants de l'hémisphère austral. — Où Dante a pu puiser la pensée de placer son purgatoire dans cet hémisphère. — L'inca Garcilasso de la Vega contribue à éclairer l'Europe. — Comment l'Amérique et l'Océanie se sont-elles peuplées? — Ce qu'on pourrait répondre aux détracteurs de la Genèse.. 3

CHAPITRE DEUXIEME.

Religion qui a pour dieu suprême Taaroa. — Elle est répandue dans toute la Polynésie. — Est-elle née chez les insulaires ou a-t-elle été apportée de l'un des deux continents? — Quelques-unes des croyances aux îles Mariannes, aux Carolines, à la Nouvelle-Zélande et dans l'Australie............................. 38

CHAPITRE TROISIÈME.

Antiquités du territoire des États-Unis. — Antiquités du Mexique et de l'Amérique centrale. — Antiquités de l'Amérique du Sud....................... 131

CHAPITRE QUATRIÈME.

Analogie frappante entre les trois classes d'antiquités américaines. — Elles proviennent d'une population aborigène. — Les Toltèques. — Manuscrit d'un Indien du Yucatan. — Les Aztèques. — Peintures hiéroglyphiques. — Quelle a pu être la civilisation antique de l'Amérique centrale. — Comment elle se sera répandue sur tout le continent... 184

CHAPITRE CINQUIÈME.

Religions du Mexique et de l'Amérique centrale. — Calendrier Maya reconstruit par don Pio Perez, gouverneur d'un district du Yucatan................... 223

CHAPITRE SIXIÈME.

Religion des Incas et quelques croyances de l'Amérique du Sud............ 294

CHAPITRE SEPTIÈME.

Quelques croyances des sauvages de l'Amérique du Nord................. 338

FIN DE LA TABLE.

Sacrifice d'une jeune vierge chez les Mexicains.

Une famille Indienne du Haut Missouri
occupée à un Maléfice.

La grande fête du Soleil.

Intronisation de l'Arihi (roi) à O Tahiti.

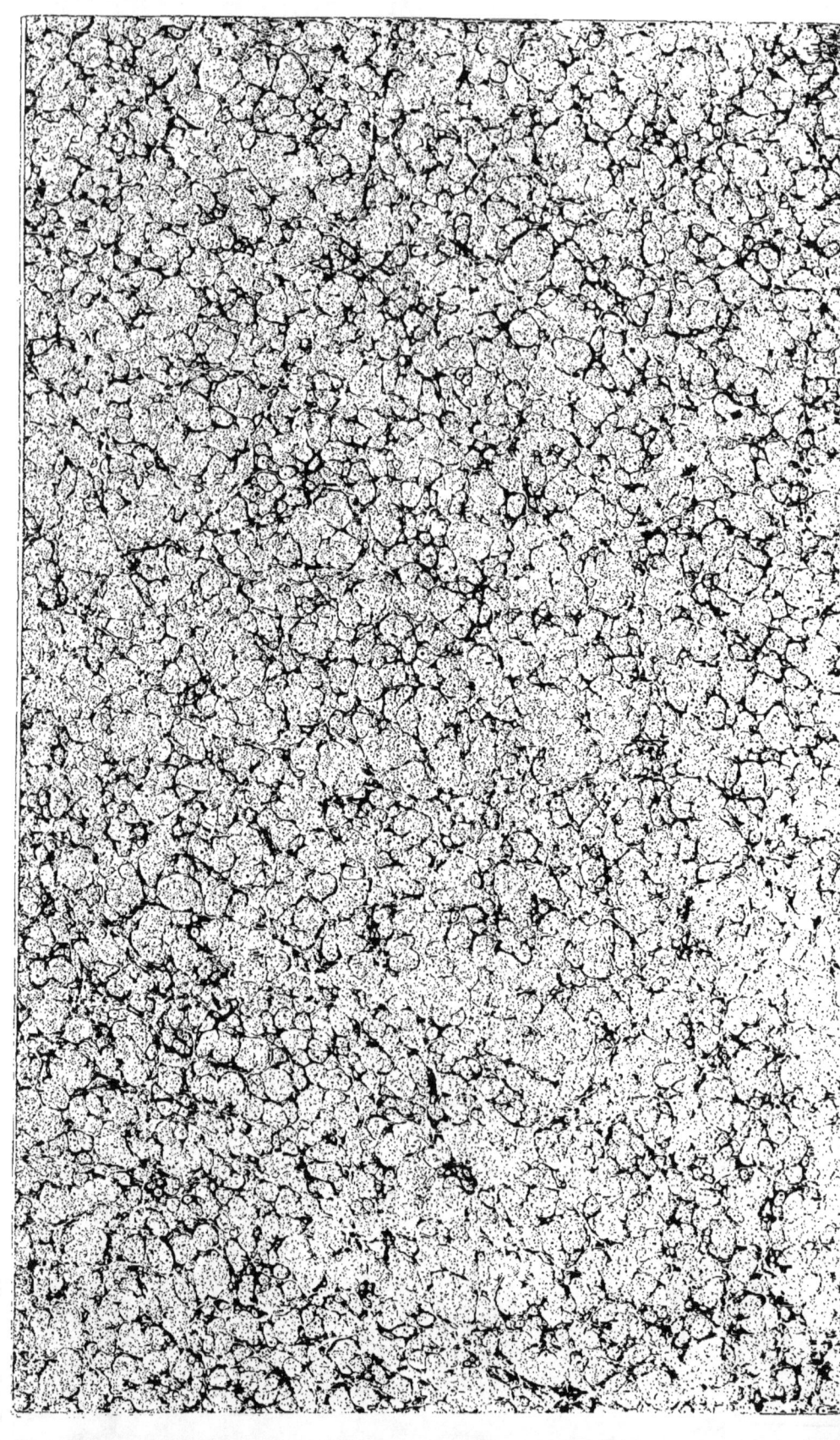

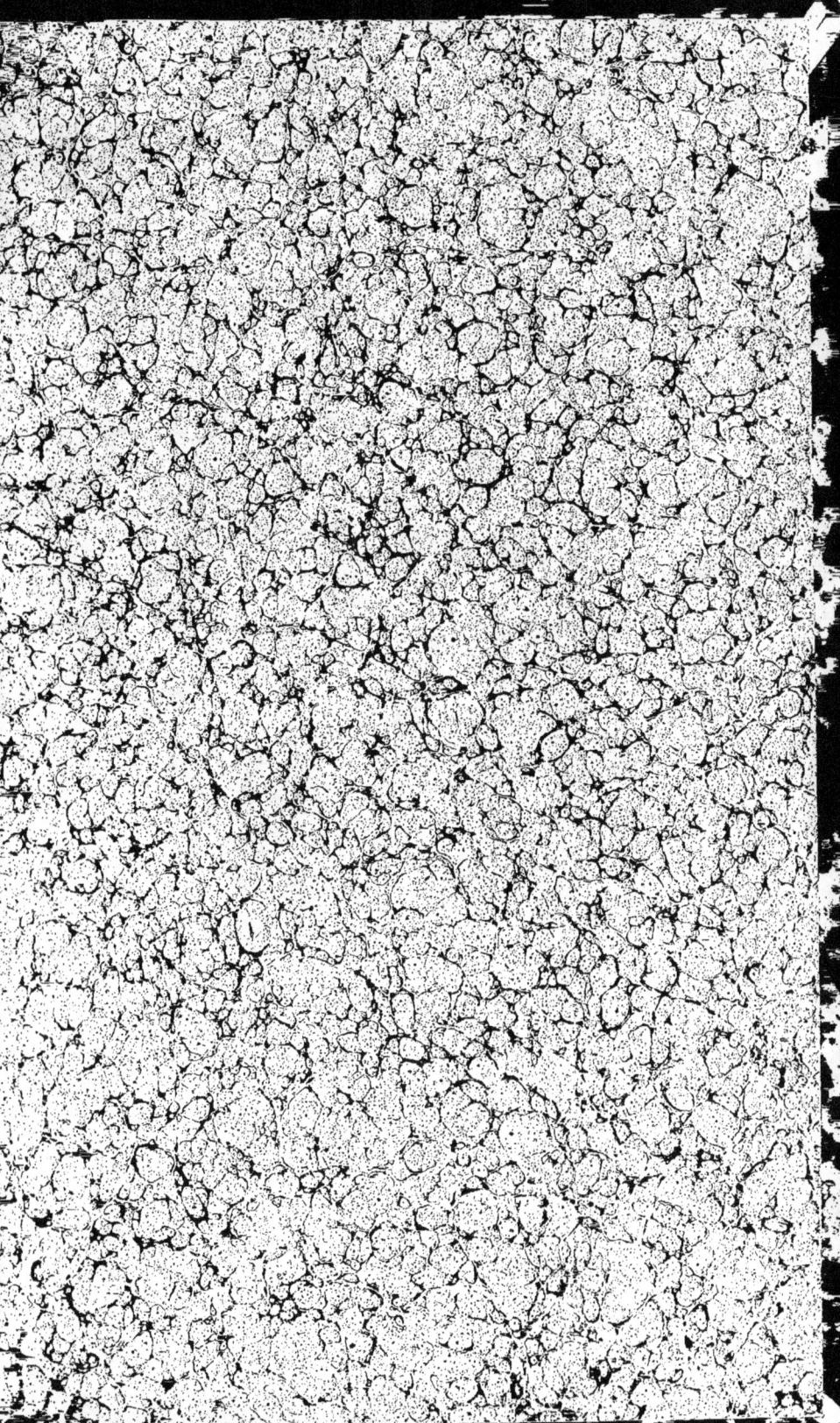

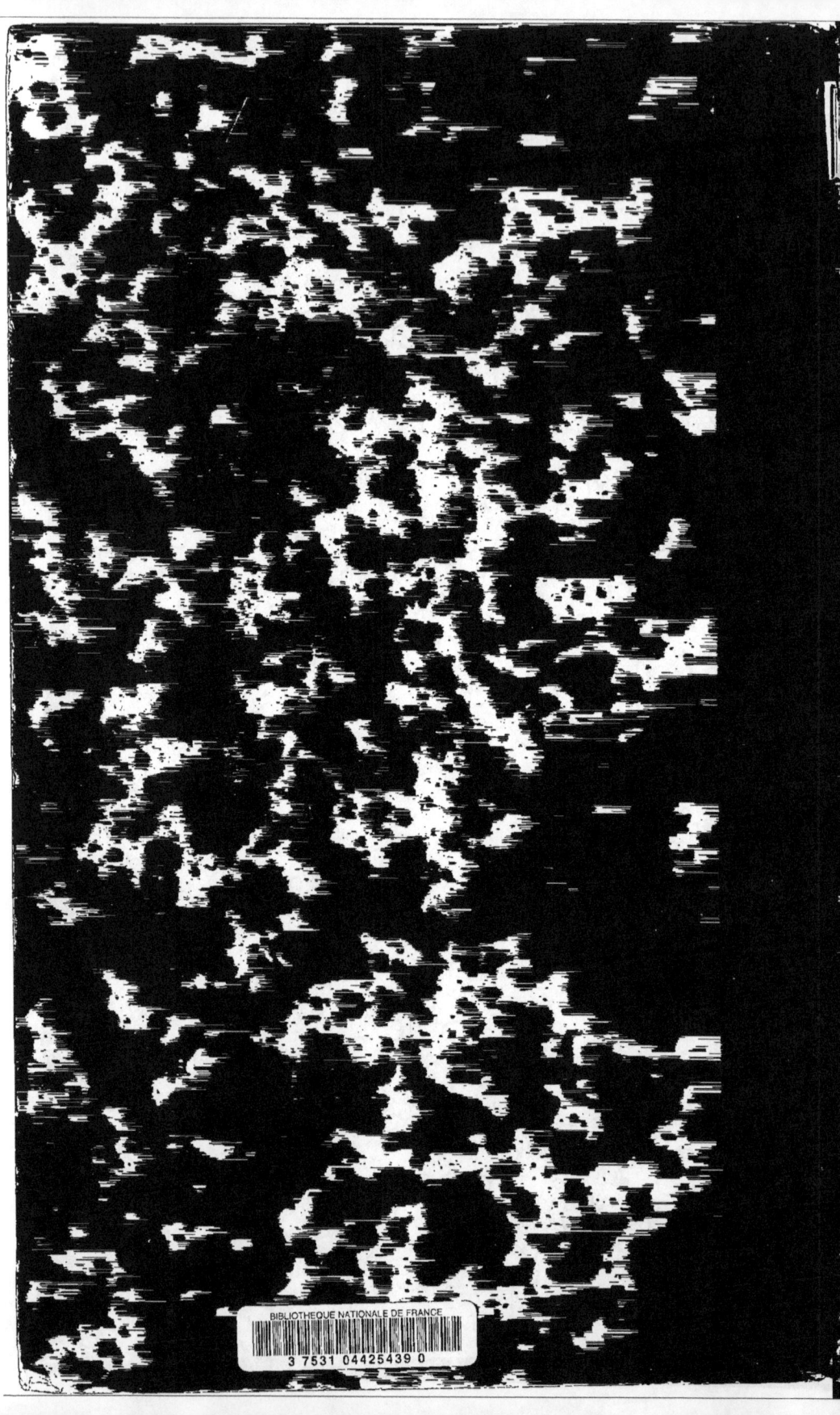

www.ingramcontent.com/pod-product-compliance
Lightning Source LLC
Chambersburg PA
CBHW070436170426
43201CB00010B/1110